〔第八届中宣部精神文明建设
“五个一工程”获奖图书〕

# 读懂毛泽东

# DUDONG MAO ZEDONG

张启华◎著

四川人民出版社

**图书在版编目(CIP)数据**

读懂毛泽东/张启华著. —2版—成都：四川人民出版社，2015.2（2022.7重印）
（读懂领袖丛书）
ISBN 978-7-220-08824-7

Ⅰ.①读… Ⅱ.①张… Ⅲ.①毛泽东（1893~1976）-人物研究 Ⅳ.①A755

中国版本图书馆CIP数据核字（2015）第025124号

# 读懂毛泽东

邢贲思 主编

DUDONGMAOZEDONG

张启华 编著

出 版 人　黄立新
总 策 划　刘周远
责任编辑　罗晓春
营销策划　张明辉
装帧设计　杨 潮　象上设计
责任校对　何秀兰
责任印制　李 剑

出版发行　四川人民出版社（成都三色路238号）
网　　址　http://www.scpph.com
E-mail　scrmcbs@sina.com
新浪微博　@四川人民出版社官博
发行部业务电话　(028) 86361653　86361656
防盗版举报电话　(028) 86361653
制　　版　四川胜翔数码印务设计有限公司
印　　刷　四川机投印务有限公司
成　　品　170 mm × 240 mm
印　　张　27.5
字　　数　340千
版　　次　2021年4月第3版
印　　次　2022年7月第3次印刷
书　　号　ISBN 978-7-220-08824-7-01
定　　价　69.80元

# 目录

第一章

# 作为革命家的毛泽东

## 第一节
## 时代造就的革命家

毛泽东诞生时的中国社会，正是清帝国极度腐朽衰败，西方盗贼乘虚而入，一个封建文明曾经发展到极致的泱泱古老大国，渐渐沦丧为半殖民地半封建国家的时代。

这是一个充满忧患的动荡的时代！

这是屈辱和悲愤的血泪浸透每个中国人的心的时代！

这是中华民族历史上最黑暗的时代！

这是需要一场伟大的革命的时代！

正是这样一个时代，孕育和造就了伟大的革命家毛泽东。

### 一、小小少年叛逆者

1893 年 12 月 26 日辰时，毛泽东出生在中国一个偏僻的、直到本世纪初在行政上还无单独建制的小山村——湖南省中部偏东、位于湘江中游丘陵地区的韶山冲。

这里闭塞而宁静，然而风景却异常秀丽。上古时代有名的美妙乐曲《韶乐》即出于此地。传说舜帝曾携娥皇、女英二妃南巡至此，但见这里重峦叠嶂、水光涟涟、风光绮丽、气象不凡，一时兴起，即与乐工同奏一曲，二妃翩翩起舞，天上凤凰为此情此景所吸引，携百鸟前来汇聚。此曲即韶乐，韶山即因此得名。韶山冲的居民们，祖祖辈辈生活、劳作在这块几乎与世隔绝的桃花源中，过着单调而沉闷的生活。

直到有一天，一位小小少年，第一次打破了这种沉寂，令这里的老一辈人惊愕万分。

1. **第一次背叛——与佛教信仰告别**

毛泽东终生无比爱戴的，是他的母亲。他的母亲文七妹，有着一颗博爱、善良的心，宽容、克己、逆来顺受，是个虔诚的佛教信仰者。毛泽东刚刚出生时，为了保佑他吉祥平安，外婆和母亲抱着襁褓中的毛泽东，到离娘家唐家圫两里外的龙潭圫山脚下，拜一巨大的神石——石观音为干娘。毛泽东在家排行第三，由此得到了乳名“石三”，大家都亲热地叫他“石三伢子”。

受母亲的熏陶和影响，毛泽东小时候也信神拜佛。家中堂屋前的神龛上供奉着观音菩萨、天地君亲师、司命府君以及列祖列宗的牌位。母子二人总是按时在这里焚香磕头，敬奉诸神。1959 年 6 月，毛泽东回故乡时来到这神龛前曾对随行人员幽默地说：这就是我和母亲每月初一、十五工作的地方。那时，他和母亲一样，对不信神佛的父亲极不理解，极不满意，甚至感到很伤心。9 岁那年，他还和母亲一起认真地讨论过父亲不信佛的问题。此后好几次想把他转变过来，可是没有成功。毛泽东后来忆及此事时曾说：“他（指父亲毛顺生）只是骂我们，在他进攻之下，我们只好退让，另想办法。但他总是不愿意和神佛打交道。”这令幼小的毛泽东非常失望。15 岁时，母亲生病，毛泽东爱母心切，跑了 400 多里路到南岳衡山去求神拜佛，许愿母亲的病尽快好起来，却没有就近去请乡里的郎中大夫来看病。可见其信佛之深。

但在这期间，毛泽东并不是一点怀疑也没有。每年的大年三十晚上，他都和母亲一起认真地准备祭品，焚香磕头，敬奉“司命府君”，祈求保佑全家平安。有一年大年初一清早，毛泽东照例按母亲嘱咐到神龛前摆放祭品。这时他望着每天都依然如故的佛像忽然想：摆了这么多的祭品，神佛若有灵为什么从来没动过一下呢？再说，邻里乡亲们每年都恭恭敬敬地拜佛，可日子还是过得那么苦，神佛并没有保佑他们呀。这不是骗人吗？想到这里，他就想试一试神佛是否有灵。于是，他拿起一杯作祭品用的香茶向神像泼去，一连泼了三杯。他带着儿童的天真想到：若神佛有灵，就该接受他的敬意，若神佛怪他不恭，他甘愿受罚。这事遭到了母亲的责怪，母亲只好惶恐地向“司命府君”神像作揖赔罪，同时也在心里暗暗担心儿子是否不再敬佛。

随着年龄的增长、知识的增加，特别是受到毛麓钟老师和进步人士李漱清的影响，毛泽东越来越动摇了对佛的信仰，开始在这件事上背叛了他的母亲。对此，母亲心里很清楚，也更加忧虑。1919 年母亲病重时，他不再去给佛磕头了，而是毅然带母亲到长沙的医院找医生求治。从此，毛泽东彻底告别了对佛的信仰。

### 2. 抗议私塾的旧教育制度

毛泽东 8 岁进离家不远的南岸私塾读书。由于天资聪颖，书读得比别人多，背得比别人快，一开始就深得塾师的赞赏，外号“省先生”。但好景不长，一年多以后，毛泽东就开始造起反来。一个闷热夏天的下午，他乘塾师外出办事的一点时间，带领十几个同学到塘边游泳去了，自然被先生当即抓获回到蒙馆。面对先生手中的戒尺和严厉责问，其他学生都似大难临头般，唯独毛泽东却泰然无事地承认是自己带的头。当先生的戒尺就要打将过来时，毛泽东却又不紧不慢地把先生还没有教的《论语》中孔子的一段话念给先生听："孔子问曾点的志愿，曾点答道：'莫春者，春服既成，冠者五六人，童子六七人，浴乎沂，风乎舞雩，咏而归。'孔子听了曾点的回答很高兴，他说：'吾与点也！'这不是孔夫子赞成少年到河里游泳吗？而且还要与学生一起去游泳呢。我们到池塘游泳，那又有什么关系呢？"先生被问得哑口无言，一怒之下竟找到毛泽东的父亲告了一状。本来就十分严厉的父亲自然不会放过偷着去游泳还顶撞老师的毛泽东，当下就拿着楠竹板子跑到塾房。毛泽东见势不妙，就在父亲的竹板要落下来时，一转身跑到了山上。父亲追他不上，只好骂道："你跑，我看你跑到哪里去！除非你永世不回家！回来，我就要打死你这个没王法的东西！"① 没有回头之路的毛泽东只好向想象中的县城方向走，一直走了 3 天，才走出 8 里地，还没有走出韶山冲，后来被一位砍柴的老人送回家来。这 3 天里，父亲也十分着急，托人四处寻找。此后，情形就有改善，父亲比以前稍微体谅一些了，老师的态度也较前温和了。10 岁的毛泽东，由此看到了抗议行动的效果，这给了他深刻的印象。

这件事后，父亲把他转送到离家两里路远的关公桥私塾读书。这里的塾师是位有名的爱打骂学生的"恶先生"。毛泽东对这种教学方法非常反感。毛泽东读书时喜欢动脑筋问问题，常常把这位肚里墨水有限的老先生问得答不上来。于是有一次这位先生就对毛泽东说："先生点书，你

① 《毛泽东故土家族探秘》，西苑出版社 1997 年版，第 132 页。

多听多读，少多嘴多舌，问个不停。”毛泽东当即笑答：“先生可以动手打人，学生怎么不可以动口请教先生?”面对这样一个聪明而又调皮的学生，先生一点办法也没有。半年后，他写了个纸条让毛泽东拿回去给他爹，说：“从此，你不用再来了。”①

此后，毛泽东又先后在桥头湾、钟家湾两个私塾读了一年。先生们喜爱他的聪慧却十分头痛他的顽皮。别的学生都是恭恭敬敬地站在坐在桌后的先生面前背书，毛泽东却偏要搬条凳子坐在先生面前背。先生责怪他并命令他站起来时他却振振有词地坚持说：“先生你能坐着听，为什么我就不能坐着背呢?”他坐在那里倒背如流，先生也拿他无奈。

毛泽东一直对先生规定读的经书不感兴趣，却对私塾严禁读的“杂书”，什么《精忠传》、《水浒传》、《隋唐嘉话》、《三国志》、《西游记》等等最感兴趣。先生经常发现他把“杂书”放在“正书”底下偷偷读，就罚他背比别人更多的书，他却能轻松应对，从未被难倒过。一次，先生又发现他聚精会神地在读摊开的《论语》下面放着的《水浒全传》，便一把将书抓走，怒斥他，并恶狠狠地用竹板把他的手心打出条条血印，令他疼痛万分。毛泽东没有流泪，却从此没有再来。毛泽东后来回忆说，他从小喜欢看“造反”的小说。他在1936年同美国记者斯诺谈话时曾忆及少年时读书的情形说：“我熟读经书，可是不喜欢它们。我爱看的是中国旧小说，特别是其中关于造反的故事。”② 也许，正是从这些小说中，他对革命有了最早的感受。

1906年春，父亲又送毛泽东来到井湾里私塾读书。这里的先生是毛泽东的兄长毛宇居，只比毛泽东大12岁。不久，毛泽东发现，这位岁数

---

① 《毛泽东故土家族探秘》，西苑出版社1997年版，第133～134页。

② 斯诺：《西行漫记》，生活·读书·新知三联书店1979年版，第108页。

不大的先生很有学问，但跟前头几位老先生一样，最崇拜孔夫子，只让读经书，不许读“杂书”。这使毛泽东极为失望、不满。于是毛泽东便对这位先生不恭起来，居然口口声声称先生为“大哥”，先生也无法。一天，毛宇居先生有事要外出，让学生们在教室里温习功课，不得走动和说话。毛泽东当即提出，如果大哥今天不教新课，他就要到屋后一个僻静而且阴凉的大树下读书，在那里读书记性好。先生未准。但先生刚一出门，毛泽东立刻到了他要去的地方。过了一会儿，毛泽东回来了，不但背会了课文、看了“杂书”，还摘回一些野果分给同学们，给“大哥”也留了一份。此事令毛宇居十分生气，定要罚他。罚他什么呢？知道背书罚不倒他，便把他叫到室外，指着天井罚他作赞井诗，声称赞不出就要打屁股，还要告诉他爹。不想，毛泽东围着天井转了一圈竟感慨万千，觉得自己就像井中的小鱼一样没有丝毫的自由，于是一首小诗就此诞生了：“天井四四方，周围是高墙。清清见卵石，小鱼囿中央。只喝井里水，永远养不长。”这首诗一经咏出，同学们都纷纷拍手叫好，毛宇居先生也暗自佩服，同时也感到了惭愧，此事就此罢了。然而毛泽东却对这样的私塾永远失去了兴趣。这年冬至私塾放假后，毛泽东执意不肯再回私塾读书，他宁愿留在家里帮父亲做农活。母亲劝他时他说：“儿不是不想学习，逃学偷懒，而是不愿在学堂里坐牢一样读死书。我不是不领父母的好意，而是讨厌那不明时局的古板的先生，老是‘之乎者也’的那一套来愚弄学生。”①

一直到两年半以后的1909年秋，毛泽东才再次进入私塾读书。这一方面是由于父亲的劝说，另一方面毛泽东本人对两年半的田间劳作也感到

---

① 《毛泽东故土家族探秘》，西苑出版社1997年版，第139页。

了厌烦，能借到的书也都看完了。所以，此时的他很想找个好老师学些新鲜知识。这次去的是乌龟井私塾，先生是毛岱钟。毛岱钟先生在韶山冲一带很有名气，是最早接受现代教育的人之一，而且以讼笔著称。父亲不久前刚刚在一场官司中由于没文化而使自己有理说不清导致败诉，所以特地为儿子找了这位诉讼专家求教，以图将来能够保卫家产。但这仍不能使求知若渴的毛泽东满足。他听说东茅塘的毛麓钟先生声望和学识更高一筹，他开办的私塾是中西合璧式的，这在当时的韶山冲是唯一的一所。于是，他在乌龟井只待了半年，就再次违背父愿，来到东茅塘投奔毛麓钟先生。毛麓钟先生学识渊博、品格高尚，对毛泽东一生有着极深的影响。他也非常喜欢毛泽东这位志向远大、品学兼优的本家学生，在多方面给予毛泽东极大的关心和帮助。但不久，由于发生了毛泽东大闹毛氏祠堂事件，毛泽东被迫离开了这位他深深景仰的先生，永远结束了他在私塾读书的生活。但这时的毛泽东，在毛岱钟和毛麓钟两位先生的新知识、新思想启发下，思想已经有了升华，产生了冲出韶山冲的强烈愿望。

对这前后 6 年的私塾学习，毛泽东后来说是“6 年孔夫子”。最后这年是他收获最大的一年，就是前 5 年，应该说对他的一生也有极大裨益。这段生活，一方面，使他受到了中国优秀传统文化的熏陶，启迪了智慧，为日后的革命生涯奠定了深厚的知识功底；另一方面，落后的、旧式的教育，也使他感受到了切肤之痛，为他观察中国现状作了最初的准备，同时孕育了他的反抗精神。这期间，他与私塾几位先生的冲突，是他少年时代对不合理制度的反叛精神的最初展露。

**3. 为贫苦农民请命大闹毛家祠堂**

1909 年，湖南发生大水灾，长沙聚集了成千上万的饥民，但地主豪绅、投机商人们却乘此机会为牟取暴利而囤积居奇，致使米价暴涨。老百姓买不起米，出现了全家大人小孩一起自杀的情况。饥民们派代表到巡抚衙门请愿，要求救济并平价粜米。没想到抚台竟说："为什么你们没有饭吃的？城里有的是，我就总是吃得饱饱的。"饥民们怒不可遏，攻打并焚烧了衙门，砍断了作为官厅标志的旗杆，抢了奸商囤积的米，结果遭到官兵的残酷镇压，领头人被杀，人头被挂在旗杆上示众。

当时毛泽东正在东茅塘私塾读书，听说这件事后极为愤慨，和同学们讨论了很久。他后来回忆说：这件事"给我留下了深刻的印象。大多数学生都同情'造反的'，但他们仅仅是从旁观者的立场出发。他们并不懂得这同他们自己的生活有什么关系。他们单纯地把它看作一件耸听的事而感到兴趣。我却始终忘不掉这件事。我觉得造反的人也是些像我自己家里人那样的老百姓，对于他们受到的冤屈，我深感不平"。[①] 这次长沙饥民暴动后，他又听说了发生在1866年的彭铁匠造反的事。说的是韶山农民的秘密组织哥老会和地主发生冲突，地主通过贿赂打通官府打赢了官司，哥老会会员不服，就打起反旗，在一个叫浏山的地方建了寨堡。官兵镇压了他们，为首的彭铁匠逃亡，最后还是被捕并被斩首。毛泽东说，这些事"在我已有反抗意识的年轻心灵上，留下了磨灭不掉的印象。在这个时期，我也开始有了一定的政治觉悟"。[②]

长沙的饥民暴动影响了湖南各地。不久，韶山冲的米价也飞涨起来，地主和米商们也搞起了囤积居奇的勾当。贫苦农民们无钱花高价买米，只得卖儿卖女、逃荒要饭。但毛氏祠堂里却囤积着一百多担谷米。本来按祠堂规矩，这些谷米应该在青黄不接时按平价粜给乡亲们。但当时的

---

① 斯诺：《西行漫记》，生活·读书·新知三联书店1979年版。

② 斯诺：《西行漫记》，生活·读书·新知三联书店1979年版。

族长毛鸿宾却打算把这些谷米运到米价高涨的外乡去卖，把多赚的钱揣进自己腰包。本族穷人毛承文得知后冲进祠堂质问毛鸿宾，并坚决要求立即开仓平粜谷米。毛鸿宾当下喝令打手将其捆绑，并把全族一百多人召集来，欲以破坏族规的罪名惩办毛承文。

正在这时，毛泽东带着同学们从东茅塘私塾赶来了。当他看到族长称毛承文为“本族刁民”，并令手下人将一块粗布塞在毛承文嘴里不许他申辩，还要“按族里老规矩”打他 50 大板时，16 岁的毛泽东挺身而出，大喝一声：“住手!”在场的人无不惊异这个孩子的大胆。族长知道他是闹学堂闻名的毛泽东，心里早有几分不快，但也没把这个小孩子放在眼里，叫他少管闲事。毛泽东却正色道：“承文哥在理，打不得!”他质问族长：“你为什么不把这个原因对大家讲清楚？要打，也要讲清楚再打!”人群中有许多人赞成毛泽东的意见。于是，毛泽东走到前面说：“我是伢子，大道理不懂，但我晓得，一只手遮不住天，千人抬不动个‘理’字，就是犯了朝廷的王法，也要问问犯人的口供哩。”他接着说：“族长应该让承文哥讲话，把人家捆起来，为什么还要封人家的嘴巴呀？大家讲一讲，这难道是祖宗传下来的规矩吗?”下面站着的人中已有人响应，伸手把堵在毛承文嘴里的布扯了出来。毛承文讲了事情的原委，人们知道是怎么回事后，毛泽东说：“我族‘家规’里有这么一条：公项银谷，其出入每年凭众清算，注载公簿，以示清洁，如有肆意侵噬，除追还赔偿外，立行斥革论罚！现在的事实，大家又都清楚了，身为一族之长，全不把乡亲们的死活放在心上，一心想赚昧心钱，主修祠堂和族谱，连个账本也不敢见人，这些，不是明明违反了族规吗？予以严惩的难道不应该是他族长大人吗?”族长气得咬牙切齿，一边大叫“造反了!”一边威胁他说：“石三伢子，你有本事，你等着瞧!”然后拂袖而去。

族长走后，由几位长辈主持，当即开仓平粜。不久，毛鸿宾就下台了。

毛泽东大闹祠堂这一天，父亲毛顺生正好为生意的事外出不在家。他回来听毛鸿宾告状后，立即怒火冲天地直奔东茅塘私塾，拉上毛泽东就往外走，嘴里说着："石三，你小时候闹学堂，如今你闹祠堂，再过几年，说不定还会闹公堂呢！这书你不能再读下去了！"就这样，毛泽东被迫离开了他最后的、也是他最崇敬的一位塾师毛麓钟先生，被父亲带回家里。

毛泽东在少年时代就有的对贫苦农民的这种深刻同情和对现有社会秩序的深刻不满，促使他的头脑中萌发了最初的革命意识。

## 二、开始成为民主主义者

1910 年秋天，不满 17 岁的少年毛泽东违背父亲要他到湘潭裕盛米行当学徒将来学做生意的意愿，给父亲留下一首诗："孩儿立志出乡关，学不成名誓不还。埋骨何须桑梓地，人生无处不青山。"这首改写的诗句，充分表达了他小小少年就怀有救国救民伟大抱负的远大志向。之后，毛泽东便第一次离开家乡，来到湘乡县城附近东台山下的东山小学堂。

毛泽东在当时作出这样的决定，除了上述对贫苦人民受剥削受压迫悲惨处境的深切同情，迫切希望改变他们的命运外，还由于受到身边一些进步人士的影响，并在他们的推荐下读了许多忧国忧民的进步书籍。对他影响最大的两本书，一本是冯桂芬的《校邠庐抗议》，一本是郑观应的《盛世危言》。他们都是学贯中西、力主改革的有识之士，特别是郑观应的《盛世危言》，还提出了改革的具体方案，代表了我国甲午战争之前早期改良派的思想。这些思想在当时虽说已经有些过时，但对于住在偏僻山村的少年毛泽东来说，已经是大开了眼界，使他对腐朽的封建统治者和外国列强对中国的欺凌感到强烈愤慨。当时他还读了一本关于列强瓜分中国的小册子，读后印象更是深刻。20多年以后他回忆说："我现在还记得这本小册子的开头一句：'呜呼，中国其将亡矣！'这本书谈到了日本占领朝鲜、台湾的经过，谈到了越南、缅甸等地的宗主权的丧失。我读了以后，对国家的前途感到沮丧，开始意识到，国家兴亡，匹夫有责。"①

这时，虽然已经出现了以孙中山为代表的一批革命者，他们与康有为、梁启超、谭嗣同等仁人志士不同的是，没有在封建主义的框架里搞维新改良，而是要打破封建的罗网，推翻清政府，建立资产阶级民主共和国。但是，和当时的许多热血青年一样，受康、梁激情澎湃文字的感染，毛泽东一度较多地接受了维新派的思想，成了康、梁的崇拜者。他后来回忆说："当时我正在读表兄送给我的两本书，讲的是康有为的变法运动。一本是《新民丛报》，是梁启超编的。这两本书我读了又读，直到可以背出来。我崇拜康有为和梁启超，也非常感谢我的表兄。"② 这是他接受的最初的政治启蒙。他甚至在《新民丛报》第四号刊载梁启超《新民说》一文中解说"国家"与"朝廷"两个概念处写下了一段赞同并发挥了梁启超观点的批注曰："正式而成立者，立宪之国家，宪法为人民所制定，君主为人民所拥戴；不以正式而成立者，专制之国家，法令为君主所制定，君主非人民所心悦诚服者。前者，如现今之英、日诸国；后

① 《毛泽东故土家族探秘》，西苑出版社1997年版，第176页。

② 斯诺：《西行漫记》，生活·读书·新知三联书店1979年版，第113页。

者，如中国数千年来盗窃得国之列朝也。”这恐怕是迄今为止我们见到的毛泽东对政治发表见解的最早文字。从这段文字看，他并不反对君主制度，只是反对君主专制，赞成君主立宪制，寄希望于康、梁那样的维新派去进行改革。他后来说：“说实在的，当时我还不是一个反对帝制的人，认为皇帝和大多数官吏都是诚实、善良和聪明的人，他们仅仅需要康有为帮助他们进行变革罢了。”

但是不久，这种情况就发生了变化。

就在辛亥革命爆发前的 1911 年春天，18 岁的毛泽东来到长沙湘乡驻省中学读书。在这里，孙中山主张的推翻清政府的民主革命思潮，早已代替康、梁的维新变法思想而成为时代的主流。在这里，他看到了有生以来的第一份报纸《民立报》，发现里面充满了激动人心的材料，并为上面刊载的广州反清起义和七十二烈士殉难的消息深深感动。早已对国家兴亡系之于心的毛泽东，一经接触这些革命思想，便兴奋异常，热血沸腾，当即写了一篇文章，公开表达他的政见：支持革命党推翻清朝，建立民国的纲领。他把这篇文章贴在学校的墙壁上。当然，这篇文章用他后来的话说“有些糊涂”，他说：“这是我第一次发表政见，思想还有些糊涂。我还没有放弃我对康有为、梁启超的钦佩，我并不清楚他们之间的差别。所以我在文章里提出把孙中山从日本请回来当新政府的总统，康有为当国务总理，梁启超来当外交部长。”① 这年 4 月，他还在同学中带头剪掉了辫子，这时，离辛亥革命爆发还有 6 个月。

这年 10 月 10 日武昌起义爆发。作为响应，10 月 24 日长沙革命党人发动武装起义，成立了湖南军政府。毛泽东当即投笔从戎，毅然加入了

---

① 斯诺：《西行漫记》，生活・读书・新知三联书店 1979 年版，第 115 页。

长沙革命军——新军，编入第25混成协50标第1营左队。两个月后，全国大多数省份宣告独立，清王朝宣布退位。毛泽东和所有善良的人一样，认为革命已经大功告成，于是退出军队，决定继续求学。

然而，辛亥革命并未成功。窃国大盗袁世凯，通过南北议和，窃取了革命胜利的果实，当上了民国临时大总统。此后，便陆续发生了袁世凯恢复帝制、张勋演出复辟闹剧、中国被迫接受日本的“二十一条”不平等条约、各路军阀混战等一系列悲剧。人们原先热切期盼的民主、进步和民族独立根本没有实现。中国重新陷入失望的茫茫暗夜之中。

这是辛亥革命的失败。

中国的出路在哪里？

革命的方向是什么？

这是摆在新一代革命者面前的问题。

这时的毛泽东，还仅仅是一个不满20岁的读书青年。面对革命的失败和社会的动荡，他也曾惶然，但不管怎样，他早已立下了“改造社会事”的志向。受当时的社会大潮影响，毛泽东曾一度打算投身实业救国的大军，于是在1912年春报考了商业学校和高级商校。这着实让本来就想让儿子学做商人的父亲高兴了一阵。但不久，毛泽东还是改变了主意，以第一名的成绩考入了湖南全省高等中学校，他希望接受更加全面而且正规的教育。然而不到半年，他对学校又感到了失望，认为学不到什么真正有用的东西，于是开始了他在湖南图书馆自学的生涯。尽管父亲为此中断了对他的生活资助，他也没有让步。这一点，也充分反映出他性格中独立不羁的特点。直到1913年春天，他才重新入学，上了不收学费而且伙食费也比较便宜的湖南省第四师范（后与一师合并）。在这里，他结识了恩师杨昌济和同窗好友蔡和森、萧子升。

辛亥革命的失败给予人们的警示是：皇朝变成了共和，民主和进步为什么还不能实现呢？关键是封建主义的旧思想、旧文化、旧礼教没有被扫荡，国民性亦未被改造之故。于是，一场彻底批判旧文化的新文化运动开展起来了。毛泽东成了陈独秀创办的《新青年》杂志的热心读者。这时，他和许多具有先进思想的人一样，特别强调主观对于改造社会的能力。1918 年 4 月他与蔡和森、萧子升等人创办的新民学会，其重点就是强调个人修养，改造国民性。当时学校在这方面对他的评价是：

敦廉耻，尚气节，慎交游，屏外诱（敦品）

守秩序，重礼节，慎言笑（自治）

长于国文词章（文学）

长于演讲，论辩应对（言语）

应变有方，办事精细（才见）

冒险进取，警备非常（胆识）

这一评价说明，毛泽东这时的个人修养已经是非常优秀的了。所以在学校举行的人物竞选中，毛泽东在 400 多人中得票最多，成为第一名。

但很快，毛泽东和蔡和森就不满足于此了。他们提出，在这剧烈动荡的社会中，不能像杨师（杨昌济）那样只“能读其书而已”，也不能以清流自许回避政治。他们决心探求中国的出路。在 1918 年 6 月从湖南第一师范毕业以前，毛泽东已经是一个在政治上主张推翻君主制，赞成孙中山提出的资产阶级共和制，在思想上主张彻底铲除封建专制主义的理论基础三纲五常的民主主义者。

## 三、反对资本主义的最初趋向

1918年8月，他来到北京，后来到北京大学图书馆工作。在这里，他接触到各种新思潮，并且同新文化运动的著名人物陈独秀、李大钊等人直接接触，思想发生了很大变化。他后来回忆说："我对政治的兴趣继续增长，我的思想越来越激进……可是就在这时，我的思想还是混乱的，用我们的话来说，我正在找寻出路。我读了一些关于无政府主义的小册子，很受影响。"① 这时他主要表现出的是一种激进的民主主义思想倾向，并且集中表现为空想社会主义的思想。

毛泽东反对资本主义的思想趋向，最初表现在他一度赞成克鲁泡特金的无政府共产主义学说上。克鲁泡特金的无政府共产主义，标榜不但反对封建主义国家，而且也反对资产阶级国家。当时的《进化》杂志介绍这一理论时说："无政府共产主义者何？主张废除资本制度，且不用政府统治者也"，"以达于吾人所理想之无地主、无资本家、无寄生者、无首领、无官吏、无代表、无家长、无军队、无监狱、无警察、无裁判所、无法律、无宗教、无婚姻制度之社会。斯时也，社会上惟有自由，惟有互助之大义，惟有工作之幸乐"。这种无政府共产主义学说，用列宁的话来说是"主观社会主义"，其实质仍然是一种空想社会主义，根本错误在于，反对马克思主义的暴力革命论和无产阶级专政学说。诚如列宁在分析孙中山的思想时所说的，当时的中国，并不像欧美那样"提到日程上的问题已经是摆脱资产阶级而求得解放，即实行社会主义的问题"，而

① 斯诺：《西行漫记》，生活·读书·新知三联书店1979年版，第127～128页。

“仅仅是消灭封建剥削的纲领”。[①] 因此，推翻资本主义制度、建立无产阶级专政的社会主义革命任务还没有提到议事日程上来。加之当时马克思主义还没有传入中国，在这种情况下，鞭挞资本主义制度、否定强权、崇尚没有剥削和压迫的理想社会的无政府共产主义理论，就自然而然地吸引住了中国许多进步的小资产阶级知识分子，而立志改造社会，正在热切地追求新社会、新生活的青年毛泽东，就更是如此了。

毛泽东反对资本主义，主张空想社会主义的思想，主要付诸他与蔡和森等人为试验新生活而搞的新村运动计划。1919 年 4 月，毛泽东回到长沙，提出了一份详细的“新村计划”。毛泽东设计的理想社会蓝图是：创造新学校，实行新教育，学生们在农村半工半读；再由这些新学生，创造新家庭，把若干新家庭合在一起，就可创造一种新社会。在这个社会里，设立公共育儿院、公共蒙养院、公共学校、公共图书馆、公共银行、公共农场、公共工厂、公共剧院、公共病院、公园、博物馆等等；以后，把这些一个个的新社会连成一片，国家便可以逐渐地从根本上改造成一个大的理想的新村。他认为，岳麓山一带，是实施新村建设的最适宜之处。为了得到社会关注，他把新村建设计划中的一章《学生之工作》发表在 1919 年 12 月 1 日的《湖南教育月刊》上。文中写道：“我数年来梦想新社会生活，而没有办法。七年春季，想邀数朋友在省城对岸岳麓山设工读同志会，从事半耕半读，因他们多不能久在湖南，我亦有北京之游，事无成议。今春回湘，再发生这种想象，乃有在岳麓山建设新村的计议，而先从办一实行社会说本位教育说的学校入手。此新村以新家庭新学校及旁的新社会连成一块为根本理想。”“今不敢言‘模范国’、‘模范都’、‘模范地方’，若‘模

① 《列宁选集》第 2 卷，人民出版社 1995 年第 3 版，第 293 页。

范村’则诚陈义不高，简而易行者矣。”[①] 当时他认为，他搞的新村试验，既然有志于新生活之创造，就一定可以引起社会的同情和效法，进而实现新社会。这种主张同他在《湘江评论》上提倡的“无血革命”是一脉相承的，亦被蔡和森觉察到是一种乌托邦式的设想。蔡和森说：“着手办法，惟有吾兄所设之‘乌托邦’为得耳。”[②]

毛泽东当时之所以陷入空想社会主义，是由于那时他还没有学到马克思列宁主义，因而没能找到一条实现理想社会的正确道路。然而，正如列宁评价俄国民粹派乌托邦时指出的：“从19世纪80年代老的马克思主义著作中，可以看到为取得这种宝贵的民主主义内核一贯所作的努力。总有一天，历史学家会系统地研究这种努力，并且考察出这种努力同20世纪前10年内被称为‘布尔什维主义’的那种思潮的联系。”[③] 的确，毛泽东后来的思想和实践证明，他当时的空想社会主义思想中包含着可贵的趋向，使他一旦接触马克思主义就会立即接受它并成为一名真正的马克思主义者。这个可贵的趋向，就是不但反对封建专制，而且反对资本主义。这就是列宁指出的：“乌托邦是千百万小资产阶级劳动者要求根本消灭封建旧剥削者的愿望的反映，也是他们要把资本主义新剥削者‘一并’消灭掉的虚幻的冀望。”[④] 这就超出了一般资产阶级民主主义者的水平，也超出了他自己此前的思想境界。

毛泽东这一新村计划还未及尝试，就被五四运动和其后进行的驱逐张敬尧的斗争打断了。

---

① 毛泽东《学生之工作》，《湖南教育月刊》第1卷第2号。
② 《蔡和森文集》（上），湖南人民出版社1979年版，第13页。
③ 《列宁选集》第2卷，人民出版社1995年第3版，第301页。
④ 《列宁选集》第2卷，人民出版社1995年第3版，第301页。

## 四、从主张“温和革命”到主张夺取政权

五四运动爆发时，毛泽东正在湖南。他以极大的政治热情投入斗争，响应北京学生的爱国行动，此后又参加了驱逐湖南军阀张敬尧的斗争和湖南自治运动。在这个过程中，他开始接受马克思主义，思想发生了根本的变化。

首先，他看到了十月革命的伟大意义。当时，中国的反动派千方百计诋毁十月革命，视之为洪水猛兽，把布尔什维克党诬为过激党。对此，毛泽东写了不少文章予以驳斥。他热情洋溢地歌颂十月革命推动了欧洲革命，促进了东方民族的觉醒，也对中国革命发生了影响。他在《湘江评论》上发表文章写道：“俄罗斯打倒贵族，驱逐富人，劳农两界合立了委办政府，红旗军东驰西突，扫荡了多少敌人，协约国为之改容，全世界为之震动，匈牙利崛起，布达佩斯又出现了崭新的劳农政府。德人、奥人、捷克人和之，出死力以与其国内的政党搏战。怒涛西迈，转而东行，英、法、意、美既演了多少的大罢工，印度、朝鲜又起了若干的大革命。”① 对中国，他则认为，五四运动正是在十月革命的影响下爆发的。他说：“异军突起，更有中华长城渤海之间，发生了五四运动。旌旗南向，过黄河而到长江，黄浦汉皋，屡演活剧，洞庭闽水，更起高潮。天地为之昭苏，奸邪为之辟易”。② 从毛泽东此时对十月革命的世界意义的阐述，可以说明他的世界观已经开始发生质的变化，那就是逐渐从资

① 李锐：《毛泽东的早期革命活动》，湖南人民出版社 1980 年版，第 205 页。
② 李锐：《毛泽东的早期革命活动》，湖南人民出版社 1980 年版，第 205 页。

产阶级世界观，向着马克思主义世界观转变。

进而，他初步具有了用阶级斗争观点观察历史的思想。过去，他推崇人类互助，认为这是人类历史进化的法则。这是一种建立在超阶级的抽象人性论基础上的历史观。现在，他接受了马克思主义的阶级斗争观点，于是把人类分成以不同利益为基础的各种联合体，有“强权者的联合”、“资本家的联合”、“民众的联合”，这些联合造成历史的运动，这是历史进化的法则。他把这表述为：“我们竖看历史，历史上的运动不论是那一种，无不是出于一些人的联合。较大的运动，必有较大的联合。最大的运动，必有最大的联合。”① 他分析法、英、美等国的罢工风潮，是工人由于劳获不均，工时太久，住屋不适，失职无归因而联合起来发起的活动；其他事件，也是由于各国的民众，为着生活痛苦问题，突然起了许多活动。他不但认为历史上的运动起于民众的联合，而且认为改造社会根本的一个办法，就是民众的大联合，因为民众联合的力量最强，一国的民众总比一国的贵族资本家及其他强权者要多。这些论述，表明此时的毛泽东已经有了初步的阶级观念。当然，由于条件的限制，他此时的阶级观念还是极其初步的、不科学的。例如，他把阶级产生的原因归纳为“第一是知识，第二是金钱，第三是武力”，又把阶级分为“智愚的阶级”、“强弱的阶级”，等等。这些显然都是不科学的。但无论如何，他已开始尝试运用阶级斗争的观点观察历史，这说明他的历史观发生了极大的变化。

再进而，由于他更加深入地研究了马克思列宁主义，并更加深入地投入了现实斗争，因此，深刻认识到仅靠“呼声革命”是不能使中国得

---

① 李锐：《毛泽东的早期革命活动》，湖南人民出版社 1980 年版，第 205 页。

到根本改造的，必须通过暴力革命使无产阶级夺取政权，建立无产阶级专政，方能达到目的。

在这以前，毛泽东曾经是主张“温和”的“呼声革命”和“无血革命”的。在当时赞成马克思的激烈派同赞成克鲁泡特金的温和派的分歧面前，毛泽东的思想是矛盾的——他一方面称颂十月革命，另一方面又不赞成用暴力革命的方式来打倒强权，为的是避免社会“起大扰乱”，还觉得强权者也是人，是我们的同类，如果用强权打倒强权，结果得到的仍是强权。所以他在《创刊宣言》中提出：“主张群众联合，向强权者做持续的‘忠告运动’，实行‘呼声革命’——面包的呼声，自由的呼声，平等的呼声——‘无血革命’。”总的来说，毛泽东这时选择的是温和的改良道路，觉得“这派人的意思更广、更深些”。[①] 包括他在1919年4月搞的乌托邦式的“新村计划”，也无非是想借此试验唤起民众的同情与效法，从而实现新社会。

然而，残酷的现实告诉他，斗争绝不会温和。当时的湖南都督张敬尧原是皖系军阀，于1918年3月上任后作恶多端。湖南民众忍无可忍，提出了“张毒不除，湖南无望”的口号。1919年8月中旬，刚刚印出的《湘江评论》第五期被张敬尧以宣传“过激主义”而查禁，湖南学联也被强行解散。湖南人民由此事件开始，掀起了驱张运动。12月运动进入高潮。12月上旬，毛泽东即率驱张运动代表团北上，于这月18日到达北京，浩大的声势震动了整个北京城。1920年6月11日，张敬尧被逐出长沙，驱张运动取得了胜利。

紧接着，湖南民治问题被提上日程。毛泽东当时对地方自治抱有极

① 毛泽东：《民众的大联合》（一），《湘江评论》第2号，1919年7月21日。

大期望，认为只要“实行民治”，然后一省一省的问题都解决了，将来合起来便可以得到全国问题的总解决。于是，1920 年 7 月，毛泽东第二次从北京回到湖南，积极投身于领导湖南自治运动的斗争，创办了文化书社，组织了湖南俄罗斯研究会，并着手组建共产主义青年团。这仍然是一种社会改良。在斗争实践中，他总结经验教训，逐渐认识到，靠搞“呼声革命”，搞政治改良，是不能根本改造中国的。他在 1920 年 11 月给三位好友写信。给向警予的信中说：“几个月来，已看透了。政治界暮气已深，腐败已甚，政治改良一途，可谓绝无希望。吾人惟有不理一切，另辟道路，另造环境一法。”① 给李思安的信中说：我们须“另造环境，长期的预备，精密的计划。实力养成了，效果自然会见，倒不必和他们争一日的长短。”给罗章龙的信中说，“要造成一种有势力的新空气”，新民学会须“变为主义的结合才好。主义譬如一面旗子，旗子立起了，大家才有所指望，才知所趋赴”。这年年底，毛泽东在一封讨论驱张运动和自治运动的信件上加写了一段话：“这两种运动都只是应付目前环境的一种权宜之计，决不是我们的根本主张，我们的主张远在这些运动之外。”他所说的这个运动之外的主张，就是他提出的：新民学会要开始“从事于根本改造之计划和组织，确立一个改造的基础，如蔡和森所主张的共产党”。②

与此同时，毛泽东又结合斗争实践，如饥似渴地读了许多介绍共产主义的书籍。毛泽东在当时就明确指出，只有马克思列宁主义才能解决中国的问题，是中国革命的指导思想。他在 1921 年 1 月给蔡和森的信中

① 《新民学会资料》，人民出版社 1980 年版，第 76 页。
② 《毛泽东书信选集》，人民出版社 1984 年版，第 15 页。

提出："唯物史观是吾党哲学的根据。"① 他认为，一个革命的团体，不应该是"感情的结合"，而应该是"主义的结合"，而在众多主义中，只有马克思列宁主义才是符合客观情况的科学真理，是改造中国与世界的理论。他把当时世界上存在的解决社会问题的方法列为几种，并加以对比，指出："社会政策，是补苴罅漏的政策，不成办法。社会民主主义，借议会为改造工具，但事实上议会的立法总是保护有产阶级的。无政府主义否认权力，这种主义，恐怕永世都做不到。温和方法的共产主义，如罗素所主张极端的自由，放任资本家，亦是永世做不到的。激烈方法的共产主义，即所谓劳农主义，用阶级专政的方法，是可以预计效果的，故最宜采用。"②

在毛泽东的这段论述中，可贵的不仅是把马克思主义当作真正能够有效地解决中国问题的唯一方法，而且明确地提出了反对"补苴罅漏"政策、走议会道路等改良主义的东西，第一次提出了要"用阶级专政方法"。

毛泽东在这一时期提出的"用阶级专政方法"，大致包含两方面的内容：

（1）无产阶级要夺取政权，必须用暴力推翻反动阶级的统治。

到底用什么方法达到改造中国与世界的目的，当时有很大争论。有一种意见"主张共产主义，但反对劳农专政，谓宜用教育的方法使有产阶级觉悟，可不至要妨碍自由，兴起战争，革命流血"。③ 他们"主张温和的革命，以教育为工具的革命"，而"颇不认俄式——马克思式——革

① 《毛泽东书信选集》，人民出版社 1984 年版，第 15 页。
② 《新民学会资料》，人民出版社 1980 年版，第 23 页。
③ 《毛泽东书信选集》，人民出版社 1984 年版，第 5 页。

命为正当”，对俄国式的革命，“根本上有未敢赞同之处”。[①] 毛泽东在1920年12月1日给蔡和森等人的信中把这种意见概括成“用平和的手段，谋全体的幸福”。[②] 然后表明自己对这种主张“有两句评语，就是‘理论上说得通，事实上做不到’”。[③] 毛泽东说，这种“主张的要点，是‘用教育的方法’，但教育一要有钱，二要有人，三要有机关。现在世界，钱尽在资本家的手；主持教育的人尽是一些资本家或资本家的奴隶；现在世界的学校及报馆两种最重要的教育机关，又尽在资本家的掌握中。”“资本家久握教育权，大鼓吹其资本主义，使共产党人的共产主义宣传，信者日见其微。所以我觉得教育的方法是不行的。”同时，“要资本家信共产主义是不可能的事”。因为“要物不倾向下，依力学原理，要有与它相等的一力去抵抗它才行。要人心改变，也要有一种与这心力强度相等的力去反抗它才行。用教育之力去改变它，既不能拿到学校与报馆两种教育机关的全部或一大部到手，虽有口舌、印刷物或一二学校报馆为宣传工具，正如朱子所谓‘教学如扶醉人，扶得东来西又倒’，直不足以动资本主义者心理的毫末，哪有回心向善之望?”所以，毛泽东判断说：“历史上凡是专制主义者，或帝国主义者，或军国主义者，非等到人家来推倒，决没有自己肯收场的。”由此，毛泽东进一步得出结论说：“我看俄国式的革命，是无可如何的山穷水尽诸路皆走不通了的一个变计。并不是有更好的方法弃而不采，单要采这个恐怖的方法。”[④] 毛泽东在此时极力坚持必须采取暴力革命的主张，是他把马克思主义的阶级观点和阶

---

① 《毛泽东书信选集》，人民出版社1984年版，第4页。
② 《毛泽东书信选集》，人民出版社1984年版，第4页。
③ 《毛泽东书信选集》，人民出版社1984年版，第5页。
④ 《毛泽东书信选集》，人民出版社1984年版，第5、6页。

级分析方法运用于中国革命的具体实际所得出的正确结论。

（2）无产阶级推翻反动统治以后，必须建立无产阶级专政。

毛泽东在上面提到的这封信中，谈到推翻反动阶级的统治不能仅仅依靠教育，而必须依靠暴力革命时，指出，之所以如此，最根本的原因在一个“权”字。他说：“教育所以落在资本家手里，则因为资本家有‘议会’以制定保护资本家并防制无产阶级的法律；有‘政府’执行这些法律，以积极地实行其所保护与所禁止；有‘军队’与‘警察’，以消极地保障资本家的安乐与禁止无产者的要求；有‘银行’以为其财货流通的府库；有‘工厂’以为其生产品垄断的机关。如此，共产党人非取政权，且不能安息于其宇下，更安能握得其教育权？”① 由于有这样的认识，所以，他在1921年1月21日给蔡和森的信中，对蔡和森阐述的成立共产党及其国际组织之必要，建议“明目张胆正式成立一个中国共产党”、建立无产阶级专政的主张极表赞成。蔡和森在来信中提出俄、德革命在方法上的根本不同在于：俄社会革命的“方法＝阶级战争＋阶级专政”，而德多数社会党革命的“方法＝与帝国政府通力合作（入战时内阁）；利用革命与中产阶级联盟组织政府”。蔡和森在信中反复强调指出这样一个道理：资本家就是利用政权、法律、军队才能压住工人，所以工人要得到完全解放，也非先得政权不可，要把中产阶级那架国家机关打破（无论君主立宪或议院政治），而建设一架无产阶级的机关——苏维埃。无产阶级不获得政权，万不能得到经济的解放。对此，毛泽东在1921年1月21日的复信中明确地说：“你这一封信见地极当，我没有一

① 《毛泽东书信选集》，人民出版社1984年版，第5页。

个字不赞成。”① 他强调说：“非得政权则不能发动革命，不能保护革命，不能完成革命。”② 这表明他从这时起，即已确立了对马克思主义、共产主义的坚定信仰。

毛泽东在此时提出必须建立无产阶级专政，表明他已经逐步成长为一个不但承认阶级斗争而且也承认无产阶级专政的马克思主义者了。

40 年后，他曾对英国元帅蒙哥马利说：“革命不是哪里想干不想干的问题，我最初就没有想过干革命的问题。我那时当小学教员，当时也没有共产党，是因为形势所逼，不能不干。”③

的确，是那风云激荡的时代，造就了毛泽东这样一位伟大的无产阶级革命家。他继承了孙中山的革命旗帜，但从孙中山的失败中吸取了教训，走上了马克思主义指导的无产阶级革命之路。从此，毛泽东成为中国革命的领导者、实践者。他领导了中国的三次革命。第一次，即是夺取政权的新民主主义革命。

① 《毛泽东书信选集》，人民出版社 1984 年版，第 15 页。

② 《毛泽东书信选集》，人民出版社 1984 年版，第 15 页。

③ 毛泽东和英国蒙哥马利元帅的谈话记录，1961 年 9 月 23 日。

## 第二节
## 领导新民主主义革命取得胜利

### 一、寻找革命道路——首先要建立工农红色政权

虽然毛泽东在投身革命时已懂得掌握革命政权的重要性，并立志在中国建立无产阶级专政的国家，但在中国的社会条件下如何实现这个理想，却没有现成答案。在探索这条通往胜利道路的过程中，毛泽东一开始就显现出非凡的革命家的眼光。

中国共产党成立初期，对马克思主义基本理论的理解，对中国社会的性质和中国革命的特点等，还缺乏深刻的认识，因此一度放弃武装斗争，后又把进攻目标放在大城市，使大革命遭到失败。毛泽东和他的战友们运用马克思主义理论指导中国革命实践，认真总结失败教训，逐步探索出一条适合中国国情的打碎旧国家机器、建立无产阶级专政的特殊道路，其最初的实现形式，就是在农村建立工农红色政权。工农红色政权的建立和发展，为中国革命开辟了一条以农村包围城市的特殊的新

道路。

但在敌强我弱的形势下，一些同志对工农红色政权能否存在和发展表示怀疑。一时间，在红军和地方党内弥漫着一股对革命前途悲观失望的气氛。

的确，一国之内，在白色政权包围中，有一小块或若干小块红色政权的区域长期存在，是世界各国从未有之事。毛泽东亦称此为“奇事”。这种“奇事”为何能在中国发生，且能存在和发展？毛泽东的分析与众不同：

> 第一，中国自民国元年以来一直存在各派新旧军阀之间长期继续不断的分裂和战争。只要这种白色政权的分裂和战争是继续不断的，则一小块或若干小块区域的红色政权在白色政权包围中发生、存在且日益发展，便是无疑的。
>
> 第二，在一些有过民主革命影响的地方，红色政权能首先发生并长期存在。
>
> 第三，在当时国内买办豪绅阶级和国际资产阶级继续分裂和战争的情况下，中国革命的形势是继续向前发展的。这就使得小块红色区域能够长期存在，得到发展，并成为“取得全国政权的许多力量中间的一个力量”。
>
> 第四，我们有了相当力量的正式武装——红军，这是红色政权存在的必要条件。
>
> 第五，共产党组织的有力量和它的政策的不错误，也是红色政权长期存在并且发展的“一个要紧的条件”。

毛泽东的上述分析，解答了一些同志心头的疑虑，对工农红色政权的存在和发展增强了信心。

但新的问题接踵而至。在极其艰苦的环境下，党内一些同志又逐渐流露出悲观情绪。他们“一遇到败仗，或四面被围，或强敌跟追的时候，往往不自觉地把这种一时的特殊的小的环境，一般化扩大化起来，仿佛全国全世界的形势概属未可乐观，革命胜利的前途未免渺茫得很”。林彪也提出“红旗到底打得多久”的疑问。为解决这些思想问题，1930 年 1 月，毛泽东给林彪写了一封复信，批评了包括林彪在内的同志估量时局的悲观思想。他在信中批评这些同志，在思想方法上犯了抓住表面抛弃实质的错误。“情况的实质”是什么？毛泽东在信中再次深入分析了“中国是一个许多帝国主义国家互相争夺的半殖民地这件事”；分析了由此而产生的国际上帝国主义相互之间、帝国主义和殖民地之间、帝国主义和它们本国的无产阶级之间的矛盾“就同时在中国境内发展起来，因此就造成中国各派反动统治者之间的一天天扩大、一天天激烈的混战，中国各派反动统治者之间的矛盾，就日益发展起来”的情况；分析了由此而带来的中国资产阶级和中国工人阶级、地主阶级和农民的矛盾更加深刻化，国货商人和独立生产者日益走上破产的道路，士兵群众经常处在困苦的环境之中，广大的农民和城市贫民求生不得，许多在学学生有失学之忧，许多毕业生无就业之望的后果。这才是当时中国国情的实质。毛泽东的结论是：“如果我们认识了以上这些矛盾，就知道中国是处在怎样一种惶惶不可终日的局面之下，处在怎样一种混乱状态之下。就知道反帝反军阀反地主的革命高潮，是怎样不可避免，而且是很快会要到来。中国是全国都布满了干柴，很快就会燃成烈火。‘星火燎原’的话，正是时局发展的适当的描写。”毛泽东还进一步阐明了红色政权和夺取全国胜利的关系，指出红军、游击队和红色区域的建立和发展，是半殖民地中国在无产阶级领导下的农民斗争的最高形式，提出用这种小块区域的红色政权的巩固和扩大去促进全国革命高潮，进而夺取全国胜利的深刻观点。

在毛泽东关于红色政权理论的指导下，从1927年到1934年，中国共产党在领导各地武装起义的基础上，先后创建了十几块农村革命根据地，在那里建立了红色革命政权。这些红色政权，是大革命失败后将革命力量由城市转入农村的落脚点，是在农村积蓄和锻炼革命力量，坚持长期土地革命战争的支撑点，同时也是坚持农村包围城市进而夺取全国政权的战略出发点。工农红色政权的建立，在中国革命的发展史上具有极其重要的地位。

然而，如果没有革命的武装，这些小块的工农红色政权，要在白色政权的包围中存在、发展和壮大，使星星之火，终成燎原之势，促成全国革命高潮的到来，最终夺取全国政权，那是根本不可能的。还在第一次国内革命战争时期，毛泽东就针对陈独秀不懂得夺取革命胜利的根本在于发展人民的武装这个道理，在大革命的紧要关头，打着防止民众运动“向左”的旗号，压制正在蓬勃高涨的工农运动，解除农民自卫军武装，解散工人纠察队，把所有的枪弹交存政府等右倾投降主义的错误，在1927年1、2月间写的《湖南农民运动考察报告》中提出，必须建立农民协会和农民武装。在四一二反革命政变发生以后，他又在7月4日中共中央政治局常委扩大会议上提出，农民武装可以上山或投到同党有联系的军队中去，否则，不保存武力则将来一到事变我们即无办法。所以，工农红色政权建立起来后，毛泽东又进一步提出了“工农武装割据”的思想。当时，反动派不断向红色区域发动军事进攻，为保卫红色区域，必须把消灭敌人的军事斗争放在首位。毛泽东指出，如果只有地方性质的赤卫队，而没有正式的红军，则只能对付挨户团（一种反革命的地主乡村武装组织），而不能对付正式的白色军队。所以，毛泽东说："'工农武装割据'的思想，是共产党和割据地方的工农群众必须充分具备的一个重要的思想"，"相当力量的正式红军的存在，是红色政权存在的必要条件"。武装斗争离开了革命根据地便成为流寇主义，而革命根据地离开了武装斗争就失去了根本的保障，也就失去了存在和发展的最重要条件。革命战争的胜负，直接关系着革命根据地的扩大与缩小，关系着工农红色政权的巩固与丧失。恩格斯说过"工人要取得胜利，除了暴力革命外，几乎没有别的办法"。[①] 以毛泽东为代表的中国共产党人，终于在经过了第一次国内革命战争和井冈山的斗争实践之后，真正掌握了通过武装斗争夺取政权这一马克思列宁主义关于无产阶级革命学说的基本观点，认识到中国共产党只有建立一支自己直接领导的军队，以武装的革命反对武装的反革命，才能保存自己，消灭敌人，巩固已经建立起来的小块红色政权，进而夺取革命的胜利，在全国建立起无产阶级自己的政权。

总之，在农村建立革命根据地，在白色政权的包围中建立起小块的工农红色政权，用革命的武装反对反革命的武装，通过星星之火，造成燎原之势，以农村包围城市，最终夺取全国政权——这是以毛泽东为代表的中国共产党人，把马克思主义与中国实际相结合，寻找到的一条在中国夺取无产阶级革命胜利，建立无产阶级专政的特殊道路。这是毛泽东对中国革命的最大贡献，是世界无产阶级革命史上的伟大创举，是对马克思列宁主义无产阶级专政学说的重大发展。

---

① 《马克思恩格斯全集》第 21 卷，人民出版社 1965 年版，第 439 页。

## 二、建立民族统一战线并建设抗日战争时期的“人民共和国”

1931年日本侵略中国的九一八事变爆发后，国内各阶级之间的关系发生了新变化。为抵御日本帝国主义的侵略，中国共产党积极促成抗日民族统一战线的建立。1935年8月1日，在共产国际“七大”关于建立反法西斯统一战线精神的指导下，中共驻共产国际代表团以中共中央名义发表了《为抗日救国告全体同胞书》，即“八一宣言”，提出了建立抗日民族统一战线的正确主张。这个宣言呼吁全国各党派无论过去和现在有任何政见和利害的不同，无论各界同胞有任何意见上或利益上的差异，无论各军队间过去和现在有任何敌对行动，首先大家都应停止内战，以便集中一切国力为抗日救国的神圣事业而奋斗。宣言还建议组成统一的国防政府，建立抗日联军。这年10月，中央红军胜利结束长征到达陕北。接着，“一二·九”运动爆发。“八一宣言”的发表，中央红军结束长征以及“一二·九”运动的爆发，预示着中国革命新的高潮的到来。

形势的发展，迫切要求党制定出建立抗日民族统一战线的具体政策。1935年12月25日，中共中央在陕北瓦窑堡召开政治局扩大会议，通过了《中共中央关于目前政治形势与党的任务决议》。27日，毛泽东根据中央这一决议，在党的活动分子会议上作《论反对日本帝国主义的策略》的报告，全面分析了党在政治策略上的诸问题，系统阐明了抗日民族统一战线方针的理论依据。在这个报告中，毛泽东首次提出“把工农共和国改变为人民共和国”。

这个“改变”改变了什么呢？毛泽东说，我们过去的政府即工农共和国，是工人、农民和城市小资产阶级联盟的政府，而从现在起的人民共和国，应当改变为除了工人、农民和城市小资产阶级以外，还要加上资产阶级及一切国内同意民族和民主革命的分子；它是这些阶级的民族和民主革命的联盟。这里的特点是包括了资产阶级。

为什么要作这个“改变”呢？毛泽东说：“这是因为日本侵略的情况变动了中国的阶级关系，不但小资产阶级，而且民族资产阶级，有了参加抗日斗争的可能性。”毛泽东分析在当时形势下，人民共和国的基本任务是反对日本帝国主义吞并中国，所以，这个政府的成分将扩大到广泛的范围，不但那些只对民族革命有兴趣而对土地革命没兴趣的人可参加，就是那些同欧美帝国主义有关系，不能反对欧美帝国主义，却可以反对日本帝国主义及其走狗的人们，只要他们愿意，也可以参加。既然资产阶级在今天的环境下又有重新参加抗日的可能，“所以无产阶级政党不应该拒绝他们，而应该招致他们，恢复和他们共同斗争的联盟，以利于中国革命的前进。”

这个“改变”导致了哪些政策上的变化呢？毛泽东指出，既然人民共和国的基本任务是反对日本帝国主义吞并中国，因此，这个政府的纲领，应当是以适合于反对日本帝国主义及其走狗这个基本任务为原则，据此以适当地修改我们过去的政策。例如，为停止国内武装冲突，共产党愿意停止使用暴力没收地主土地的政策，而准备在新的民主共和国建设过程中，用立法和别的适当方法解决土地问题。“中国土地属于日本人，还是属于中国人，这是首先待解决的问题。既是在保卫中国的大前提之下来解决农民的土地问题，那末，由暴力没收方法转变到新的适当方法，就是完全必要的。”①

① 《毛泽东选集》第1卷，人民出版社1991年版，第260页。

这种“改变”，是否意味着过去的工农民主共和国的口号错了呢？毛泽东明确回答：“没有错的。”这是因为：第一，在那时，资产阶级尤其是大资产阶级既然退出革命，而且投靠帝国主义和封建势力变为人民敌人，则革命动力便只剩无产阶级、农民和城市小资产阶级，革命政党便只剩共产党，革命的组织责任便不得不落在唯一的革命政党共产党肩上。在这种情况下，共产党只能提出工农民主共和国的口号，并为此艰苦奋斗了许多年。第二，工农民主共和国的口号，也不是违背而是坚决执行资产阶级民主革命任务的，包括没收地主土地和实行八小时工作制在内，并没有超出资本主义范畴内私有财产制的界限以外，并没有实行社会主义。第三，现在的人民共和国政府不但代表工农，而且代表民族，这个意义在原来的工农民主共和国的口号里已包括。总之，过去的工农民主共和国的口号并没错，只是由于发生了日本侵略中国的情况改变了中国的阶级关系，所以我们把这个口号改变为人民共和国。

既然人民共和国代表全民族利益，那么它是否也代表敌对阶级的利益呢？毛泽东明确说：不，人民共和国不代表敌对阶级的利益。相反，人民共和国同帝国主义的走狗豪绅买办阶级是处在正相反对的地位，它不把那些成分放在所谓人民之列。人民共和国虽代表全民族利益，但首先代表工人和农民利益，因为中国80%～90%的人口是工人和农民。人民共和国的使命是去掉帝国主义的压迫，使中国自由独立，去掉地主的压迫，使中国离开半封建制度，这些事情不但使工农得利益，也使其他人民得利益。总括工农及其他人民的全部利益构成中华民族的利益，但买办阶级和地主阶级的利益却不包括在内，因为他们是不顾民族利益的，他们的利益是同多数人的利益相冲突的。因此毛泽东说：“我们仅仅离开他们这些少数人，仅仅同他们这些少数人相冲突，所以我们有权利称我们自己是代表全民族的。”①

人民共和国对民族资产阶级的政策是什么？毛泽东说，虽然工人阶级的利益同民族资产阶级的利益是冲突的，但民族资产阶级如果参加反对帝国主义的统一战线，那工人阶级和民族资产阶级就有了共同的利害关系。所以，“人民共和国在资产阶级民主革命的时代并不废除非帝国主义的、非封建主义的私有财产，并不没收民族资产阶级的工商业，而且还鼓励这些工商业的发展。任何民族资本家，只要他不赞助帝国主义和中国卖国贼，我们就要保护他。在民主革命阶段，劳资间的斗争是有限度的。人民共和国的劳动法保护工人的利益，却并不反对民族资本家发财，并不反对民族工商业的发展，因为这种发展不利于帝国主义，而有利于中国人民。”②

让其他反帝国主义反封建势力的阶级，包括民族资产阶级参加人民共和国的政府，不危险吗？毛泽东回答道：“不危险的。”因为第一，工人农民是这个共和国的基本群众，他们的代表在人民共和国政府中占了大多数；第二，给其他阶级的权利，不能违背工农基本群众的利益；第三，这个政府是由共产党领导的。

毛泽东对人民共和国的上述分析，概括来讲是：抗日战争时期的人民共和国，是代表反帝反封建势力的各阶层人民利益的，人民共和国的政府以工农为主体，同时容纳其他反帝反封建势力的阶级。这是由中国革命的现阶段依然是资产阶级民主主义性质的革命，而不是无产阶级社会主义性质的革命这一点决定的。

---

① 《毛泽东选集》第1卷，人民出版社1991年版，第159页。

② 《毛泽东选集》第1卷，人民出版社1991年版，第159页。

事实证明，毛泽东提出的人民共和国性质的政权及各项政策，在抗日战争期间，都在共产党领导的人民解放区完全实现了。正因如此，中国共产党才能够在敌后战场领导人民对日本侵略者进行胜利的战争。这次以国共合作为基础的抗日民族统一战线，国共双方都有自己的军队和政权。这一点不同于第一次国共合作。第一次国共合作之前，我党既无军队又无政权。中国革命的历史经验证明，在统一战线中，如果无产阶级没有自己的武装，没有自己的政权，就没有无产阶级的地位，也就没有革命的胜利。由中国共产党领导的革命武装和解放区的人民共和国政权，是抗日民族统一战线的核心力量，是抗战的模范，是坚持抗战、反对投降，坚持进步、反对倒退，坚持团结、反对分裂的决定性因素，对统一战线的巩固和发展，对夺取抗日战争的最后胜利，起了重要的保证作用。抗日战争结束后，解放区的人民共和国继续存在。在第三次国内革命战争中，随着战争的进展，人民解放区逐步扩大到整个中国大陆，最终出现了统一的中华人民共和国。中华人民共和国的建立，可以说是毛泽东关于人民共和国的理想在全国范围内的实现。

## 三、制定新民主主义纲领并建立在一定历史时期作为过渡形式的新民主主义共和国

毛泽东在抗日战争初期对人民共和国加以论述时就一再强调，民主主义的革命必然要转变为社会主义的革命，但革命的转变，那是将来的事。何时转变，应视是否具备了转变的条件而定，时间会要相当地长。毛泽东特别指出，不到具备了政治上、经济上一切应有的条件之时，不到转变对于全国最大多数人民有利而不是不利之时，不应轻易谈转变。

怀疑这一点而希望在很短的时间内去转变，是不对的。这是由中国的政治经济情况决定的，中国在政治上、经济上完成民主革命，较之俄国要困难得多，需要更多的时间和努力。

在抗日战争的相持阶段，国际国内形势发生了深刻变化。欧洲战云密布，形势日趋紧张，终于在1939年9月爆发了第二次世界大战。英、美等国害怕日本进攻，所以劝中国投降日本，诱使日本进攻苏联。国民党顽固派在英、美“远东慕尼黑”政策的纵容和日本侵略者的诱降下，看到抗战不能速胜，部队损失严重，“借刀杀人”的阴谋不但没得逞，共产党反而在敌后斗争中得到迅速发展，因而反共投降的倾向日益明显，终在1939年冬至1940年春发动了第一次反共高潮。他们在向我发动军事进攻的同时，也从政治思想上对我进行猖狂攻击，大肆鼓吹“一个主义”、“一个政党”、“一个政府”、“一个领袖”。1938年12月，国社党头目张君劢在蒋介石授意下，发表了《致毛泽东先生的公开信》，狂妄提出要共产党把军队（八路军和新四军）完全交到蒋介石手中，取消抗日民主根据地，将马克思主义暂搁一边。在一片反共声浪中，国民党顽固派竭力鼓吹共产主义不适合中国国情，三民主义可以满足中国现在和将来的一切要求，从而为取消共产党和维护国民党的一党专政制造舆论。在这种情况下，民族资产阶级虽然对国民党顽固派的妥协投降极为不满，但又害怕人民革命力量的日益强大，于是企图走“中间路线”，幻想在抗战胜利后建立资产阶级专政的国家。在中国共产党内部，以王明为代表的右倾投降主义路线虽已被克服，但在其对中国革命基本问题的错误观点尚未彻底清除的同时，又发生了“左”的偏向，一些人混淆民主革命和社会主义革命的界限，并急于要超过民主革命。上述种种情况，正像毛泽东所形容的：“抗战以来，全国人民有一种欣欣向荣的气象，大家以为有了出路，愁眉锁眼的姿态为之一扫。但是近来的妥协空气，反共声浪，忽又甚嚣尘上，又把全国人民打入闷葫芦里了。特别是文化人和青年学生，感觉锐敏，首当其冲。于是怎么办，中国向何处去，又成为问题了。”①

为解决中国向何处去的问题，以毛泽东为代表的中国共产党人进行了大量的理论研究和宣传工作。1939 年 7 月张闻天发表了《拥护真三民主义反对假三民主义》的文章，同年 9 月王稼祥发表了《关于三民主义与共产主义》一文，都对三民主义的真实意义，以及共产主义与三民主义的区别和联系，作了科学的阐明，对澄清当时的混乱思想起了很大作用。在这一斗争中，毛泽东所作的努力是非常出色的。他写了一系列著作，有力驳斥了国民党顽固派的反共谬论，明确提出在中国建立新民主主义共和国并将其作为一定时期内的过渡形式的设想。

1939 年 5 月 4 日，毛泽东在《青年运动的方向》一文中，回答了正在进行的反帝反封建资产阶级民主主义革命要达到什么目的的问题，第一次提出要“建立一个人民民主的共和国”，“这种人民民主主义的共和国，就是革命的三民主义的共和国。”它不同于现在这种半殖民地半封建的状态，也不同于将来的社会主义制度。因为在社会主义的社会制度中是不要资本家的，而在人民民主主义的制度中还应当容许资本家存在。毛泽东号召全国青年，应当为打倒帝国主义和封建主义，改变中国的半殖民地半封建的地位，建立人民民主主义的制度而努力。

1939 年冬季，毛泽东和几位在延安的同志合作写了《中国革命和中国共产党》。在他执笔的第二章《中国革命》中，提出了“新民主主义”

---

① 《毛泽东选集》第 2 卷，人民出版社 1991 年版，第 662 页。

的观点。他论述中国革命的性质指出，当时中国社会的性质，是殖民地、半殖民地、半封建社会，这一特殊国情，决定了当时中国革命的任务是反帝反封建的民族革命和民主革命，这个革命有时还有资产阶级参加，革命锋芒不是向着一般的资本主义和资本主义的私有财产，所以，现阶段中国革命的性质，不是无产阶级社会主义的，而是资产阶级民主主义的。但现时中国的资产阶级民主主义的革命，已不是旧式的一般的资产阶级民主主义的革命，而是新式的特殊的资产阶级民主主义的革命，毛泽东把这种革命称为“新民主主义的革命”，或曰“新式的民主革命”，即无产阶级领导下的人民大众的反帝反封建的革命。毛泽东认为，中国的社会必须经过这个革命，才能进一步发展到社会主义的社会去，否则是不可能的。所以说，新民主主义革命是为了终结殖民地、半殖民地、半封建社会和建立社会主义社会之间的一个过渡阶段。它在政治上是几个革命阶级联合起来对于帝国主义者和汉奸反动派的专政，反对把中国社会改造成资产阶级专政的社会；它在经济上是把帝国主义者和汉奸反动派的大资本大企业收归国家经营，把地主阶级的土地分配给农民所有，同时保存一般的私人资本主义企业，并不废除富农经济。这些原则说明，新民主主义革命，“虽然在一方面是替资本主义扫清道路，但在另一方面又是替社会主义创造前提”。①

毛泽东关于新民主主义的观点，在 1940 年 1 月他写的《新民主主义论》中大为发展了，并明确提出了“新民主主义共和国”这个概念。1945 年 4 月 24 日在中共第七次全国代表大会上的政治报告《论联合政府》中，毛泽东又着重从路线、纲领及具体政策上对新民主主义共和国

① 《毛泽东选集》第 2 卷，人民出版社 1991 年版，第 647 页。

作了说明，指出了新民主主义共和国存在的根据、新民主主义共和国的内部政治关系——国体和政体、新民主主义共和国的内部经济关系——“节制资本”和“平均地权”、新民主主义共和国的文化——人民大众反帝反封建的文化、新民主主义共和国的前途——建设社会主义的社会等问题。

毛泽东关于新民主主义共和国的理论，是把马克思列宁主义的无产阶级专政学说运用于中国民主革命的具体实践的产物。它完全符合中国社会和中国革命的实际，具体反映了中国革命的历史特点，标志着马克思主义普遍原理与中国具体实际相结合的毛泽东思想的成熟与发展，是对马克思主义关于殖民地、半殖民地革命学说和无产阶级专政学说的杰出贡献。

# 第三节
# 领导社会主义革命取得成功

## 一、实行人民民主专政

社会主义国家，只能实行无产阶级专政。作为无产阶级革命家，毛泽东在全国解放前夕，就提出了有中国特色的无产阶级专政——人民民主专政的原则。

1949年初，辽沈战役已胜利结束，淮海战役、平津战役也即将胜利结束，全中国的解放指日可待。全国解放后建立一个什么样的国家政权？这是全国人民都非常关心的重大问题，急需给予明确回答。在为新华社撰写的1949年新年献辞《将革命进行到底》一文中，毛泽东首次明确地提出了“在全国范围内建立无产阶级领导的以工农联盟为主体的人民民主专政的共和国”。1949年3月党的七届二中全会上，毛泽东又一次提出“无产阶级领导的以工农联盟为基础的人民民主专政”，并指出：第一，这个专政的领导力量和基础力量是全体工人阶级、全体农民阶级和广大的革命知识分子，没有这种团结，这个专政就不能巩固；同时要团结尽可能多的能够同我们合作的城市小资产阶级和民族资产阶级的代表人物，团结他们的知识分子和政治派别，以便在革命时期孤立反革命势力。第二，彻底打倒国内的反革命势力和帝国主义势力。在革命胜利以后，这个专政应该迅速地恢复和发展生产，使中国稳步地由农业国转变为工业国，把中国建设成一个伟大的社会主义国家，只有这样，才能对付国外的帝国主义。第三，我党必须实行同党外民主人士长期合作的政策，既反对右的迁就态度，也反对“左”的关门态度或敷衍态度，否则，就会使我党陷于孤立，使人民民主专政不能巩固，使敌人获得同盟者。

这年6月，毛泽东为了较系统回答即将成立的新中国国家的性质是什么、各阶级在这个国家中的地位和相互关系、这个国家的内外政策以及这个国家的发展前途等问题，也为了驳斥国内外反动派说中国共产党要实行“独裁”、是“极权主义”的诬蔑和攻击，抨击一些民族资产阶级的右翼代表人物反对建立人民民主专政的国家，否认工人阶级的领导地位，主张实行“仁政”，幻想在中国建立英美式的资产阶级专政的国家等等错误观点，答复国际朋友的关心的问题，他在纪念中国共产党成立28周年的时候，发表了《论人民民主专政》一文。文中，毛泽东运用辩证唯物主义观点，根据马列主义国家学说，总结了中国革命的历史经验，阐述了即将建立的新中国的国家性质以及各阶级在国家中的地位和相互关系，论述了对人民的民主方面和对敌人的专政方面的关系及人民民主专政的基本任务，从而完整地阐明了人民民主专政的一系列根本问题，奠定了我国人民民主专政的理论基础。主要内容，一是运用马克思主义的国家学说，阐明在中国建立人民民主专政的历史必然性，指出中国不可能建立资产阶级共和国；二是论述了社会各阶级在人民民主专政中的历史地位和相互关系，指出，工人阶级、农民阶级、城市小资产阶级和民族资产阶级，在工人阶级和共产党领导下，团结起来，组成自己的国家，选举自己的政府，向着帝国主义的走狗即地主阶级和官僚资产阶级以及代表这些阶级的国民党反动派及其帮凶们实行专政；三是阐明了人民民主专政的国家政权中民主和专政的辩证关系，即对人民内部的民主方面和对反动派的专政方面，互相结合起来，就是人民民主专政；四是指出了人民民主专政必须强化人民的国家机器，主要是指人民的军队、人民的警察和人民的法庭，借以巩固国防和保护人民利益；五是明确指明组织经济建设是人民民主专政的重要职责；六是阐明人民民主专政国家的对外政策，是联合世界上以平等待我的民族和各国人民，共同奋斗，即联合苏联和各人民民主国家，联合其他各国的无产阶级和广大人民，结成国际的统一战线，同时在平等、互利和互相尊重领土主权的基础上和一切国家建立外交关系。

毛泽东关于人民民主专政的学说，为在我国建立人民民主专政的国家制度奠定了理论基础，在历史的关键时刻统一了全党和全国人民的思想，极大地促进了建国的准备工作。新中国成立时，我们的国家政权就是按照人民民主专政的原则组成的，并把这个原则载入了1949年9月中国人民政治协商会议第一届全体会议通过的当时起临时宪法作用的《共同纲领》。

我国的人民民主专政，既具有马克思主义经典作家论述的无产阶级专政的本质内容，又具有鲜明的中国特色；既是马克思列宁主义的无产阶级专政学说在中国革命具体实践中的坚持和运用，又是在这一实践中的伟大创造。

## 二、进行生产资料所有制的社会主义改造

### 1. 中国革命必须分两步走

早在民主革命时期，毛泽东和中国的其他先进分子，即从百年中国人民争取民族独立却屡遭失败的教训中坚定地认为，中国要摆脱贫穷落后的地位，走向繁荣富强，必须走社会主义道路，而社会主义的经济基础是与社会化生产力相适应的社会主义公有制；但对社会主义道路的选择在落后的旧中国无法一步到位，因为当时阻碍生产力发展的最大障碍是帝国主义、封建主义和官僚资本主义，而不是民族资产阶级。所以，中国革命应分两步走，第一步只能搞反帝反封建的资产阶级民主主义革命，第二步才能搞无产阶级的社会主义革命。这一认识，是在 1922 年 7 月中共二大上确定的。但由于当时对民主革命和社会主义革命之间的区别与联系还不十分清楚，因此存在两种错误认识：一种意见以陈独秀为代表，认为中国民主革命胜利后需经过一段资本主义，再搞社会主义；而以瞿秋白、李立三、王明等为代表的另一种意见，则企图在民主革命阶段就反对资产阶级，混淆了民主革命和社会主义革命的界限。在这种情况下，毛泽东的新民主主义革命理论正确地解决了两者的区别与联系问题，纠正了“左”的和右的错误。毛泽东在《新民主主义论》等文章中，科学地揭示了新民主主义革命和社会主义革命之间的关系，阐明了中国革命必须分两步走的内在原因，因此既说明这条道路必将是艰难的和曲折的，又深刻地说明了中国走社会主义道路的必然前途。

关于新民主主义的经济原则和方针，毛泽东早在第二次国内革命战争时期就已经确定为由国营事业、合作社事业和私人事业这三方面组成，

并对这三种经济成分当时的状况都作了具体分析，指出这种两重性的经济政策是整个民主革命阶段经济政策的特点，这种两重性的特点是由民主革命的社会经济实质是资产阶级的革命和无产阶级对于这个革命的领导权这两方面的客观事实所产生的。他在1940年1月发表的《新民主主义论》一文中更明确地指出了新民主主义共和国内部应该建立的经济关系，即大银行、大工业、大商业归这个共和国的国家所有，但并不没收其他资本主义的私有财产，并不禁止“不能操纵国计民生”的资本主义生产的发展；没收地主的土地，分配给无地或少地的农民，扫除农村中的封建关系。解放战争时期，当中国人民革命战争胜利在望时，毛泽东在《目前形势和我们的任务》的报告中，进一步提出了新民主主义革命的三大经济纲领，即没收封建阶级的土地归农民所有；没收蒋、宋、孔、陈四大家族为首的垄断资本为新民主主义的国家所有；保护民族工商业。在这个基础上构成的新中国的经济成分为：(1)国营经济，这是领导的成分；(2)由个体逐步向着集体方向发展的农业经济；(3)独立小工商业者的经济和小的、中等的私人资本经济。新中国建立前夕，党中央和毛泽东等领导人更加注意研究新民主主义时期的经济关系和经济政策。1948年9月，在西柏坡召开的中央政治局会议上，毛泽东再次指出，我们新民主主义国家的社会经济，包括国营经济、农村个体经济、城市私人经济三部分，其中起决定作用的是国营经济，尽管它量小，却是属于社会主义性质的。后面两种经济虽然量大，但不起决定作用。毛泽东还说，对于资本主义经济，我们要利用它来发展生产；我们要努力发展国民经济，由新民主主义经济过渡到社会主义去。直至新中国成立后的1956年，毛泽东在对中共八大政治报告稿的批语和修改中还说：在资产阶级民主革命在全国胜利以前，我们并不去破坏民族资产阶级的生产资料所有制，也不去破坏农民小生产者的个体所有制，所以这时候革命的性质，仍然是资产阶级民主性质的，而不是社会主义性质的。

但由于中国的发展前途必然是社会主义，所以，新民主主义这种两重性的经济政策不会永恒不变，资本主义经济同社会主义经济不能平分秋色。所以，在研究和制定新民主主义经济政策时，毛泽东时刻都没有忘记，为了坚持和保证社会主义的前途，对私人资本主义经济在支持其发展的同时，必须加以限制。为此，他提出，在一定时期内要保留资本主义，又必须限制资本主义。

毛泽东关于限制资本主义的思想，主要包括：（1）要将私人资本纳入“国计民生”的轨道之上；“有益于国计民生”，就是一条极大的限制；（2）即使对有利于国民经济的城乡资本主义，也要在活动范围、税收政策、市场价格、劳动条件等方面给以恰如其分的有伸缩性的限制；（3）对农业和手工业经济，要谨慎地逐步而又积极地引导它们向现代化和集体化的方向发展。

毛泽东关于中国革命分两步走的两点基本结论是：第一，社会主义是中国的必然前途，生产资料公有制是社会主义社会的经济基础，因而生产资料的社会主义改造是早晚要进行的；第二，在新民主主义时期还要保留资本主义，同时对其加以限制。

**2. 对过渡时期时间长短的考虑及其变化**

中国革命取得的第一步重大成果，即建立了工人阶级领导的、以工农联盟为基础的人民民主专政的中华人民共和国。从当时生产力状况看，民族资产阶级在经济发展中仍有一定积极作用，因此，我国在一定时期内还要实行新民主主义的经济制度。然而，诚如毛泽东 1940 年 3 月所说：新民主主义是暂时的、过渡的，是一个楼梯，将来还要上楼和苏联一样。[1]这就产生一个问题：这段新民主主义时期有多长？毛泽东在这个问题上的认识有一个前后变化的过程。事实上，正是这一变化，直接影响到三大改造的实行时间。

包括毛泽东在内的中共中央领导集体，从20世纪30年代末到50年代初，所设想的都是新民主主义革命胜利后，要经过相当长时期进行新民主主义建设，在物质条件、精神条件完全成熟后，或曰具备了政治上经济上一切应有的条件之时，才能考虑向社会主义社会转变的问题；何时转变，应以是否具备了转变的条件为标准，时间会要相当地长，不到转变对于全国最大多数人民有利而不是不利之时，不应当轻易谈转变。在这里，毛泽东一方面指出了过渡时期的时间长短问题，另一方面也明确提出了革命转变的条件。所谓政治的条件，即无产阶级和资产阶级的关系；所谓经济的条件，即生产力的发展状况。这两个条件，既是毛泽东在当时考虑需要一个较长时间的过渡时期的依据，也是他在以后要把过渡时期缩短的依据——因为后来这两个条件发生了变化。

当初主张要有较长时期新民主主义的理由，从生产力状况讲，毛泽东认为，在当时中国这样一个半殖民地半封建的国家，要建立起社会主义社会来只能是空想。所以，新中国诞生前夕，1949年3月党的七届二中全会上，党中央根据毛泽东的报告郑重指出，革命胜利后的任务是迅速恢复和发展生产，对付国外的帝国主义，使中国稳步地由农业国转变为工业国，由新民主主义国家转变为社会主义国家。这就是说，建国后继续搞一段时间的新民主主义，使工业和整个国民经济在迅速恢复的基础上得以发展，使新民主主义内部的社会主义因素逐步增加，待条件基

① 毛泽东：《在边区党政联席大会上的讲话》。

本成熟时即向社会主义转变。

总之，一个是生产力状况，一个是与资产阶级的关系，这两点，始终是毛泽东考虑新民主主义社会的经济原则及其实施时间长短问题的两个基本点。从这两个基本点出发，直到新中国成立前后，党中央和毛泽东都还认为，实现向社会主义的过渡是相当长久的将来的事情。他在1948年9月13日中央政治局会议上，当刘少奇作《关于新民主主义的建设问题》讲话讲到“过早地采取社会主义政策是要不得的”时，毛泽东插话说：到底何时开始全线进攻？也许全国胜利后还要15年。在1949年3月的七届二中全会上，毛泽东又指出，大约需要15年到20年。这年7月，他又说：20年后，我们的工业发展到一定程度，看其情况即转入社会主义。在开国前夕中国人民政治协商会议讨论《共同纲领（草案)》时，有民主人士提议把中国的社会主义前途写进去。会议期间当民主人士向毛泽东询问要多少时间过渡到社会主义时，毛泽东回答说：大概要二三十年吧。建国后，1950年6月，毛泽东在全国政协一届二次会议闭幕词中也说：实行私营工业国有化和农业社会化还是在很远的将来的事，要10年或15年以后才全面开始搞社会主义。所以那时，毛泽东采取了保留资本主义的政策。

这种认识后来发生了变化。

1952年9月24日，中央书记处开会讨论“一五”计划的方针任务时，毛泽东说，我们现在就要开始用10年到15年的时间基本上完成向社会主义的过渡，而不是10年或者以后才开始过渡。这年11月3日的会上他说，要消灭资产阶级，消灭资本主义工商业；但要分步骤，一是要消灭，一是还要扶持一下。1953年2月27日的会上他又说，什么叫过渡时期？过渡时期的步骤是走向社会主义。类似过桥，走一步算是过渡1年，两步两年，三步3年，10年到15年走完。在10年到15年或更多一点时间内，基本上完成国家工业化和对农业、手工业、资本主义工商业的社会主义改造。这些说法显然与此前不同了。毛泽东这时认为，从中华人民共和国成立之日起，就已开始了向社会主义革命的过渡。这一结论，在1953年12月经毛泽东审改最后确定的过渡时期总路线中作了如下表述："从中华人民共和国成立，到社会主义改造基本完成，这是一个过渡时期。党在这个过渡时期的总路线和总任务，是要在一个相当长的时期内，逐步实现国家的社会主义工业化，并逐步实现国家对农业、对手工业和对资本主义工商业的社会主义改造。"这个"相当长的时期"，在《宣传提纲》中讲明是3个五年计划，加上经济恢复的3年，共18年。后来，毛泽东在1956年1月25日最高国务会议第六次会议上的讲话中更明确提出："中华人民共和国的成立标志着中国革命由资产阶级民主革命阶段转变到社会主义革命阶段，即进入由资本主义到社会主义的过渡时期。"① 这是毛泽东认识上的一个重大转变。

变化的原因是什么？大致有三：

第一，从生产力发展状况看，虽然当时的社会生产力水平还很低，但恢复国民经济的任务短短3年即胜利完成，农业生产已超过解放前最高水平，现代工业有了一定程度发展，作为最重要革命动力的无产阶级的力量也日益壮大起来。到1952年底，工农业总产值已达历史最高水平，钢、煤、发电量、原油、粮食、棉花等主要农业产品的产量大大超过解放前的最高年产量。同时，国家拥有的这部分生产力，主要部分是高度集中的，控制着全国经济命脉。所以，已具备实行生产资料所有制

① 《毛泽东著作选读》下册，人民出版社1986年版，第717页。

社会主义改造的一定的生产力条件。其他各项工作也进展顺利，全社会实现了政治、经济、社会的稳定，各方面都取得了超出预期的成绩。在此基础上，提出国家工业化的计划已水到渠成，进行生产资料所有制的社会主义改造具备了应有的物质条件。

第二，工人阶级和资产阶级的矛盾已成为国内主要矛盾。随着土改在全国的完成，特别是有计划的社会主义建设的开展，无产阶级和资产阶级之间、社会主义经济与资本主义经济之间的矛盾日益突出起来，限制与反限制的斗争激烈地进行着。到1952年底，在五种经济成分中，社会主义经济的比重虽有增长，但非社会主义经济的力量仍占绝对优势，新生的社会主义经济与尚存的资本主义经济以及个体经济之间发生了尖锐的矛盾。具体说就是，官僚资本虽被没收而成了国营经济，但民族资产阶级和大量的个体小生产者，包括个体农民和个体手工业者仍然存在。个体小生产不仅同民族资产阶级有千丝万缕的联系，而且它本来就具有资本主义的倾向。于是出现这种情况：一是由于对资本主义工商业实行利用、限制、改造政策因而使私人资本主义经济有了较大发展，资产阶级唯利是图的本性又开始暴露出来，一些不法资本家采取各种违法手段，大肆行贿，偷税漏税，偷工减料，盗窃国家财产和经济情报，甚至在承办抗美援朝军用物品中偷工减料，极为恶劣；二是资本主义工商业生产经营的盲目性和无政府状态有所发展，资本家常用不正当手段同国营经济争夺原料和市场，或利用国家分配的原材料制造计划以外能获高利的产品，破坏了国家的购销计划和价格政策；三是在农村，广大农民经过土改生活虽有改善，但约有60%～70%的人仍有困难，农村开始出现两极分化现象，不少农户出卖土地或劳动力，或靠借高利贷维持生活，与此同时出现了一批新富农，因此，广大农民特别是新获得土地而缺少其他生产资料的贫下中农，确有走互助合作道路的要求；四是技术和管理都十分薄弱的民族资本企业、扩大再生产能力极低的个体小生产，以及一片汪洋大海似的小农经济和在全国占有绝对优势的小商品生产，同国家的工业化发生了尖锐矛盾。这些情况都反映出在大规模开展的经济建设中，资本主义的生产无政府状态与国家计划经济之间、个体经济的分散落后与迅速发展生产力的要求之间日益突出的矛盾。这一矛盾反映在政治上，毛泽东认为，还是无产阶级和资产阶级、社会主义因素与资本主义因素之间的矛盾，表现为走社会主义道路还是走资本主义道路的两条道路的斗争。在这种情况下，毛泽东明确指出，工人阶级和资产阶级的矛盾已成为国内主要的阶级矛盾。1952 年 6 月，他在统战部一个文件的批语中指出："在打倒地主阶级和官僚资产阶级以后，中国内部的主要矛盾即是工人阶级与民族资产阶级的矛盾，故不应再将民族资产阶级称为中间阶级。"① 主要矛盾的变化意味着革命发展阶段的转变。

第三，对原先认为是新民主主义经济的政策，毛泽东现在认识到，其实已是社会主义改造的开端，或向着社会主义方向的发展。如没收官僚资本建立国营经济，过去认为是新民主主义经济中的社会主义因素，现在则明确这同时是社会主义改造的开端，这既是新民主主义革命的内容，又带有社会主义革命的性质。所以毛泽东说，就没收官僚资本这一点而言，可以说是民主革命和社会主义革命"毕其功于一役"。同样道理，对民族资本采取的利用和限制政策，过去也认为是新民主主义的政策，现在则认为，这种初步的国家资本主义形式，已经开始了对资本主义工商业的社会主义改造。至于农业合作化，解放区就已有初步实践，

① 《建国以来毛泽东文稿》第 3 册，中央文献出版社 1989 年版，第 458 页。

建国初在老区广泛开展了互助合作运动，虽说是在私有制基础上进行的，还不就是社会主义，但确为农业向社会主义方向发展开辟了道路。

正是在这种生产力发展状况和与资产阶级的关系都发生了变化，我党也积累了新的经验的基础上，毛泽东在要不要经历一个较长时期的新民主主义然后向社会主义过渡的问题上，认识发生了变化，改变了原先想经过一个长时期的新民主主义阶段，在全国胜利后经过 10 年、15 年或 20 年才开始向社会主义过渡，向资产阶级进攻，采取社会主义政策，进入社会主义的思想；而是准备从现在就开始采取逐渐推进的社会主义改造的步骤和政策，一步一步向前过渡，使社会主义因素一年一年增加，争取用 10 年到 15 年或更多一点时间完成这一过渡，而不是等 10 至 15 年以后，才采取社会主义政策，实行向资产阶级全线进攻的突变。毛泽东在这里是把从新民主主义到社会主义看成一个渐变的过程。从上述生产力状况和与资产阶级关系发生变化的情况看，这种想法是符合客观实际的。

正是上述认识的变化，促使毛泽东下决心提前实行三大改造。

3. **决定实行三大改造**

当时有人提出，应当先搞机械化再搞合作化。毛泽东不同意。他认为，发展生产力和改变生产关系是相互关联、不可分离的两个方面。他在确定过渡时期总路线时，曾把“一化”和“三改”比作“主体”和“两翼”，认为实现工业化是一只鸟的“主体”，实现三大改造是鸟的“两翼”，“主体”和“两翼”是完整而不可缺一的。这就是说，过渡时期总路线是社会主义革命和社会主义建设同时并举的总路线。一方面，社会主义工业化是实行社会主义改造的物质基础，有了强大的社会主义工业，才能吸引、改组和代替资本主义工商业，才能用新的技术来改造个体的农业和手工业，才能最迅速地扩大生产、积累资金，造就社会主义的建设人才，培养社会主义的习惯，从而创造保证社会主义经济对私有制经济的完全胜利的经济上、文化上和政治上的前提；另一方面，只有对资本主义工商业和个体的农业、手工业实行社会主义改造，才能为实现社会主义工业化扫除障碍，进一步解放生产力，有力地支持社会主义工业的发展。所以他认为，社会主义工业化和社会主义改造，二者是相辅相成，相互促进，相互联系，不可分割的；生产关系的变革能够有力地促进生产力的发展，三大改造的目的就是为了实现社会主义工业化。因此，他不同意没有机械化就没有合作化的观点，并论证了资本主义生产力大发展也是在革命之后。1953 年 12 月，经中共中央批准的《关于党在过渡时期总路线的学习和宣传提纲》中，有毛泽东在审阅这个《提纲》时增写的一段话，其中说："只有完成了由生产资料的私人所有制到社会主义所有制的过渡，才利于社会生产力的迅速向前发展，才利于在技术上来一个革命，把在我国绝大部分社会经济中使用简单的落后的工具农具去工作的情况，改变为使用各类机器直至最先进的机器去工作的情况，借以达到大规模地出产各种工业和农业产品，满足人民日益增长着的需要，提高人民的生活水平。"

事实证明，三大改造的基本完成的确进一步解放了生产力，为社会主义工业化的迅速发展开辟了宽广的道路。这是三大改造这项工作总起来看是成功的根本标志。

还在三大改造处于高潮中时，毛泽东就指出："社会主义革命的目的是为了解放生产力。农业和手工业由个体所有制变为社会主义的集体所有制，私营工商业由资本主义所有制变为社会主义所有制，必然使生产力大大地获得解放。这样就为大大地发展工业和农业的生产创造了社会条件。”①

三大改造的基本完成，解决了此前随着国民经济的全面恢复和大规模经济建设的展开而迅速发展的生产力同生产关系中某些环节之间越来越突出的矛盾，实现了由生产资料私有制到公有制的深刻的社会变革，从此，社会主义制度在我国基本上建立起来。这个时期，在我国建立了以生产资料的全民所有制和集体所有制为主体的社会主义经济，同时也存在一些公私合营经济和个体经济作为公有制经济的必要的和有益的补充，这是符合我国当时生产力水平较低而且很不平衡的状况的。由于这个时期的生产关系基本适合生产力的状况，因而极大地解放了社会生产力，有力地促进了农业乃至整个国民经济的发展。在城市，对资本主义工商业的社会主义改造的基本完成，使国家有可能把十几万户私营工厂加以改建、扩建、合并、改组，充分发挥其生产潜力，并将其生产纳入国家计划的轨道；对私营商业也进行了大规模的改组和调整，使之分布更合理，更适合满足城乡居民的需要，并逐步开始形成统一的社会主义市场。由于已经不必顾虑唯利是图的资本家的捣乱和破坏，可以更放手发展生产和扩大商品流通。同时，手工业合作化以后，由于组织了大规模的分工协作，从手工生产逐步转向机器生产，很多手工业合作社在两三年内已发展成机械化或半机械化工厂，劳动生产率显著提高。在农村，农业合作化后，生产力也获得了新的解放。由于打破了土地私有制度和小农个体经济的限制，可以更合理地使用劳动和土地、耕畜、农具，进行各种小规模的农田水利建设，并更有利于把农业生产纳入国家计划。更重要的是，生产力中的最主要因素——劳动者的社会主义积极性，由

① 《毛泽东著作选读》下册，人民出版社 1986 年版，第 717 页。

于社会主义经济制度的建立而得到充分发挥。这是社会主义建设事业顺利进行的决定性因素。

由于三大改造运动的顺利进行，在全党、全国人民的努力和苏联及其他各兄弟国家的援助下，我国发展国民经济的第一个五年计划，到1956年绝大多数指标都已提前完成。1956年比1952年，钢产量增长28.2倍，粮食产量增长70%，棉花产量增长22.5%；工农业总产值增长56.6%，其中：工业增长84%，平均每年递增19.6%，农业总产值增长32.3%，平均每年递增4.8%，都提前超额完成了1957年的计划规定的指标。同时，大批新建和改建企业投入生产，开始改变旧中国工业落后的面貌，我国有了自己的飞机制造业、汽车制造业、新式机床制造业、发电设备制造业以及高级合金钢等新的工业部门。一批为国家工业化所必需而过去又非常薄弱的基础工业逐步建立起来。加之当时重要经济部门之间的比例比较协调，市场繁荣，物价稳定，因此人民生活也有了显著提高。科学文化教育卫生事业也有很大发展。第一个五年计划的提前完成，奠定了我国工业化的初步基础，开始改变我国经济、文化落后的面貌。

当然，三大改造工作在具体实行过程中存在的缺点和偏差，对生产力的发展造成了许多不利的影响。尽管党中央和毛泽东在此之后为解决这个问题进行了一系列调整，但终因对“左”的错误认识不彻底而不可能从根本上加以纠正，且对部分农村中出现的包产到户做法匆忙加以否定并进行了错误的批判，致使所有制结构和经营方式长期以来一直比较单一。此后，这一“左”的错误在“文化大革命”中又有所发展，导致生产力和生产关系又出现严重不适合的问题从而阻碍了社会的前进。“文化大革命”结束后，为解决这个问题，党的十一届三中全会以后提出了改革经济体制的任务。通过调整各种经济成分的合理配置和解决社会主义公有制的实现形式等方面的改革，生产关系更加适合现阶段的生产力状况，这证明改革是完全正确的，我国目前实行的以公有制为主体、多种经济成分同时并存的政策是正确的，这是历史发展的必然结果。我国20世纪50年代进行的三大改造也是正确的，也是当时历史发展的必然结果。二者丝毫没有相互否定。问题的关键在于，研究历史问题，一定要把问题提到“一定的历史范围之内”。这是研究充满了辩证法的历史的最起码要求。

## 第四节
## 在社会主义建设道路上的改革探索

毛泽东是一位极具改革精神的中国革命和建设领导人。建国后，在领导中国社会主义建设的过程中，毛泽东在经济、政治和文化领域，进行了一系列卓有成效的改革。其中较大的有三次：建国初期的民主改革、20世纪50年代中期的生产资料所有制改革、20世纪50年代末期到60年代中期国民经济全面调整时期的经济体制改革。其间有成功有失误，可贵的是，他一旦觉察到失误，便力图纠正，并进行再次改革。

### 一、建国初期大刀阔斧进行多项民主改革

#### 1. 土地改革

毛泽东在建国后不久发动的土地改革运动，目的是彻底摧毁封建制度的基础即地主阶级的土地所有制，实行农民的土地所有制，解放农村生产力，发展农业生产，为新中国的工业化开辟道路。

封建土地制度的最不合理之处是，占农村人口不到10%的地主、富农占有70%～80%的土地，而90%以上的贫雇农则只占20%～30%的土地。地主富农用他们占有的大量土地残酷剥削贫雇农，使占中国人口绝大多数的贫苦农民生活极端贫困。这种土地制度，是中国贫穷落后的根源，也是新中国恢复国民经济、实现社会主义工业化和国家民主进步的最大障碍。为此，毛泽东领导的中央人民政府颁布了《中华人民共和国土地改革法》，并于1950年冬天开始在有2亿多人口的新解放区逐步实行。

土地改革运动，无疑是一场激烈的阶级斗争。为减少阻力，稳定民族资产阶级，有利于生产的恢复和发展，毛泽东制定的总路线和总政策是：依靠贫雇农，团结中农，中立富农，有步骤有分别地消灭封建剥削制度，发展农业生产。为此，规定了一些保存富农经济，保护中农和小土地出租者，孤立和分化地主阶级的具体政策；同时建立了城乡反封建统一战线，吸收民主党派人士和知识分子参加土改工作团，也欢迎和组织他们到各地参观视察土改工作。这些做法，消除了各界人士的疑虑，也利于发现和纠正土改工作中的偏差。由于方针政策正确，工作细致，所以，这次土地改革运动不但是我国历史上规模最大的一次，也是搞得最好的一次。

值得一提的是，这次由毛泽东亲自领导的土地改革运动，也涉及毛泽东在家乡的财产。土改时，毛泽东家“具有‘富农’的地位”。毛泽东曾回忆说：“我父亲原是一个贫农，年轻的时候，因为负债过多而只好去当兵。他当了好多年的兵。后来，他回到我出生的村子，做小生意和别的营生，克勤克俭，积攒下一点钱，买回了他的地。这时我家成了中农，拥有十五亩田地。这些田地每年可以收六十担谷，一家五口，每年食用共三十五担——即每人七担左右——有二十五担剩余。利用这个剩余，我父亲又积蓄了一点钱，过了一段时间又买了七亩地，这就使我家具有‘富农’的地位了。我们当时每年可以收八十四担谷。”所以，在1950年冬天韶山的土改进入划分成分阶段时，韶山的农会主席就很为难。一是毛泽东家该不该划富农成分？二是他家的财产该不该分？于是他往北京给毛泽东写去一信委婉询问：土改现已进入划分成分、分田的阶段了。您老是知道的，韶山是山多田少，初步推算，人平九分三左右，不知您老家有几口人分田？特向您汇报，请指示。不久，毛泽东即派他的两个儿子岸英和岸青回到故乡，转达了他的几点意见：第一，所有财产分给农民；第二，划为富农，责无旁议，付来三百元，作退押金；第三，人民政府执法不徇私情，照政策办事，人民才会相信政府。从这件事情，我们看到了毛泽东作为无产阶级政治家、真正的人民领袖的宽阔胸怀，看到了他坚定不移的改革家风貌。

全国的土地改革于1953年春基本完成。其意义在于，挖掉了封建制度的基础和我国贫困落后的老根，解放了农村生产力，极大地调动了广大农民的生产积极性，促进了农业经济的恢复和发展，从而进一步巩固了工农联盟和人民民主专政，为此后的农业社会主义改造和社会主义工业化创造了条件。

2. **改革旧有文化教育等制度**

毛泽东认为，经济制度的改革必将引起文化教育制度的改革，而后者又反作用于前者。在1949年9月召开的全国政协第一届全体会议的开幕词中，毛泽东指出：“随着经济建设的高潮的到来，不可避免地将要出现一个文化建设的高潮。”① 在这次会上通过的《中国人民政治协商会议

① 《毛泽东著作选读》下册，人民出版社1986年版，第692页。

共同纲领》中，即规定："应有计划有步骤地改革旧的教育制度、教育内容和教学方法。"一个月后，10 月 15 日，他在一封信中又说："除台湾、西藏外，全国各地大约几个月内即可完成军事占领。但大难甫平，民生憔悴，须有数年时间，方能恢复人民经济，完成土地制度的改革及提高人民政治觉悟水平，这些任务均有待于文教工作的协助。"① 在 1950 年 6 月召开的中共七届三中全会上又提出："有步骤地谨慎地进行旧有学校教育事业和旧有社会文化事业的改革工作，争取一切爱国的知识分子为人民服务。"这样，对旧有教育文化制度的改革就逐步展开了。

首先，是对学校进行改革。废除其法西斯式的训导制度、特务统治和国民党设置的反动课程和教材，实行民主管理，开设以人生观教育为主的政治课，在大专院校增开《新民主主义论》、《社会发展史》等马克思列宁主义毛泽东思想的课程。公开中国共产党组织，建立新民主主义青年团、少年儿童队、学生会和教工组织。1950 年开始实行高等学校有计划的统一招生和毕业统一分配。同时改革旧学制，进行高校的课程改革，并进行高等院校的院系调整工作。这些改革，从根本上改变了半殖民地半封建的教育制度，清除了帝国主义、封建买办势力在教育领域的影响，为新中国教育事业的发展奠定了基础。

其次，是改革旧有的社会文化事业。对电影旧片进行清理，对国外影片输入和电影新片上演制定了暂行办法，对旧片内容中有妨碍新社会秩序的，进行删剪或禁止上演。与此同时组织力量摄制了一批优秀影片。这些做法，迅速改变了旧中国由美国电影垄断我国电影市场的状况。再有就是进行戏曲改革。为此，毛泽东提出"百花齐放，推陈出新"的方

① 《毛泽东书信选集》，人民出版社 1983 年版，第 345 页。

针。1951 年 5 月政务院公布《关于戏曲改革工作的指示》指出：为了继承遗产，必须采取积极改革的方针，对旧有戏曲必须以新的爱国主义精神和正确的、历史的、艺术的观点重新加以评价和审定。对其中一切好的剧目都应作为民族传统节目加以肯定，对其中颠倒或歪曲历史事实，丑化劳动人民的东西坚决加以修改，同时删除表演方法上的糟粕。戏曲改革一般不应依靠行政命令与禁演的方法，而是依靠与广大艺术工作者合作，用新戏曲逐渐代替旧戏曲。1952 年 10 月初到 11 月中旬，文化部主办的新中国第一届全国戏曲观摩会演，就是这次戏曲改革的成果。毛泽东与周恩来等中央领导同志都观看了演出，为新中国的戏曲艺术事业奠定了基础。

此外，还进行了婚姻制度的改革。1950 年 4 月，中央人民政府颁布了《中华人民共和国婚姻法》，规定废除包办婚姻，"实行男女婚姻自由、一夫一妻、男女权利平等、保护妇女和子女合法权益的新民主主义的婚姻制度。"这是对封建婚姻制度的废除，是建国初期肃清封建影响的民主改革的重要内容，也是中国几千年来社会生活的一个巨大变革。

## 二、曲折探索生产资料所有制改革

### 1. 对生产资料私有制进行社会主义改造

1953 年开始 1956 年上半年完成的对资本主义工商业和个体农业、手工业的社会主义改造，是毛泽东领导的一次大规模生产资料所有制改革。这次改革的历史性成功，标志着社会主义制度在我国基本建立起来。

（1）农业合作化。

本来，农业生产互助组早在全国解放前就存在于各革命根据地和解放区，解放后广泛发展起来。互助组实行集体劳动，几家农户共同使用一些牲畜和农具，既能解决生产资料或劳力不足农户的困难，也可增强共同战胜自然灾害的力量，对发展农业生产很有好处。但一段时间后发现，互助组力量仍显单薄，难以使生产有更大发展，于是，一些农民自发组织起农业生产合作社，把土地入股后统一经营，部分大牲畜和农具仍归私有，同时增加了集体所有的公有财产。毛泽东认为，这种公有化程度比互助组高一级的半社会主义的经济，是农业发展的方向，于是提出引导个体农民走合作化的道路。就这样，应运而生的初级农业生产合作社，从 1953 年开始大量发展起来。

在方法上，毛泽东考虑，既不能采取剥夺的手段，也不能赎买，只能实行自愿互利、典型示范和国家帮助的原则。1954 年秋冬，由于农业合作化运动中出现某些急躁倾向，发展过快引起一些混乱，不少合作社垮台、散伙或社员退社，有些地方还出现大批出卖耕畜、杀羊、砍树等现象。为此，中共中央于 1955 年 1 月 13 日发出关于整顿和巩固农业生产合作社的通知，提出，合作化运动应基本转入控制发展、着重巩固的阶段，要强调自愿原则，一些有名无实的挂名合作社，可允许改为互助组，要正确处理社内的重要经济问题，土地产量和报酬评定必须认真掌握，大牲畜入社合理作价，羊群和林木暂不提倡入社。同年 4 月 21 日，中共中央农村工作部召开全国农村工作会议，提出，今后农业合作化总的方针是停止发展，全力巩固，发展过大的要收缩。会后，各地进行了整顿和巩固工作，纠正了前一段合作社发展过快引起的某些混乱。

随着生产的发展，中央逐渐感到初级社相对较小的规模限制了农田基本建设，于是，1955 年夏季前后开始试办少量高级农业生产合作社。具体做法是：把农民私有的大牲畜、大农具也折价归合作社集体所有，并取消了土地的报酬。这就成了完全社会主义的集体所有制经济。后来的事实证明，这种做法不利于农业生产的发展。但在当时未意识到这点，反而把这提高到路线问题上来认识。1955 年 7 月 31 日，毛泽东在中共中央召开的省、市、自治区党委书记会议上作的《关于农业合作化问题》报告中指出："在全国农村中，新的社会主义群众运动的高潮就要到来。"① 同年 10 月 4 日，毛泽东又在中共第七届中央委员会扩大的第六次全体会议作总结时指出：这次会议是一场很大的辩论，是有关党的过渡时期总路线是不是完全正确这样一个问题的大辩论。这个辩论既要在农村，也要在城市展开，使各方面工作的速度和质量都能够和总路线规定的任务相适应。② 毛泽东同志的几次讲话，在全国引起了强烈反响，大大加快了农业合作化的步伐，致使出现了要求过急的弊病。到 1956 年底，参加农业合作社的农户已占全国农户总数的 96.3％，其中参加高级社的占总数的 87.8％。就这样，在不到一年的时间里匆匆实现了初级社到高级社的过渡，其公有化程度超出了生产力水平，在一定程度上影响了农业生产的发展，这不能不说是一个很大的失误。

（2）改造资本主义工商业。

对民族资本进行社会主义改造采取什么政策，是和官僚资本一样予以没收还是赎买？毛泽东根据马克思主义的基本原理，认真研究了我国民族资本主义经济和民族资产阶级的历史特点，指出同中国民族资产阶级在政治上具有两面性一样，民族资本主义经济也具有两重性，所以，可以采用国家资本主义的形式进行和平改造。

---

① 毛泽东：《关于农业合作化问题》，人民出版社 1955 年单行本，第 1 页。

② 毛泽东：《农业合作化的一场辩论和当前的阶级斗争》（1955 年 10 月 11 日）。

国家资本主义的初级形式，在工业中主要有加工订货、统购包销等，在商业中主要是批购、经销、代销等。这在一定程度上限制了资本主义的盲目性、投机性和它的剥削性，但不能改变其私有性质，资本主义的基本矛盾即生产的社会性与生产资料私有的矛盾没有解决，剥削与被剥削的矛盾仍然存在，工人的积极性受到一定影响。在当时的条件下解决这个问题，只有采取国家资本主义的高级形式，即公私合营。

国家资本主义从初级形式向高级形式的发展过程中，存在着复杂的限制与反限制斗争。毛泽东考虑到这种情况，所以，一方面一再向工商业者进行教育，例如1955年10月29日邀集中华全国工商业联合会执行委员会的委员座谈，要求工商业者认清社会发展规律，掌握自己命运，指出，资本家只要接受社会主义改造就有前途；另一方面，积极制定正确的政策。首先是对国营、合作社营、公私合营、私营工业实行统筹兼顾、各得其所的方针，进行合理安排，在原料、生产任务的分配上，妥善处理公私之间、先进与落后之间、地区之间的矛盾。其次是对私营工业的改造与经济结构的改组结合进行，区别社会需要的不同情况，分别采取发展、控制或淘汰的办法。第三是对私营商业的改造，由于情况十分复杂，既有批发商，也有零售商和批发、零售的兼营；既有商业资本家，也有小店主，还有数量极大、遍布城乡的家庭坐商和流动摊贩，所以分别不同对象采用不同政策、步骤和方式；并且把改造和安排结合起来，一面前进，一面安排，前进一个行业，安排一个行业。第四是把公私合营分两阶段进行：1955年以前主要进行单个企业的公私合营，1955年底开始全行业公私合营。单个企业公私合营后，企业的生产资料由资本家私人占有变为国家和资本家共有，从而在企业内部也建立了社会主义经济成分与资本主义经济成分的联系，且社会主义经济成分占主导地位，这就使企业的生产关系发生了深刻变化。资本家由过去的企业主管者，变为在国家委派的公方代表领导下参与经营管理的私方代表和职员。盈利分配则仍遵照1953年起实行的“四马分肥”原则，即一部分以所得税形式交给国家，一部分为企业公积金，一部分为工人福利奖金，剩下的四分之一按公股、私股所占比重分配。全行业公私合营是国家资本主义的最高形式，企业的生产关系发生了根本变化。资本家把生产资料交给国家，国家核定股金，据此付给资本家定息，并重新合理安排私营工商业者。这样，企业的全部生产资料由原来的公私共有变成由国家统一管理和使用，企业实际变为社会主义性质的了。

上述几项政策和措施，使对资本主义工商业的改造有紧有松，有进有退，没有发生公开对抗的情况。这是我国对资产阶级实行赎买政策的一个成功创举。

（3）改造个体手工业。

手工业在我国工业生产中占有相当重要的地位，在增加产品的花色品种、弥补大工业的不足、满足人民需要等方面起很大作用。但个体手工业的生产也有分散、落后、盲目、保守的一面。小商小贩也是如此，他们遍布城乡各地，在方便群众、满足人民生活日用品需要，以及担负农村中收购、销售和短途运输等方面发挥了积极作用，但也具有盲目性。所以对个体手工业和小商小贩也要进行社会主义改造。同对个体农民一样，对个体手工业者和小商小贩，也是既不能剥夺也不能赎买，只能在自愿互利的原则下组织起来，引导他们走合作化的道路，在某些方面也采用了类似对资本主义工商业进行社会主义改造的办法。

对个体手工业的改造，一般经过了手工业供销小组、手工业供销合作社、半社会主义性质的手工业生产合作社和完全社会主义性质的手工业生产合作社等形式。对小商小贩的改造，主要采取两种形式，一种是合作小组，即基本保持个体经营方式，为社会主义商业担负经销、代销任务；一种是合作商店，即集体经营，统一计算盈亏。在步骤上，尽量慎重，根据当时情况，采取有进有退，或在一定时间内不进不退的办法，使个体商户为加快商品流通服务。但在后期也出现了集中、合并过多的弊病。

（4）三大改造的成绩和失误。

到 1956 年上半年，生产资料私有制的社会主义改造基本完成。这次生产资料所有制改革属大规模经济制度变革，虽然并非风平浪静，但没引起社会动荡，生产未遭破坏，反而有较大增长。1955 年农业丰收，农业总产值比上年度增加 7.6%，粮食生产比上年度增加了 8.5%。1956 年严重自然灾害，全国受灾面积 2.3 亿亩，受灾人口 7100 多万人，但农业合作化带来的农业生产高潮，使这年粮食产量较 1955 年增加 176 亿斤，农业总产值比上年度增加 5%。工业总产值 1956 年比 1955 年增加 28.1%，其中公私合营工业的总产值增加约 32%，公私合营商店、合作商店和合作小组的零售额增加 15%以上。在我国这样一个几亿人口的大国中，能较顺利完成如此复杂、困难和深刻的社会变革，成绩是巨大的。

但在改造过程中存在一些缺点和偏差。主要是 1955 年夏季以后，对农业合作化要求过急。原准备用三个五年计划时间逐步分期分批完成初级社到高级社的转变，实际只用了一年多，到 1956 年底就基本完成了。由于过急，加之形式简单划一，工作中就出现了强迫命令、违反自愿互利原则及经营管理混乱等问题。不少地方片面追求合作社数量，盲目搞小社并大社，有的在分配上搞所谓“统一分配”，实际是平均主义吃“大锅饭”，把丰收村的粮食送到收成不好的村里，严重挫伤了农民的积极性。

农业合作化运动步伐的加快，影响到资本主义工商业的社会主义改造和手工业合作化的步伐也都大大加快。从 1955 年底到 1956 年第一季度，城市私营工商业的社会主义改造紧随农业合作化高潮之后也出现了高潮。本来，一部分手工业者、小商贩，应在国营经济领导下长期单独经营，但在改造高潮中几乎统统组织起来，还把一部分手工业者和小商小贩不适当地并入了公私合营企业。对资本主义工商业改造的缺点，则主要是公私合营的面过宽，改组过多，丢失了原来私营企业的一些产品特色和经营特点，而且把许多不该划为资本家的私方人员、小业主也划成了资本家；对许多原工商业者的使用处理也不很适当，特别是对其中技术人员和经营管理人员的知识和经验不够重视，未能充分发挥他们的作用。到 1956 年底，私营工业、私营商业和个体手工业，都已所剩无几。这就使生产资料所有制的结构更趋单一化，生产经营也过分集中。

陈云在中共八大会议上曾指出，在改造高潮中曾经出现了一些暂时的、局部的错误，如盲目合并，对社员家庭经营的副业注意得不够等；而在资本主义工商业的社会主义改造取得决定性的胜利以后，国家经济部门在过去几年中为限制资本主义工商业而采取的一些措施，已经成为不必要了，无区别地采取这种办法，就会使一部分工厂不像原来自销的时候那样关心产品质量，商业部门向工厂订货的品种规格也减少了。为了解决这些问题，他主张：改变工商企业之间的购销关系；工业、手工业、农业副产品和商业的很大部分必须分散生产、分散经营；取消市场管理中那些原来为了限制资本主义工商业投机活动而规定的办法；改进价格政策和计划管理的方法，等等。他还提出，我们的社会主义经济的情况将是这样：在工商业经营方面，国家经营和集体经营是工商业的主体，一定数量的个体经营是国家经营和集体经营的补充；在生产计划方面，计划生产是工农业生产的主体，按照市场变化在国家计划许可范围内的自由生产是计划生产的补充；在社会主义的统一市场里，国家市场是它的主体，一定范围内国家领导的自由市场是国家市场的补充。① 陈云提出的“三个主体、三个补充”的思想，可说是总结了三大改造经验，第一次提出符合我国国情的社会主义经济体制基本格局，有长远的指导意义。但由于很快就开始了“大跃进”，这些问题没来得及认真解决，有些遗留的缺点反而扩大了。

**2. “大跃进”时期盲目追求所有制结构的“一大二公”**

“大跃进”开始后，更加急于消灭个体所有制，在生产资料所有制结构上盲目追求“一大二公三纯”，企图超越阶段尽快过渡到共产主义。这使得原已存在的生产资料所有制结构趋向单一化的情况更为严重。

（1）农村人民公社化运动。

建“大社”思想，在农业合作化运动中已有萌芽。“大跃进”运动开始后，1957 年冬到 1958 年春，全国农村掀起大兴农田水利建设高潮，往往需越界开河，联合治水，因而需要更多的劳力和资金。这使人们误以为原来的农业生产合作社规模太小，以为生产关系束缚了生产力的发展，因而提出了并小社、建大社、联社的问题。毛泽东也正是出于这种考虑，在 1958 年 3 月的成都会议上提出把小型的农业生产合作社有计划地适当地合并为大型的农业生产合作社的建议。这年 4 月，中共中央提出：为适应农业水利化、机械化和文化革命的需要，在有条件的地方，把小型的农业合作社有计划地适当地合并为大型的合作社是必要的。于

① 陈云：《社会主义改造基本完成以后的新问题》，《陈云同志文稿选编》（1956～1962 年），人民出版社 1980 年第 1 版，第 4、15 页。

是各地开始并社，并纷纷冠以“共产主义公社”、“集体农庄”、“社会主义大院”等名称。这年7月，《红旗》杂志发文，传达了毛泽东关于“把一个合作社变为一个既有农业又有工业合作的基层组织单位，实际上是农业和工业相结合的人民公社”的指示，一些地方开始转办公社。8月上旬，毛泽东在河北、河南、山东等地视察时，多次谈到小社并大社的优越性，主要是可以“把工、农、兵、学、商合在一起”，“管理生产、管理生活、管理政权”，便于领导；并指出公社的特点是“一曰大，二曰公”。这些讲话在报刊发表后，全国各地相继仿效，掀起了大办公社的热潮。8月下旬，中共中央政治局在北戴河召开扩大会议，通过了《中共中央关于在农村建立人民公社问题的决议》。决议认为：“人民公社是形势发展的必然趋势”，“在目前形势下，建立农林牧副渔全面发展、工农商学兵互相结合的人民公社，是指导农民加速社会主义建设，提前建成社会主义并逐步过渡到共产主义所必须采取的基本方针。”从而把人民公社化运动推向高潮。到11月初，仅短短两三个月的时间，全国农村就实现了人民公社化，99%以上的农户都加入了公社。

当时毛泽东在理论上认为，人民公社的集体所有制中已包含若干全民所有制成分，并认为全民所有制的成分将很快增长而代替集体所有制，这一过渡，有些地方三四年，有些地方五六年或更长一些时间就可完成；之后还是实行按劳分配，还是社会主义性质；然后再经过多少年，我国社会就将进入“各尽所能，各取所需”的共产主义时代。所以他认为人民公社是建成社会主义和逐步向共产主义过渡的最好组织形式，并将发展成未来共产主义社会的基层单位。这不能不说是一种超越了现实可能的思想。在这一混淆了集体所有制与全民所有制、社会主义与共产主义区别和界限的思想理论指导下，人民公社的所有制形式走了弯路，主要表现在：

盲目追求“一大二公”。“大”即规模大，主张人民公社的规模，一般以一乡一社两千户左右为宜，也可数乡一社六七千户，甚至万户或两万户以上，还可以县为单位组成联社；同时实行政社合一，工农商学兵五位一体，农林牧副渔全面发展。“公”即公有化程度高，消灭私有制残余。一是搞平均分配，在公社范围内实行贫富队拉平；二是以公共积累为名，把生产队以至社员的部分财产无偿收归公社所有；三是经营、核算、分配全公社统一，提倡实行供给制与工分制相结合的分配制度；四是大办“公共食堂”，“吃饭不要钱”，有的地方还实行“八包”、“十包”等等。“一平二调三提款”的共产风和高产浮夸风由此刮起。这些不切实际提高公有制程度的做法，破坏了社会主义等价交换的原则，也破坏了社会主义按劳分配的制度。

急于消灭私有制残余。为搞“一大二公”，当时不切实际地提出消灭私有制的残余，即“割资本主义的尾巴”。具体规定是：自留地收归集体经营，社员的零星果树过些时候再处理；社员入社的股份基金等暂不处理，过一两年自然变为公有；取消社员家庭副业，关闭集市贸易市场。这些做法显然混淆了集体所有制同全民所有制、社会主义同共产主义的区别。

（2）过急过快地对城市残存的私有制进行改造。

1958 年 4 月 2 日，中共中央发出《关于继续加强对残存的私营工业、个体手工业和对小商小贩进行社会主义改造的指示》，决定对城镇个体工商业者采取更加严厉的限制和改造措施，包括：对个体手工业户，除少数不适合组织集体生产的某些特种手工业品允许继续个体生产外，其余都加入手工业合作社；把集体工商业并入或转为国营企业；限制个体劳动者的收入水平，规定不得超过同行业合作社或国营职工的平均收入水平，超过的要采取经济措施加以控制。这些做法，使生产资料所有制结构及经营方式、购销形式、分配办法等更趋单一，脱离了当时的生产力状况，挫伤了个体劳动者的积极性，影响了生产发展，使市场商品供应不足，商业和服务网点减少，给人民生活带来不便，就业门路也越来越窄。

上述农村和城市在生产关系方面的改革，由于脱离了生产力水平的实际状况，因而是行不通的，其破坏生产力发展的弊端在当时的实践中很快显露出来。

**3. 纠“左”中对所有制的局部改革及其反复**

不久，毛泽东及时觉察到这一“左”倾错误，并带头设法纠正。他多次召开政治局扩大会议和中央全会，制定一系列方针政策，采取多种措施，对人民公社的经济体制进行局部调整。在此过程中，毛泽东提出的一些理论观点和方针政策，起了重要作用。

（1）理论和政策上的检查和探讨。

批评企图过早否定集体所有制、混淆集体所有制和全民所有制界限的错误思想。1958年11月2～10日，毛泽东召集部分中央领导人和部分地方领导人在郑州开会（第一次郑州会议），专门讨论社会主义和共产主义有关理论和人民公社性质问题，起草的《关于人民公社若干问题的决议》初稿中强调了人民公社的集体经济性质，指出认为公社是全民所有制是不符合实际情况的，因为它不能像国营企业那样生产资料和产品可直接由代表全体人民的国家按照整个国民经济的需要作统一的合理的分配。该决议还批评了急于过渡的思想，指出，从集体所有制向全民所有制过渡，不取决于人们的主观愿望，而取决于生产力发展的水平，过早否定集体所有制，匆忙改变为全民所有制，是不可能成功的。对人民公社集体经济性质的肯定，为后来逐步把人民公社内部所有制调整为“三级所有，队为基础”作了思想准备。

批评了混淆社会主义与共产主义的区别，企图超越社会主义阶段而跃入共产主义社会的错误。《关于人民公社若干问题的决议》指出：农业生产合作社变为人民公社，并不等于由社会主义变为共产主义。由社会主义变为共产主义，比由社会主义的集体所有制变为社会主义的全民所有制需要更长得多的时间，是一个相当长相当复杂的发展过程，而在这整个过程中，社会的性质仍然是社会主义的。社会主义社会和共产主义社会是经济上发展程度不同的两个阶段。无论由社会主义的集体所有制向社会主义的全民所有制过渡，还是由社会主义向共产主义过渡，都必须以一定程度的生产力发展为基础。生产关系一定要适合生产力的性质，只有生产力发展到某种状况才会引起生产关系的某种变革。“我们既然热心于共产主义事业，就必须首先热心于发展我们的生产力，首先用大力实现我们的社会主义工业化计划，而不应当无根据地宣布农村的人民公社‘立即实行全民所有制’，甚至‘立即进入共产主义’，等等。那样做，不仅是一种轻率的表现，而且将大大降低共产主义在人民心目中的标准，使共产主义伟大的理想受到歪曲和庸俗化，助长小资产阶级的平均主义倾向，不利于社会主义建设的发展。”该决议还指出：“社会主义的原则是‘各尽所能，按劳分配’”，“企图过早地否定按劳分配的原则而代之以按需分配的原则，也就是说，企图在条件不成熟的时候勉强进入共产主义，无疑是一个不可能成功的空想。”①

---

① 《中国共产党第八届中央委员会第六次全体会议文件》，人民出版社 1958 年单行本，第 13～15 页。

（2）纠正所有制问题上“左”倾错误的若干措施——退回来。

认识端正后，毛泽东即着手从以下几方面纠正所有制问题上的“左”倾错误：

调整人民公社内部所有制结构，变更经济核算单位——从公社核算变为生产大队核算。《关于人民公社若干问题的决议》中规定：人民公社实行统一领导、分级管理制度。公社的管理机构，分为公社管理委员会、管理区（或生产大队）、生产队三级。管理区（或生产大队）是经济核算单位，盈亏由公社统一负责。并规定，管理区（或生产大队）和生产队在组织生产和基本建设、管理财务、管理生活福利等方面，应有必要权力。这对纠正人民公社建立初期管理责任不明，权力过分集中等偏差，起了一定作用。

在1959年2月27日至3月5日于郑州召开的政治局扩大会议（第二次郑州会议）上，毛泽东说：“现在我们跟农民的关系相当紧张，问题就在我们在生产关系的革命方面。在公社所有制问题方面，前进得过远了一些，前进得过远又怎么办呢？那就只能向后退。”于是再次解决人民公社的所有制问题，起草了《关于人民公社管理体制的若干规定（草案）》，明确提出，人民公社是以生产大队（相当于原来的高级社）为基本核算单位的公社、生产大队、生产队三级所有制，并较为详细地划分了三级各自的职权范围。当时把这些内容概括为十四句话：“统一领导，队为基础；分级管理，权力下放；三级核算，各计盈亏；分配计划，由社决定；适当积累，合理调剂；物资劳动，等价交换；按劳分配，承认差别。”这样，经营管理的基本单位由公社变成了生产大队。这比起最初实行的公社所有是明显的进步，对于克服穷队、富队拉平的平均主义极为重要。但当时还没有提出生产队的所有制问题。

纠正社员之间的平调并承认小私有。从 1958 年 12 月到 1959 年 9 月，中央先后在有关文件中规定：社员个人所有的生活资料（包括房屋、衣被、家具等）和在银行、信用社的存款，仍归社员所有，而且永远归社员所有；社员可保留宅旁零星树木、小农具、小工具、小家畜和家禽等，也可在不妨碍参加集体劳动的条件下继续经营一些家庭小副业；允许社员经营少量自留地，自留地可占耕地的 5%；鼓励社员利用零星闲散地进行耕种，谁种谁收，不征公粮和派购任务；在实行工资制和供给制相结合的分配制度时，供给范围不宜过宽，要逐步扩大工资部分；对于社员之间、公社和社员之间的借贷和社员欠的贷款，一律不要宣布废除，凡有条件偿还的应照旧偿还；在完成一类、二类和某些国家规定有交售任务的三类物资的交售任务后，剩余部分可到集市交易，社队和个人生产的副业产品、手工业品，都可在集市出售，并且除一、二类物资执行国家牌价外，其他物资分别实行牌价、限价或议价。这些规定，对调动农民生产积极性，充分利用辅助劳力、剩余劳力和零星资源，扩大农副产品交流，都起了积极作用。但社员收入分配上的平均主义，则由于实行供给制、工资制相结合的分配制度而一直没有解决。

调整城镇手工业所有制结构和经营规模。1959 年 8 月 5 日，中央发出《关于迅速恢复和进一步发展手工业生产的指示》，针对手工业在盲目过渡和合并后生产大幅度下降、品种规格显著减少、质量低劣、市场供应异常紧张的情况，提出了十八条措施。该指示强调，凡转为全民所有制后，对生产不利、对居民不便的手工业合作社，要采取适当步骤退回来；凡由小并大后不能按社会需要保持和恢复原有品种和数量的，要适当划小；原来从事手工业的干部和人员要迅速归队，实行按行业、按产品分工分级管理；还强调了家庭手工业的积极作用。虽然在“左”倾思想影响下各地没有很好贯彻指示精神，但这些措施对恢复手工业生产还是起了一些作用。

（3）发生反复。

庐山会议前期的反“左”行动，到庐山会议后期，由于毛泽东发动对彭德怀等的错误批判并进而在全党开展“反右倾”斗争而被中断，致使对所有制的局部纠“左”改革出现反复。许多地方，把人民公社内部所有制结构的调整和经营方式的改进，说成是“恢复单干”、“开倒车”，“是一股反社会主义道路的逆流”；一些部门，例如铁道、交通、煤炭等行业，原来一直坚持实行的计件工资制，也被迫取消。

4. **重新纠“左”，国民经济全面调整时期对所有制的改革**

上述情况严重挫伤了人民群众的生产积极性，工农业生产又大幅度下降。为此，毛泽东和党中央决定重新纠“左”。

1960年11月3日中共中央发出《关于农村人民公社当前政策问题的紧急指示信》，规定在以生产大队为基本核算单位的前提下，坚持生产队的小部分所有制，要把劳力、土地、耕畜、农具固定给生产队使用，发挥生产队组织生产经营的积极性；公社和生产大队两级占用的劳动力不能超过农村劳动力总数的5%，其余95%左右都归生产队支配；纠正“一平二调”的错误，凡平调的全部退赔，等等。11月15日，中共中央发出《关于彻底纠正“五风”问题的指示》，要求各地煞住“共产风”、浮夸风、命令风、干部特殊风和对生产瞎指挥风。12月下旬，中共中央在北京召开工作会议，总结农村整社的经验和恢复发展农业生产的问题，决定提高部分农副产品收购价格和退赔平调债务；决定发展家庭副业和手工业，提倡大集体、小自由，并把社员自留地由原占5%提高到7%，确定家禽饲养以私养为主；适当开放集市贸易，搞活农村经济。在年底还批准了财政部的报告，强调财权要适当集中。上述措施，标志着党中央决心继续按照第一次郑州会议以来所确定的方针、政策，重新开始纠正“左”的错误。这时，以毛泽东为首的中共中央决定对国民经济进行全面调整。

1961 年至 1965 年，是国民经济全面调整时期。毛泽东、党中央对农村的生产关系作了进一步调整。在所有制方面，采取了以下改革措施：

（1）改变人民公社的基本核算单位。

为从根本上纠正“共产风”，使集体所有制的规模适应当时农业生产水平的要求，毛泽东提出“大兴调查研究之风”，1961 年要成为实事求是年的号召，并以身作则，于 1961 年 2、3 月间到杭州、长沙进行调查研究，7 月又到河北邯郸地区调查。其他中央领导同志也做了大量的调查研究和试点工作。这年 3 月，毛泽东在广州召集中南、西南、华东三地区的中央局和省、市、自治区党委负责人开会，亲自主持拟定《农村人民公社工作条例（草案）》（即《六十条》）。《六十条》提出：要坚持自愿互利和等价交换原则，取消供给制，实行评工记分；社员口粮分到户，办不办公共食堂由社员自己决定；建立社员代表大会、监督委员会等民主管理制度，但仍坚持以生产大队为基本核算单位。10 月，中共中央根据毛泽东在邯郸调查后的意见，发出《关于农村基本核算单位问题给各中央局，各省、市、自治区党委的指示》，提出“三级所有，队为基础”，进行基本核算单位下放到生产小队的试点。1962 年 2 月 23 日，中共中央正式决定，以生产队（即原来的生产小队，规模大体相当于过去的初级社）为基本核算单位，平均每队约二三十户。基本核算单位下放到生产队后，对于克服生产队之间的平均主义、保障生产队的自主权、调动社员的生产积极性、改善集体经济的经营管理，都起了较好作用。这年

9月，中共八届十中全会通过的《农村人民公社工作条例（修正草案）》，对人民公社的基本核算单位又作了进一步的明文规定：生产队是人民公社中的基本核算单位，实行独立核算，自负盈亏，直接组织生产，组织收益的分配；生产队集体所有的大牲畜、农具，公社和大队都不能抽调；生产队对生产的经营管理和收益的分配，有自主权。并决定这种制度至少30年不变。

（2）破除供给制，实行按劳分配。

在集体经济内部的分配关系上，《六十条》规定：按社员劳动的质量和数量付给合理报酬；生产队逐步制定各种劳动定额，实行定额管理，凡有定额的工作按定额记分，无定额的工作，采用评工记分的办法；不论男女老少、干部社员，一律同工同酬，每个社员的劳动工分按时记入工分手册，并定期公布工分账目。分配办法的这些改变，实际上废除了脱离实际的供给制和工资制相结合的办法，取消了“公共食堂”，从而一定程度地克服了平均主义，体现了按劳分配的原则。

（3）恢复自留地、家庭副业、集市贸易。

农村的家庭副业，是社会主义经济的必要补充。《六十条》规定：允许和鼓励社员发展家庭副业，包括种自留地，饲养家禽家畜和大牲畜，进行编织、缝纫、刺绣、采集、渔猎、养蚕、养蜂等家庭副业生产；社员自留地，包括饲料地、开荒地合在一起，可占生产队耕地的5%到10%，最多不超过15%；家庭副业的产品和收入归社员所有，由社员自行支配，完成国家定购合同后可到集市出售；自留地和开荒地生产的农产品不计口粮标准，不征农业税，不计统购。这些规定，对发展农业生产，增加社员收入，增加社会产品，活跃农村市场，提高农民生产积极性，起了很大作用。

上述调整和改革措施，使全国农业生产在1962年停止下降，从1963年起得到了较快恢复。1962年与1960年比较，粮食增产330亿斤，油料增产126万担，棉花产量下降幅度减低。

在此期间，毛泽东对已发觉的错误不断进行自我批评，并不断总结社会主义建设的客观规律。他在1960年12月听取中央工作会议汇报时就承认，庐山会议后工作上有所失误，有些事没想到，像刮“共产风”，如果想到了，就不会刮了。1961年1月为八届九中全会作准备的中央工作会议上，他说，现在看起来，社会主义建设不要那么十分急，十分急了办不成，越急就越办不成，不如缓一点，波浪式向前发展。他还说，社会主义建设不能急，要搞它半个世纪，要搞几年慢腾腾，不要务虚名而招实祸。他批评“一平二调”、“共产风”是“人祸”，要求大家勇于承认错误，有多少错误就说多少，有“左”反“左”，有右反右，有什么反什么。他还说：对于社会主义建设，我们还缺乏经验，还有很多的盲目性。社会主义经济，对于我们来说，还有许多未被认识的必然王国。从全党来说，对社会主义建设的认识都非常不够，我们应当在今后一段时间内，积累经验，努力学习，在实践中逐步地加强对它的认识，下工夫弄清它的规律。在没有认识到客观规律以前，我们是一些蠢人，最近几年，我们不是干过许多蠢事吗？这可以说是对中央几年来工作失误的自我批评。

这年毛泽东还说过一句话：我们原来过了六七年的糊涂日子。从1962年往回倒六七年，正是1956年以后。这说明，他承认从1956年以后搞高级社是搞早了、搞大了。虽说他这时的认识还不彻底，所以对“左”的错误的纠正也不彻底，因而在以后很长一段时间里还犯过超越生产力水平盲目拔高生产关系的错误，但无论如何，他在当时，最终还是把农村人民公社的生产关系调整得比较合适了；并且，人民公社的基本核算单位放在生产小队这一条，直到“文化大革命”时期都没有变。可见，毛泽东并没有始终坚持“一大二公”的错误，这只是他在一段不太长的时期里犯的错误。这就说明，毛泽东和当时的党中央，虽然由于缺乏经验和其他各种原因，在我国的所有制问题，特别是人民公社的所有制问题上，犯了严重的错误，但是，他们一经发现失误便能及时加以纠正，这是他们在艰辛的探索过程中的失误；这种失误从某种意义上说，的确是不可避免的，因为人对任何新生事物要达到正确的认识，总要经历一个过程。毛泽东和他的战友们，在那个时候，为了探索适合当时中国的生产力状况的生产关系，就正是经历了这样的一个过程。

## 三、对经济体制的改革

### 1. 建立以计划体制为中心的社会主义经济管理体制

第一个五年计划期间，我国初步建立起以计划体制为中心的集中统一的社会主义经济管理体制，这是在当时历史条件下逐步形成的。一是由于我国缺乏社会主义建设的历史经验，因而受到苏联20世纪50年代经济体制的某些影响，学习和借鉴了他们的一些经验和做法。这在当时情况下是必要的，其中有些经验也是好的，如重视对国民经济的宏观管理，对重点建设实行集中统一管理，严格按基本建设程序办事等。但与此同时，也把其中的一些弊病，如单一公有制，对地方和企业集中过多、管得过死和否定价值规律对生产的调节作用等，带进我国的经济体制中来。

（1）对重点建设进行集中统一管理。

经过三年恢复时期，我国的国民经济有了很大发展，加之1953年7

月朝鲜停战协定签字，为我国争得了和平的国际环境。这些都为我国进行大规模的有计划的经济建设创造了条件。

但毕竟当时的国民经济仍十分落后，一是建设资金不足，二是技术力量缺乏，都必须集中使用才能更好地发挥效益，保证重点建设的需要。当时的重点建设，就是苏联帮助设计的156项重点工程。事实上，第一个五年计划的基本任务，就是集中主要力量进行以这156个建设工程为中心的、由限额以上的694个建设单位（即大中型建设项目）组成的工业建设，建立社会主义工业化的初步基础。这156项重点工程，都是技术复杂、投资较大、关系到国家经济命脉的项目，因而必须由中央及有关部门集中统一管理。

对大中型建设项目实行集中统一管理的体制，首先是制定一个比较好的、经过综合平衡的中期计划；其次是国家集中必要的财力进行重点建设；第三是国家掌握人力、物力的调配；第四是基本建设项目以中央各部门为主进行管理。这样做的结果是，由于集中了全国的财力、物力和主要的技术、管理干部，从而保证了重点建设的需要，而且使各工程项目前期准备工作都做得较充分，有一套严格的审批和科学的基本建设程序。到1957年底，156个重点建设项目中，已有135个施工，68个全部建成或部分建成投入生产。我国过去没有的一些工业部门，如飞机和汽车制造业、重型和精密机器制造业、发电设备制造业、冶金和矿山设备制造业，以及高级合金钢和有色金属冶炼业等，从无到有地建立起来，初步改变了我国工业落后的面貌。事实证明，对重点建设进行集中统一管理的效果是好的，是第一个五年计划时期成功的经验之一。

（2）对粮食实行计划收购和计划供应。

这是在我国农业较落后条件下，解决粮食供应问题的必要措施。

由于我国的粮食产量低，不能适应商品粮日益增长的需要，粮食购销的矛盾在1953年开始突出起来。粮食市场的无计划状态，使相当大一部分粮食被私商买去牟取暴利，国家的粮食收购计划难以完成，销售量却不断增加，粮食市场呈现紧张局面。这一方面反映出大规模经济建设与落后的小农经济之间的矛盾，另一方面也反映出国营经济的领导作用与农民自发势力和资产阶级反限制斗争之间的矛盾。

为从根本上解决问题，陈云经周密调查研究，广泛征求各方意见后提出：解决粮食供销问题，要处理好四种关系，即：国家与农民、国家与消费者、国家与私商、中央与地方以及地方与地方的关系。其中最难处理的是国家与农民，主要是与农村余粮户的关系；其次是国家与消费者，主要是与全体城市居民和缺粮农户的关系。如果解决好与农民的关系，天下事就好办了；只要收到粮食，分配就比较容易办了。为此，陈云曾考虑多种方案，最后向中央提出粮食计划收购和计划供应即统购统销的建议，当即得到毛泽东的赞许和周恩来、邓小平等同志的大力支持。1953年10月16日，中共中央作出实行粮食计划收购和计划供应的决议，政务院于11月23日发布了实行粮食计划收购和计划供应的命令。

其具体办法，经认真研究，本着既保证国家需要，又对农民有利的原则，对粮食征购的时间、数量、价格等都作了明确规定，对城镇所需粮食也规定了计划供应的办法。在价格上为不让农民吃亏，毛泽东特别提出要使农民得到季节差价的好处。

实行粮食计划收购和计划供应后，对私商实行严格管制，不允许其投机倒把，国家控制了粮食市场，粮食市场的秩序得以稳定。随即，对棉花、纱布、食油等生活必需品也陆续采用了统购统销的办法，对整个市场物价的稳定起了积极作用。

（3）实行直接计划与间接计划相结合的计划管理制度。

这种管理制度是在1952年前后国营经济逐渐壮大并居优势而多种经济成分并存的形势下采用的。

在工业、商业和交通运输业方面，直接计划是指国家下达指令性指标，适用于国营企业和少数生产国家安排的产品的公私合营工业企业；间接计划是指国家通过各种经济政策、经济措施和经济合同，采用加工订货、统购包销、经销代销等方法把其经济活动纳入国家计划，适用于一般公私合营和私营工商业、运输业，供销合作社商业，以及一部分手工业；而对花色品种繁多的小商品的生产经营则一般不列入国家计划，国家主要通过控制原材料和销售两个环节，从市场的供销关系上加以调节。但随着国营经济的日益壮大和社会主义改造的基本完成，直接计划的范围不断扩大，对企业统得过多、管得过死的弊病便逐渐显露出来。

在农业方面，毛泽东认为尚不能实行统一的有计划的生产，他在1953年3月19日为中共中央起草的一份文件中说："目前我国的农业，基本上还是使用旧式工具的分散的小农经济，这和苏联使用机器的集体化的农业，大不相同。因此，我国在目前过渡时期，在农业方面，除国营农场外，还不可能施行统一的有计划的生产，不能对农民施以过多的干涉；还只能用价格政策以及必要和可行的经济工作和政治工作去指导农业生产，并使之和工业相协调而纳入国家经济计划之中。超过这种限度的所谓农业'计划'，所谓农村中的'任务'是必然行不通的，而且必然要引起农民的反对，使我党脱离占全国人口百分之八十以上的农民群众，这是非常危险的。"[①] 这段话深刻阐述了国家计划与农民的关系，不

---

① 《建国以来毛泽东文稿》第4册，中央文献出版社1989年版，第137页。

仅适用于当时的小农经济，而且适用于农业合作化后的集体经济。从计划体制来说，我国 1955 年以前对小农经济实行的是估算性计划；1956 年农业合作化后实行间接计划，即国家依靠价格政策、农贷政策、预购合同、税收政策等对农民的生产加以调节，使之符合国家的计划要求；而在实行粮食、棉花、油料等农产品的统购统销后，对这些产品的征购、派购任务则带有指令性。

直接计划与间接计划相结合的计划管理体制，在我国国民经济恢复到执行第一个五年计划期间，较好地体现了管而不死、活而不乱的要求，对国民经济的发展起了很好的作用，也为以后的经济体制改革提供了一些有益借鉴。

总之，“一五”期间建立的集中统一的计划经济体制，对当时集中人力、物力、财力保证重点建设顺利进行，促进国民经济有计划按比例发展及市场稳定等，起了重要作用。

2. **对“一五”末期经济体制弊病进行改革的初步方案**

（1）“一五”末期经济体制的主要弊病及党中央的觉察。

到“一五”末期，随着“三大改造”的完成，所有制结构愈趋单一，直接计划的范围和建设规模愈来愈大，社会化大生产和专业化的发展也使部门之间、地区之间、企业之间的联系和协作更为密切，于是，这种集中统一的计划经济体制中中央集中过多、统得过死，而企业自主权过小的弊病就逐渐暴露出来，影响了地方和企业的积极性、主动性，阻碍着国民经济的进一步发展。

对此，党中央有所觉察。毛泽东在经过从 1956 年 2 月开始的一个半月调查，听取中央工业、农业、交通运输业、商业、财政等 34 个部门的汇报后，在《论十大关系》的报告中提出：“把什么东西统统都集中在中央或省市，不给工厂一点权力、一点机动的余地、一点利益，恐怕不妥。”

如何处理好中央和地方的关系，是个重要问题。为解决中央和地方的矛盾，毛泽东指出：“目前要注意的是，应当在巩固中央统一领导的前提下，扩大一点地方的权力，给地方更多的独立性，让地方办更多的事情。这对我们建设强大的社会主义国家比较有利。我们的国家这样大，人口这样多，情况这样复杂，有中央和地方两个积极性，比只有一个积极性好得多。我们不能像苏联那样，把什么都集中到中央，把地方卡得死死的，一点机动权也没有。”为了做到既有中央强有力的统一领导以保证计划的严肃性和统一性，又使地方和企业能根据具体情况合理使用人力、物力、财力，充分调动积极性，毛泽东提出：“中央的部门可以分成两类。有一类，它们的领导可以一直管到企业，它们设在地方的管理机构和企业由地方进行监督；有一类，它们的任务是提出指导方针，制订工作规划，事情要靠地方办，要由地方去处理。”

1956 年 9 月，在中共八大会议上，刘少奇代表中共中央作的政治报告中，针对当时中央各部对地方、企业管得过多、过死的情况提出：“上级国家机关往往对于企业管得过多、过死，妨碍了企业应有的主动性和机动性，使工作受到不应有的损失。应当保证企业在国家的统一领导和统一计划下，在计划管理、财务管理、干部管理、职工调配、福利设施等方面，有适当的自治权利”，“我们的经济部门的领导机关必须认真把该管的事管好，而不要去管那些可以不管或者不该管的事。只有上级国家机关的强有力的领导同企业本身的积极性互相结合，才能把我们的事业迅速地推向前进。”这次会上，周恩来在代表中央提出的《关于发展国民经济的第二个五年计划的建议的报告》中，提出了划分中央和地方管理职权的七条改革原则，体现了大权集中小权分散，既要统一领导又要因地制宜；为改变“条条分割”，对中央管理的主要计划和财物指标，由国务院统一下达；在方法步骤上采取经过试点、稳步前进的方针。这些原则对经济体制的改革有重要意义。

（2）改革的初步方案。

1956年5月到8月，国务院召开全国体制会议，检查中央集权过多的问题，讨论并提出了改进体制的决议草案。经广泛征求意见后，1957年10月，在扩大的中共八届三中全会上，基本通过了陈云主持起草的《关于改进工业管理体制的规定（草案）》、《关于改进商业管理体制的规定（草案）》和《关于改进财政管理体制的规定（草案）》。这三个经济体制改革的规定，总的精神是调整中央和地方、国家和企业的关系，把一部分工业、商业和财政的管理权力下放给地方和企业，进一步发挥它们的主动性和积极性，因地制宜地完成国家的统一计划。11月，这三个规定以国务院名义正式公布下达，标志着我国经济体制改革开始起步。主要精神是：①调整现有企业的隶属关系，把由中央各部直接管理的一部分企业，下放给省、市、自治区管理；②扩大地方和企业的财权；③扩大地方在物资分配方面的权限；④扩大地方和企业计划管理方面的权限；⑤商业价格实行分级管理；⑥扩大地方和企业的人事管理权限。

适当扩大地方的权限是完全必要的，但并不是说地方的权限越大越好。三个规定在扩大地方权限的同时，也对地方权限在财政、物资管理和商业流通、人事管理等方面都作了适当限制。

总的来说，这三个规定，虽然提出了扩大企业自主权问题，但着眼点主要是调整中央与地方的关系，对正确处理国家与企业的关系问题还没有提到议事日程上来。

### 3. 对“大跃进”时期经济体制改革失误的局部纠正

（1）“大跃进”时期对经济体制的不适当改革。

1957年中央制定的上述三项经济体制改革的规定，在“大跃进”时期并未得到正确贯彻执行。在1958年至1960年“大跃进”时期，随着盲目追求所有制结构“一大二公”、“左”倾指导思想的发展，加之在“大跃进”形势下，各地都要建立独立完整的工业体系，并盲目追求高指标，生产上出现瞎指挥，许多行之有效的规章制度被破除，致使对三个规定的执行离开了正确的原则。主要表现为在中央和地方的关系上，管理权的下放过了头。

在农村，主要是为了实现政社合一、工农商学兵五位一体，国务院决定实行“两放、三统、一包”的财政贸易新体制。“两放”即把国家在农村的商业、粮食、财政、银行等机构和人员下放给公社领导和管理，其财产下放给公社使用；“三统”即政策的执行、计划的制定和流动资金的管理服从国家的统一规定；“一包”即包上缴财政任务。

在城市工矿企业，主要是盲目下放管理权和扩大企业管理权限。盲目下放的管理权包括：把中央各部所属企业下放地方管理，下放计划管理权，下放基本建设项目审批权，下放财权和税收权，下放劳动管理权，下放商业、银行等管理权，下放教育管理权。盲目扩大的企业管理权限包括：减少指令性指标，扩大企业计划管理权限；国家和企业实行全额利润分成制度，扩大了企业的财权；除厂长、副厂长、主要技术人员外，其他人员由企业负责管理，扩大了企业的人事安排权和机构设置权；企业的事业费可由企业调剂使用，企业的固定资产也可由企业增减或报废。

对经济体制的这些变动是不适当的，实际上是把一些不该下放的权力下放了，同时在扩大企业自主权的时候未能给予正确指导，这就破坏了原有的经济协作关系和正常的经济秩序，导致企业出现严重无政府主义状态，使企业管理变得十分混乱。企业任意挤占国家资金，偷税漏税、截留利润、铺张浪费的情况大量出现，不但给国家财产造成巨大损失，而且也使大批企业由于产品质量下降、成本增高、经济效益降低而出现亏损。

“大跃进”时期的这次经济体制改革，在中央与地方、国家与企业的关系等问题上进行的改革，虽说是为了纠正过去国家管得过多、统得过死的弊病，因而包含有一定的合理因素，但由于未尊重客观规律，没有有计划按步骤进行，而是一哄而起、瞎指挥，所以分权不恰当不适度，走偏了方向，效果不好，从总体看是不成功的。

（2）初步觉察“左”倾错误后对经济体制的局部变动。

从 1958 年冬到 1959 年 7 月庐山会议前期的 9 个月中，党中央和毛泽东针对“大跃进”和人民公社化运动中的某些“左”倾错误，采取了许多措施，纠正经济体制上的失误。主要从两方面着手：一是上收一部分下放得不适当的企业和调整经济管理权，二是强调建立各种责任制。

上收一部分下放得不适当的企业和调整经济管理权。

针对 1958 年盲目下放造成的混乱，毛泽东同志在庐山同一些领导同志谈经济工作时指出，现在有些半无政府主义，“四权”（人权、财权、商权、工权）过去下放多了一些，快了一些，造成了混乱。下放的权力，要适当收回。陈云同志撰写文章，着重指出，建立完整的工业体系，只能首先从全国范围开始，而且不是短时间所能解决的。在一个省、自治区以内建立完整无缺、样样都有、万事不求人的独立的工业体系是不切实际的。在这些思想的指导下，采取了下列措施：一是上收招收职工的审批权。二是调整部分基本建设管理权限。规定地方不再具有不受限制的审批项目的权力，各地基本建设投资包干后省下来的资金用于扩大建设规模，必须服从全国的统一计划。多余的资金必须上缴。三是变动财政体制。将“以收定支，五年不变”的财政体制，改为“总额分成，一年一变”的办法，把地方负责组织的全部收入和支出挂起钩来，把基本建设支出由中央专案拨款改为列入地方预算支出，以便中央调剂各地区的收入和适当集中财力。并且针对各地方、各部门把银行贷款和流动资金用于基本建设的混乱现象，要求严格划清基本建设投资和流动资金的界限。四是增加统配部管物资。五是上收部分企业。上述这些措施，起了一些积极作用，但由于当时仍在搞“大跃进”，所以实际效果并不显著。至于上收的企业仅仅是极少数，不足以扭转体制上过于分散的弊病。

强调建立各种责任制，整顿和加强企业管理。

邓小平同志在中央和地方召开的一些会议上，多次强调要整顿工业企业，要治乱，要把企业管理上的混乱局面扭转过来。他说，“大跃进”以前，我们的企业管理制度，有许多好的东西。这些不应该否定的东西给否定了，应当恢复起来。对于1958年以后新创造的企业管理成功的经验也要肯定下来。《人民日报》曾就企业整顿问题发表社论，认为只破不立，只有始没有终，是违反事物发展的客观规律的。要把破了以后没有立的规章制度立起来，主要是把党委领导下的厂长负责制，以及各种专责制、各种工艺规程和操作规程、各种检验制度和安全制度等建起来，而且立了要行，行要彻底。人民公社也要在整顿的同时建立和健全农业生产责任制，大兵团作战是一种临时的突击的劳动组织形式，不能长期采用。正常的农业生产要建立“任务到队、管理到组、措施到田、责任到人、检查验收”等集体责任制和个人责任制，主要是“四定一奖”制，即定生产指标、定投资、定上缴任务、定增产措施和超产奖励。

上述措施收到一定成效，但由于“左”的指导思想没有从根本上转变，所以成效有限。随着庐山会议后期“反右倾”斗争的开展，1959年又继续“大跃进”，以高指标、瞎指挥、浮夸风等为主要标志的“左”倾错误再次泛滥，国民经济又出现比例失调的严重情况。

为了改变这种严峻的形势，毛泽东和党中央决定对国民经济实行全面调整，重新纠“左”。

4. **国民经济全面调整时期的经济体制改革**

1960年秋冬，党中央和毛泽东同志决定对国民经济实行“调整、巩固、充实、提高”的方针。1961年1月中旬召开的党的八届九中全会，正式批准了调整国民经济的八字方针，并向全国人民宣布：1961年应当适当地缩小基本建设的规模，调整发展的速度，在已有的胜利的基础上，采取巩固、充实和提高的方针。从此，我国国民经济进入了调整时期。

在调整时期，为了完成工业经济调整的任务，必须对工业经济管理体制进行相应的改革，从而为经济体制的改革创造客观条件。经过中央领导和各部门的调查研究，决定从1960年开始，对工业经济管理体制进行新的改革和探索。主要有以下几个方面：

（1）加强中央的集中统一，搞好综合平衡，克服无计划状态和分散主义。

调整时期是非常时期，要有更多的集中统一。为此，1961年1月20日，中共中央发出《关于调整管理体制的若干暂行规定》，提出管理权集中到中央、中央局（党的八届九中全会决定，六个大区重新恢复并成立了中央局）和省（市、自治区）三级，在最近两三年内更多地集中到中央和中央局一级。这年9月15日，中共中央又发出《关于当前工业问题的指示》，再次强调要切实“改变过去一段时间内权力下放过多、分得过散的现象”，在最近两三年内，要把工业管理的权力更多地集中在中央一级，对全国的人力、物力、财力进行统一安排。具体的措施，一是加强计划的集中统一管理；二是加强对基本建设的集中统一管理；三是上收一批下放得不适当的企业；四是加强财政、信贷的集中统一管理；五是收回一部分物资管理权，加强物资的集中统一管理。

（2）改变农村的管理体制和管理制度。

具体措施，主要是发展灵活多样的经营管理方式。《六十条》规定，为了便于组织生产，可以划分固定的或者临时的作业小组，划分地段，实行小段的、季节的或者常年的包工，建立严格的生产责任制。畜牧业、林业、渔业和其他副业生产，牲畜、农具、水利和其他公共财物的管理，也都要实行责任制。有的责任到组，有的责任到人。1962 年，在某些地区出现了包产到户的形式，个别地区出现了分田单干。如广西龙胜县当时就搞了五种经营形式：①生产资料集体所有，统一生产，统一分配，主要农活集体操作，一般农活责任到人；②生产资料集体所有，统一计划，统一分配，生产短期安排，“四定”小包工；③生产资料集体所有，统一计划，统一分配，按劳力或人头固定田块，少数农活统一派工，多数农活常年责任到人；④居住深山的独户或生产组包上交公粮；⑤包产到户，分田到户（见陶铸、王任重同志给毛泽东同志的报告）。安徽等省也有不少农民自发地搞包产到户、包干到户。邓子恢同志在调查研究的基础上，针对当时农村中存在的问题，强调要建立严格的生产责任制，实行包工到作业组，零星小活可以包到人，有些农活也可以包产到户。刘少奇同志也认为，农业上要退够，可以在一些地区实行包产到户。但是，这些意见，在党的八届十中全会上被说成是“刮单干风”，“走资本主义道路”，遭到了批判。这说明当时并未完全抛弃“左”的错误思想。

（3）注意运用经济杠杆的调节作用。

在“大跃进”中，价值规律的作用以及按劳分配和等价交换的原则被完全否定，干扰了经济活动的正常运行。调整时期注意到纠正这种情况，开始恢复经济杠杆的作用。

一是调整价格。总的来说，是在保持物价基本稳定的前提下，有计划地提高重要农副产品的收购价格，降低部分工业品主要是农用生产资料的销售价格。主要是提高粮食、生猪、家禽和蛋类、油料等农产品的收购价格及粮食的销售价格。仅1961年，农民就从提价中增加收入达30亿元。再就是销售高价商品。如高价糕点、高价糖果和其他高级副食品，以及针织品、自行车、手表、闹钟、茶、酒等商品。这在特殊情况下，对于满足部分人民的生活需要，缩小购买力与商品可供量之间的差距，制止物价上涨等方面，起了较好的作用。

二是调整税收。主要是降低农业税负担，下降到1949年的征收水平，并配合城乡集市贸易的恢复和发展征收集市交易税。与此同时，银行向农业社发放各项农业贷款。这些措施，对减轻农民负担，恢复和发展农业生产起了很好的促进作用。

（4）制定各种管理条例，加强经济监督。

在毛泽东多次提出全党要大兴调查研究之风的号召下，许多中央领导同志分头到农村和城镇进行调查研究，各部门也进行了系统的调查研究工作。各条战线在调查研究的基础上，制定了比较完整的管理条例和各项规章制度。除《六十条》外，还有《国营工业企业工作条例（草案）》（即《工业七十条》），以及《关于改进商业工作的若干规定（试行草案）》（即《商业四十条》）、《关于城乡手工业若干政策问题的规定（试行草案）》（即《手工业三十五条》）、《教育部直属高等学校暂行工作条例

(草案)》(即《高教六十条》)、《关于自然科学研究机构当前工作的十四条意见》(即《科研十四条》)等。计划、基本建设、财政、银行也都分别作出了一些规定和制定了管理办法。这些管理条例，包含着许多有关改革体制的要求，它对于保证国家经济决策的实现和社会主义经济的正常运行，起了十分重要的作用。

(5)加强财政、银行监督与检查。

制定各种管理条例，切实加强对银行、信贷的管理。1962 年 3 月，中央制定了《关于切实加强银行工作的集中统一，严格控制货币发行的决定》，规定收回前几年下放的权力，银行业务实行垂直领导；划清银行信贷资金和财政资金的界限，不许用银行贷款作财政性支出；定额流动资金由财政核实，打够拨足，不许挤占银行贷款；严格信贷管理，加强信贷的计划性。1962 年 4 月，为了促进企业裁并和精简人员，堵住漏洞，中共中央发出了《关于严格控制财政管理的决定》，规定一切国营企业，除了国家允许赔钱经营的外，都必须赢利，不得亏损。有的企业限期转亏为盈，有的要立即关停并转。坚决制止一切侵占国家资金的错误做法，重申了不许挪用财政资金的 10 条禁令。制止各单位相互拖欠贷款，坚决维护应当上缴国家的财政收入，严格控制各项财政支出，切实加强财政监督。特别是为了配合精简城镇职工人数和企业的关停并转，财政不支付工资，银行不再给贷款，物资部门不供给物资，粮食部门停止粮食供应，使精简职工和企业关停并转能够迅速而有成效地进行。

以上这些探索经济体制改革的方针，取得了一定成效。从集中与分权的关系来看，处理得比较恰当；从生产与流通方面来看，既加强了计划控制，又搞活了流通，较好地发挥了市场调节的辅助作用；从实践效果来看，也是比较好的。

总之，调整时期的这次经济体制改革，虽然仍然存在着集中过多、统得过死的问题，但仍不失为一次成功的改革。改革的指导思想比较明确，在宏观搞好、微观搞活，用经济组织管理经济，用经济手段调节经济等方面，都作了有益的尝试。在当时条件下，这种尝试和探索是具有远见和胆略的，为后来国民经济继续调整时期的经济体制改革提供了十分有益的经验。

5. **国民经济继续调整时期的经济体制改革探索**

经过不到两年的调整，国民经济开始恢复，工农业生产都有所回升，财政也开始好转，人民生活有所改善。到 1962 年底，国民经济暂时困难时期结束了。

1962 年 1 月 11 日，毛泽东同志在中共中央在北京召开的扩大的中央工作会议（又称“七千人大会”）上讲话中指出，要在总结正反两方面的经验的基础上，加深对社会主义建设规律的认识。所以，1963 年 2 月，中共中央召开的工作会议提出：从当年起，再用三年时间，继续实行调整、巩固、充实、提高的方针，除继续调整国民经济的比例关系外，还要改善企业的经营管理，提高经济效益等等。在此期间，针对在经济体制方面存在的问题，进行了一些探索性的改革。主要有：

（1）试办托拉斯，用经济组织管理经济。

此前，我国的工业管理体制偏重于用行政办法管理经济，致使企业管理机构庞大，效率不高。为改变这种状况，刘少奇代表党中央提出试办托拉斯。经过多次酝酿研究，国家经济委员会提出了试办行业性托拉斯的方案，对托拉斯的性质和经营范围，托拉斯的管理办法，全国性托拉斯和地方的关系，托拉斯的政治工作、组织机构及总公司设置地点等问题，提出了具体的意见。1964 年 8 月 17 日，中共中央和国务院原则同意并批转了国家经济委员会党组《关于试办工业、交通托拉斯的意见的报告》。中共中央和国务院在批示中指出："在我国社会主义制度下试办托拉斯，用托拉斯的组织形式来管理工业，这是工业管理体制上的一项重大改革，是一件新事情，中央主管部门和各级党委要充分地重视这件事情，应当结合党的战略的要求，集中力量首先把这一批试办的托拉斯办好。凡是有试办托拉斯任务的主管部门，必须认真地做好调查研究工作，必须根据我国具体情况，研究如何办好托拉斯的办法，切实加强领导，选派得力干部担任托拉斯的领导工作，以便通过典型试验，取得经验。"①

托拉斯性质的工业、交通公司，是社会主义全民所有制的集中统一经营管理的经济组织，是在国家统一计划指导下的独立的经济核算单位。国家通过主管部门向它下达计划，它对完成国家计划全面负责，并对所属分公司、厂（矿）以及科学研究、设计等单位实行统一的经营管理。公司所属范围内的基本建设统一纳入国家计划。国家将固定资产和流动资金拨给托拉斯，由其掌握使用。国家对托拉斯实行利润分成办法，新产品试制费、技术组织措施费、劳动安全措施费、零星固定资产购置费等费用，从利润分成中解决。托拉斯内部实行产供销的统一管理；还统一管理国家批准的劳动计划和工资总额，并且有权根据国家规定，在所属单位之间调整使用。托拉斯有专门的科学研究机构和负责新产品、新技术发展工作的机构，并将科学研究成果及时地用于工业生产，迅速提高本行业的技术水平。

从 1964 年第三季度起，中央各部试办了 12 个工业、交通托拉斯，

① 《中国工业经济法规汇编》，中国社会科学院工业经济研究所编，第 121 页。

其中全国性的有9个、地区性的有3个。1965年又试办了全国性的工业公司3个。有的省、市也试办了地方性的公司。事实证明，在当时的条件下，试办托拉斯，用社会主义经济的和科学的办法来管理工业，办事快，效率高，推诿扯皮现象少，产品质量也有保证，取得了较好的经济效果。

这次工业管理体制上的改革，按照专业化协作原则实行工业改组，组织托拉斯的方向是正确的，许多实施办法在当时也是可行的。尽管是初步的尝试，在部门和地方关系的处理上还存在一些问题，但效果是好的。

总之，这些托拉斯性质的公司，都是社会主义全民所有制的经济组织，是在国家统一计划下的相对独立的经济核算单位。它们具体管理本公司的生产、基建、劳动、计划、供销、财务、上缴税利和人事等各项事宜。托拉斯的组成，是按照专业化协作的原则实行工业改组。由于是采用经济的手段来管理工业，所以取得了比较好的经济效果。

（2）改革企业管理体制。

针对“大跃进”运动中许多企业管理混乱的情况，邓小平主持起草了《国营工业企业工作条例（草案）》（即《工业七十条》），以整顿工业企业，改进和加强企业管理。《工业七十条》明确规定了国家对企业实行“五定”和企业对国家实行“五保”。“五定”，即定产品方向和生产规模，定人员和机构，定主要原材料、燃料动力消耗和供应来源，定固定资产和流动资金，定协作关系；“五保”，即保证产品的品种、质量、数量，保证不超过工资总额，保证完成成本计划，保证完成上缴利润，保证主要设备的使用期限。《条例》并重新肯定了党委领导下的厂长负责制，要求建立和健全必要的责任制和各项规章制度，强调加强计划管理、讲求经济效果、实行按劳分配和关心职工物质利益等项原则。

1961年9月16日，中共中央正式颁发《国营工业企业工作条例（草案）》。为配合条例的贯彻执行，中央进行了几项大的整顿：1962年初开始进行全国企业清产核资；1962～1964年开始扭亏为盈、清理拖欠活动，使企业建立并健全各项经济管理制度，使企业的全部技术经济活动协调地有秩序地进行；1965年12月，中央为贯彻“集中领导，分级管理”的原则，发布了《关于国营工业、交通企业财务管理的几项规定（草案）》，规定将技术组织措施费、零星固定资产购置费、劳动安全保护措施费中的一部分划给企业，由企业自己掌握使用，这三项费用和固定资产更新资金，可以合并使用。同时，对企业管理的各个方面也作了明确规定：建立以厂长为核心的生产行政指挥系统，建立生产、技术、财务等各项责任制，加强企业的经济效果；规定职工的工资、奖励制度和生活福利应坚决贯彻社会主义按劳分配的原则，反对平均主义；简化企业机构，减少层次；改组工业生产组织，对大企业进行一分为几的试点，以改变企业“大而全”、“小而全”的状况。这些具体措施，都相应扩大了企业的财权。

《工业七十条》的贯彻执行，使许多企业产品质量、产量、劳动生产率实现“三高”，原材料消耗及成本降低。1965年前后，我国工业技术经济指标达到历史最高水平。

（3）适当扩大企业和地方的管理权限。

在国民经济调整后期，随着整个工业生产、建设的恢复和发展，为了调动各方面的积极性，1965年12月，国务院决定在中央对关系国民经济全局的大权继续集中统一的前提下，适当扩大企业的经营自主权和地方管理工业的权限。

在此前的国民经济调整时期，中央曾采取高度集中的措施，成功地扭转了“大跃进”造成的散、乱局面。但随着国民经济的恢复，毛泽东、党中央又根据新的情况重新考虑集中与分散的关系，调整中央与地方分级管理的适度点，以发挥中央和地方的两个积极性，决定在对关系国民经济全局的大权继续实行集中统一的同时，逐步将一些该由地方管理的事情下放给地方管理。实践证明，在解决中央和地方的矛盾问题上，两个极端都不可取。一种是“一五”时期把所有的基本建设投资都统在中央，不利于地方因地制宜；而“大跃进”时期把一些关系到国民经济全局的重点建设投资也下放给地方，又造成投资规模失控；待到国民经济调整初期，又把“大跃进”中下放过头的企业、劳动、物资、价格、财政、银行、计划、商业、交通、税收、港口、军工等管理权陆续收归中央，实行中央集中统一的领导，使中央直接掌握的生产、分配和调拨的工业产值约占整个工业总产值的一半左右。这在当时是非常必要的，但经济形势好转后，就应该考虑避免过于集中和过于分散两个极端。所以，在继续调整时期，就注意逐步扩大地方管理经济的权限，并在企业调整、改组、整顿的前提下适当扩大企业的经营自主权。具体做法是，在国家控制投资总规模的前提下，把非工业建设的投资划给地方，由地方根据需要统筹安排，这样，既不突破国家总的基本建设投资规模，又照顾到地方的迫切需要。其结果，既搞好了宏观经济控制，也较好地调动了各个方面的积极性。

经济体制方面的这些改革，虽然还不够完善，但提供了不少有益的经验。在调查研究基础上制定的一系列管理条例，对整顿企业、提高企业的管理水平和经济效益，也起了直接的促进作用。经过 1963 年到 1965 年三年的继续调整和一些相应的改革，我国国民经济的发展取得了重大成就。从1963年到1965年，工农业总产值平均每年增长15.7%，其中工业总产值平均每年增长17.9%，农业总产值平均每年增长11.1%，国民收入平均每年增长14.7%。1965年，钢产量超过1200万吨，粮食产量达到3890亿斤。到1965年底，国民经济中农、轻、重的比例关系在新的基础上实现了协调发展，工农业生产接近并在某些方面超过了历史最高水平，物价稳定，财政收支平衡，商品供应情况大有好转，人民生活有了显著改善。在1964年12月召开的第三届全国人民代表大会上，周恩来在政府工作报告中宣布：调整国民经济的任务已经基本完成，工农业生产已经全面好转，并且将要进入一个新的发展时期，我们要争取在不太长的历史时期内，努力把我国逐步建成为一个具有现代农业、现代工业、现代国防和现代科学技术的社会主义强国。

综上所述，我们看到，毛泽东在建国后至“文化大革命”前，为探索适合我国生产力状况的生产关系，对我国的生产资料所有制和具体经济体制，进行了多次改革。人常说：“文章千古事，得失寸心知”。毛泽东进行的这些改革，得失兼有，但有一点是肯定的，他殚精竭虑苦心思索进行的诸项改革，绝无个人私利在里面，一心只是为了把国家的经济建设搞上去。至于探索过程中的失误，应是在所难免，已为人所共知。

## 第五节
## 发动和领导了“文化大革命”

### 一、这是一场失败的“实验”

毛泽东发动和领导的1966年5月至1976年10月的“文化大革命”，使党、国家和人民遭到建国以来最严重的挫折和损失。他的主要论点是：一大批资产阶级的代表人物、反革命的修正主义分子，已经混进党里、政府里、军队里和文化领域的各界里，相当大的一个多数的单位的领导权已经不在马克思主义者和人民群众手里。党内走资本主义道路的当权派在中央形成了一个资产阶级司令部，它有一条修正主义的政治路线和组织路线，在各省、市、自治区和中央各部门都有代理人。过去的各种斗争都不能解决问题，只有实行“文化大革命”，公开地、全面地、自下而上地发动广大群众来揭发上述的黑暗面，才能把被“走资派”篡夺的权力重新夺回来。这实质上是一个阶级推翻一个阶级的政治大革命，以后还要进行多次。

这些论点主要出现在作为“文化大革命”纲领性文件的《五·一六通知》和中共“九大”政治报告中，在当时被概括成“无产阶级专政下继续革命的理论”。

“文化大革命”的历史证明，毛泽东据以发动“文化大革命”的这些主要论点，对当时我国阶级形势及党和国家政治状况的估计是完全错误的，既不符合马克思列宁主义，也不符合中国实际。

首先，“文化大革命”中被当作修正主义或资本主义批判的东西，许多是符合马克思主义基本原理和社会主义原则的，其中不少是毛泽东自己提出或支持过的。这就在一系列重大理论问题上混淆了是非。

其次，“文化大革命”混淆了敌我两类不同性质的矛盾。所谓以刘少奇、邓小平为首的“资产阶级司令部”纯系子虚乌有，是林彪、江青一伙的诬陷；运动中被打倒的“走资派”，是党和国家的各级领导干部，是社会主义事业的骨干力量；“文化大革命”中遭到打击迫害的所谓“反动学术权威”，都是有才能、有成就、为社会主义建设作出贡献的知识分子。所以，对上述同志的批判斗争混淆了敌我矛盾，造成极严重的恶果。

第三，“文化大革命”基本否定了建国 17 年来经济、政治和文化的成就，这就实际上否定了包括毛泽东自己在内的党中央和人民政府的工作，也否定了全国各族人民为建设社会主义所进行的艰苦奋斗。

第四，“文化大革命”既脱离了党的组织，又脱离了广大群众。运动开始后，各级党组织普遍受到冲击并陷于瘫痪、半瘫痪状态，各级领导干部普遍受到批斗，广大党员被停止了组织生活，许多积极分子和基本群众受到排斥。运动初期的所谓“造反派”，大多是出于对毛泽东和党中央的信赖，除极少数外，他们并不赞成对各级领导干部进行残酷斗争，到后来也逐步对“文化大革命”采取怀疑以至抵制的态度。只有极少数投机分子乘机钻营，其中不少被提拔到了重要岗位。

所以，正如邓小平所说，“无产阶级专政下继续革命”的口号，“这个提法，如果按照提出的当时的解释，即所谓‘向走资派夺权’，也就是撇开党委闹革命，打倒一切，那末实践已经证明是错误的”①。胡乔木也说过：“我们否定‘无产阶级专政下继续革命’这个有特定含义的口号，否定在社会主义条件下继续进行所谓一个阶级推翻一个阶级的理论，因为这是完全错误的，它已经造成了众所周知的国家的灾难，人民的灾难，党的灾难。”②“文化大革命”不是也不可能是任何意义上的革命或社会进步，它不是“乱了敌人”而是乱了自己，因而始终没有也不可能由“天下大乱”达到“天下大治”。这是一场失败的“实验”。

## 二、为什么要发动“文化大革命”？

那么，毛泽东要“实验”什么呢？他为什么要发动“文化大革命”呢？

有人认为，毛泽东发动“文化大革命”纯属党内矛盾所致。这种看法值得商榷。因为如此之大的一场运动，仅用个人矛盾来解释是说不通的；毛泽东作为一个无产阶级革命家，也不会这样做。笔者认为，他发动“文化大革命”的真正原因，是从防止和平演变，防止国家改变颜色考虑的。然而他用的方法是完全错误的。

事实上，在毛泽东领导中国社会主义革命和建设的 20 多年里，如何

---

① 《邓小平文选》第 2 卷，人民出版社 1994 年第 2 版，第 182 页。

② 胡乔木：《当前思想战线的若干问题》（1981 年 8 月 8 日），《三中全会以来重要的文献选编》（下），人民出版社 1982 年版，第 853 页。

建设社会主义，如何巩固社会主义，始终是他竭尽全力思考的两件头等大事。而在巩固社会主义这件大事中，很重要的一个问题，就是防止和反对和平演变。这一思想并非头脑里凭空想出，亦非根据逻辑推论而来，而有其历史的渊源和现实的根据。

早在延安整风时，毛泽东即把郭沫若所著《甲申三百年祭》作为材料印发给大家学习，指出要吸取李自成失败的教训。这在实际上提出了共产党取得政权后，如何始终保持无产阶级革命本色，防止和平演变的问题。新中国成立前后，他再次提出要学习此文。据一些老同志回忆，解放军快进城时，演了《甲申记》，戏中有首歌是陈圆圆对着李闯王的大将刘宗敏唱的，歌词是："今朝呀今朝，旧江山换了新主，正要把基业稳固，莫因妾，逼反了儿父。"毛泽东希望以此告诫共产党人，进城执政后，不要贪图享受丧失革命意志。据毛泽东的贴身卫士回忆，进城前后，毛泽东最大的担心莫过于人们革命性的衰退。1949 年进入北平城的那天，他对周恩来说，进城赶考去！我们决不当李自成，我们希望考个好成绩！尽管毛泽东仍把同国内外敌对势力斗争的重点放在反对他们的武装颠覆上，但他已经预见到，由于国内阶级关系和主要矛盾的变化，敌人对我们的斗争方式也将有所变化。后来于 1949 年 3 月召开的中共七届二中全会上，毛泽东再次提出，在全国胜利后，我们党要站住脚，要维持并巩固革命政权，必须同帝国主义和一切反动派进行各种斗争；斗争将采取公开的和隐蔽的多种方式，要对付不拿枪的敌人。他还预见到，资产阶级的"糖衣炮弹"和"捧杀"将是无产阶级革命队伍面临的主要危险。

但到此时为止，毛泽东还都是着重于注意防止掌权者个人的思想蜕化变质，尚未涉及整个党的政治思想理论路线问题，还不涉及党和国家改变颜色的问题。

直到 20 世纪 50 年代国际国内发生一系列事件之后，毛泽东开始把反对和平演变的问题提到了整个党的路线问题上来对待。这些事件的发生，是毛泽东提出反对和平演变的现实根据。主要有以下三方面的情况：

一是美国方面的情况。第二次世界大战后，美国称霸世界的野心充分暴露并日益膨胀起来，特别是把以苏联为首的各社会主义国家当作最大的敌人。他们先是到处侵略扩张，进行原子讹诈等，采用的是颠覆社会主义国家的战略。遭到惨败后，逐渐改变为更加注重用“和平”的手段实现其颠覆的目的，在不放弃继续推行武装侵略和干涉政策的同时，越来越强调对社会主义国家实行和平演变战略。前美国国务卿杜勒斯在 20 世纪 50 年代初提出这个问题，其后，美国总统肯尼迪、约翰逊、尼克松等都更加系统地发展了“和平演变”战略，并采取了一些相应的措施，明确提出了具体策略，并加强了宣传攻势，利用现代化传播工具对社会主义国家加紧宣传渗透。这一切表明，与社会主义敌对的国际势力原先只是作为辅助使用的和平手段，这时已经发展成为具有系统理论的和平演变战略，并开始逐步加以实施。

二是苏联东欧方面的情况。1956 年苏共二十大，特别是匈牙利和波兰事件的发生，毛泽东认为，这是国际反动势力发起的一次反共反人民的世界性风潮，更加引起毛泽东的注意并促使他把反对国际敌对势力的和平演变战略提到了日程上。毛泽东的这个看法并没有错。这从当时美国副总统在 1956 年 10 月 29 日幸灾乐祸地所说的话中可以得到验证，他说，苏联在波兰和匈牙利所受的“挫折”，证明了美国政府“解放政策”的“正确”。

三是国内、党内的情况。1957 年，在国内极少数右派分子向共产党的领导和社会主义制度发起进攻时，毛泽东认为，这是共产党“刚刚上轿”，右派要我们“下轿”的夺权斗争；这场斗争是国内反革命分子和右派同国际上的敌人相呼应而发生的，因此，共产党要进行坚决的反击，以捍卫和巩固无产阶级专政，纯洁革命队伍，锻炼无产阶级；要使民主党派和旧社会来的知识分子接受社会主义，接受无产阶级的领导。

上述情况，促使毛泽东把反对国际敌对势力的和平演变战略提到了日程上予以充分注意。他认为，国际上发生的这些事件，是国际反动势力发起的一次反共反人民的世界性风潮，是“社会主义国家内部的反动派同帝国主义者互相勾结，利用人民内部的矛盾，挑拨离间，兴风作浪，企图实现他们的阴谋”①。为了防止在我国发生类似事件，毛泽东提出，要抓阶级斗争，抓无产阶级专政，这是最根本的一条；还要考验和培养各级干部，并使群众在大风大浪中分清革命和反革命，等等。1964 年以后，他把防止和平演变问题正式提上了日程，并提出应采取一系列实际步骤。他在 1964 年 6 月 16 日的讲话中专门讲到这个问题。他说，帝国主义说，对于我们的第一代、第二代没有希望，第三代不希望它变，但也可能变。从这次讲话以后，在不同场合，对不同对象，他又多次讲过这个问题。他警告人们，我们国家也不太平，还有贪污分子、投机倒把分子，还有被和平演变的危险。即使进入 70 年代，中美关系的大门打开后，毛泽东在欢迎双方关系这种进展的同时，也绝没有被这种相互之间“和平”、“友好”、“老朋友”之类的词句所迷惑。他清醒地了解，这是中美双方在国际关系中的互相需要，也是由于中国的日益强大和国际地位的不断提高，所以，中美双方都不会因此而放弃自己原有的政治立场和

① 《毛泽东著作选读》下册，人民出版社 1986 年版，第 764 页。

理想信仰。因此，即使此时，毛泽东也清醒地知道，反对和平演变的斗争依然是不能放松的。

正是基于上述认识，毛泽东从20世纪60年代中期开始，重新强调要抓阶级斗争。

1. **召开中共八届十中全会**

1962年9月的八届十中全会上，毛泽东重新提出阶级斗争问题。当时正值经过几年经济调整国民经济日益好转之时，为什么要重提阶级斗争呢？很重要的一点，是因为当时国际、国内出现了一些新情况。在国际上，美国发动的侵越战争把战火烧到了我国的南大门外；印度政府实行扩张主义政策向我边境地区发动大规模武装进攻；苏联政府则推行大国沙文主义在我北部中苏边境地区陈兵百万，进行武力威胁。在国内，党内特别是党和国家领导层中对“大跃进”以来一些问题的认识存在不同看法，同时，由于在美国的支持下台湾国民党反动集团利用国家的暂时困难公然叫嚣“反攻大陆”，社会上一些没改造好的反动分子也一度活跃起来，致使阶级斗争在一定程度上有点紧张。

为了统一对国内外形势的认识，进一步贯彻调整的方针，把国民经济的恢复和发展工作做得更好，毛泽东在八届十中全会上作了《关于阶级、矛盾和党内团结问题》的讲话，着重讲了阶级斗争形势并提到很高的高度。他说：“在整个社会主义历史阶段，都存在着无产阶级和资产阶级之间的阶级斗争，存在着社会主义和资本主义两条道路的斗争。”“我们千万不要忘记。这种阶级斗争是错综复杂的、曲折的、时起时伏的，有时甚至是很激烈的。这种阶级斗争不可避免地要反映到党内来。国外帝国主义的压力和国内资产阶级影响的存在，是党内产生修正主义思想的社会根源。在对国内外阶级敌人进行斗争的同时，我们必须及时警惕和坚决反对党内各种机会主义的思想倾向。”他还提出了“千万不要忘记阶级斗争”，对阶级斗争“从现在起，就必须年年讲，月月讲，天天讲，使我们对这个问题有一条比较清醒的马克思列宁主义的路线”。他在修改这次会议的公报稿时加写了下面一段话：“被推翻的反动统治阶级不甘心于灭亡，他们总是企图复辟。同时，社会上还存在着资产阶级的影响和旧社会的习惯势力，存在着一部分小生产者的自发的资本主义倾向，因此，在人民中，还有一些没有受到社会主义改造的人，他们人数不多，只占人口的百分之几，但一有机会，就企图离开社会主义道路，走资本主义道路。在这些情况下，阶级斗争是不可避免的。这是马克思列宁主义早就阐明了的一条历史规律，我们千万不要忘记。”① 这就把我国社会在一定时期、一定范围内存在的阶级斗争扩大化和绝对化了。

毛泽东根据当时国内外存在的阶级斗争严峻形势，提出要注意我国社会主义历史时期存在着的阶级和阶级斗争问题，这是完全正确的；但他对当时的阶级斗争形势作了过于严重的估计，因而得出了过于激烈不尽正确的结论，即阶级斗争是我国社会的主要矛盾的论断，背离了中共八大关于我国社会主要矛盾的论述，也否定了他在《关于正确处理人民内部矛盾的问题》中说的我国“大规模的，急风暴雨式的群众阶级斗争已基本结束”的论断，脱离了我国社会的实际情况。这样，八届十中全会就开展了对“黑暗风”、“单干风”和“翻案风”的批判。其实，被批判的观点和做法中很多都是正确的或比较正确的，把这些指责为走资本主义道路，甚至认为是国内党内上层出现的修正主义，这个结论是不对的。

---

① 《建国以来毛泽东文稿》第10册，中央文献出版社1996年版，第197～198页。

总之，在中共八届十中全会上，毛泽东把社会主义社会中一定范围内存在的阶级斗争扩大化和绝对化，发展了他在1957年反右派斗争以后提出的无产阶级同资产阶级的矛盾仍是我国社会的主要矛盾的观点，进一步断言在整个社会主义历史阶段资产阶级都将存在和企图复辟，并成为党内产生修正主义的根源。这对以后进一步提出“以阶级斗争为纲”、“整党内走资本主义道路的当权派”等更加严重的错误观点起了很大的作用。尽管如此，毛泽东在当时还是采纳了刘少奇等人的意见，在会上提出不要因为强调抓阶级斗争而放松了经济工作，提出“要把工作放在第一位”。这是起了好的作用的。所以，八届十中全会以后，经济调整工作还是继续按原计划进行。这说明，在阶级斗争问题上的“左”的错误此时还未达到支配全局的程度。

2. **城乡社会主义教育运动的开展**

在中共八届十中全会上，毛泽东在提出整个社会主义历史阶段资产阶级都将存在并企图复辟的观点时，并提出了要开展社会主义教育。所以，十中全会后，一些地区就开始进行整风整社和社会主义教育。河北保定地区进行了清理账目、清理仓库、清理财物、清理工分的“小四清”，查出一些干部确有铺张浪费、多吃多占、贪污盗窃等行为。湖南省也开展了社会主义教育运动。1963年2月的中央工作会议上，毛泽东即推荐了河北、湖南的做法，提出“阶级斗争，一抓就灵”，并要求各地加紧抓阶级斗争和社会主义教育。这次中央工作会议决定，在农村普遍进行一次社会主义教育运动，城市开展“五反”运动。在中央政治局1964年12月召开的全国工作会议上，毛泽东主持制定的《农村社会主义教育运动中目前提出的一些问题》（即“二十三条”）提出，城乡社会主义教育运动一律称为“四清”，即清政治、清经济、清组织、清思想，并强调这次运动的性质是社会主义和资本主义的矛盾，重点是整党内那些走资本主义道路的当权派。这次城乡社会主义教育运动，一直持续到1966年5月“文化大革命”初期。

毛泽东发动和领导的这次在部分农村和少数城市基层开展的社会主义教育运动，虽然对于解决干部作风和经济管理等方面的问题起了一定作用，但对城乡阶级斗争的估计过于严重，把大量不属于阶级斗争的问题当作阶级斗争或阶级斗争在党内的反映，混淆了两类不同性质的矛盾，使不少基层干部受到不应有的打击，还错误地提出运动重点是整所谓“党内走资本主义道路的当权派”，在理论上和实践上都使“左”的错误有了进一步发展。

3. **意识形态领域的过火批判**

在八届十中全会把社会主义社会中存在的一定范围内的阶级斗争扩大化和绝对化的思想指导下，意识形态领域从1963年到1965年间，开展了一系列过火的政治批判。

实际上，这一批判在八届十中全会及会前的工作会议上已经开始。会上，康生提出小说《刘志丹》有严重的政治问题，是为高岗翻案、向党进攻等，并将关心这部小说的创作或对其修改提出过意见的习仲勋、贾拓夫、刘景范等打成反党集团，对他们立案审查。毛泽东则据此说：利用小说搞反党活动是一大发明。凡是要推翻一个政权，总要先制造舆论，总要先做意识形态方面的工作，革命的阶级是这样的，反革命的阶级也是这样的。这次会后，文艺界即开始按照全会的精神检查工作。1963年3月决定停演“鬼戏”。5月，《文汇报》发表署名文章公开点名批判了孟超的新编昆剧《李慧娘》和廖沫沙的文章《有鬼无害论》，认为是借“鬼”影射反对共产党的领导，是意识形态领域阶级斗争的重要表现。从此，报刊即开始了公开的点名批判。

1963 年 9 月，毛泽东在中央工作会议上批评文化部是帝王将相部、才子佳人部、外国死人部。12 月 12 日他又在一个批示中说：“各种艺术形式——戏剧、曲艺、音乐、美术、舞蹈、电影、诗和文学等等，问题不少，人数很多，社会主义改造在许多部门中，至今收效甚微。许多部门至今还是‘死人’统治着。”“许多共产党人热心提倡封建主义和资本主义的艺术，却不热心提倡社会主义的艺术，岂非咄咄怪事。”1964 年 6 月下旬，他对全国文联和所属各协会的整风情况报告的批示说：“这些协会和他们所掌握的刊物的大多数（据说有少数几个好的），十五年来，基本上（不是一切人）不执行党的政策，做官当老爷，不去接近工农兵，不去反映社会主义的革命和建设。最近几年，竟然跌到了修正主义的边缘。如不认真改造，势必在将来的某一天，要变成像匈牙利裴多菲俱乐部那样的团体。”毛泽东上述并不符合文艺界实际情况的批示和对文艺工作的批评，对文艺界有很大震动。文化部及其所属各文艺单位，以及文艺界各协会，都根据这些批示进行了整风。整风中，对文化部、作协的许多领导人和文艺界的一些代表人物，进行了错误的、过火的批判，伤害了不少好同志。1964 年 8 月，文艺界成立了整风指挥部。1965 年 4 月彻底改组了文化部党组，撤换了各协会领导。从这时开始公开批判了一批较优秀的戏剧、小说和电影，如《刘志丹》、《怒潮》、《李慧娘》、《谢瑶环》、《北国江南》、《早春二月》、《舞台姐妹》、《林家铺子》、《不夜城》、《兵临城下》、《抓壮丁》、《红日》、《逆风千里》等。当然，这些作品中不可避免地会有或多或少思想内容、艺术手法上的缺点甚至错误，对此，完全可以运用党的“双百”方针进行正常的文艺批评。但把这些都当作是阶级斗争的表现给以批判，甚至戴上资产阶级、修正主义的帽子，就背离了党的“双百”方针，混淆了两类不同性质的矛盾，从而妨碍了社会主义文化事业的发展。这样的批判，显然是过火的甚至是错误的。

文艺界的这种过火的错误的批判，不久就扩大到哲学、经济学、历史学、教育学等领域。例如，先是在1964年夏季批判了哲学界杨献珍的“合二而一”论，接着就批判了经济学界孙冶方关于要重视价值规律、重视利润的经济思想。在历史学界，则批判了翦伯赞、吴晗等人的所谓“非阶级观点”和“让步政策”论，等等。当时，党内有些同志觉察到了这种过火批判的错误，提出应该赶快刹车。但是，由于江青、康生、陈伯达等人的推波助澜所起的极其恶劣的作用，这种错误的批判不但未得到制止，反而迅速扩大成为全国性的政治运动了。

由此可知，毛泽东发动“文化大革命”的目的和动机，是反对和平演变，防止党和国家改变颜色。其错误在于，在我国，人民民主专政的国家政权建立，特别是社会主义改造基本完成，剥削阶级作为阶级已经消灭以后，虽然社会主义革命的任务还没有最后完成，但革命的内容和方法已同过去根本不同。对于党和国家肌体中确实存在的某些阴暗面，当然需要作出恰当的估计并运用符合宪法、法律和党章的正确措施加以解决，但绝不应该采取“文化大革命”的理论和方法。在社会主义条件下进行所谓的“一个阶级推翻一个阶级”的政治大革命，既没有经济基础，也没有政治基础。它必然提不出任何建设性的纲领，而只能造成严重的混乱、破坏和倒退。正如陈云所说：“1966年开始的‘文化大革命’是一场内乱。但这是一场政治斗争。这是在特定的历史条件下的政治斗争。这场政治斗争被若干个阴谋野心家所利用了。在这场斗争中，有许多干部、党员、非党人士受到了伤害。但‘文化大革命’从全局来说，终究是一场政治斗争。”① 历史已经判明，“文化大革命”是一场由领导者错误发动，被反革命集团利用，给党、国家和各族人民带来严重灾难的内乱。

值得注意的是，在“文化大革命”的过程中，毛泽东的认识并不是一成不变而是中间有许多变化的，在不少问题上自己否定了自己在“文化大革命”开始时的认识。比如：关于革命对象的问题，原来提的是“党内走资派”，后来在前面加了两个限制词“极少数”的、“死不悔改”的，这就比一开始缩小了范围；对干部队伍的估计，开始时是说各级领导权都不在马克思主义者手里，后来是说“绝大多数干部是好是”；对“一月风暴”，起初说是一个阶级夺另一个阶级的权，后来说是“在工人阶级内部，没有根本的利害冲突。在无产阶级专政下的工人阶级内部，更没有理由一定要分裂成为势不两立的两大派组织”；对红卫兵，最早是在天安门接见、鼓励搞大串联，后来说“告诉小将们，现在正是他们有可能犯错误的时候”；关于依靠力量，原来是依靠林彪、“四人帮”，称林彪是副统帅，还在党章上正式规定林彪是接班人，后来对林彪的肉麻吹捧愈来愈讨厌，说“最高”、“伟人”、“四个伟大”讨厌，提出“三要三不要”也是针对林彪的，实际是说林彪搞阴谋诡计。毛泽东还多次批评江青有野心，要组阁，叫他们不要搞“四人帮”，毛泽东直到去世也不把最高领导权交给江青等人，而是交给了华国锋；在采取的方法上，一开始是搞从上而下的群众运动，鼓励冲击党政机关，后来多次规定不许冲这里不许冲那里，等等。对此，毛泽东自己的解释是：“文化大革命”是一场演习，经过运动，许多人和事，暴露了，原来的看法，大不一样了。

① 《陈云文选》第3卷，人民出版社1986年版，第304页。

到了 1975 年至 1976 年间，毛泽东甚至多次说，“文化大革命”是全面内战，打倒一切。由此是否可以认为，他在晚年已在实际上否定了“文化大革命”？但即使是这样，也已为时过晚，悲剧已经酿成。

总括毛泽东的一生，作为一个革命家，毛泽东最伟大的功绩，是创造性地把马克思主义基本原理同中国革命的实际结合起来，指出了中国夺取革命胜利的道路，并领导中国共产党和中国人民取得了民主革命和社会主义革命的胜利。但他在晚年发动和领导的“文化大革命”是犯了严重错误的，给党、国家和人民带来了许多不幸，给后继者留下了极其沉痛而且深刻的教训。

第二章

# 作为军事家的毛泽东

毛泽东是一位伟大的军事家，其军事指挥之高明、军事理论之完整、军事思想之博大精深，以及军事战功之巨大，为世界军事史上所罕见。尽管他没有读过任何一所军事学校，他的杰出军事家地位却为世界所公认。

日本军事评论家宍户宽曾指出："毛泽东思想的精髓部分是他的军事思想"，"不理解他的军事思想，也就不能理解毛泽东思想。"① 从某种意义上讲，的确是这样。从毛泽东的军事思想中，人们看到的不仅仅是毛泽东的军事艺术和胆略，而且可以领略到远远超出军事领域的博大精深的渊博学识。

宍户宽还认为，毛泽东"与马克思、列宁所不同的是，他同时又是一位伟大的军事领袖、军事理论家"。② 那么，我们同样可以说，毛泽东与一般军事家，包括那些世界上最著名的军事家所不同的则是：

第一，他的军事思想、军事路线、军事学说，是在非同寻常、举世罕见的实践中，即中国共产党领导的、亿万人民群众参加的、规模极大、

① 《国外毛泽东思想研究文选》，中央党校出版社 1987 年版，第 288 页。
② 《国外毛泽东思想研究文选》，中央党校出版社 1987 年版，第 288 页。

时间极长、情况极复杂、环境极艰苦、力量极悬殊、作战样式极多样的战争实践中，产生和发展起来的。

第二，他的军事理论是从实际出发，并非一成不变，而是向前发展的。它在每个不同时期有不同的内容。无论是在土地革命时期，还是抗日战争时期，抑或解放战争时期，直至抗美援朝时期，它都在战争的实践中不断发展着。

第三，他的军事理论由于建立在丰富的实践基础上，因而具有极其丰富的内容——既有同国内反动派的战争，又有同帝国主义侵略者的战争；既有小部队分散进行的游击战争，又有几十万上百万人的大兵团作战；既有“小米加步枪”战胜敌人的经验，又有用“飞机加大炮”战胜敌人的经验。

第四，他是一位集统帅与理论于一身的军事家。这点是全世界任何一位军事家不能与之相匹敌的。其他军事家做不到而他能做到的是，把统帅战争的经验提炼、上升为军事理论，又再把自己的理论成功地运用于实践中。其军事理论经过战争实践的检验已被证明是正确的。毛泽东的军事学，是又有理论又有实际的新型的军事科学。

第五，他不但继承了马克思列宁主义的军事学说，还批判地吸取了中国古代和外国的军事理论成果；否定了旧的陈腐的军事观念，又继承和发展了人类优秀的军事遗产。因而既是马克思主义的军事科学，又具有中国的独特风格特点，同时达到了世界军事科学领域的先进水平。

毛泽东军事思想的内容主要包括三个方面：马克思主义的战争观、人民军队和人民战争的思想、立足于以弱胜强的灵活机动的战略战术。这些方面的内容，为创造性地丰富和发展马克思主义的军事科学作出了极为杰出的贡献。

# 第一节
# 马克思主义的战争观

列宁曾经指出："'战争是政治通过另一种手段（暴力手段）的继续'这是论述军事问题最深刻的著作家之一克劳塞维茨的一句名言。马克思主义者一向公正地把这一论点看作考察任何一场战争的意义的理论基础。马克思和恩格斯一向就是从这个观点出发来考察各种战争的。"[①] 毛泽东继承了这一马克思主义的战争观，并在新的实践中作出了新的贡献。

## 一、战争与政治的关系——政治发展到一定历史阶段的产物

毛泽东指出，战争"这个人类互相残杀的怪物"[②] 是人类社会历史发展到一定阶段的产物，是伴随着私有制和阶级斗争而来的结果。他认

① 《列宁选集》第 2 卷，人民出版社 1995 年第 3 版，第 515 页。
② 《毛泽东选集》第 1 卷，人民出版社 1991 年第 2 版，第 174 页。

为，战争是从有私有制和有阶级以来就开始了的、用以解决阶级和阶级、民族和民族、国家和国家、政治集团和政治集团之间、在一定发展阶段上的矛盾的一种“最高的斗争形式”。①

毛泽东还认为，“战争本身就是政治性质的行动，从古以来没有不带政治性的战争”。② 比如，中国的“抗日战争是全民族的革命战争，它的胜利，离不开战争的政治目的——驱逐日本帝国主义、建立自由平等的新中国，离不开坚持抗战和坚持统一战线的总方针，离不开全国人民的动员，离不开官兵一致、军民一致和瓦解敌军等项政治原则，离不开统一战线政策的良好执行，离不开文化的动员，离不开争取国际力量和敌国人民援助的努力。一句话，战争一刻也离不了政治。抗日军人中，如有轻视政治的倾向，把战争孤立起来，变为战争绝对主义者，那是错误的，应加纠正”。③

但是战争有其特殊性，战争不等于一般的政治，而是一种特殊的政治。他援引列宁关于“战争是政治的特殊手段的继续”④ 的论点，进一步论证说：“政治发展到一定的阶段，再也不能照旧前进，于是爆发了战争，用以扫除政治道路上的障碍。例如中国的半独立地位，是日本帝国主义政治发展的障碍，日本要扫除它，所以发动了侵略战争。中国呢？帝国主义压迫，早就是中国资产阶级民主革命的障碍，所以有了很多次的解放战争，企图扫除这个障碍。”日本用战争来断绝中国革命的进路，所以我们不得不举行抗日战争来扫除这个障碍。“障碍既除，政治的目的

---

① 《毛泽东选集》第 1 卷，人民出版社 1991 年第 2 版，第 171 页。
② 《毛泽东选集》第 2 卷，人民出版社 1991 年第 2 版，第 479 页。
③ 《毛泽东选集》第 2 卷，人民出版社 1991 年第 2 版，第 479 页。
④ 《列宁全集》第 26 卷，人民出版社 1988 年版，第 235 页。

达到，战争结束。障碍没有扫除得干净，战争仍须继续进行，以求贯彻。例如抗日的任务未完，有想求妥协的，必不成功；因为即使因某种缘故妥协了，但是战争仍要起来，广大人民必定不服，必要继续战争，贯彻战争的政治目的。因此可以说，政治是不流血的战争，战争是流血的政治。”①

## 二、战争的性质有正义与非正义之分

正由于战争与政治的这种密切关系，所以，毛泽东认为，战争在性质上是有正义与非正义之分的，不可混为一谈。他说：“历史上的战争分为两类，一类是正义的，一类是非正义的。一切进步的战争都是正义的，一切阻碍进步的战争都是非正义的。”② 非正义的战争，如帝国主义之间的战争、掠夺性的侵略战争、殖民战争、压迫人民的反革命战争等等，都是阻碍进步的，所以是非正义战争；正义的战争，如反抗外来侵略的卫国战争和民族解放战争、反对压迫者的革命战争、人民解放战争，以及社会主义国家为了援助这四种战争而进行的战争，都是进步的，所以是正义的战争。

由于战争有正义与非正义的区别，所以，毛泽东明确指出，共产党人应该反对一切阻碍进步的非正义战争，积极参加和支持正义的战争，因为“人类正义战争的旗帜是拯救人类的旗帜，中国正义战争的旗帜是拯救中国的旗帜。人类的大多数和中国人的大多数所举行的战争，毫无

---

① 《毛泽东选集》第2卷，人民出版社1991年第2版，第479～480页。

② 《毛泽东选集》第2卷，人民出版社1991年第2版，第475～476页。

疑义地是正义的战争，是拯救人类拯救中国的至高无上的荣誉的事业，是把全世界历史转到新时代的桥梁”。①

根据这种观点，毛泽东认为，革命战争是社会进步和发展所必需的，他说：“在阶级社会中，革命和革命战争是不可避免的，舍此不能完成社会发展的飞跃，不能推翻反动的统治阶级，而使人民获得政权。”②“革命的中心任务和最高形式是武装夺取政权，是战争解决问题。这个马克思列宁主义的革命原则是普遍地对的，不论在中国在外国，一概都是对的。”③ 在中国也是同样，中国的革命战争是解决中国革命问题的根本途径，革命战争在中国社会发展中所起的根本作用是任何其他办法都无可替代的。所以，“在中国，主要的斗争形式是战争，而主要的组织形式是军队”。④“在中国，离开了武装斗争，就没有无产阶级和共产党的地位，就不能完成任何的革命任务。”⑤

## 三、共产党人研究战争的目的是为了消灭战争

毛泽东虽然主张战争解决问题，因而对战争的规律作了详尽的考察和研究，但他明确地说：“我们研究革命战争的规律，出发于我们要求消灭一切战争的志愿，这是区别我们共产党人和一切剥削阶级的界线。”⑥他把战争称为“这个人类互相残杀的怪物”，认为“人类社会的发展终久

① 《毛泽东选集》第1卷，人民出版社1991年第2版，第174页。
② 《毛泽东选集》第1卷，人民出版社1991年第2版，第334页。
③ 《毛泽东选集》第2卷，人民出版社1991年第2版，第541页。
④ 《毛泽东选集》第2卷，人民出版社1991年第2版，第543页。
⑤ 《毛泽东选集》第2卷，人民出版社1991年第2版，第544页。
⑥ 《毛泽东选集》第1卷，人民出版社1991年第2版，第174～175页。

要把它消灭的，而且就在不远的将来会要把它消灭的”。但这不是现在的事，是“人类社会进步到消灭了阶级，消灭了国家，到了那时，什么战争也没有了，反革命战争没有了，革命战争也没有了，非正义战争没有了，正义战争也没有了，这就是人类的永久和平的时代”。[①]

① 《毛泽东选集》第 1 卷，人民出版社 1991 年第 2 版，第 174 页。

## 第二节
## 人民军队和人民战争思想

毛泽东认为，建立一支人民的革命军队，进行团结广大民众参加的人民战争，是战胜一切敌人的根本。因此，关于人民军队和人民战争的思想，是毛泽东军事思想的重要组成部分，这一思想，在长期的革命斗争实践中又得到了不断的发展。

### 一、一定要建立一支新型的人民军队

在中国共产党人中，毛泽东是最早重视武装斗争、最早认识建立人民军队重要性的领导人之一。作为坚定的马克思主义者，他牢记马克思说的“无产阶级专政的首要条件就是无产阶级的军队。工人阶级必须在战场上争得自身解放的权利”。① 所以，他坚定地认为：“为创造中国人

① 《马克思恩格斯全集》第2卷，第443页。

民的军队而奋斗，是全国人民的责任。没有一个人民的军队，便没有人民的一切。对于这个问题，切不可只发空论。”①

在1927年党的“八七”会议上，他总结大革命失败的教训，明确提出了“以后要非常注意军事，须知政权是由枪杆子中取得的”的著名论断。随后，他亲自领导了湘赣边秋收起义，亲手缔造了第一支工农革命军。就这样，在中国共产党和毛泽东的领导下，中国人民军队从无到有，从小到大，由弱变强，打败了国内外强大的敌人，使中国人民从战场上争得了自身解放的权利。建立一支强大的人民军队，是过去夺取战争胜利的重要保证，也是未来夺取反侵略战争胜利的重要保证，这是毛泽东的一个重要战略思想。

但是，人民的军队建立起来以后，还有一个如何把它建设好的问题。毛泽东提出，一定要建设一支区别于一切旧式军队的新型人民军队。刚刚建设起来的革命军队，以农民为主要成分。为了把这样一支以农民为主要成分的军队，建设成为无产阶级性质的、具有严格纪律、同人民群众保持密切联系、区别于一切旧式军队的新型人民军队，毛泽东提出了系统的理论。他亲自起草的古田会议决议就是解决这个问题的纲领性文件。以后，在创建和领导人民军队的过程中，他规定了人民军队的一系列重要建军原则：

**1. 军队一定要置于共产党的绝对领导之下，是党指挥枪而不是枪指挥党的根本原则**

毛泽东认为，人民的革命军队与其他军队的根本不同在于，它是“一个执行革命的政治任务的武装集团”，因此，它“绝不是单纯地打仗

---

① 《毛泽东选集》第3卷，人民出版社1991年第2版，第1074页。

的。它除了打仗消灭敌人军事力量之外，还要负担宣传群众、组织群众、武装群众、帮助群众建立革命政权以至于建立共产党的组织等项重大的任务”。① 所以，党必须对军队实行政治领导，我们的军队必须置于中国共产党的绝对领导之下。党对军队实行政治领导的具体形式，是各军事单位都要建立党的组织。为此，军队内部要设立政治委员和政治机关，要实行党委集体领导的首长分工负责制，支部要建在连上。

毛泽东特别强调军队基层党组织的建设，坚持党的支部设在连队，提出一切工作经过支部的口号。他提出：“每连建设一个支部，每班建设一个小组，这是红军中党的组织的重要原则之一。”② 他认为，只有这样，才能从体制上保证党对军队的绝对领导和指挥，同时也能充分发挥党员的先锋模范作用，切实加强党的组织及党员与党外群众的密切联系，加强革命军队的凝聚力和提高革命军队的战斗力。他说：“连有支部，班有小组。红军所以艰难奋战而不溃败，‘支部建在连上’是一个重要原因。”③ 他总结两年前，“我们在国民党军中的组织，完全没有抓住士兵，即在叶挺部也还是每团只有一个支部，故经不起严重的考验”。④ 他认为南昌起义失败的教训，就是因为南昌起义部队的党支部不建在连队，而放在团，致使党不能深入群众去掌握军队。所以他总结说：“事实证明，哪一个连的党代表较好，哪一个连就较健全，而连长在政治上却不易有这样大的作用。”总之，毛泽东主张党的领导要贯穿于部队中的所有角

---

① 《毛泽东选集》第 1 卷，人民出版社 1991 年第 2 版，第 86 页。

② 《毛泽东军事文集》第 1 卷，军事科学出版社、中央文献出版社 1993 年版，第 97 页。

③ 《毛泽东选集》第 1 卷，人民出版社 1991 年第 2 版，第 65～66 页。

④ 《毛泽东选集》第 1 卷，人民出版社 1991 年第 2 版，第 66 页。

落，而不能有任何例外。

设立这条根本原则的目的，是为了使这支军队能够全心全意地为着党的路线、纲领和政策，也就是为着全国人民的各方面利益而奋斗，反对一切与此相反的军阀主义倾向。毛泽东强调，红军必须反对军事不服从于政治或以军事来指挥政治的单纯军事观点和流寇思想。

2. **全心全意为人民服务的建军宗旨**

毛泽东规定，全心全意为人民服务，是人民军队的唯一宗旨。他说：我们的革命军队“不是为着少数人的或狭隘集团的私利，而是为着广大人民群众的利益，为着全民族的利益，而结合，而战斗的。紧紧地和中国人民站在一起，全心全意地为中国人民服务，就是这个军队的唯一的宗旨”。“在这个宗旨下面，这个军队具有一往无前的精神，它要压倒一切敌人，而决不被敌人所屈服。不论在任何艰难困苦的场合，只要还有一个人，这个人就要继续战斗下去”。① 毛泽东认为，我们的军队，从内战时期的红军建军以来，就具备了民族的、人民的、民主的特点。它是民族的，因为它始终站在反对外国侵略者的立场，具有保卫祖国的至高无上的热情。它是人民的，因为它是从人民当中来，始终是为人民的解放和幸福而奋斗。它是民主的，因为它是军民一致和官兵一致的；因为它一扫军阀制度，成为为人民的民主政治而奋斗的工具。这三大特点，归根到底一个总原则，即从人民出发，为人民服务。正由于此，这支军队才有着不可战胜的巨大战斗力。

3. **政治工作是军队的生命线**

为了保证党对军队的绝对领导，为了贯彻军队为人民服务的唯一宗

---

① 《毛泽东选集》第 3 卷，人民出版社 1991 年第 2 版，第 1039 页。

旨，毛泽东为这支新型的人民的革命军队规定了一套完整的政治工作制度。这就是连设政治指导员、营设政治教导员、团以上设政治委员和设政治处或政治部、军委设总政治部，其目的，是根据党的政治路线和军事路线以及党的方针、政策、策略进行部队的政治工作，把党在各个时期提出的任务落到实处。

毛泽东认为，军队政治工作的一项重要任务，是对官兵进行经常的思想政治教育，深入宣传党的指示精神，加强官兵的阶级觉悟和政治觉悟，使广大官兵认清人民军队与国民党军队的阶级的政治的界限，从而以饱满的革命热情完成好各项工作和战斗任务。毛泽东多次教育广大指战员，坚持革命的政治领导与政治工作制度是人民军队的生命线；如果没有党的领导与政治工作，人民军队必不能巩固，不能提高战斗力。这是我们这支军队的一个极其重要极其显著的特点。

毛泽东还提出了党的政治工作的三大基本原则是，官兵一致、军民一致、瓦解敌军和宽待俘虏；军队内部要实行政治、经济、军事三大民主；全体官兵都要严格遵守三大纪律八项注意。毛泽东主张，“中国不但人民需要民主主义，军队也需要民主主义”，军队内部也必须有一定的民主生活，军事工作也应当实行群众路线，建立正确的官兵关系。因此，他主张在军队中建立巩固军队纪律与战斗力并加强官兵团结的民主制度，宣布官兵平等，废除打骂，废除枪毙逃兵。这些原则的规定，保证了党对革命军队的正确领导，坚定了革命军队的正确政治方向，使革命军队成为一支受到人民群众爱戴的“仁义之师”。同时，这些原则的贯彻，在军队内部彻底破除了一切旧军队官兵之间、上下之间的对立关系，也使军队各部门之间，如军事工作、政治工作、后勤工作之间更加团结一致，有利于造成一个又有集中又有民主，又有纪律又有自由，又有统一意志，又有个人心情舒畅、生动活泼的政治局面。这是军队中的民主制度，是军队内部的群众路线，是中国人民解放军区别于一切旧式军队的根本特色之一，也是毛泽东在军队建设上的伟大创造。

**4. 这支军队执行战斗队、工作队、生产队三大任务**

毛泽东认为，正因为我们军队是执行革命的政治任务的武装集团，所以，打仗是我军的主要任务，除此之外，还要执行工作队、生产队的任务。这才是人民军队应有的作用和作风。

所谓工作队，就是做群众工作。而做群众工作，就是要成为党的政策和人民政权的宣传者和组织者。具体来讲，就是要帮助地方人民群众分配土地（现在是减租减息）、建立武装，建立政权以至建立党的组织。为此，毛泽东提出，红军在军政关系和军民关系上，必须严格地尊重人民的政权机关和群众团体，巩固它们的威信，严格地执行“三大纪律八项注意”；在对敌军的工作上，必须具有瓦解敌军和争取俘虏的正确政策。

毛泽东提出，作为党的政策的宣传者与组织者，部队的军事斗争应善于与人民群众的斗争相结合；只有使用部队去参加土地革命，去参加工农运动，才能使部队壮大，才能使部队质量提高，才能使部队与人民密切结合而休戚相关。毛主席指出：任何企图使部队离开群众运动，抱着单纯军事观点，认为部队除打仗外不应做别的事的主张，这是极其错误的军事主张，相信这种主张，必使红军陷于孤立无援而失败。毛主席提倡一种群众工作作风。组织部队指战员参加群众工作，参加一个乡一个村的群众工作，对一个乡一个区一个县的地方政治、经济状况进行具体调查，以获得必备的社会知识，作为教育部队、决定部队行动的帮助。这样一来，中国人民军队隶属在毛主席领导之下，不仅是一支武装的军队，而且是一支政治宣传的军队。他用鱼水关系、血肉联系来比喻军民关系，强调要加强军民合作。

综上所述，毛泽东建军思想的精髓，就是靠人民，靠士兵，靠发扬民主，靠群众路线，这是我们军队几十年来由小到大，以弱胜强，打败一个又一个强敌，赢得一个又一个胜利的传家宝。毛泽东的建军思想，彻底改变了中国历史上军队与人民对立的现象，建立了人民自己的军队，军队与人民的利益完全一致，军队为人民服务。毛泽东的建军思想，至今是中国人民解放军军队建设的指导思想。紧紧地和人民站在一起，全心全意地为人民服务，至今是我们军队的一个总的原则。

5. **建设世界上优良的现代化革命军队**

毛泽东反对“唯武器论”，认为人的因素第一，正义的战争必定战胜非正义的战争；但这并不意味着毛泽东轻视武器的作用。在抗日战争时期他就指出，要打倒日本帝国主义，必须有工业；要中国的民族独立有巩固保障，就必须工业化。他认为，中国落后的原因，主要的是没有新式工业，所以日本帝国主义才敢于这样地欺负中国。因此，毛泽东亲自制定了一条以战养战的方针，即战争中的一切辎重物资的补给均就敌而取，夺取敌人的武器弹药来装备补充自己；与此同时，利用一切可能的条件发展经济，保障供给；同时还建立了军工生产系统和较完整的后勤补给系统，来支持前方的需要。解放战争时期，毛泽东又提出要抓好部队的特种兵建设。1945 年 12 月 15 日，他在为中共中央起草的对党内的一个指示《一九四六年解放区工作的方针》中说：“应尽一切可能建立和扩充各地的炮兵和工兵。军事学校应继续办理，着重技术人才的训练。”① 1947 年 2 月 1 日，他在为中共中央起草的另一个对党内的指示

① 《毛泽东选集》第 4 卷，人民出版社 1991 年第 2 版，第 1175 页。

《迎接中国革命的新高潮》中进一步强调："我军的装备和战术，均有进步。今后军事建设方面的中心任务，是用一切努力加强炮兵和工兵的建设。各大小军区，各野战兵团，必须具体地解决为了加强炮兵和工兵而发生的各项问题"。[①] 1948年12月30日，毛泽东在为新华社写的新年献词《将革命进行到底》一文中正式宣布："人民解放军组成了自己的炮兵和工兵。不要忘记，人民解放军是没有飞机和坦克的，但是自从人民解放军形成了超过国民党军的炮兵和工兵以后，国民党的防御体系，连同他的飞机和坦克就显得渺小了。人民解放军已经不但能打运动战，而且能打阵地战。"[②] 在这种情况下，毛泽东进一步提出，为了获得更伟大的胜利，"人民解放军主力兵团的作战将要摆脱现在还存在的某些游击性，进入更高程度的正规化"[③]，提出在1949年及1950年"争取组成一支能够使用的空军及一支保卫沿海沿江的海军"。[④] 1949年9月21日，毛泽东在中国人民政治协商会议第一届全体会议上的开幕词中再次强调："我们的国防将获得巩固……我们的人民武装力量必须保存和发展起来。我们将不但有一个强大的陆军，而且有一个强大的空军和一个强大的海军。"[⑤]

建国以后，为了使我军胜利完成保卫祖国的光荣任务，毛泽东根据国内外情况，明确规定，中国人民解放军要在原有的基础上，学习苏联的先进科学和技术知识，学习苏联军事工程建设的丰富经验，建设现代

---

① 《毛泽东选集》第4卷，人民出版社1991年第2版，第1215页。

② 《毛泽东选集》第4卷，人民出版社1991年第2版，第1373页。

③ 《毛泽东选集》第4卷，人民出版社1991年第2版，第1379页。

④ 《毛泽东军事文集》第5卷，军事科学出版社、中央文献出版社1993年版，第474页。

⑤ 《建国以来毛泽东文稿》第1册，中央文献出版社1987年版，第7～8页。

化的国防。为此，他批准创办中国人民解放军军事工程学院，这对于我国的国防事业具有极其重大的意义。1953 年 8 月 26 日，军事工程学院开学时，毛泽东专程前往致贺，并发表讲话说："为了建设现代化的国防，我们的陆军、空军和海军都必须有充分的机械化的装备和设备，这一切都不能离开复杂的专门的技术。今天我们迫切需要的，就是要有大批能够掌握和驾驭技术的人，并使我们的技术能够得到不断的改善和进步。军事工程学院的创办，其目的就是为了解决这个迫切而光荣的任务。"① 毛泽东提出，建设一支优良的现代化的革命军队，以保卫我国社会主义建设，防御帝国主义侵略，主要是防御美帝国主义和日本军国主义的侵略。这是我军长期的奋斗目标和方向，是军队建设的总方针、总任务。在毛泽东这一思想指导下，1954 年召开的第一届全国人民代表大会明确提出了建设现代化国防的口号，与建设现代化的工业、农业、交通运输业一起作为"四个现代化"的宏伟目标。

毛泽东还提出了实现这一长远目标的具体步骤。建国初，党中央确定国防建设的重点是抓好以现代化为中心的常备军建设，同时注意发展民兵组织，建立国家动员基础。1956 年 4 月，毛泽东在《论十大关系》讲话中提出了要有原子弹的问题，他说："我们现在还没有原子弹。但是，过去我们也没有飞机和大炮，我们是用小米加步枪打败了日本帝国主义和蒋介石的。我们现在已经比过去强，以后还要比现在强，不但要有更多的飞机和大炮，而且还要有原子弹。在今天的世界上，我们要不受人家欺负，就不能没有这个东西。"② 从 1958 年起，我国即根据毛泽

① 《建国以来毛泽东文稿》第 4 册，中央文献出版社 1990 年版，第 309 页。
② 《建国以来毛泽东文稿》第 6 册，中央文献出版社 1992 年版，第 86 页。

东关于“搞一点原子弹、氢弹、洲际导弹”的指示，集中科研力量开始进行这些尖端技术的研制，并于1964年10月16日成功爆炸第一颗原子弹，终于使我国跨入了有核国家的行列，大大提高了我国的国防能力，加速了我国国防现代化的步伐。

总之，加强国防，建设现代化革命武装力量，发展现代化国防技术，在建国以后，是毛泽东的军队建设的重要指导思想。

## 二、我们进行的是人民战争

毛泽东把人民群众是历史的创造者这一马克思列宁主义基本原理，创造性地运用到革命战争中，提出了以人民军队为骨干，依靠广大人民群众，建立农村根据地，进行人民战争的思想。

首先，毛泽东坚定地认为“兵民是胜利之本”，“战争的伟力之最深厚的根源，存在于民众之中”。他一再强调，革命战争是群众的战争，只有动员群众才能进行战争，只有依靠群众才能进行战争。真正的铜墙铁壁是群众，是千百万真心实意地拥护革命的群众。在革命政府的周围团结起千百万群众来，发展革命战争，就能消灭一切反革命，就能夺取全中国。毛泽东指出，特别是在敌强我弱、敌大我小的条件下，我们的战争更不是也不能是其他样式的战争，而必须也只能是充分地利用敌之劣点和我之优点，充分地依靠人民群众的力量，以求得生存、胜利和发展。他认为，能够充分依靠人民群众的力量，是我军的最大优势。因此，在领导中国革命战争的长期实践中，毛泽东总是坚决依靠人民，广泛发动人民群众，取得了一次又一次战争的胜利。

其次，毛泽东认为，人心向背是决定战争胜负的根本条件。他指出：

“力量对比不但是军力和经济力的对比，而且是人力和人心的对比。”①就是军力和经济力也是要人来掌握的，所以，只有受到人民群众拥护的革命军队，才能在战争中永远立于不败之地。他认为，中国共产党领导下的革命军队所以能打败日本侵略者，打败蒋介石反动派，就是因为日本侵略者和蒋介石反动派是反人民的，而我们的革命军队则是代表人民的根本利益的。所以，我们进行的战争，只能是代表人民利益、依靠人民群众的人民战争。

毛泽东人民战争思想的内容非常丰富，主要有：建立巩固的农村革命根据地，实行工农武装割据；组织最广泛的人民革命统一战线；进行游击战和带游击性的运动战是土地革命战争时期的主要战争形式；实行主力兵团和地方兵团相结合，正规军和游击队、民兵相结合，武装群众和非武装群众相结合（即“三结合”）的武装力量体制；坚持以武装斗争为主，使政治、经济、思想、文化、外交等各种形式的斗争与之相配合等。毛泽东一再强调，只有进行这样的人民战争，我们才能够战胜比自己强大许多倍的敌人。他确信：“动员了全国的老百姓，就造成了陷敌于灭顶之灾的汪洋大海，造成了弥补武器等等缺陷的补救条件，造成了克服一切战争困难的前提。”

事实证明，人民战争战略无论是在抗日战争中还是在解放战争中，都显示了巨大的威力，使我军战胜了比自己强大许多倍的敌人。例如，解放战争时期淮海战役的胜利，除了解放军官兵的英勇善战外，人民群众的支援是一个非常重要的因素。整个战役期间，后方人民运用各种民间运输工具，向前线运送了300多万吨弹药、5亿多斤粮食、156万多斤

---

① 《毛泽东选集》第2卷，人民出版社1991年第2版，第469页。

油盐、86万斤猪肉、4亿多斤柴草，满足了战争的需要，为赢得战争的胜利作出了极大的贡献。陈毅元帅曾形象生动地说：淮海战役的胜利，是人民群众用小车推出来的。仅在3年人民解放战争中，我军就迅速消灭国民党反动派的800多万军队，提前完成了解放中国大陆的任务。

建国以后，毛泽东又提出了全民皆兵的方针。这是毛泽东关于实行全面的人民战争的战略在和平环境中的继续。应该说，这一方针的提出，对于我国国防的巩固有重大历史意义，是正确的。

实行全面的人民战争，是毛泽东提出的重要战略思想，是对马克思列宁主义关于人民战争伟大学说的进一步发展。毛泽东的人民战争思想，是我们的军队所实行的战略战术的出发点，由此创造了一整套人民战争的战略战术。

# 第三节
# 战略上藐视敌人与战术上重视敌人的辩证统一

在中国近代史上，毛泽东是一位杰出的战略家和战术家。他批判地继承古今中外的优秀军事思想遗产，吸取中国古代文明之精华，结合中国革命战争的长期实践，系统研究了中国革命战争的规律，逐步形成一套建立在人民战争基础上的、具有中国特色的马克思主义军事战略战术理论体系，创造性地解决了中国革命战争中一系列带根本性的问题。他的战略战术思想，不仅正确地反映了中国革命战争的特殊规律，而且以前所未有的深刻性反映了战争的一般规律，自成一体，独具特色，是革命精神和斗争艺术的完美结合，是对马克思主义军事理论的继承和发展，为丰富马克思主义军事理论作出了极为杰出的贡献。

与中国革命战争实际相适应，毛泽东军事战略思想的基本特点，是以弱胜强；其活的灵魂，是从实际出发。据此，提出了一系列既对立又统一的军事战略原则。例如，战略上的藐视与战术上的重视；战略上的防御与战役战斗上的进攻；战略上的持久与战役、战斗上的速决；战略上的内线与战役、战斗上的外线；战略上的劣势与战役、战斗上的优势，等等。

战略上藐视敌人，战术上重视敌人，这是毛泽东运用唯物辩证法于中国革命战争实际、创造性地提出的一个重要战略思想。他多次指出，在战略上我们要藐视一切敌人，在战术上我们要重视一切敌人。毛泽东这一战略思想，既防止和反对了在战略上过高估计敌人，不敢胜利的右的错误，又防止和反对了在具体战役战斗上骄傲轻敌、鲁莽蛮干的“左”的错误。在这一重要战略思想指导下，在革命战争中，广大军民能够把敢打必胜的信心与巧妙的斗争艺术相结合，夺取了一个又一个战斗的辉煌胜利。

## 一、战略上以少胜多，战术上以多胜少

在敌强我弱、力量悬殊的土地革命战争时期，毛泽东就提出：“我们的战略是‘以一当十’，我们的战术是‘以十当一’，这是我们制胜敌人的根本法则之一。”[①] 这是在敌强我弱、敌大我小的条件下，充分利用敌之劣点和我之优点，充分依靠人民群众的力量，以求得生存、胜利和发展，坚定革命战争胜利信心的军事原理，是以辩证唯物论的观点，对革命战争学说的发展。战略上“以一当十”和战术上“以十当一”的有机结合，是毛泽东军事战略思想的基本内容。

这一战略策略，是在中国革命战争在总体上敌强我弱的客观形势下制定的。毛泽东解释说：“‘以一当十，以十当百’，是战略的说法，是对

---

① 《毛泽东选集》第1卷，人民出版社1991年第2版，第225页。

整个战争整个敌我对比而言的；在这个意义上，我们确实是如此。不是对战役和战术而言的；在这个意义上，我们决不应如此。”① 在战役战术上，必须反对以少胜多，而要坚持以多胜少，集中优势兵力打歼灭战，从而改变敌我进退攻守形势，把我军在战略上的弱者地位改变为战役战斗上的强者地位。毛泽东说：“这即是所谓内线作战中的外线作战，‘围剿’中的围剿，封锁中的封锁，防御中的进攻，劣势中的优势，弱者中的强者，不利中的有利，被动中的主动。”② 这就说明，“以一当十，以十当百”的战略，要通过战役战斗上的“以十当一”才能实现。所以，“以一当十”的战略和“以十当一”的战术二者之间，体现了以弱胜强和以强胜弱、以少胜多和以多胜少之间的辩证关系，在具体运用时，一定表现为二者的结合。这一军事战略，从根本上来说，是着眼于以弱胜强，以少胜多。这是毛泽东军事战略的实质。

在这一军事战略的根本原则下，毛泽东制定了战略上的持久战、战役战斗上的速决战，战略上的积极防御、战役战斗的进攻等战略。

## 二、战略上的持久战，战役战斗上的速决战

毛泽东从中国的国情出发，认为中国革命的敌人是异常强大的，不但有强大的帝国主义，而且有强大的封建势力和在一定时期内勾结帝国主义与封建势力以与人民为敌的资产阶级反动派。革命力量只有经过长时间才能聚积和锻炼成一支足以最后战胜强大敌人的力量。在这种情况

① 《毛泽东选集》第1卷，人民出版社1991年第2版，第225页。
② 《毛泽东选集》第1卷，人民出版社1991年第2版，第224页。

下，中国的革命战争必然是持久战。土地革命战争时期，毛泽东精辟地分析了中国革命战争的四个主要特点：1. 中国是一个政治经济发展不平衡的半殖民地的大国，而又经过了 1924 年至 1927 年的革命；2. 敌人强大，它有夺取了政权而且相对地稳定了它的政权的党，得到了全世界主要反革命国家的援助，武器和其他军事物资的供给比红军雄厚得多，并且控制了全中国的政治、经济、交通、文化的枢纽或命脉，它的政权是全国性的政权；3. 红军弱小，它产生于第一次大革命失败之后，从游击队开始，数量少，武器差，粮食被服等物资供给非常困难，并且，我们的政权是分散而又孤立的山地或僻地的政权，没有任何的外间援助；4. 共产党对革命战争的领导和土地革命，这使得中国革命虽然处于中国和资本主义世界的反动时期，然而是能够胜利的。毛泽东指出："这些特点，规定了中国革命战争的指导路线及其许多战略战术的原则。第一个特点和第四个特点，规定了中国红军的可能发展和可能战胜其敌人。第二个特点和第三个特点，规定了中国红军的不可能很快发展和不可能很快战胜其敌人，即是规定了战争的持久，而且如果弄得不好的话，还可能失败。"①

抗日战争时期，毛泽东根据敌强我弱的客观形势，制定了"战略的持久战"的军事战略。在抗战爆发才 10 个月写成的《论持久战》一书，也是在分析了敌强我弱、敌退步我进步、敌小我大、敌寡助我多助四个基本特点的基础上，得出了战争的持久性和最后胜利属于中国的结论，制定了持久战战略。为使这一战略方针得以贯彻执行，毛泽东同时规定了战役和战斗上的以强胜弱、以多胜少的速决的进攻战。他对此作了详

① 《毛泽东选集》第 1 卷，人民出版社 1991 年第 2 版，第 191 页。

细分析：敌以少兵临多兵，便处于多兵的包围中。敌分路向我进攻，敌处战略外线，我处战略内线，敌是战略进攻，我是战略防御，看起来我是很不利的。然而我可以利用地广和兵多两个长处，不作死守的阵地战，采用灵活的运动战，以几个师对他一个师，几万人对他一万人，几路对他一路，从战场的外线，突然包围其一路而攻击之。于是敌之战略作战上的外线和进攻，在战役和战斗的作战上，就不得不变成内线和防御。我之战略作战上的内线和防御，在战役和战斗的作战上就变成了外线和进攻。由于敌兵虽少，乃是强兵（武器和人员的教养程度），我兵虽多，乃是弱兵（也仅是武器和人员的教养程度，不是士气），因此，在战役和战斗的作战上，我不但应以多兵打少兵，从外线打内线，还须采取速决战的方针，就是毛泽东指出的“反对战役的持久战和战略的速决战，承认战略上的持久战和战役的速决战”。① 这样，“以一当十”的战略就具体化为持久战，“以十当一”的战术就具体化为战役和战斗上的速决战。前者通过后者来实现，二者紧密结合，缺一不可。

战役战斗上的速决战，这是消灭敌人有生力量的作战指导思想。消灭敌人有生力量的思想，在毛主席制定的一系列军事指导原则中，有着普遍的深刻的反映。井冈山斗争时期，毛主席提出了“敌进我退，敌驻我扰，敌疲我打，敌退我追”的十六字诀，把保存自己和消灭敌人的辩证关系贯穿于游击战争的作战原则中。在解放战争时期，毛泽东总结了我军一年来打胜仗的根本经验，制定了著名的十大军事原则。这就把消灭敌人有生力量的作战指导思想，更加充分而且完善地反映在我军的军事原则中了。

---

① 《毛泽东选集》第 1 卷，人民出版社 1991 年第 2 版，第 191 页。

毛泽东的军事原则是，每战必集中绝对优势兵力，四面包围敌人，力求全歼之。刘伯承将此总结为："善于在耗散敌人之中，集中绝对优势兵力捕捉敌人弱点而不断围歼之，所以能够源源不绝地获俘敌人的武器兵员以补充自己和强化自己。这就是毛泽东军事原则所独有的特质"。①他高度评价说："毛主席的集中优势兵力消灭敌人有生力量的思想，在军事指导上是划时代的人民军队的天才指导。"②

为了坚持战役战术的以多胜少，毛泽东又制定了"分兵以发动群众，集中以应付敌人"，"敌进我退，敌驻我扰，敌疲我打，敌退我追"，"固定区域的割据，用波浪式的推进政策；强敌跟踪追赶，用盘旋式的打圈子政策"，"诱敌深入"，"集中优势兵力，选择敌人的弱点，在运动战中有把握地消灭敌人的一部或大部，以各个击破敌人"等项战略战术的原则。

## 三、战略上的积极防御，战役战斗上的进攻

"以一当十"和"以十当一"的战略战术，具体体现为战略上的积极防御和战役战斗上的进攻。

积极的战略防御，是相对于消极防御而言的。消极的战略防御，即单纯防御，是把防御与进攻对立起来，把防御仅仅看作就是消极地等待，亦即专守防御。积极防御则是为了夺取战争的主动权，以积极主动的行动实施的防御。恩格斯说过："最有效的防御仍然是以攻势来进行的积极

① 《刘伯承军事文选》，中国人民解放军战士出版社 1982 年版，第 557～558 页。
② 《刘伯承军事文选》，中国人民解放军战士出版社 1982 年版，第 487 页。

防御。”[①]“消极防御即使有良好的武器，也必败无疑。”[②]毛泽东创造性地发展了这一理论，形成了严密的积极防御思想。

毛泽东对积极防御的解释是：“积极防御，又叫攻势防御，又叫决战防御。消极防御，又叫专守防御，又叫单纯防御。消极防御实际上是假防御，只有积极防御才是真防御，才是为了反攻和进攻的防御。”他并进一步说：“据我所知，任何一本有价值的军事书，任何一个比较聪明的军事家，而且无论古今中外，无论战略战术，没有不反对消极防御的。只有最愚蠢的人，或者最狂妄的人，才捧了消极防御当法宝。”[③]这些论述深刻揭示了积极防御科学要领的实质，揭示了积极防御和消极防御的本质区别，精辟地指出了防御与进攻之间的辩证关系，是对马克思主义积极防御理论的创造性贡献。

在战争实践中，毛泽东既与只承认进攻不承认防御的“左”倾盲动主义作斗争，又与只讲防御不思进攻的右倾保守主义作斗争。

在第一次国内革命战争失败以后，革命成了极深刻极残酷的阶级战争。敌人是全国的统治者，我们只有一点小部队，因此，我们一开始就是和敌人的“围剿”奋斗。为了打破“围剿”，毛泽东认为，“首先而且严重的问题，是如何保存力量，待机破敌。所以，战略防御问题成为红军作战中最复杂和最重要的问题。”[④]他批评说：“在我们的十年战争中，对于战略防御问题，常常发生两种偏向，一种是轻视敌人，又一种是为

① 《马克思恩格斯全集》第 13 卷，人民出版社 1962 年版，第 296 页。

② 《马克思恩格斯军事文集》第 2 卷，中国人民解放军战士出版社 1981 年版，第 229 页。

③ 《毛泽东选集》第 1 卷，人民出版社 1991 年第 2 版，第 198～199 页。

④ 《毛泽东选集》第 1 卷，人民出版社 1991 年第 2 版，第 197 页。

敌人所吓倒。”前者看不到敌强我弱的客观存在，“一味只讲进攻，不讲防御和退却，在精神上解除了防御的武装，因而把行动引到错误的方向。许多游击队因此失败了”。后者则“太看重了敌人，太看轻了自己，因而采取了非必要的退却方针，精神上同样地解除了防御的武装。其结果或者是游击队失败，或者是红军的某些战役失败，或者是根据地丧失。”① 正是在这种情况下，毛泽东提出了积极防御的战略主张，说明为了进攻而防御，为了前进而后退，是战争发展过程中不可避免的现象。

八一南昌起义，我党走上独立领导武装斗争的道路以后，党内“左”倾机会主义者无视大革命失败后革命处于低潮的客观形势，提出“城市暴动论”，在军事上主张“只有进攻，无所谓退守”这种脱离中国革命实际的主张，给革命带来巨大损失。毛泽东则善于审时度势，正确组织进攻或退却。在领导秋收起义受挫后，他精辟地分析形势，毅然率部退向敌人统治薄弱的农村，建立革命根据地，开辟了一条“农村包围城市”的正确道路。这是党的工作重点从城市转到农村的战略转变，是由战略进攻转入战略退却即战略防御的战略转变，是毛泽东对积极战略防御理论最初的探索，也是积极战略防御实践的开始。毛泽东在上了井冈山后的三年时间里，军事上采用战略防御的正确决策，积极开展游击战争，部队由几千人发展到四万多人，革命根据地也逐步巩固和扩大。

在此期间，毛泽东为贯彻积极防御战略制定了一套具体的战略战术原则，如：认真作好战争准备，不打无准备之仗，不打无把握之仗；在敌强我弱条件下，一般采取诱敌深入、后发制人的方针；把战略防御的内线的持久的防御战，与战役战斗的外线的速决的进攻战结合起来；必

① 《毛泽东选集》第 1 卷，人民出版社 1991 年第 2 版，第 197～198 页。

须慎重初战；在战略上以少胜多，在战役战斗上必须集中兵力，以多胜少，各个歼敌；“打得赢就打，打不赢就走”，以运动战为主，与游击战、阵地战相结合；基本的方针是歼灭战；执行有利的决战，避免不利的决战等。在这积极防御战略指引下，红军取得了第一至第四次反“围剿”的胜利。

在长期的革命战争中，毛泽东围绕积极防御的战略方针，制定了一整套作战原则，并上升为完整系统的理论，形成了具有丰富内容的毛泽东积极防御的战略思想。这在世界军事史上，都可堪称是独创的战略退却、积极防御的新经验。这一战略思想，又为以后的抗日战争和解放战争的战略指导思想奠定了理论基础。抗日战争时期持久战的战略总方针，以及正面战场实行高度的运动战，敌后战场实行基本的是游击战，但不放松有利条件下的运动战的战略方针；解放战争时期以集中兵力打运动战为主，以分散兵力打游击战为辅，以歼灭敌军有生力量为主要目标，不以保守或夺取地方为主要目标，集中兵力各个歼灭敌人的战略方针和原则，都是毛泽东积极防御思想的进一步发展。在毛泽东这一积极防御战略思想的指引下，我军逐步摆脱了战略上的被动地位，经过全国性的战略反攻转入战略进攻，最终取得了中国革命战争的胜利。

# 第四节
# 灵活机动的作战原则

## 一、及时进行军事战略的正确转变

毛泽东作为中国革命战争的战略大师，善于审时度势，依据战争形势的发展变化，适时进行军事战略的转变，对夺取战争的主动权，赢得战争的胜利，起了非常重要的作用。

毛泽东说："战争本质即战争目的，是保存自己，消灭敌人。然而达此目的的战争形式，有运动战、阵地战、游击战三种。"① 运动战、阵地战、游击战三种基本作战形式的变化，即是军事战略转变。毛泽东认为，必须随着敌我力量对比的变化和战争发展的进程，正确地实行军事战略的转变。

运动战，就是正规兵团在长的战线大的战区上面，从事于战役和战

① 《毛泽东选集》第 2 卷，人民出版社 1991 年第 2 版，第 501 页。

斗的外线的速决的进攻战的形式，也包括为这种进攻战服务的运动性防御、必要的阵地攻击和阵地防御在内。阵地战，就是对据守坚固阵地或野战阵地之敌发动进攻，或依托坚固阵地或野战阵地进行防御的作战形式。上述两种作战形式，毛泽东把它们合称为正规战。而游击战，则是一种分散流动的作战形式，以袭击为主要手段，具有高度的主动性、灵活性、进攻性、速决性和流动性等特点。

在毛泽东的正确领导下，我军在历史上曾适时地进行了几次军事战略转变：从土地革命战争前期的游击战向后期的正规战转变；从国内正规战争向抗日游击战争的转变；从抗日游击战争向解放战争时期正规战争的转变；从抗美援朝战争前期的运动战向后期的阵地战转变。这几次适时的正确的军事战略转变，对加速战争进程，夺取战争胜利，起了至关重要的作用。

## 二、“十六字诀”的游击战术原则

我军建立初期，毛泽东总结作战实践经验，提出了“敌进我退，敌驻我扰，敌疲我打，敌退我追”的“十六字诀”的游击战术原则。这就是在敌众我寡、敌强我弱的情况下，避敌锋锐，诱敌扑空，挫敌士气，增敌疲劳，摆脱被动，争取主动，窥敌弱点，寻找有利战机，给敌以突然袭击，打退敌军进攻，保卫和扩大革命根据地，夺取敌人武装，武装自己和群众。因此，“十六字诀”的游击战术原则，不仅是当时保存自己、消灭敌军的正确原则，而且是红军由小到大，由弱到强，由游击战到运动战，实现农村包围城市，然后夺取城市的长期战略方针。

这是在第一次大革命失败后，毛泽东领导湘东地区秋收起义受挫，遂率领起义部队，利用井冈山地区敌人兵力薄弱的特点，发动群众，组建了农民武装，加上外地起义来的部分正规军，编为工农革命军第一师，开展游击战争。经过数十次战斗后，于1927年11月中旬，先后占领了位于湘赣边界的井冈山地区的茶陵、酃县、宁冈、遂川等地。1928年1月，毛泽东把这一时期游击战争的作战经验总结为："我们对付敌人的办法，要看敌人的多少，了解敌人的情况，打得赢就打，打不赢就走，敌人来了我们就退，敌人去了我们就后面追。"这年2月初他在讲军事课时又将此概括为"十二字的游击战斗"，即"敌进我退，敌驻我扰，敌退我追"。以后这一战术原则发展为"敌进我退，敌驻我扰，敌疲我打，敌退我追"的"十六字诀"游击战术。毛泽东将此称为"带着朴素性质的游击战争基本原则"，并说："十六字诀包举了反'围剿'的基本原则，包举了战略防御和战略进攻的两个阶段，在防御时又包举了战略退却和战略反攻的两个阶段。后来的东西只是它的发展罢了。"①

"十六字诀"的游击战术，不但在当时的战争实践中得到了广泛应用，使弱小的红军在一次又一次的战斗中打败了强大的敌人，而且在抗日战争时期和解放战争时期，对游击战争也起了重要的指导作用。正如彭德怀在抗日战争初期所说："毛泽东同志曾经发明了一个有名的十六字诀的游击战术原则，即'敌进我退，敌退我追，敌驻我扰，敌疲我打'。这一原则虽是十年前的发明，在今天的民族革命战争中，仍然是用得着的。"之所以如此，是因为这一军事原则的核心，是解决了在敌强我弱的条件下如何保存自己消灭敌人的根本问题，所以具有普遍的指导意义。

① 《毛泽东选集》第1卷，人民出版社1991年第2版，第204、205页。

## 三、保存自己，消灭敌人的原则

毛泽东在《论持久战》中指出："战争目的不是别的，就是'保存自己，消灭敌人'。"指出这是"战争的本质"，"战争的基本原则"。还指出，在战争目的中，消灭敌人是主要的，保存自己是第二位的，因为只有大量地消灭敌人，才能有效地保存自己。在攻防关系上，作为消灭敌人之主要手段的进攻是主要的，作为消灭敌人之辅助手段和保存自己的一种手段的防御是第二位的。在长期战争实践中，毛泽东在运用这一基本原则上有一系列创造，如提出瓦解敌军和宽待俘虏的原则。俘获敌人的全部武器和大部分人员，以补充自己。这是适合当时我军情况的独特创造。在解放战争中，人民解放军消灭国民党军队 800 万，其中国民党军队师以上起义事件达 60 余起，共 153 个整师，1000 多名将领，177 万官兵，驾机起义 26 架，大小舰艇 72 艘。在很短时间内发生这么多起义，这在中国战争史和世界战争史上都是绝无仅有的。这些起义既有力地瓦解了敌人，加速了国民党政权的崩溃，又有力地补充和壮大了自己，对转变敌强我弱的形势起了重要作用，对我军建立现代化的空军和海军也发挥了应有的作用。

## 四、十大军事原则

解放战争时期，毛泽东总结我军作战经验，制定了著名的十大军事原则。这是在 1947 年 12 月 25 日毛泽东作《目前形势和我们的任务》报告中提出的，内容有："（1）先打分散和孤立之敌，后打集中和强大之敌。(2) 先取小城市、中等城市和广大乡村，后取大城市。(3) 以歼灭敌人有生力量为主要目标，不以保守或夺取城市和地方为主要目标。保守或夺取城市和地方，是歼灭敌人有生力量的结果，往往需要反复多次才能最后地保守或夺取之。(4) 每战集中绝对优势兵力（两倍、三倍、四倍，有时甚至是五倍或六倍于敌之兵力），四面包围敌人，力求全歼，不使漏网。在特殊情况下，则采用给敌以歼灭性打击的方法，即集中全力打敌正面及其一翼或两翼，求达歼灭其一部、击溃其另一部的目的，以便我军能够迅速转移兵力歼击他部敌军。力求避免打那种得不偿失的、或得失相当的消耗战。这样，在全体上，我们是劣势（就数量来说），但在每一个局部上，在每一个具体战役上，我们是绝对的优势，这就保证了战役的胜利。随着时间的推移，我们就将在全体上转变为优势，直到歼灭一切敌人。(5) 不打无准备之仗，不打无把握之仗，每战都应力求有准备，力求在敌我条件对比下有胜利的把握。(6) 发扬勇敢战斗、不怕牺牲、不怕疲劳和连续作战（即在短期内不休息地接连打几仗）的作风。(7) 力求在运动中歼灭敌人。同时，注重阵地攻击战术，夺取敌人的据点和城市。(8) 在攻城问题上，一切敌人守备薄弱的据点和城市，坚决夺取之。一切敌人有中等程度的守备、而环境又许可加以夺取的据点和城市，相机夺取之。一切敌人守备强固的据点和城市，则等候条件成熟时然后夺取之。(9) 以俘获敌人的全部武器和大部分人员，补充自己。我军人力物力的来源，主要在前线。(10) 善于利用两个战役之间的间隙，休息和整训部队。休整的时间，一般地不要过长，尽可能不使敌人获得喘息的时间。”①

---

① 《毛泽东选集》第 4 卷，人民出版社 1991 年第 2 版，第 1247～1248 页。

这十大军事原则的实质，是在敌强我弱的形势下集中兵力打歼灭战。围绕这个实质问题，从作战指导、歼灭目标、作战形式、作战方法、作战准备、战斗作风、补充休整等各个方面，对我军以劣势装备战胜敌人优势装备的一系列作战指导思想、原则和方法作了深刻论述，形成一整套系统完整的作战指导原则。毛泽东说这十大军事原则“就是人民解放军打败蒋介石的主要的方法”①，并说这些方法，是人民解放军在和国内外敌人长期作战的锻炼中产生出来，并完全适合我们目前的情况的。事实上，这十大军事原则，不仅在当时具有指导我军作战的意义，而且由于它深刻系统地揭示了革命战争的作战规律，因而具有一定的普遍意义，这是它的重大的军事理论价值所在。其正确性，已为革命战争的胜利所证实。

当然，同任何真理一样，十大军事原则不是教条，在战争实践中，对十大军事原则的运用是具体的，它本身也是发展的。正如十多年以后，1958 年 6 月 23 日，毛泽东在中央军委扩大会议小组座谈会上的讲话中指出的：十大军事原则，是根据十年内战、抗日战争、解放战争前期的经验，在解放战争进入反攻时期提出来的，是马克思列宁主义普遍真理同中国革命战争实践相结合的产物。运用十大原则，取得了解放战争、抗美援朝战争的胜利（当然还有其他原因）。十大原则目前还可以用，今后有许多地方还可以用。但马克思列宁主义不是停止的，是向前发展的，十大原则也要根据今后战争的实际情况，加以补充和发展，有的可能要修正。②

---

① 《毛泽东选集》第 4 卷，人民出版社 1991 年第 2 版，第 1248 页。

② 参见《毛泽东选集》第 4 卷注释 4。人民出版社 1991 年第 2 版，第 1261 页。

## 五、活的灵魂：从实际出发

上述种种，体现出毛泽东战略战术思想的活的灵魂，就是一切从实际出发。当人们赞颂毛泽东“用兵如神”的战争艺术时，“神”就神在他正确地认识和掌握了战争的客观规律，既从实际出发按规律打仗，又灵活机动处处运用辩证法。所以，他能够在指导中国革命战争的过程中，运用唯物辩证法，从理论和实践的结合上，创造了以人民战争为基础的一整套灵活机动的战略战术。

毛泽东军事思想的基础，是“知彼知己”，全面了解敌我力量对比并进行深入分析，从纷纭复杂的现象中揭示出战争的特点和规律，预见战争的进程，然后作出正确的战略决策。有了这样的基础，他就能照顾战争全局，集中力量解决主要矛盾，抓住战略枢纽去部署战役，抓住战役枢纽去部署战斗；他就能掌握战争的发展变化，适时实行战略转变，采取适应当时情况的战略战术；他就能得心应手地驾驭战争，克敌制胜。

毛泽东历来主张，指挥打仗必须从实际出发，实事求是，有什么枪打什么仗，对什么敌人打什么仗，在什么时间地点打什么时间地点的仗。第一句话是根据部队武器装备，第二句话是根据敌情，第三句话是根据时间地形各种条件。归根到底是随着战争形式的不同而有不同的战略战术。当早年我们军队仅是步枪加梭镖大刀时，我们即研究如何根据这个现有条件去下决心，去决定战法，那时我们对着这样的军队不去高谈机械化兵团的战术。所以，毛泽东在《中国革命战争的战略问题》中总结了十年内战时期的战略。当我们由内战进入抗战时，面对着的敌人是日本军队，我们便不固执内战的经验，而是加以必要的改变和提高，充分研究敌情来下决心，来决定战法。所以，毛泽东在《抗日游击战争的战略问题》和《论持久战》中规定了抗日战争时期的战略。当我们处在解放区战场，需要定出适合解放区战场的时间地点的战法时，毛泽东又提出著名的“十大军事原则”，作为解放战争时期的战略。这就是实事求是的唯物主义的战略战术。

毛主席痛恨凭主观办事、发空洞议论而不具体分析具体情况的作风，屡屡嘲笑书生气用兵必败无疑。他多次强调人民军队的战略、战术，要根据我军当前的敌我情况作具体分析，来进行新的建设与新的创造。他本人就是以马克思主义的军事思想为指导，结合中国革命战争的具体实际，进行伟大的思想创造，从而解决了以弱小的红军战胜强大敌人的最困难课题的典范。

总之，毛泽东战略策略思想的方法论基础最根本的原则之一，就是具体地分析具体情况的原则。这是辩证唯物主义的世界观和方法论在战略指导上的运用。这一原则规定，制定一切战略，都要从实际出发，坚持实事求是，理论联系实际，把马列主义同中国革命具体实践相结合。毛泽东战略策略思想的方法论基础，基本上可以概括为以下四个基本原则：1. 注意调查研究的原则。这一原则是毛泽东战略策略思想的精髓。毛泽东在制定新民主主义革命发展四个阶段的战略时，都运用了这一原则，从而使中国革命沿着正确的道路前进。2. 坚持发展观点的原则。以毛泽东为首的党中央作出的团结一切可以团结的力量，建立最广泛的抗日民族统一战线的决策，就是实践这一原则的范例。3. 坚持全面、系统地看问题的原则。毛泽东认为，在制定战略策略时既要全面、系统地掌握马克思主义，也要全面、系统地掌握中国的实际情况，学会把马列主义理论应用于中国革命的具体实践。4. 抓主要矛盾，抓重点，集中力量解决主要问题的原则。以上四个原则是一个有机整体，互为作用，互为补充，其中从实际出发具体地分析具体的情况又是四个原则中的精髓，是贯穿毛泽东整个战略策略思想的总纲和核心。

毛泽东在民主革命时期对敌斗争中的战略策略包括以下四个原则：1. 弱小的革命力量在变化着的主客观条件下能够最终战胜强大的反动力量的原则；2. 在战略上要藐视敌人，在战术上要重视敌人的原则；3. 要掌握斗争的主要方向，不要四面出击的原则；4. 对敌人要区别对待，分化瓦解，实行利用矛盾，争取多数，反对少数，各个击破的策略原则。在统一战线方面，毛泽东也为我党制定了一系列策略原则，如发展进步势力，争取中间势力，孤立顽固势力的原则；坚持原则的坚定性和策略的灵活性的原则等等。

毛泽东战略策略思想是马克思列宁主义战略策略原理在殖民地、半殖民地国家的运用和发展。

## 第五节
## 毛泽东军事思想的世界地位

中国的革命战争，规模之大，持续时间之长，为世界战争史所罕见。指导这一伟大战争达到胜利的人民领袖毛泽东，其军事思想便不能不受到全世界的注目，不能不在世界军事史上占有一席极其重要的地位。

### 一、内容的丰富程度超过世界上任何一位军事家

相对于其他社会活动而言，战争的复杂性更为突出，涉及的问题更广泛。有一位西方军事家说过，“至少有一千种因素与战争直接相关”。能够把这些因素与战争之间的关系作出说明，是任何一种军事理论所以能称为军事理论的起码条件；说明的问题越多，则这一军事理论的内容越丰富；说明得越深刻，则这一军事理论价值越高，越有用。就此而言，毛泽东军事思想的成就，超过了古往今来的任何一种军事理论。

从古至今历代出现过的军事理论，或者是限于战术层次，或者是限

于某些军事学术问题，就是在军事实践中不乏伟绩的拿破仑，也只是留下了百把条由别人整理的零散语录，谈不上有什么系统的军事理论。有些著名西方军事家的著作，只是对历史上发生过的大量战争史实进行评述，却很少有对于战争的本质性规律性的真知灼见。近代以来，西方的一些军事家创造了不少作战理论，诸如大迂回机动作战理论、“短促战争”论、地缘政治论、“空中战争”论、“九大军事原则”说、机械化战争论、阵地防御战理论、“总体战”理论、“间接战略”论，以及第二次世界大战以来西方出现的新地缘政治学、核战争理论、有限战争理论、威慑理论、“特种战争”理论、“空地一体作战”理论等等。其中有些理论虽然反映了现代战争和军事活动的某些发展规律，但就其所考察、所回答的问题范围而言，都是有限或比较有限的。

与这些军事理论相比，毛泽东的军事思想，贯通今古，博采中外，其博大精深的特色格外突出。

毛泽东的系统军事理论中，既有中国革命战争及其军队建设特殊规律的完整理论，又有关于整个战争和军事领域一般本质、一般规律的大量普遍原理；既有作战理论，又有建军理论；既有关于武装夺取国家政权的战争理论，又有关于掌握全国政权后进行国防建设的理论；既有关于人民革命战争的指导理论，又有关于民族解放战争和保卫国防的国际武装斗争的指导理论；既有“小米加步枪”条件下的战争指导理论，又有打现代装备条件下战争的指导理论；既有对诸多军事规律的深入揭示，又有关于如何研究和运用军事规律的认识论、方法论；既有军事战略理论，又有统摄武装斗争和各种非武装斗争的综合战略（西方称“大战略”）理论；既有战略防御理论、战略进攻理论、战略决战理论和战略追击理论，又有战役战斗指导理论；既有游击战理论，又有正规战理论；既有军事工作理论，又有军队政治工作理论，以及军队后勤工作和军事科研工作理论；既有战时经济工作理论，又有和平时期国防经济和国防科技工作理论；既有常备军建设理论，又有民兵工作理论。凡此种种，从各个不同层次和方面，揭示了战争和军事活动中的本质和规律。如此丰富多彩的理性认识成就浑然一体，构成了一座雄伟瑰丽的军事理论体系大厦。

## 二、创造了以弱胜强的最大奇迹

也许弱肉强食的自然界规律在许多方面并不适用于人类社会，这在日渐进步的时代已愈来愈成为人们的共识。但打起仗来，力量强的一方获胜的可能性更多，则是不言而喻的。事实也正是如此，历来的战事中，力量强大的打败力量弱小的情况占绝大多数。所以，作为强大一方而打了胜仗的军事家，往往并不被人们看重，他们的军事思想也难得在军事史上占据一席重要的地位。然而若是力量相当的双方打仗，获胜一方的军事家及其军事思想，就有可能垂名千古了。但若有那以弱而能胜强的军事家，其军事思想是一定能在世界军事史上享有最高荣誉的。古往今来，这类战例，在中外战史上都可举出若干，如中国的晋楚城濮之战、楚汉成皋之战、韩信破赵之战、新汉昆阳之战、袁曹官渡之战、吴魏赤壁之战、吴蜀彝陵之战、秦晋淝水之战等等。外国的如拿破仑的多数战役，十月革命后的苏联内战，都是以少击众，以劣势对优势而获胜。这些军事家常常被推崇为“战争之王”、“战略之父”和“战争之神”。

然而，就是西方历史上的这些“战略之父”、“战争之神”们，若拿来与毛泽东的战争实践及其军事思想的成就相比，还是不能不显得逊色一筹。这是因为毛泽东领导的中国革命战争，在敌我力量的对比上，不仅在人数方面，而且在武器装备方面，其悬殊程度，都为世界战争史上所罕见。

就人数而言，在战争的大部分时间里，我军历次重大作战的兵力劣势倍数，远远超过西方战史上那些最著名的以弱胜强战例。如土地革命战争时期我中央苏区头四次反“围剿”，敌我兵力分别为10万人比4万人，20万人比3万人，30万人比不足3万人和50万人比7万人，平均比差为6.5倍，最大的一次达10倍之巨。然而，在毛泽东等同志精湛战争艺术的指导下，我军在长达20年的烽火岁月里，就是凭着如此劣势的力量，创造了一个又一个以弱胜强的战场奇迹。土地革命战争时期毛泽东亲自指挥的中央苏区头三次反“围剿”作战，分别歼敌1.5万人、3万人、3万余人。同时期我鄂豫皖、湘鄂赣、川陕等根据地的反“围剿”、反“围攻”作战，抗日战争时期我八路军、新四军的大量战役战斗，解放战争时期我军战略防御阶段的一系列大规模歼灭战，也都是如此。如解放战争前期的苏中战争，我军以3万余人迎战敌军12万余人，七战七捷，歼敌5.3万人。定陶战役，我军以5万人迎战敌军30万人，歼敌1.7万人。陕北三战三捷，我军以3万人迎战敌军26万余人，歼敌1.4万人。我军以如此悬殊的劣势兵力，数十次、上百次地创造了战绩如此辉煌的战争奇观，这足以说明以毛泽东为主要代表的老一辈革命军事家的战争指导艺术，在世界军事思想史上应该达到多么高的地位。

就武器装备而言，力量的悬殊就更大了。西方战史上的以弱胜强，其含义基本上限于兵力的以少胜多；双方军队的武器装备，则大都同属一个水平。而中国革命战争除在军队数量方面长期处于敌众我寡的地位外，在武器装备上尤其处于敌优我劣的境况，是以“小米加步枪”对付“飞机加大炮”，打败了日本侵略者，打败了美国扶持下的蒋介石军队；抗美援朝战争中，我军装备较之过去虽有改善，但较量的对象是以世界头号帝国主义强国美国军队为首的联合国军队，敌人除了原子弹，所有最现代化的军事技术手段全都使用了。敌我双方装备优劣差距之大，远非西方历史上的战争所能相比。但就是这样，中国人民志愿军还是取得了最后的胜利。三年朝鲜战争较量的结果，拥有世界上最现代化武器的头号帝国主义强军，只能第一次在“没有胜利的”停战协议上沮丧地签字。五角大楼惊呼，这是“美国陆战史上前所未有的惨败”。

## 三、深刻阐述了战争规律

毛泽东认为，战略战术虽重要，但更重要的是人能够掌握和运用这些战略战术，尤其是战争的指导者的正确掌握和运用。所以，毛泽东特别重视战争指导者的指导能力和对战争规律的把握，认为只有认识了战争规律又能应用这些规律于自己的行动中的战争指导者，才能成为智勇双全的指挥员。

### 1. 要研究不同层次的战争规律

毛泽东说：“战争的规律——这是任何指导战争的人不能不研究和不能不解决的问题。革命战争的规律——这是任何指导革命战争的人不能不研究和不能不解决的问题。中国革命战争的规律——这是任何指导中国革命战争的人不能不研究和不能不解决的问题。我们现在是从事战争，我们的战争是革命战争，我们的革命战争是在中国这个半殖民地半封建的国度里进行的。因此，我们不但要研究一般战争的规律，还要研究特殊的革命战争的规律，还要研究更加特殊的中国革命战争的规律。”①

关于第一个层次的战争规律，是对战争这一人类社会现象的总认识。

① 《毛泽东选集》第1卷，人民出版社1991年第2版，第170～171页。

毛泽东认为："战争——从有私有财产和有阶级以来就开始了的、用以解决阶级和阶级、民族和民族、国家和国家、政治集团和政治集团之间，在一定发展阶段上的矛盾的一种最高的斗争形式。不懂得它的情形，它的性质，它和它以外事情的关联，就不知道战争的规律，就不知道如何指导战争，就不能打胜仗。"①

关于第二个层次的战争规律，是对革命的阶级战争和革命的民族战争规律的认识。这类战争，"在一般战争的情形和性质之外，有它的特殊的情形和性质。因此，在一般的战争规律之外，有它的一些特殊的规律。不懂得这些特殊的情形和性质，不懂得它的特殊的规律，就不能指导革命战争，就不能在革命战争中打胜仗。"②

关于第三个层次的战争规律，是对在中国的特殊环境之内进行的国内战争或者民族战争的认识，这"比较一般的战争，一般的革命战争，又有它的特殊的情形和特殊的性质。因此，在一般战争和一般革命战争的规律之外，又有它的一些特殊的规律。如果不懂得这些，就不能在中国革命战争中打胜仗"。③

所以，毛泽东认为，"我们应该研究一般战争的规律；也应该研究革命战争的规律；最后，我们还应该研究中国革命战争的规律。"④ 毛泽东的军事科学理论，正是从这三个层次，对战争的规律作了深刻的阐述。

**2. 要研究不同情况下的战争规律**

毛泽东认为："战争情况的不同，决定着不同的战争指导规律，有时

---

① 《毛泽东选集》第1卷，人民出版社1991年第2版，第171页。
② 《毛泽东选集》第1卷，人民出版社1991年第2版，第171页。
③ 《毛泽东选集》第1卷，人民出版社1991年第2版，第171页。
④ 《毛泽东选集》第1卷，人民出版社1991年第2版，第171页。

间、地域和性质的差别。从时间的条件说，战争和战争指导规律都是发展的，各个历史阶段有各个历史阶段的特点，因而战争规律也各有其特点，不能呆板地移用于不同的阶段。从战争的性质看，革命战争和反革命战争，各有其不同的特点，因而战争规律也各有其特点，不能呆板地互相移用。从地域的条件看，各个国家各个民族特别是大国家大民族均有其特点，因而战争规律也各有其特点，同样不能呆板地移用。我们研究在各个不同历史阶段、各个不同性质、不同地域和民族的战争的指导规律，应该着眼其特点和着眼其发展，反对战争问题上的机械论。”①

3. **要依据战争的发展变化研究战争规律**

毛泽东认为：“一切战争指导规律，依照历史的发展而发展，依照战争的发展而发展；一成不变的东西是没有的。”② 所以，对于一个指挥员来说，起初会指挥小兵团，后来又会指挥大兵团，这对于他是进步了，发展了；起初会在某一熟悉的地方作战，后来在许多地方也会作战，这又是进步了，发展了；起初会在低级阶段指挥，到了高级阶段也会指挥，这更是进步和发展了。但是，如果永远只能适应于一定兵团、一定地方和战争发展的一定阶段，这就叫作没有进步和没有发展。这样的指挥员是没有大的作用的。“我们要求有大的作用的战争指导者。”③

4. **要着重研究战争全局的规律**

毛泽东认为，研究带全局性的战争指导规律，是战略学的任务；研究带局部性的战争指导规律，是战役学和战术学的任务。懂得了全局性的东西，就更会使用局部性的东西，因为局部性的东西是隶属于全局性

---

① 《毛泽东选集》第1卷，人民出版社1991年第2版，第173页。

② 《毛泽东选集》第1卷，人民出版社1991年第2版，第173～174页。

③ 《毛泽东选集》第1卷，人民出版社1991年第2版，第173页。

的东西的。他明确地说："说战略胜利取决于战术胜利的这种意见是错误的，因为这种意见没有看见战争的胜败的主要和首先的问题，是对于全局和各阶段的关照得好或关照得不好。如果全局和各阶段的关照有了重要的缺点或错误，那个战争是一定要失败的。"① 当然，全局性的东西不能脱离局部而独立，全局是由它的一切局部构成的。有的时候，有些局部、有些战术或战役破坏了或失败了，全局可以不起重大影响，因为这些局部或战役不是对于全局有决定意义的东西。但若组成战争全局的多数战役失败了，或有决定意义的某一两个战役失败了，全局就立即起变化。这里说的多数战役和某一两个战役就是决定的东西了。这就是关照全局的重要性所在。"所以，指挥全局的人，最要紧的，是把自己的注意力摆在照顾战争的全局上面"。②

什么是战争的全局呢？毛泽东说，凡属带有要照顾各方面和各阶段的性质的，都是战争的全局。"世界可以是战争的一全局，一国可以是战争的一全局，一个独立的游击区、一个大的独立的作战方面，也可以是战争的一全局。凡属带有要照顾各方面和各阶段的性质的，都是战争的全局。"③ 具体来讲，主要是依据情况，照顾部队和兵团的组成问题，照顾两个战役之间的关系问题，照顾各个作战阶段之间的关系问题，照顾我方全部活动和敌方全部活动之间的关系问题，"这些都是最吃力的地方，如果丢了这个去忙一些次要的问题，那就难免要吃亏了"。④

学习战争全局的指导规律不是一件容易的事情，因为这种全局性的

---

① 《毛泽东选集》第1卷，人民出版社1991年第2版，第175页。
② 《毛泽东选集》第1卷，人民出版社1991年第2版，第170～176页。
③ 《毛泽东选集》第1卷，人民出版社1991年第2版，第175页。
④ 《毛泽东选集》第1卷，人民出版社1991年第2版，第176页。

东西，眼睛看不见，只能用心思去想一想才能懂得。但全局是由局部构成的，所以，“有局部经验的人，有战役战术经验的人，如肯用心去想一想，就能够明白那些更高级的东西”①。毛泽东要求所有的战争指导者都能够认真学习、掌握并熟练地运用战争的规律，以指导战争取得胜利。

毛泽东对研究战争规律的上述几方面要求，正体现在本章所述的全部内容中。正由于此，所以毛泽东的军事理论，在今天现代化的时代，依然闪耀着真理的光芒。曾有国外有识之士说，毛泽东军事思想“开辟了战争理论的新纪元”，“掌握了打开现代军事奥秘之锁的成套钥匙”；也有人说，毛泽东的人民战争理论“在核时代也具有根本性意义”。这些话，出自西方人士之口，更有力地说明了毛泽东军事思想在世界上的崇高地位。

恩格斯曾经预言：“无产阶级的解放在军事上同样也将有它自己的表现，并将创造出自己特殊的、新的作战方法。”② 这一愿望和预言，通过毛泽东的军事理论和实践变成了现实。这是马克思主义普遍原理与中国革命战争具体实践相结合的产物，是对古今中外军事战略思想和实践经验的批判性继承和发展，是中国革命战争经验的科学总结，是全党集体智慧的结晶，是具有中国特色的马克思主义军事战略理论。

---

① 《毛泽东选集》第 1 卷，人民出版社 1991 年第 2 版，第 177 页。

② 《马克思恩格斯全集》第 7 卷，人民出版社 1959 年版，第 562 页。

第三章

# 作为外交战略家的毛泽东

作为内政之延伸的外交，对于一个国家经济、政治、文化的发展起着至关重要的作用。所以，任何一个国家的领导人，都不能不把与其他国家进行交往的活动放在极其重要的位置上。毛泽东作为中华人民共和国和中国共产党的领袖，不但是一位伟大的政治家，也是一位杰出的外交战略家。他在中华人民共和国建立后长达27年的执政期间，从为新中国奠定外交政策的基础，到主持制定其后所有的重要外交战略方针和政策，以及依此开展的外交活动，都为开拓我国走向世界的道路作出了巨大贡献，也为中国以后外交事业的发展奠定了良好基础。在这一开拓走向世界之路的艰难征途中，毛泽东时刻关注着风云变幻的国际时局，洞察微末，高瞻远瞩，以高度的警觉维护着国家的安全，并以他特有的睿智，为中华人民共和国与各国建立友好合作关系开辟了通途，竭力为我国的社会主义建设创造一个有利的国际环境。其高超的外交思想和战略，展现出极富魅力的外交家风采。

## 第一节
## 坚决维护国家的独立、主权和领土完整

中华人民共和国的成立，标志着中国人民经过一百多年的奋斗和牺牲，终于取得了民族民主革命的胜利。从此，中国人民永远地结束了被西方列强奴役宰割的屈辱历史，真正成为自己国家的主人。独立和自由，是我们国家最可宝贵的东西。所以，维护国家的独立、主权和领土完整，是新中国外交的最重要任务。

### 一、确立独立自主的和平外交方向

即将诞生的新中国在外交上将面临三大问题：一、如何着手建立自己的外交关系；二、如何对待美国和其他帝国主义国家；三、如何对待苏联和其他社会主义国家。中华人民共和国成立前夕，毛泽东已在考虑新中国的外交政策，1949 年 3 月召开的中共七届二中全会和这年 9 月召开的中国人民政治协商会议第一次会议上，他先后提出了三条重要方针：

"另起炉灶"、"打扫干净屋子再请客"和"一边倒"。

1. **"另起炉灶"**

即"不受过去任何屈辱外交传统束缚"①，建立起新中国的新的外交关系。按一般国际惯例，一个国家政权更迭时，新政府继承旧政府与别国建立的外交关系。但这是就正常国际关系而言。旧中国与西方列强建立的却不是正常的平等关系。新中国如果继承了这样的外交关系，就谈不上维护国家的独立和主权。所以，毛泽东确立了"另起炉灶"的外交方针，宣布对国民党政府同各国建立的旧的外交关系一律不予承认，对这些外国在华外交机关和人员的合法地位一律不予承认，将驻在旧中国的各国使节只当作普通侨民而不当作外交代表看待，对旧中国同外国签订的一切条约和协定重新审查处理，逐步肃清帝国主义国家在中国的势力和特权，尔后在互相尊重领土主权和平等互利的基础上同世界各国建立新的外交关系。这就从根本上废除了旧中国半殖民地的屈辱外交政策。

还在中华人民共和国成立前夕的 1949 年 4 月 30 日，毛泽东就在为中国人民解放军总部发言人起草的声明中，表明了即将成立的新中国的对外政策。他说："中国人民革命军事委员会和人民政府愿意考虑同各外国建立外交关系，这种关系必须建立在平等、互利、互相尊重主权和领土完整的基础上，首先是不能帮助国民党反动派。中国人民革命军事委员会和人民政府不愿意接受任何外国政府所给予的任何带威胁性的行动。外国政府如果愿意考虑同我们建立外交关系，它就必须断绝同国民党残余力量的关系，并且把它在中国的武装力量撤回去。"② 这年 6 月 15 日，

① 《中共中央文件选集》(16)，中央党校出版社 1991 年第 1 版，第 152 页。

② 《毛泽东选集》第 4 卷，人民出版社 1991 年第 2 版，第 1461 页。

毛泽东在新政治协商会议筹备会上的讲话中又说："中国必须独立，中国必须解放，中国的事情必须由中国人民自己作主张，自己来处理，不容许任何帝国主义国家再有一丝一毫的干涉。"① 这就已经不但表明了新中国愿在坚持原则的基础上同一切国家建立外交关系的良好愿望，而且宣布了中国政府不继承旧中国的外交关系，也不承认旧政府驻外机构和驻外人员合法地位的严正立场。

1949 年 10 月 1 日，毛泽东代表中华人民共和国中央人民政府向全世界正式宣告："本政府为代表中华人民共和国全国人民的唯一合法政府。凡愿意遵守平等、互利及互相尊重领土主权等项原则的任何外国政府，本政府均愿意与之建立外交关系。"② 随后周恩来以中国外交部长的名义将这一公告以政府公函形式致送各国政府。正如周恩来所说："这一'另起炉灶'的方针，使我国改变了半殖民地的地位，在政治上建立了独立自主的外交关系。"③

2. **"打扫干净屋子再请客"**

即"彻底清除帝国主义在中国的控制权"，然后再视其是否与我友好而决定是否把他们当作客人请进来。半殖民地、半封建的旧中国，长期为帝国主义所控制。随着国民党反动政府在中国大陆的垮台，帝国主义的控制权虽被打倒，但帝国主义直接经营的经济事业和文化事业依然存在，被国民党承认的外交人员和新闻记者依然存在，帝国主义在中国一百多年来所形成的势力和影响，也不可能自动退出历史舞台和自行消失。这些问题如不正确处理，新中国的独立和主权必然受到影响。所以，新

① 《毛泽东选集》第 4 卷，人民出版社 1991 年第 2 版，第 1465 页。
② 《中华人民共和国对外关系文件集》(1)，第 3 页。
③ 周恩来：《我们的外交方针和任务》。

中国外交的重要任务之一，就是彻底摧毁这一控制，完全恢复中国的独立和主权。为此，毛泽东指出："对于这些，我们必须分别先后缓急，给以正当的解决。不承认国民党时代的任何外国外交机关和外交人员的合法地位，不承认国民党时代的一切卖国条约的继续存在，取消一切帝国主义在中国开办的宣传机关，立即统制对外贸易，改革海关制度，这些都是我们进入大城市的时候所必须首先采取的步骤。在做了这些以后，中国人民就在帝国主义面前站立起来了。剩下的帝国主义的经济事业和文化事业，可以让它们暂时存在，由我们加以监督和管制，以待我们在全国胜利以后再去解决。对于普通外侨，则保护其合法的利益，不加侵犯。"① 这就明确表明了新中国对待帝国主义在中国特权的基本立场，表明了中国人民维护国家主权的坚强决心。

早在 1949 年 2 月初，毛泽东在同米高扬谈话时就说："我们这个国家，如果形象地把它比作一个家庭来讲，它的屋内太脏了……解放后，我们必须认真清理我们的屋子……等屋内打扫清洁、干净，有了秩序，陈设好了，再请客人进来。我们的真正的朋友可以早点进屋子来，也可以帮助我们做点清理工作，但别的客人得等一等，暂时还不能让他们进门。"② 七届二中全会上，毛泽东又明确指出"我们可以采取和应当采取有步骤地彻底地摧毁帝国主义在中国的控制权的方针"③，使中国人民在帝国主义面前真正站起来。他认为，帝国主义决不会甘心自己的失败，"总想保留一些在中国的特权，想钻进来"进行捣乱和破坏，所以他提出："关于帝国主义对我国的承认问题，不但现在不应急于去解决，而且

---

① 《毛泽东选集》第 4 卷，人民出版社 1991 年第 2 版，第 1434～1435 页。
② 师哲：《在巨人身边——师哲回忆录》，中央文献出版社 1991 年版，第 379 页。
③ 《毛泽东选集》第 4 卷，人民出版社 1991 年第 2 版，第 1434 页。

就是在全国胜利以后的一个相当时期内也不必急于去解决。我们是愿意按照平等原则同一切国家建立外交关系的，但是从来敌视中国人民的帝国主义，决不能很快地就以平等的态度对待我们，只要一天它们不改变敌视的态度，我们就一天不给帝国主义国家在中国以合法的地位。”① 新中国必须在清除帝国主义在华特权、势力和影响后再同帝国主义建交，这对防止帝国主义钻进来捣乱有好处。这就是毛泽东依据中国的历史和现状所做出的“打扫干净屋子再请客”的外交决策。

根据这一决策及《共同纲领》的有关规定，新中国诞生后，对同帝国主义国家建立外交关系采取了极为慎重的态度，采取了有步骤地清除帝国主义在中国的特权、势力和影响的方针，包括收回外国在华驻军权、兵营地产权、自由经营权、内河航行权、治外法权等；同时加强海关管理，由国家管制对外贸易，实行进出口许可制度；对与新中国没有外交关系的前外国驻华使馆人员只作为普通外国侨民看待等等。

毛泽东提出的“另起炉灶”和“打扫干净屋子再请客”的方针，从根本上回答了新中国外交在当时面临的基本问题，即怎样独立自主地建立起新的对外关系，怎样有步骤地清除帝国主义国家的影响以及如何处理同他们的关系。这对于中华人民共和国创建新型的对外关系具有特殊重要的意义。

**3. “一边倒”**

即倒向以苏联为首的社会主义阵营一边。

还在解放战争时期，国际上就已出现以苏联为首的社会主义阵营与以美国为首的帝国主义阵营尖锐对立的局面。美国一贯站在国民党政府

① 《毛泽东选集》第 4 卷，人民出版社 1991 年第 2 版，第 1435 页。

一边与中国革命为敌，与全体中国人民为敌，发动了“表面上是蒋介石实际上是美国进攻中国人民的战争”，“这就是美国出钱出枪蒋介石出人替美国打仗杀中国人”[①] 的三年内战。在这种情况下，毛泽东提出了向以苏联为首的社会主义阵营一边倒，反对以美国为首的帝国主义和反民主阵营的策略。他认为，第二次世界大战结束后，由于世界上各种不可调和矛盾的发展，侵略阵线和反侵略阵线发生分化，出现了以美国为首的帝国主义及其反民主阵营和以苏联为首的社会主义阵营。但由于苏联十月革命的胜利给世界人民解放事业开辟了广大的可能性和现实性道路，建立了一条从西方无产者，经过俄国革命到东方被压迫民族的新的反帝革命阵线，而以苏联为首的世界革命统一战线取得了反法西斯的胜利，这就给全世界工人阶级和被压迫民族的解放事业开辟了更加广大的可能性和更加现实的道路。这就使中国革命斗争不再孤独，有了全世界共产党和工人阶级的援助，因此一定能战胜帝国主义反革命阵线，打败外强中干的反动派对中国革命的干涉，取得革命的最后胜利。所以，他在那时就提出，中国革命胜利后，在外交上宜实行“一边倒”政策。1949 年 6 月，毛泽东在《论人民民主专政》中针对“你们一边倒”的指责明确回答：“正是这样。一边倒，是孙中山的四十年经验和共产党的二十八年经验教给我们的，深知欲达到胜利和巩固胜利，必须一边倒。积四十年和二十八年的经验，中国人不是倒向帝国主义一边，就是倒向社会主义一边，绝无例外。”[②]

中华人民共和国成立以后，美国又把遏制中国同遏制以苏联为首的

---

① 《毛泽东选集》第 4 卷，人民出版社 1991 年第 2 版，第 1484 页。

② 《毛泽东著作选读》下册，人民出版社 1986 年版，第 679 页。

社会主义阵营联系在一起。所以，中华人民共和国成立之初，就面临着帝国主义国家武装干涉的危险。而苏联政府则长期对中国民族民主革命予以同情和支持。为此，中国就必须同社会主义国家紧密联合起来，才能对付来自帝国主义国家的武装干涉。因此，毛泽东在中国人民政治协商会议第一届全体会议上致开幕词时明确宣布："在国际上，我们必须和一切爱好和平自由的国家和人民团结在一起，首先是和苏联及各新民主国家团结在一起，使我们的保障人民革命胜利成果和反对内外敌人复辟阴谋的斗争不致处于孤立地位。"①

"另起炉灶"、"打扫干净屋子再请客"和"一边倒"的三大决策，正确地解决了新中国成立之初面临的三大问题，维护了中华人民共和国的完全独立，维护了世界和平，符合中国人民和世界人民的根本利益。这三大决策，奠定了新中国外交的基础。

1949年9月，为新中国诞生作准备的中国人民政治协商会议第一次会议通过的《中国人民政治协商会议共同纲领》中，将毛泽东提出的上述三大决策具体化并法律化，规定中华人民共和国外交政策的基本原则是："保障本国独立、自由和领土主权的完整，拥护国际的持久和平和各国人民之间的友好合作，反对帝国主义的侵略政策和战争政策。"其具体政策是："凡与国民党反动派断绝关系，并对中华人民共和国采取友好态度的外国政府，中华人民共和国中央人民政府可在平等、互利及互相尊重领土主权的基础上，与之谈判，建立外交关系"；"对于国民党政府与外国政府所订立的各项条约和协定，中华人民共和国中央人民政府应加以审查，按其内容，分别予以承认，或废除，或修改，或重订"；对于帝

① 《毛泽东著作选读》下册，人民出版社1986年版，第692页。

国主义利用不平等条约在中国获取的一切特权“必须取消”；“中华人民共和国联合世界上一切爱好和平、自由的国家和人民，首先是联合苏联、各人民民主国家和各被压迫民族，站在国际和平民主阵营方面，共同反对帝国主义侵略，以保障世界的持久和平”。此外，《共同纲领》还规定：“中华人民共和国可在平等和互利的基础上，与各外国的政府和人民恢复并发展通商贸易关系”；“中华人民共和国中央人民政府应尽力保护国外华侨的正当权益”；“中华人民共和国人民政府保护守法的外国侨民”等等。①

毛泽东关于新中国外交的三大决策及《共同纲领》中的有关规定，都体现了新中国外交的根本立场和基本原则，即：独立自主，维护国家主权和领土完整，维护民族尊严，要求在平等互利的基础上与各国建立和发展外交关系。这些基本政策和方针的确立，为新中国独立自主与和平外交的全面展开奠定了基础，指明了方向。

## 二、坚决保卫祖国安全，捍卫领土完整

新中国成立初期，维护国家独立和安全的主要威胁来自美国。很长一段时期内，美国不仅不承认中华人民共和国，而且挑动西方各国孤立中国，对我实行经济封锁，进行军事威胁。为维护国家的独立、主权和领土完整，并维护亚洲和平，毛泽东与美国的种种阴谋手段进行了长期较量和斗争。除对美国的侵略奋起反抗外，还运用外交手段揭露其诡计，击破其阴谋，并努力通过谈判解决各种争端。经过长期坚持不懈的外交

① 《建国以来重要文件选编》(1)，中央文献出版社 1992 年版，第 2、13 页。

斗争，到20世纪70年代初，美国政府面对日益强大的中华人民共和国，同时迫于国际局势的种种压力，终于调整了对华政策。毛泽东高瞻远瞩，运筹帷幄，适时而又巧妙地于1972年会见了尼克松，打通了中美关系的通道。在中美《上海公报》中，双方共同确认："各国不论社会制度如何，都应根据尊重各国主权和领土完整、不侵犯别国、不干涉别国内政、平等互利、和平共处的原则来处理国与国之间的关系。"[①] 从而为中美两国最终在完全平等的基础上实现关系正常化奠定了基础。这是毛泽东独立自主外交政策的重大胜利。

1.**"抗美援朝，保家卫国"**

这是当时反美斗争中毛泽东作出的最伟大的战略决策，突出体现了新中国在对外事务中爱国主义和国际主义相结合的崇高精神，保卫本国安全和世界和平的坚强决心，不畏强暴和说话算数的英雄气概。

1950年6月25日朝鲜战争爆发。以美国为首的"联合国军"对朝鲜进行武装干涉。中国坚决反对美国对朝鲜的侵略。6月28日，毛泽东在中央人民政府委员会第八次会议上指出："中国人民早已声明，全世界各国的事务应由各国人民自己来管，亚洲的事务应由亚洲人民自己来管，而不应由美国来管。"美国对朝鲜内政的干涉是完全没有道理的。

美国对朝鲜进行武装干涉后，又派遣武装力量进入台湾海峡，并用军用飞机侵犯中国东北领空，轰炸和扫射中朝边境地区，美国海军还在公海上破坏中国商船的正常航行，袭击中国渔船。美军在仁川登陆并加速向北推进时，对中国的挑衅更是有增无减。1950年10月7日，美军越过"三八"线，并向中朝边境进逼，中国安全受到极严重威胁。为援

---

① 1972年2月28日《人民日报》。

助朝鲜人民，为保卫刚诞生的新中国，毛泽东毅然决定：派遣中国人民志愿军入朝参战。作出这一重大决定是从当时中国、朝鲜、亚洲乃至世界战略形势出发的。在讨论派志愿军入朝参战的问题时，毛泽东说："我们认为这样做是必要的。因为如果让整个朝鲜被美国人占去了，朝鲜革命力量受到根本的失败，则美国侵略者将更为猖獗，于整个东方都是不利的"；"我们采取积极的政策，对中国、对朝鲜、对东方、对世界都极为有利；而我们不出兵，让敌人压至鸭绿江边，国内国际反动气焰增高，则对各方都不利，首先是对东北更不利，整个东北边防军将被吸住，南满电力将被控制。总之，我们认为应当参战，必须参战，参战利益极大，不参战损害极大。"当时在我国人民内部思想也不尽统一。有人觉得，我们自己刚刚解放，朝鲜虽是邻邦，我们应先顾自己。毛泽东则认为，如果在这个关键时刻不下决心，不仅朝鲜被占领，就是我们自己的建设也将成为不可能。①

抗美援朝整个战争中，除军事较量外，在外交战线，中国同美国的斗争也极其尖锐复杂。经过在战争过程中揭露美方的停战阴谋、反对对中国的诬蔑和禁运、在停战谈判中就军事分界线等问题进行讨论后，在停战谈判中争论最激烈的是战俘安排问题。毛泽东在这次外交较量中表现出的原则性和灵活性的有机结合，使已陷入僵局的停战谈判得以恢复。

当时朝中方面力主双方按照国际法规定遣返全部战俘，而美方却企图扣留朝中方面的被俘人员。1952 年 10 月 8 日，美国单方面宣告停战谈判无限期休会。12 月 2 日，新当选的美国总统艾森豪威尔到朝鲜实地考察军事形势，回国后承认美国无法迅速而胜利地结束这场战争。1953 年 2 月 7

---

① 参见 1965 年 6 月 4 日至 8 日周恩来总理访问坦桑尼亚时同尼雷尔总统的谈话。

日，毛泽东在中国人民政治协商会议的讲话中指出：“我们是要和平的，但是，只要美帝国主义一天不放弃它那种蛮横无理的要求和扩大侵略的阴谋，中国人民的决心就是只有同朝鲜人民一起，一直战斗下去。这不是因为我们好战，我们愿意立即停战，剩下的问题待将来去解决。但美帝国主义不愿意这样做，那么好罢，就打下去，美帝国主义愿意打多少年，我们也就准备跟它打多少年，一直打到美帝国主义愿意罢手的时候为止，一直打到中朝人民完全胜利的时候为止。”这种情况下，2 月 23 日，美军总司令克拉克致函朝中方面，建议在战争期间先交换伤病战俘。当时毛泽东估计，艾森豪威尔上台后在亚洲采取的一系列措施，是企图从杜鲁门造成的束缚中解脱出来，争取主动；美方建议交换伤病战俘，可能是它有意在板门店转弯的试探。根据毛泽东这一估计，朝中方面仔细研究后于 3 月 28 日复函美方，不但同意交换伤病战俘，而且指出这一问题的合理解决应使之导引到全部战俘问题顺利解决，建议双方立即恢复停战谈判。以后又经多次艰苦努力，停战协定终于于 1953 年 7 月 27 日在板门店签字。进行了三年多的朝鲜战争终于停止，中国、朝鲜及远东的和平与安全得到保障，美国吃掉朝鲜进而侵略中国的阴谋彻底破产了。

毛泽东在抗美援朝战争中与美国侵略者进行的卓有成效的外交斗争，为全世界爱好和平人民争取和平解决国际争端树立了新的成功范例。这次斗争的胜利，为朝鲜人民赢得了和平建设祖国的条件，也为中国人民集中精力进行经济建设，为第一个五年计划的顺利实施，创造了有利的和平环境。

**2. 在台湾问题上与美国的较量**

（1）下决心炮击金门、马祖。

中华人民共和国成立之初，美国总统杜鲁门曾发表声明表示美国承认中国对台湾行使主权，并无意在台湾获取特权和建立军事基地，不拟干预和卷入中国的内争。但朝鲜战争爆发后，杜鲁门在 1950 年 6 月 27 日公然宣称："我已命令第七舰队阻止对台湾的任何攻击"，"台湾未来地位的决定，必须等待太平洋安全的恢复，对日和约的签订，或经由联合国的考虑"。并公然派军舰进入台湾海峡。1950 年 6 月 28 日，毛泽东即在中央人民政府委员会第八次会议上揭露了美国声称不干涉台湾是假的，号召"全国和全世界的人民团结起来，进行充分的准备，打败美帝国主义的任何挑衅"。从此，中国为实现领土和主权统一、维护国家独立和安全，在台湾问题上同美国进行了长期的斗争。

1955 年万隆会议结束后开始的中美大使级会谈，由于美国顽固坚持干涉中国内政的立场并坚持不从台湾撤除其武力威胁而于 1957 年底中断。1958 年 7 月 15 日，美国政府公然派遣武装部队在黎巴嫩登陆。与此同时，台湾国民党当局也在美国支持下公然叫嚣"加速进行反攻大陆的准备"，并加强了以金门、马祖为基地对大陆进行的骚扰破坏活动，不断炮击福建沿海村镇。美国海军参谋长伯克 8 月 8 日扬言，美国海军正密切注视台湾地区局势，随时准备在台湾进行像在黎巴嫩那样的登陆。这使台湾海峡的局势骤然紧张起来。为反击国民党部队对大陆的骚扰，反对美国搞"两个中国"的阴谋，也为配合阿拉伯人民反对美国侵略的斗争，中央军委作出加强东南沿海军事斗争的决定。1958 年 8 月 20 日，毛泽东决定，立即集中力量，对金门国民党军予以突然猛烈打击（不打马祖），把它封锁起来。21 日，中央军委命令福建前线部队于 23 日开始对大、小金门实施一次大规模炮击，并确定先打三天，走出第一步，视台湾当局动态再决定下一步。从 8 月 23 日开始，人民解放军福建前线部队奉命向金门蒋军和驶往金门的运输舰船进行警告性炮击。8 月 27 日，美国总统艾森豪威尔重申，美国将不放弃它已承担的以武力阻挠解放台湾的“责任”。这完全暴露出美国政府的侵略者面目。此后，中国人民解放军又连续10天炮击和封锁金门。9月3日，毛泽东发出指示，自9月4日起停止炮击三天，以观各方动态。

这次炮击金门的行动给台湾国民党以沉重打击。9月4日，中华人民共和国政府发表关于领海的声明，宣布中华人民共和国领海宽度为12海里，一切外国飞机和军用船舶未经中国政府许可不得进入中国领海及其上空。此时宣布中国领海宽度，是毛泽东经长期深思熟虑作出的一项重大决定。这天，美国国务卿杜勒斯发表声明说：国会的联合决议授权总统使用美国的武装部队来确保和保护像金门和马祖等有关阵地，美国已经作出军事部署，以便一旦总统作出决定时接着采取既及时又有效的行动。美国国务院发言人亦宣称，美国只承认3海里的范围，从来不承认关于12海里领海的任何要求。

9月6日，周恩来总理发表《关于台湾海峡地区局势的声明》，重申解放台、澎、金、马是中国的主权，任何外国不得干涉；再次划清中美在台湾海峡地区的国际争端同中国解放自己领土台湾这一内政问题之间的界限，指出这是性质完全不同的两件事。声明强烈谴责美国的战争挑衅，指出如果美国政府悍然不顾中国人民的再三警告和世界人民的和平愿望，继续对中国进行侵略和干涉，把战争危险强加在中国人民头上，美国政府必须承担由此产生的一切严重后果。周恩来总理还在声明中宣布：“现在，美国政府又表示愿意通过和平谈判来解决中美两国在中国台湾地区的争端。为了再一次进行维护和平的努力，中国政府准备恢复两国大使级会谈。”

然而，美国政府为帮助金门守军打破被封锁状态，不但加强了在台湾和台湾海峡的兵力，而且不顾中国政府的再三警告和世界公正舆论的谴责，悍然决定于9月7日派遣军舰飞机直接为国民党军运输舰只护航，进行挑衅和战争威胁。

对于这种直接介入中国内政、侵犯中国主权的行动，中国外交部当天就提出严正抗议，就美舰侵入中国领海提出第一次警告。中央军委依照有理、有利、有节的原则和中共中央的指示，决定以打击国民党军的方式，来反对美国军舰的护航活动。从此，炮击金门进入了以人民解放军反对美舰的护航活动为主要内容的新阶段。9月8日，美、蒋船只混合编队再次接近金门时，解放军福建前线部队炮兵，奉命向蒋军运输舰船进行了大规模的猛烈炮击，当即击沉国民党军的登陆舰“美乐”号，其余国民党军舰仓皇逃跑，就连美国军舰也一炮未发即急忙逃离。11日，美、蒋混合舰队再次驶近金门时，解放军炮兵仍只袭击国民党军舰，美军舰仍是一炮未发即退出。这表明，美国是在确保其既得利益的前提下对社会主义国家在战略上采取守势，而在金门、马祖问题上则实行脱身政策，并不想真正介入中国的内战。13日，解放军进行了第三次炮击。此后，在金门被全面封锁而美军护航活动又难以奏效的情况下，美、蒋矛盾便日益公开化了。这一结果，是毛泽东炮击金门、马祖决定的胜利。

（2）击碎美国玩弄“两个中国”的阴谋。

但美国并不愿放弃对华侵略政策，于是玩弄起“两个中国”阴谋。

当时，中美大使级会谈自1957年底中断已9个月。1958年9月8日，毛泽东在最高国务会议上发表了关于“绞索”政策的讲话，指出：中国领土台湾、黎巴嫩以及所有美国在外国的军事基地，都是套在美帝国主义脖子上的绞索；美国自己制造这种绞索，并把它套在自己的脖子上，把绞索的另一端交给了中国人民、阿拉伯各国人民和全世界一切爱和平反侵略的人民；美国侵略者在这些地方停留越久，套在它脖子上的绞索就越紧。毛泽东在讲话中，谴责美国侵略中国的行为，并重申中国同美国通过谈判和平解决争端的愿望，对中美华沙大使级谈判寄予希望。美国方面，杜勒斯在9月9日记者招待会上表示，准备随时恢复同中华人民共和国的大使级会谈。所以如此，是因为美国在台湾海峡地区采取的军事冒险政策，不但在美国国内不得人心，且在其盟国中也引起强烈不安。这种情况下，中美大使级会谈终于于9月15日在华沙复会。

会上，美方玩弄“两个中国”阴谋，再次要求在台湾海峡地区立即“停火”，声称美国不能容忍和坐视与它有“共同防御条约”的“盟友”的领土被武力夺取。中国代表当即严正指出：中国政府对盘踞在金门、马祖的国民党部队采取惩罚性的军事行动，完全是中国内政，绝不容许任何外国干涉；中美之间没有打仗，根本不存在“停火”问题；消除台湾海峡地区紧张局势的关键，在于美国军队撤出这个地区。王炳南大使建议双方共同声明，保证通过和平谈判解决中美之间在台湾地区和远东其他地区的争端而不诉诸武力，并提出一个和解方案。但对此和解性方案美国仍不接受，顽固坚持干涉中国内政的政策，竟提出要中国政府承担不用武力解放金门、马祖等沿海岛屿的义务，明显暴露出美国企图割裂中国领土、搞“两个中国”的阴谋。对此，中国政府当然完全拒绝。

于是，美国政府又改行“脱身”政策，打算让出金门、马祖换取中国同意不对台湾和澎湖使用武力，目的仍是阴谋搞“两个中国”。9月30日，美国国务卿杜勒斯公开声称，如果中国愿在台湾海峡地区停火，美国可以劝蒋军撤出金门、马祖。很明显，美国的如意算盘是，把金门、马祖抛出从而造成冻结台湾海峡的形势，以台湾海峡为界实现“停火”，使美国对台湾和澎湖的侵占合法化。杜勒斯甚至说蒋介石在金门、马祖等岛屿上驻扎部队是“愚蠢的”、“不明智的”，也是“不谨慎的”，公开要蒋介石退出金门、马祖。而蒋介石则把金门、马祖作为他仍“代表”全中国的象征，因而对杜勒斯这次讲话十分不满，大骂美国对不住他，拒不撤退。

考虑到在反对美国制造“两个中国”这点上，中国人民同国民党集团之间存在某种共同点，同时也为击破当时美国要把台、澎、金、马这个中国内政问题变为所谓“国际问题”的图谋，中国政府决定让金门、马祖暂留台湾当局。毛泽东审时度势，于10月5日指示福建前线部队6、7两日一炮不发，观察两天。中央军委据此作出“打而不登，封而不死”的决策。中共中央对此指出：“把解放金、马与解放台湾统一来解决的长远利益比较起来，则不如把金、马暂缓解放仍由蒋军占领似乎较为有利。”① 10月6日，毛泽东起草的、以国防部长彭德怀元帅的名义发表的《告台湾同胞书》宣布，以7天为限，停止炮击，让国民党部队可以充分地、自由地输送供应品，但以没有美国护航为条件，如有护航，不在此例；并建议举行和平谈判。《告台湾同胞书》指出：“我们都是中国人。三十六计，和为上计。金门战斗，属于惩罚性质”；“台、澎、金、马是中国领土，这一点你们是同意的”；“世界上只有一个中国，没有两个中国。这一点，也是你们同意的”；“你们领导人与美国人订立军事协定，是片面的，我们不承认，应予废除”；“你们与我们之间的战争，三十年了，尚未结束，这是不好的，建议举行谈判，实行和平解决”，“这是中国内部贵我两方有关的问题，不是中美两国有关的问题”；“美国侵占台

① 中共中央《关于金门、马祖等沿海岛屿军事斗争的指示》，1958年10月5日。

澎与台湾海峡，这是中美两方有关的问题，应当由两国举行谈判解决”；“美国人总是要走的，不走是不行的”；中美之间“并无战争，无所谓停火”；中国大陆与台湾之间“是有战火的，应当停止，并予熄灭”。10 月 13 日，中国国防部发布命令，对金门炮击再停两周，“借以观察敌方动态，并使金门军民同胞得到充分补给，包括粮食和军事装备在内，以利他们固守。”命令还强调指出：“这是为了对付美国人的。这是民族大义，必须把中美界限分得清清楚楚”；“美国人想在我国的内战问题上插进一只手来，他们叫做停火，令人忍俊不禁”；“台、澎、金、马整个地收复回来，完成祖国统一，这是我们六亿五千万人民的神圣任务”。

由于台湾当局拒绝和谈，10 月 25 日，彭德怀发表《再告台湾同胞书》，宣布：在国民党集团不引进美国人护航的条件下，我逢双日不打金门的飞机场、料罗湾的码头、海滩和船只，使金门诸岛的军民同胞能得到充分的供应，以利你们长期固守，如有不足，只要你们开口，我们可以供应，化敌为友，此其时矣。这样做的目的，是为了反对美国政府制造“两个中国”的阴谋。同时指出：“中国人的事只能由我们中国人自己解决。一时难于解决，可以从长商议”；还劝告国民党当局不要过于依人篱下，要提防“皇姑屯事件”再演。

1960 年 6 月 14 日，美国总统艾森豪威尔开始了远东之行，并预计在 18、19 日到中国台湾“访问”。为了支持亚非各国人民和台湾、澎湖、马祖爱国同胞反对艾森豪威尔远东之行的正义斗争，中央军委决定，按照单日打炮的惯例，于 6 月 17 日艾森豪威尔到达台湾前夕和 19 日他离开台湾时，在福建前线举行炮击示威。这次炮击由于事先已通告国民党当局，并且弹着点都在滩头、空旷无人地区，所以未造成伤亡。1961 年 12 月，中央军委又通知福建前线，停止实弹射击，只打宣传弹。随后，国民党军基本上也照此办理。国共之间这种象征性的炮击一直持续了17年之久。中美之间在台湾问题上的僵局，也一直延续多年。

以上围绕炮打金门、马祖进行的军事和外交斗争，充分反映出毛泽东反对美国企图在台湾海峡画线、制造“两个中国”的坚定立场和高超的外交斗争艺术。

直到晚年，毛泽东还在时刻警觉地保卫着国家的安全，维护着国家的独立、主权和领土完整，这是他一生最为关注的事情。正如他在1970年7月13日同不丹政府代表团谈话时所说：“现在这个世界上不大安宁。你热爱独立是一件事，别人总要干扰你又是一件事。”所以，“我们要准备打仗，不是自己打出去，而是当别国打进来的时候，我们要消灭它。现在已不是几十年前那样，谁人都可以在中国头上拉屎拉尿”。①

## 三、反对霸权主义，不屈服任何外来压力，不允许任何国家干涉中国内政

从20世纪50年代后期开始，世界格局在种种政治力量的较量中发生重大变化。原先的社会主义阵营，已由于苏联领导集团为同美国争霸世界而推行霸权主义政策不复存在。苏联成了称霸世界的超级大国，不但干涉中国、东欧等社会主义国家和民族独立国家的内政，甚至不惜对之采取颠覆手段。在苏联的挑拨下，我国的周边关系也变得紧张起来，面临着来自多方面的公开或潜在的武力威胁。这种形势下，为维护国家的独立、主权和尊严，为保卫世界和平，毛泽东把反对和打击超级大国

① 《毛泽东外交选集》，中央文献出版社、世界知识出版社1994年版，第589页。

推行霸权主义政策作为我国对外关系的首要任务之一，确立了我国外交政策的基本点是反对霸权主义，不屈服于任何外来压力，不允许任何国家干涉中国内政，为维护国家的独立自主而斗争。

鉴于1945年的《中苏友好同盟条约》是苏、美、英三国背着中国达成的有损中国权益的《雅尔塔协定》的产物，所以，毛泽东在1949年冬到苏联访问时就向斯大林建议，中苏应签订一项新的条约，以代替旧的《中苏友好同盟条约》，重新确立中苏关系的指导原则和法律基础。1950年2月14日签订的《中苏友好同盟互助条约》、《关于中国长春铁路、旅顺口及大连的协定》以及《关于苏联贷款给中华人民共和国的协定》等文件，在当时历史条件下，对保障双方安全，维护远东和世界和平，加强同苏联人民的友谊和促进两国的社会主义建设，都有重大意义。毛泽东在条约签订一周年时说："中苏友好同盟互助条约的签订，不但对新中国的建设有了极大的帮助，而且在反对侵略、维护远东及世界和平与安全上提供了强有力的保证。"① 后来的事实证明，美国没敢把朝鲜战争扩大到中国的原因之一，很重要一条是考虑到有《中苏友好同盟互助条约》。中苏一度相当密切的经济合作，对新中国胜利完成第一个五年计划也起了重要作用。

尽管如此，毛泽东、周恩来还是一再告诫，中国要用自己的脑袋思考，要用自己的腿走路。周恩来还说：我们对外交问题有一个基本立场，即中华民族独立的立场，独立自主、自力更生的立场，任何国家都不能干涉中国的内政；外援如有利于中国当然要，但不能依赖，即使对于苏联及各人民民主国家，我们也不能有依赖之心；对兄弟国家，战略上虽

① 《人民日报》1951年2月13日。

是联合，但战术上不能没有批评。后来发生的中苏分歧，核心即是主权原则问题。当苏联企图干涉中国内政，进而控制中国，并把两党分歧扩大到国家关系，妄图逼迫中国就范时，毛泽东坚决顶住。而对苏联施行的霸权主义和军事威胁，毛泽东更是进行了针锋相对的斗争。须知，凡涉及国家主权和安全的问题，毛泽东是绝不让步的。正是这样的外交路线和方针，使中国在国际上逐步成为独立于美苏两个超级大国之外的不可忽视的重要力量。

1. **抵制和批评苏联的大国主义**

即使 20 世纪 50 年代初期中苏关系良好时，在贯彻社会主义国家之间平等原则的问题上就存在分歧。如 1950 年 2 月中苏两国签订的条约和协定中，某些内容就留有《雅尔塔协定》的痕迹，但当时为共同反对帝国主义，中国作了让步。又如中苏共同管理中长路和四个合营公司时，苏方在有些问题上也不够尊重中国的主权。对这些不尊重平等原则的做法，中国方面提出了批评并要求纠正。同时，中国对苏联同其他社会主义国家打交道时表现出的大国主义也提出了意见。如 1956 年 10 月先后发生波兰事件和匈牙利事件时，中国即提醒苏联纠正大国主义态度，认为波匈事件的发生与斯大林后期对兄弟党有强加于人、干预内政等大国主义表现有关，致使波兰和匈牙利感到主权受损导致民族情绪高涨。为此，1956 年 10 月 30 日，中国方面建议苏联政府发表了《关于发展和进一步加强苏联同其他社会主义国家的友谊和合作的基础的宣言》，承认在处理社会主义国家间关系上犯了错误，表示今后将遵守互相尊重主权和平等互利的原则，并同其他社会主义国家共同讨论一些措施，“以消除破坏国家主权、经济的互利和平等这一原则的任何可能性。”中国政府于 11 月 1 日发表声明予以支持，强调社会主义国家的相互关系更应建立在互相尊重主权和领土完整、互不侵犯、互不干涉内政、平等互利、和平共处五项原则的基础上；在社会主义国家的相互关系中忽略平等原则，特别是犯大国沙文主义错误，必然会给社会主义各国的团结带来严重损害。

2. **努力维护与苏联的友好关系**

1956 年 2 月召开的苏共二十大全盘否定斯大林，在国际共产主义运动中引起严重混乱，加上波匈事件带来的恶果，帝国主义乘机掀起了反共浪潮。中国共产党从国际共运大局出发，基本肯定了二十大，同时全面评价斯大林功过，在社会主义国家间做了大量工作，对苏联领导人的一些错误做法也进行了批评。由此开始，中苏两党对马列主义的若干基本理论，有了一些不同看法。

尽管如此，毛泽东还是努力维护与苏联的友好关系。1957 年 11 月 2 日～21 日，毛泽东率领中国党政代表团访问苏联，参加苏联纪念十月革命 40 周年庆典活动时，在大会讲话中就国际关系提出不同社会制度的国家实行和平竞赛、各国事务由本国人民按自己意愿解决、一切国家实行和平共处五项原则的主张；并坚持提出要以苏联为首，有些国家的共产党不同意，毛泽东为此做了许多说服工作。11 月 17 日毛泽东接见中国留苏学生时又说："社会主义阵营必须有一个头，这个头就是苏联。各国共产党和工人党也必须有一个头，这个头就是苏联共产党。"11 月 18 日，毛泽东在 64 个共产党和工人党代表会议上讲话说：中国在政治上、人口上说是个大国，从经济上说还是个小国。他们想努力，他们非常热心工作，要把中国变成一个真正的大国。赫鲁晓夫同志告诉我们，15 年后，苏联可以超过美国，我也可以讲，15 年后，我们可能赶上或者超过英国。15 年后，在我们阵营中，苏联超过美国，中国超过英国。到那个时候，我们就无敌于天下了，没有人敢同我们打了，世界也就得到持久和平了。这些话，都表达了毛泽东希望同苏联共产党保持友好关系的真诚愿望。

但起草宣言时，中共代表团与苏共代表团仍在一系列原则问题上发生争论，使两党矛盾愈加激化。

**3. 反对苏联有损中国主权的两项建议**

1958年，苏联连续向中国提出两项损害中国主权的建议，都表现出要在军事上控制中国的意图，理所当然地遭到中国的拒绝。

第一件事，是关于中苏共建长波电台的问题。

1958年4月18日，苏联国防部长马利诺夫斯基致函中国国防部长彭德怀，提出为指挥苏联在太平洋地区活动的潜艇，迫切希望在1958年至1962年间，由中国和苏联共同建设一座大功率的长波发报无线电中心和一座远程通信的特种收报无线电中心（即长波电台）；并具体提出，建成这两座中心所需费用，苏联出大部分，提供经费7000万卢布，中国出小部分，承担3000万卢布。很显然，这种用于潜艇舰队海上通信联络的长波电台，也是中国国防建设所必需的，虽说建立在中国领土上，却由中苏合资共建，且资金大部分由苏联出，这自然涉及长波电台将来归谁所有、由谁控制的问题。因此，毛泽东在修改彭德怀1958年6月4日同苏联军事总顾问杜鲁万诺夫的谈话记录稿时加写了一段话："这个无线电中心的投资，应当由中国方面负担，中国责无旁贷。建筑和装备等技术方面，请苏联同志帮助，所需设备，均应作价由我们付款。建成后可以共同使用。"① 6月12日，中国国防部长复电苏联国防部长，同意在中国建立长波电台，并欢迎苏联在技术上给予帮助，但一切费用由中国全部承担，建成后可由两国共同使用，但所有权归中国；还建议两国政府就

① 《毛泽东外交选集》，中央文献出版社、世界知识出版社1994年版，第317页。

此签订一项协定。

对中国政府这一原则立场，苏联政府未予重视。7 月 11 日，苏联再次向中国提出协议草案，仍坚持由中苏双方共同建设和管理电台，归两国共有。这涉及主权问题，中国不能让步，因而回电明确建议电台由中国负责建设，费用全部由中国出，所有权归中国；装备器材凡中国不能自行解决的向苏联订货，技术方面请苏联专家来中国帮助；建成后两国共同使用，使用权可以一半一半。中国的建议，使这项关于建立长波电台的协定，变成由中国建设和管理，苏联只是提供某些援助的一项军事技术合作协定。此事最终没有结果。

毛泽东在后来会见苏联驻华大使尤金时，就这件事强调指出：在军事上搞“合作社”是不适当的。

第二件事，是关于中苏建立共同舰队的问题。

中苏正为共建长波电台发生争执时，1958 年 7 月，苏联驻华大使尤金又向中国提出两国建立共同潜艇舰队的意见。当时，苏联曾不断向中国谈到现代海军舰艇的发展趋向和苏联试制新型潜艇的情况，建议中国向苏联订购新的海军装备。考虑了苏联意见后，1958 年 6 月 28 日，中国方面根据苏联军事专家的意见，向苏联提出为发展中国海军核潜艇提供技术援助的要求。7 月 21 日，苏联驻华大使尤金要求见毛泽东，以赫鲁晓夫的名义表示，苏联沿海的自然条件不利于充分发挥核潜艇的作用，要求利用中国沿海的良好条件建立中苏共同的核潜艇舰队。毛泽东当即表示：“首先要明确方针：是我们办，你们帮助？还是只能合办？不合办你们就不给帮助，就是你们强迫我们合办？”为此，毛泽东一直睡不着，也没有吃饭。第二天，他就和中国其他一些领导人在同尤金继续会谈时明确说，由于苏方的这一建议有损中国的主权，中国决定撤销请苏方就发展核潜艇提供技术援助的要求。毛泽东尖锐地指出，苏联人一直不相信中国人，看不起中国人，认为“俄国人是上等人，中国人是下等人，毛手毛脚的，所以才产生了合营的问题”。毛泽东认为，这是一个涉及国家主权的政治问题，“我们总要有自己的舰队，当二把手不好办”。所以，“要讲政治条件，连半个指头都不行。你可以告诉赫鲁晓夫同志，如果讲条件，我们双方都不必谈。如果他同意，他就来，不同意，就不要来，没有什么好谈的，有半个小指头的条件也不成”。他对尤金大使说：“你们可以说我是民族主义，又出现了第二个铁托。如果你们这样说，我就可以说，你们把俄国的民族主义扩大到了中国的海岸。”① 就这样，毛泽东坚决地拒绝了苏联这一损害中国独立主权的要求。

7 月 31 日，苏联领导人赫鲁晓夫到达北京，就上述两项建议向毛泽东等中国领导人解释说，苏共中央没有讨论过共同投资建设长波电台的问题，这是苏联国防部长马利诺夫斯基提出的。还说尤金大使不懂军事，没传达清楚，我们只是提出共同研究舰队问题。这显然是一种推托之辞。他看到中国领导人在主权问题上的坚定态度后，同意由中国自己搞，苏联可以贷款帮助建设，所有权是中国的。这样，中苏两国的国防部长就在 8 月 3 日签署了协定和有关订购设备及聘请专家的合同。

在长波电台和共同舰队问题上，毛泽东和中国政府为维护国家主权，坚决拒绝了苏联的建议。苏联领导人虽未再坚持原先的建议，但这次争执，给中苏关系投下了新的阴影。毛泽东在 1966 年曾说，中苏关系闹翻是在 1958 年，他们要控制中国海岸，我们不干。

---

① 《毛泽东外交选集》，中央文献出版社、世界知识出版社 1994 年版，第 323、328、330 页。

## 第二节
## 努力争取和维护世界和平

中华人民共和国成立后，面临着发展经济，把新中国逐步建设成繁荣昌盛的社会主义强国的紧迫任务。为此，努力争取国际局势的缓和，维护世界和平，尽可能为中国的社会主义建设争得一个和平、稳定的国际环境，就成为新中国外交的重要任务和主要目标。毛泽东为此付出了极大的努力。他的战争与和平观，是尽一切努力争取世界和平，但也不怕战争。他说："所谓天下大事，就是解放、独立、民主、和平友好、人类进步。""将来世界上的事情，和平友好是基本的。"但是，"说打仗我们就一定害怕，这也不见得。丢原子弹谁也害怕，日本人怕，中国人也怕，所以最好还是不打，尽一切力量争取不打。"①

① 《毛泽东外交选集》，中央文献出版社、世界知识出版社 1994 年版，第 224 页。

## 一、和平力量必定战胜战争力量

### 1. 经过斗争一定能维护世界和平

当第二次世界大战刚刚结束，战争阴云仍笼罩在人们心头，许多人担心美苏关系破裂会导致第三次世界大战，而以美国为首的帝国主义和各国反动派则乘机加紧进行反苏、反共、反人民活动，党内一些同志也由于过高估计帝国主义力量，过低估计人民力量，因而惧怕美帝国主义，惧怕爆发新的世界战争，在美蒋反动派的武装进攻面前表示软弱，不敢坚决地用革命战争反对反革命战争，整个国际国内舆论充斥着一片“美苏必战”、“第三次世界大战必然爆发”的论调时，毛泽东却对国际局势的发展发表了卓然不群的独特见解，指出：和平力量必定压倒战争力量。

他在1946年4月写的《关于目前国际形势的几点估计》一文中说：“世界反动力量确在准备第三次世界大战，战争危险是存在着的。但是，世界人民的民主力量超过世界反动力量，并且正在向前发展，必须和必能克服战争危险。因此，美、英、法同苏联的关系，不是或者妥协或者破裂的问题，而是或者较早妥协或者较迟妥协的问题。所谓妥协，是指经过和平协商达成协议。所谓较早较迟，是指在几年或者十几年之内，或者更长时间。”但是，“美、英、法同苏联之间的这种妥协，只能是全世界一切民主力量向美、英、法反动力量作了坚决的和有效的斗争的结果。这种妥协，并不要求资本主义世界各国人民随之实行国内的妥协。各国人民仍将按照不同情况进行不同斗争”。[①] 这就明确指出，只要世界

① 《毛泽东选集》第4卷，人民出版社1991年第2版，第1184、1185页。

人民的民主力量向世界反动力量进行坚决斗争，就一定能克服战争危险。

此后不久，毛泽东在 1946 年 8 月 6 日同美国记者安娜·路易斯·斯特朗谈话，在回答“美国是否可能举行反苏战争”问题时，尖锐揭露道：“在一方面，美国帝国主义确是在准备着反苏战争的，目前的反苏战争宣传和其他的反苏宣传，就是对于反苏战争的政治准备。在另一方面，这种宣传，是美国反动派用以掩盖当前美国帝国主义所直接面对着的许多实际矛盾，所放的烟幕。”“美国反苏战争的口号，在目前的实际意义，是压迫美国人民和向资本主义世界扩张它的侵略势力。你知道，希特勒和他的伙伴日本军阀，在一个长时期中，都曾经把反苏的口号作为奴役本国人民和侵略其他国家的托辞。现在美国反动派的做法，也正是这样。”① 这次谈话中，毛泽东还对国际形势作了新的分析，提出了著名的“中间地带”理论，从中得出世界大战可以避免的结论。他说：“美国和苏联中间隔着极其辽阔的地带，这里有欧、亚、非三洲的许多资本主义国家和殖民地、半殖民地国家。美国反动派在没有压服这些国家之前，是谈不到进攻苏联的。”② 毛泽东认为，在这种国际形势下，只要全世界人民团结起来与美帝国主义的侵略政策作斗争，就能避免世界大战的爆发。他说：“美国人民和一切受到美国侵略威胁的国家的人民，应当团结起来，反对美国反动派及其在各国的走狗的进攻。只有这个斗争胜利了，第三次世界大战才可以避免，否则是不能避免的。”③ 直至晚年，他依然坚信：“新的世界大战的危险依然存在，各国人民必须有所准备。但是，当前世界的主要倾向是革命。”“美帝国主义看起来是个庞然大物，其实

① 《毛泽东选集》第 4 卷，人民出版社 1991 年第 2 版，第 1193 页。
② 《毛泽东选集》第 4 卷，人民出版社 1991 年第 2 版，第 1193 页。
③ 《毛泽东选集》第 4 卷，人民出版社 1991 年第 2 版，第 1194 页。

是纸老虎，正在垂死挣扎。现在世界上究竟谁怕谁？不是越南人民、老挝人民、柬埔寨人民、巴勒斯坦人民、阿拉伯人民和世界各国人民怕美帝国主义，而是美帝国主义怕世界各国人民，一有风吹草动，它就惊慌失措。无数事实证明，得道多助，失道寡助。弱国能够打败强国，小国能够打败大国。小国人民只要敢于起来斗争，敢于拿起武器，掌握自己国家的命运，就一定能够战胜大国的侵略。这是一条历史的规律。”①

与此同时，毛泽东还指出，虽然世界爱好和平的人民不愿打仗，帝国主义也了解到战争打起来对它不利，所以他们害怕战争，但是，我们决不能对帝国主义发动战争放松警惕，因为还要看到另一面：“帝国主义为了维持军火工业和夺取外国的利益，需要一定程度的紧张局势。例如在赫鲁晓夫访美以后，美国就在一些国家建立了火箭基地，又在联合国大叫大嚷西藏问题。可见他们还要制造紧张局势，所以我们要警惕。”②毛泽东认为，世界大战有两种可能性，可能不打，但也可能打。要有这个警惕。否则，“每天说不会打，使大家睡觉，使大家认为是共产党说不会打了，一个早上忽然打起来怎么办？还不如说帝国主义要打，准备好对付帝国主义要打好一些。就是说做坏的方面的准备，这么做了准备，也许可以不打。帝国主义反对我们，如果我们都睡觉，那是很危险的”。③

毛泽东的上述论点，表明了他对战后国际局势的深刻洞察和准确认

---

① 《毛泽东外交文选》，中央文献出版社、世界知识出版社 1994 年版，第 584、585～586 页。

② 《毛泽东外交文选》，中央文献出版社、世界知识出版社 1994 年版，第 388 页。

③ 《毛泽东外交文选》，中央文献出版社、世界知识出版社 1994 年版，第 470～471 页。

识，表明了他维护世界和平的决心和信心，也表明了他经过斗争才能也一定能维护世界和平的观点。

**2. 维护和平，是中国人民和世界人民的最大利益**

建国后，毛泽东进一步提出了中国外交要为国内社会主义建设争取更多时间、更稳定的国际环境和更多国际朋友的战略观点。他认为，“打仗对我们没有好处。我们要进行建设，打仗就会把我们进行的建设打烂了”。① 1959 年 10 月 26 日毛泽东同澳大利亚共产党总书记夏基谈话时强调指出，缓和对社会主义国家和资本主义国家的人民都有利。他说：“国际紧张局势是帝国主义制造的，但走向了它的反面。紧张局势的一部分或大部分使他们觉得对他们不利了，不利于他们保存资本主义和消灭社会主义的目的了。杜勒斯的那一套对他们所要达到的这个目的是不利的，他们想走出这条很窄的路。如果紧张局势有利于他们达到保存资本主义和消灭社会主义的目的，就不能想象他们会有所改变。看来他们了解到这种不利，要有些改变，而且他们害怕战争。大家知道两次世界大战对他们都不利，第三次世界大战对他们将更加不利。像美国这样的国家，战争打起来对它是很不利的。缓和对社会主义国家和资本主义国家的人民都有利，这是社会主义国家、各国兄弟党以及世界和平力量斗争的结果。再有十年和平是很好的，中国和苏联能再搞几个五年计划那好得很。”②

所以，1955 年 5 月 26 日，毛泽东在同印度尼西亚总理阿里・沙斯特罗阿米佐约谈话时，明确提出了“和平为上”的外交主张。他说：“我们的问题是团结起来，保卫自己，而不是互相打主意，彼此损害……我

① 《毛泽东外交文选》，中央文献出版社、世界知识出版社 1994 年版，第 529 页。
② 《毛泽东外交文选》，中央文献出版社、世界知识出版社 1994 年版，第 387～388 页。

们要互相帮助，解决一些可能解决的困难问题……为此，就要采取步骤来消除存在于我们之间的不了解和障碍，增加互相的了解……对于那些同我们关系不大好的国家，我们也要采取具体步骤来解决一些问题……如果可能的话，希望总理先生见到泰国和菲律宾的领导人时替我们说说，告诉他们中国是想跟他们的国家友好的。就是西方国家，只要它们愿意，我们也愿同它们合作。我们愿意用和平的方法来解决存在的问题。打仗总是不好的，特别是对西方国家是没有好结果的，历史已经证明了这一点。在战争中固然双方都损失物资和生命，但是，历史证明战争有一个政治后果对西方国家是不利的。第一次世界大战后，苏俄解脱了旧有的关系；第二次世界大战后，中国和许多国家得到了解放”。“因此，结论是第三次世界大战最好不打，如果打，结果不是对我们不利，不是对亚非国家不利，而是对西方国家不利……正是考虑了这一点，我们说，用谈判来解决问题，试试看。况且朝鲜战争和印度支那战争最后都是用谈判解决的，台湾问题也可以用谈判解决。我们已经在万隆会议表明了这一点，可以用这一点去说服西方国家。”毛泽东估计到“西方国家可能不听，它们的想法是偏在一边的，认为它们钢铁多、钱多、原子弹多”。于是毛泽东用几千年来的历史事实告诫西方国家，不要迷信武器的力量，武器的力量不会超过人民的力量，所以，还是用谈判解决问题为好。他指出：“对于这些，我们怕不怕呢？有一点怕，不十分怕。我们说有一点怕，因为武器是杀人的。我们的人民不希望遭受损失，因此我们不要战争。西方国家手里这些东西的作用，是不会超过人民的力量的，因为人民是有生命的……我们在开始斗争的时候手无寸铁，我们的对手都是全副武装的。但是手无寸铁的人民却把全副武装的人赶跑了。几千年来的历史证明，腐朽的人手里东西越多，倒得也越快。因此，结论还是一个：

和平为上。”① 毛泽东的这些论点表明，尽管各国利益不尽相同，但只要共同遵守“和平为上”的方针，力争通过谈判增进了解，消除障碍，求同存异，解决问题，用谈判的方法代替对抗，各国之间的争端就一定能和平解决；诉诸武力不仅无济于事，反而只会是两败俱伤。

毛泽东还多次强调，战争，特别是原子战争有可能被推迟或制止，应该尽可能长时期地维持和平，应该尽可能多地交朋友。在上述这次谈话中，毛泽东就明确提出：“以后我们应该共同努力，继续工作，团结起来，促进和平。即使有战争，我们也可以把它推迟。我们要争取和平的环境，时间要尽可能的长，这是有希望的，有可能的。如果美国愿意签订一个和平条约，多长的时期都可以，五十年不够就一百年，不知道美国干不干。现在主要的问题就是美国，我想你们是不会反对的。”② 毛泽东这一建议虽未得到美国响应，但明确表达了中国缓和国际紧张局势、维护世界和平的强烈愿望和为此所作的努力。1959 年 10 月 14 日，毛泽东会见波兰党政代表团时又提出：“争取和平是我们的共同目的。现在我们还不能说和平可以永久地维持，我们先说维持十五至二十年的和平环境是可能的。原子战争不好，不打这个战争是有可能的。”“总之要有时间，要有和平环境，要有朋友”，“社会主义国家是朋友，我们要好好团结。此外，还需要团结资本主义国家的朋友。没有朋友是不行的。”③

毛泽东还提出利用帝国主义国家之间的矛盾争取比较长的和平时间是可能的观点。1959 年 10 月 18 日，毛泽东同日本共产党代表团谈话时指出：“整个国际形势是在好转。西方的高压政策、实力地位政策，或者说

① 《毛泽东外交文选》，中央文献出版社、世界知识出版社 1994 年版，第 209～212 页。
② 《毛泽东外交文选》，中央文献出版社、世界知识出版社 1994 年版，第 213 页。
③ 《毛泽东会见波兰党政代表团团长萨瓦茨基等人的谈话》，1959 年 10 月 14 日。

是冷战政策，已难以继续下去了……我们有困难，他们也有，他们的困难比我们更多。我们利用他们的困难争取和平是可能的，而且和平时间不会是很短的。就是说，争取比较长的和平时间是可能的。你们应当利用他们内部的矛盾。他们是一定有困难的，正因为有困难才要缓和，否则何必缓和呢？西方国家之间也不一致。西方国家内爱好和平的人同他们的政府之间是有区别的，无产阶级同资产阶级之间也有区别。”“西方国家的矛盾，日美矛盾，由基地和条约而造成的许多矛盾，都很难解决。”所以，“从总的情况来看，争取到十年至十五年的和平时间是可能的。假如这种情况实现了，那时要打世界大战，他们就比现在更加困难了”。①

在当时国际风云变幻、斗争错综复杂的国际环境下，毛泽东这些论述，更加明确地表达了中国实行独立自主的和平外交政策的战略方向，进一步坚定了中国人民和全世界爱好和平人民制止战争、维护世界和平的坚强决心和必胜信心。

## 二、提出和平共处五项原则

### 1. 和平共处五项原则外交思想的孕育过程

虽说早在苏联十月革命胜利后不久，列宁就曾在被资本主义世界包围的形势下提出过希望同各国人民和平共处的愿望。他在 1919 年 12 月俄共（布）第八次全国代表会议上宣布：“俄罗斯社会主义联邦苏维埃共和国希望同各国人民和平相处，把自己的全部力量用来进行国内建

① 《毛泽东外交文选》，中央文献出版社、世界知识出版社 1994 年版，第 384～385 页。

设。”[1] 但由于历史条件的限制，他没来得及对这一思想加以发挥，详细阐明和平共处原则的具体内容。

毛泽东提出这一思想，最早可追溯到1920年冬，已经成为马克思主义者的他明确表明自己的政治态度是“取世界主义，而不采殖民政策”，认为世界主义是愿自己好也愿别人好的主义。他希望世界“各地民族自决”，并以此为基础促进“世界大同”。[2] 1937年抗日战争爆发后，毛泽东在制定抗日的外交政策时指出，中国除了立刻和苏联订立军事政治同盟，紧密地联合这个最可靠最有力量最能够帮助中国抗日的国家外，还应该“争取英、美、法同情我们抗日，在不丧失领土主权的条件下争取他们的援助”。[3] 1941年5月1日，毛泽东在《陕甘宁边区施政纲领》中又提出：“在尊重中国主权与遵守政府法令的原则下，允许任何外国人到边区游历，参加抗日工作，或在边区进行实业、文化与宗教活动”。[4] 1945年4月，毛泽东在中共七大的政治报告（即《论联合政府》）中阐述中国共产党的外交政策时又提出了保卫世界和平、互相尊重国家的独立和平等地位、互相增进国家和人民的利益与友谊等问题，他说：“中国共产党的外交政策的基本原则，是在彻底打倒日本侵略者，保持世界和平，互相尊重国家的独立和平等地位，互相增进国家和人民的利益及友谊这些基础之上，同各国建立并巩固邦交，解决一切相互关系问题，例如配合作战、和平会议、通商、投资等等。”他还表示：“中国人民欢迎许多外国政府宣布废除对于中国的不平等条约，并和中国订立平等新约

① 《列宁全集》第37集，人民出版社1986年第2版，第354页。

② 《毛泽东早期文稿》，湖南出版社1990年版，第560页。

③ 《毛泽东选集》第2卷，人民出版社1991年第2版，第347页。

④ 《毛泽东外交文选》，中央文献出版社、世界知识出版社1994年版，第4～5页。

的措施。”[①] 抗日战争胜利后，毛泽东在反对美国帮助蒋介石打内战干涉中国内政的过程中，一再申明民族独立与平等的主张。他宣布中国共产党的外交基本政策是：“否认蒋介石独裁政府的一切卖国外交，废除一切卖国条约，否认内战期间蒋介石所借的一切外债。要求美国政府撤退其威胁中国独立的驻华军队，反对任何外国帮助蒋介石打内战和使日本侵略势力复兴。同外国订立平等互惠通商友好条约。联合世界上一切以平等待我之民族共同奋斗。”[②]

新中国成立前夕，毛泽东在阐述新生的人民政权应有的对外政策时，结合战后国际形势发展的新情况、新经验，继承和发展了列宁的上述思想，多次提出过包含有和平共处五项原则意思的说法。在解放战争即将结束的 1949 年 1 月，毛泽东在审阅中共中央关于外交问题的指示稿时指出，中国外交关系中“最重要的一项”，是“不允许任何外国及联合国干涉中国内政。因为中国是独立国家，中国境内之事，应由中国人民及人民的政府自己解决。如有外国人提到外国政府调解中国内战等事，应完全拒绝之”。[③] 在这年 3 月中共七届二次会议的报告中，毛泽东又提出：“我们是愿意按照平等原则同一切国家建立外交关系的，但是从来敌视中国人民的帝国主义，决不能很快地就以平等的态度对待我们，只要一天它们不改变敌视的态度，我们就一天不给帝国主义国家在中国以合法的地位。”[④] 这年 4 月 30 日，毛泽东在为中国人民解放军总部发言人起草的一份声明中，在严正指出“中国的领土主权，中国人民必须保卫，绝

---

① 《毛泽东选集》第 3 卷，人民出版社 1991 年第 2 版，第 1084～1085 页。
② 《毛泽东选集》第 4 卷，人民出版社 1991 年第 2 版，第 1238 页。
③ 《毛泽东外交文选》，中央文献出版社、世界知识出版社 1994 年版，第 78 页。
④ 《毛泽东选集》第 4 卷，人民出版社 1991 年第 2 版，第 1435 页。

对不允许外国政府来侵犯”，英国、美国、法国在中国各处的各项武装力量必须“迅速撤离中国的领水、领海、领土、领空，不要帮助中国人民的敌人打内战”之后，明确表明了即将成立的新中国的对外政策：“中国人民革命军事委员会和人民政府愿意考虑同各外国建立外交关系，这种关系必须建立在平等、互利、互相尊重主权和领土完整的基础上，首先是不能帮助国民党反动派。中国人民革命军事委员会和人民政府不愿意接受任何外国政府所给予的任何带威胁性的行动。外国政府如果愿意考虑同我们建立外交关系，它就必须断绝同国民党残余力量的关系，并且把它在中国的武装力量撤回去。”① 这年 6 月 15 日，毛泽东又在中国人民政治协商会议筹备会上指出：“任何外国政府，只要它愿意断绝对于中国反动派的关系，不再勾结或援助中国反动派，并向人民的中国采取真正的而不是虚伪的友好态度，我们就愿意同它在平等、互利和互相尊重领土主权的原则的基础之上，谈判建立外交关系的问题。中国人民愿意同世界各国人民实行友好合作，恢复和发展国际的通商事业，以利发展生产和繁荣经济。”② 在 1949 年 10 月 1 日开国大典的公告中，毛泽东重申了这些外交原则：“凡愿意遵守平等、互利及互相尊重领土主权等项原则的任何外国政府，本政府均愿与之建立外交关系。”③

毛泽东在上述谈话中多次提及的平等、互利、互相尊重主权和领土完整的思想，成为后来提出的和平共处五项原则中的重要内容。

2. **和平共处五项原则的提出**

新中国成立后，在开拓和发展对外关系的过程中，毛泽东关于处理

---

① 《毛泽东选集》第 4 卷，人民出版社 1991 年第 2 版，第 1461 页。

② 《毛泽东选集》第 4 卷，人民出版社 1991 年第 2 版，第 1466 页。

③ 《人民日报》1949 年 10 月 2 日。

国与国之间关系的思想在实践中得到进一步完善和发展。在 1953 年 12 月至 1954 年 4 月进行的中印两国就西藏问题进行谈判时，中国方面一开始就提出了互相尊重领土主权、互不侵犯、互不干涉内政、平等互惠、和平共处这五项原则。1953 年 12 月 31 日，周恩来总理在谈判中发挥了毛泽东的上述思想，指出：“新中国成立后就确立了处理中印两国关系的原则，那就是互相尊重领土主权，互不侵犯，互不干涉内政，平等互惠和和平共处的原则。”① 对此，印度方面表示赞同。因此，这五项原则被正式写入双方达成的《中印关于中国西藏地方和印度之间的通商和交通协定》的序言中。1954 年 6 月，周恩来总理出访印度，在与印度总理尼赫鲁发表的中印两国政府联合声明中，双方重申把和平共处五项原则作为指导两国关系的原则，并强调：“与亚洲以及世界其他国家的关系中也应该运用这些原则。如果这些原则不仅适用于各国之间，而且适用于一般国际关系中，它们将形成和平和安全的坚固基础。”所以，随后发表的中国和缅甸两国总理的联合声明中，也强调了和平共处五项原则，指出，如果和平共处五项原则“能为一切国家所遵守，则社会制度不同的国家的和平共处就有了保障。而侵略和干涉内政的威胁和对于侵略和干涉内政的恐惧就将为安全感和互信所代替。”后来，由周恩来提出，对五项原则在文字上作了修改，使其表述更加规范和完整，成为：互相尊重主权和领土完整，互不侵犯，互不干涉内政，平等互利，和平共处。1954 年 12 月亚非 29 国联合召开的万隆会议以后，亚非国家及少数欧洲国家都对和平共处五项基本原则表示欢迎，将其作为处理国与国之间关系的准则。

---

① 《周恩来外交文选》，中央文献出版社 1990 年版，第 63 页。

20世纪50年代中期，毛泽东在与一些亚洲、欧洲国家领导人会谈时，反复强调和平共处五项原则应是国际交往的普遍准则，适用于处理同一切国家的关系。1954年10月，毛泽东在会见印度总理贾瓦哈拉尔·尼赫鲁时指出："应当把五项原则推广到所有国家的关系中去。""应当按五项原则来受约束，承担义务。"① 并且说："我们在合作方面得到一条经验：无论是人与人之间、政党与政党之间、国与国之间的合作，都必须是互利的，而不能使任何一方受到损害。如果任何一方受到损害，合作就不能维持下去。正因为这个原因，我们的五项原则之一就是平等互利。"②

和平共处五项原则提出后，许多国家在赞成和响应的同时，不免担心，这是否中国的权宜之计？为此，毛泽东在1954年12月会见缅甸总理吴努时专门指出："和平共处五项原则是一个长期的方针。"③ "五项原则是一个大发展，还要根据五项原则做些工作。我们应该采取些步骤使五项原则具体实现，不要使五项原则成为抽象的原则，讲讲就算了。现在在世界上就有两种态度，一种是讲讲算了，另一种是要具体实现。英美也说要和平共处，但是它们是讲讲就算了的，真正要和平共处，它们就不干了。我们不是那样。我们认为，五项原则是一个长期方针，不是为了临时应付的。这五项原则是适合我国的情况的，我国需要长期的和平环境。五项原则也是适合你们国家的情况的，适合亚洲、非洲绝大多数国家的情况的。对我们来说，稳定比较好，不仅是国际上要稳定，而且国内也要稳定。"④

和平共处五项原则的提出，不但体现了新中国与世界上一切国家友

---

① 《毛泽东外交文选》，中央文献出版社、世界知识出版社1994年版，第165页。
② 《毛泽东外交文选》，中央文献出版社、世界知识出版社1994年版，第167页。
③ 《毛泽东外交文选》，中央文献出版社、世界知识出版社1994年版，第177页。
④ 《毛泽东外交文选》，中央文献出版社、世界知识出版社1994年版，第186～187页。

好相处的良好愿望及确立的和平外交方针，也为世界各国相互了解友好相处，维护世界和平，开辟了一条光明大道。

**3. 国家无论大小都应平等相待**

要贯彻和平共处五项原则，首先要做到国家之间平等相待。因此，毛泽东坚决主张，国家无论大小、贫富、强弱，都应当相互尊重，平等相待，友好相处。他在1954年12月同缅甸总理吴努谈话时说："国家不应该分大小。我们反对大国有特别的权利，因为这样就把大国和小国放在不平等的地位。大国高一级，小国低一级，这是帝国主义的理论。一个国家不论多么小，即使它的人口只有几十万或者甚至几万，它同另外一个有几万万人口的国家，也应该是完全平等的。这是一个基本原则，不是空话。既然说平等，大国就不应该损害小国，不应在经济上剥削小国，在政治上压迫小国，不应该把自己的意志、政策和思想强加在小国身上。既然说平等，互相就要有礼貌，大国不能像封建家庭里的家长，把其他国家看成是它的子弟。艾德礼先生①批评美国对危地马拉的做法是，就像一个中世纪家庭的父亲替他的儿子找一个自己看得中的媳妇。不论大国小国，互相之间都应该是平等的、民主的、友好的和互助互利的关系，而不是不平等的和互相损害的关系。"② 当吴努总理把中国对他们的建议当作是"大哥哥们对小弟弟提出的建议"，并说"我就像一个小弟弟对大哥哥一样的谦恭，听取他们的建议"时，毛泽东纠正说："我们不是大哥哥同小弟弟的关系，我们是同年同月同日同时生的兄弟。"③ 他在1958年8月同柬埔寨王国首

---

① 艾德礼（1883～1967），英国首相，1954年时任英国工党领袖。

② 《毛泽东外交文选》，中央文献出版社、世界知识出版社1994年版，第191～192页。

③ 《毛泽东外交文选》，中央文献出版社、世界知识出版社1994年版，第196页。

相诺罗敦·西哈努克亲王谈话时指出："大国、小国应该平等相待。有这样一种论调：大国是不好惹的，小国是可以随便欺侮的。这种论调是绝对没有道理的。什么大国小国，大国往往是由许多小国联合组成。""国家大小只是形式。"① 毛泽东在多种场合抨击各种形式的霸权主义，并热情鼓励弱小国家要消除对大国的恐惧心理，勇于同帝国主义的强权政治作斗争。他指出："帝国主义历来就是吓唬人的，有时也动手打人，我们就是不要被他们吓倒，不要怕他们。对西方的崇拜是一种迷信，这是由历史形成的，现在这种迷信正在逐渐破除。说西方是先进的，这也是一种迷信，恰恰相反，他们是落后的。自然，他们有一点东西，无非是几斤钢铁和几个原子弹；其实这也没有什么了不起，因为他们在政治上是落后的，是腐败的，是低级趣味的，所以我们看不起他们。"② 毛泽东坚定地主张，国际的事要由大家商量解决。他在 1970 年 7 月 13 日同法国政府代表团谈话时说："世界上的事就是要商量商量。国内的事要由国内人民自己解决，国际的事要由大家商量解决，不能由两个大国来决定。"③

毛泽东明确表示，中国虽然弱，虽然"我们连一辆汽车都出不了，此外连一架飞机都不能造"，但是，"即使我们再弱，美国要把它的意志强加在我们身上也是不行的……不论美国多强，能产多少钢，能出多少辆汽车和多少架飞机，我们也是不会屈服于它的压迫的。对于友好的国家，我们的态度像兄弟一样。对于压迫我们的国家，只要它们一天继续如此，我们就一天也不屈服。"④

---

① 《毛泽东外交文选》，中央文献出版社、世界知识出版社 1994 年版，第 334 页。
② 《建国以来毛泽东文稿》第 7 册，中央文献出版社 1992 年版，第 373 页。
③ 《毛泽东外交文选》，中央文献出版社、世界知识出版社 1994 年版，第 590 页。
④ 《毛泽东外交文选》，中央文献出版社、世界知识出版社 1994 年版，第 193 页。

同时，中国也绝不会欺侮、压迫或控制任何其他国家。毛泽东反复告诫中国同志，不要翘尾巴，要防止在国际交往中搞大国沙文主义，“坚决反对极端错误的与党的路线水火不相容的大国沙文主义，坚持无产阶级国际主义”。① 1956 年 9 月，毛泽东在接见南共联盟代表团的谈话中说：“我们非常谨慎小心，不盛气凌人，遵守五项原则。我们自己曾是被欺侮的，知道受欺侮的滋味不好受。”“在国际上，我们反对大国主义。我们工业虽少，但总算是大国，所以就有些人把尾巴翘起来。我们就告诉这些人‘不要翘尾巴，要夹紧尾巴做人’。我小的时候，我的妈妈就常常教育我‘夹紧尾巴做人’。这句话很对，现在我就时常对同志们讲。”他还说：中国“过几十年在工业化后，翘尾巴的可能性就更大了。你们回去以后，请告诉你们的下一代，将来中国如果翘尾巴，翘到一万公尺以上，就批评它。要监督中国，要全世界都来监督中国。那个时候我就不在了，去找马克思开代表大会了”。②

4. **绝不干涉别国内政**

毛泽东一贯主张，“各国都要自己处理自己的问题”，③“各国的事情要由各国自己管，这是个真理”。④ 不干涉别国内政，也不允许任何外国干涉我国内政，在和平共处五项原则的基础上发展同一切国家的关系，是毛泽东领导的新中国外交的基本准则。

作为刚刚取得无产阶级革命胜利的社会主义国家，中国提出和平共

① 《毛泽东外交文选》，中央文献出版社、世界知识出版社 1994 年版，第 368 页。
② 《毛泽东外交文选》，中央文献出版社、世界知识出版社 1994 年版，第 256、258 页。
③ 《毛泽东外交文选》，中央文献出版社、世界知识出版社 1994 年版，第 187 页。
④ 《毛泽东外交文选》，中央文献出版社、世界知识出版社 1994 年版，第 223 页。

处五项原则后，有的国家就很关注中国如何对待所谓“革命输出”的问题。对此，毛泽东的态度非常明确：“革命不能输出”，虽然这并不是说一个国家的革命不受外国的影响。他认为，“一个国家靠外国的帮助，靠别国的党的帮助，而取得革命的胜利，在历史上是很少见的。东欧各国，是因为苏联军队同纳粹德国作战时占领了这些国家，不然的话，靠外国的帮助，靠外国输出革命，而取得胜利是不可能的”。[①] 毛泽东指出，中国人民对各国人民革命的支持，应体现为道义上的支持，而绝不能去搞“干涉”、“策动”这样的事。他对缅甸总理吴努说：“我们看到中美洲危地马拉就有不同的情况。美国在那里进行干涉，帮助反对党在别的国家组织军队打进危地马拉，而美国大使又在危地马拉内部策动。我们决不会干这种事。我们决不会在云南边境组织军队打进缅甸，并且由姚仲明大使在缅甸内部策动。姚大使决不会干这种事，如果他干这种事，我们一定马上撤他的职。”他还说：“在缅甸的华侨中也有激烈分子，我们劝他们不要干涉缅甸的内政。我们教育他们服从侨居国的法律，不要跟以武装反对缅甸政府的政党取得联系。我们在华侨中不组织共产党，已有的支部已经解散。我们在印尼和新加坡也是这样做的。我们嘱咐缅甸的华侨不要参加缅甸国内的政治活动，只可以参加缅甸政府准许的一些活动，如庆祝活动等等，别的就不要参加。否则会使我们很尴尬，不好办事。”[②] 当吴努总理表示缅甸的情况很特殊，希望中国共产党派一些公正的人士到缅甸研究一下情况时，毛泽东回答说：“我们派观察团到缅甸去，是不妥当的，会使外界得到不好的印象。我们的大使和领事可以根

① 《毛泽东外交文选》，中央文献出版社、世界知识出版社 1994 年版，第 189 页。

② 《毛泽东外交文选》，中央文献出版社、世界知识出版社 1994 年版，第 189～190 页。

据报纸上的材料和公开的文件进行研究。他们不能同反对派直接联系，但是可以通过合法的党派来间接了解反对派……至于你们自己的纠纷，我们是不能介入的。”①

毛泽东还对吴努总理说：“在你们国内也有对我们不友好的党派、团体和个人，在别国如印度、印尼也有。但是我们不好干涉，不好对这些党派、团体和个人说，他们不应该反对我们。每一国都有几种党。对于这几种党，我们不能表示反对哪些党，赞成哪些党。我们只能以每一国的政府为对象来解决问题。希望你们谅解我们为什么采取这种态度。”②

毛泽东的上述观点，表明了中国政府愿同不同社会制度的国家和平共处的真诚愿望，也表明了中国政府绝不会干涉别国内政的基本立场，从而打消了一些国家的顾虑，愿意在和平共处五项原则的基础上同中国发展正常的外交关系。这些正确的外交政策的制定和实施，使我国在50年代虽遭到以美国为首的帝国主义国家的敌视，但仍取得了外交战线的极大成功，不但与苏联为首的十多个社会主义国家建立了外交关系，而且通过谈判与周边一些国家以及欧洲一些国家在和平共处五项原则基础上建立了外交关系。及至20世纪70年代前期，长期反对中国的美国，也终于在和平共处五项原则的基础上与中国建立了外交关系。现在，由中国首创的和平共处五项原则，早已成为国际上处理国家之间关系的通用准则。这是毛泽东及以他为代表的中国政府领导人，对我国外交事业的发展作出的重大贡献，也是对保卫世界和平作出的重大贡献。

---

① 《毛泽东外交文选》，中央文献出版社、世界知识出版社1994年版，第194页。

② 《毛泽东外交文选》，中央文献出版社、世界知识出版社1994年版，第187页。

## 三、提出建立国际反霸统一战线，争取较长和平时间

### 1. 提出“国际统一战线”理论

早在抗日战争时期，毛泽东在 1937 年谈到抗日的外交政策时就提出：“在不丧失领土主权的范围内，和一切反对日本侵略主义的国家订立反侵略的同盟及抗日的军事互助协定。拥护国际和平阵线，反对德日意侵略阵线。”① 1938 年 2 月，毛泽东提出了结成国际统一战线，以反对世界法西斯战争的策略。他说，现在，世界的侵略者结成一种侵略阵线，破坏世界的和平，反侵略者则团结世界上大多数人民保卫世界的和平，反对侵略战争，这样两个相反方向的阵线在全世界斗争着。他具体分析道：“现在有三个反侵略的统一战线：中国的统一战线，世界的统一战线，还有一个是日本的统一战线，在日本有广大人民群众不赞成他们政府侵略中国，正在组织反侵略的统一战线。这三个统一战线的目标是一样的，就是一致反对日本帝国主义的侵略战争。”毛泽东认为，中国的抗战一定可以取得最后胜利的根据就在于：“今天不但有了全国的反侵略统一战线，而且这个统一战线恰好和历史上空前的全世界反侵略统一战线相遇合；不但能和全世界的统一战线相遇合，而且恰好又和历史上空前的日本内部矛盾相遇合，即同日本人民的统一战线相遇合。”②

在 1938 年 5 月写的《论持久战》中，毛泽东又提到这三个统一战线，并称之为“国际抗日统一战线”。他指出：中国战胜日本帝国主义

---

① 《毛泽东选集》第 2 卷，人民出版社 1991 年第 2 版，第 355～356 页。

② 《毛泽东外交文选》，中央文献出版社、世界知识出版社 1994 年版，第 7 页。

“要有三个条件：第一是中国抗日统一战线的完成；第二是国际抗日统一战线的完成；第三是日本国内人民和日本殖民地人民的革命运动的兴起”。[①] 在1939年的一次演讲中他又提出了组织“被侵略国家的反侵略统一战线”[②] 的口号，认为这个统一战线有四个可能的组成部分：在资本主义国家内是人民统一战线、无产阶级与小资产阶级的统一战线；在殖民地半殖民地国家内是民族统一战线、无产阶级和资产阶级的统一战线；社会主义的苏联；各民主国家的资产阶级及其政府。他认为，如果能够组成真正有效的这样一个统一战线，配合着各国的人民统一战线、殖民地半殖民地的民族统一战线，就能够抵抗或战胜各个法西斯国家的进一步侵略。

1941年，毛泽东在为中共中央写的一份对党内的指示《关于反法西斯的国际统一战线》中，明确提出了应该组织国际统一战线的任务。他说：“目前共产党人在全世界的任务是动员各国人民组织国际统一战线，为着反对法西斯而斗争，为着保卫苏联、保卫中国、保卫一切民族的自由和独立而斗争。”中国共产党在全中国的任务是“坚持抗日民族统一战线，坚持国共合作，驱逐日本帝国主义出中国”，而在外交上则是“同英美及其他国家一切反对德意日法西斯统治者的人们联合起来，反对共同的敌人”。[③]

毛泽东在第二次世界大战期间提出的国际统一战线理论，在“二战”结束后，随着以苏联为首的社会主义阵营和以美国为首的资本主义阵营

---

① 《毛泽东选集》第2卷，人民出版社1991年第2版，第513页。

② 《毛泽东军事文集》第2卷，军事科学出版社、中央文献出版社1993年版，第470页。

③ 《毛泽东选集》第3卷，人民出版社1991年第2版，第806页。

的形成，而发展为以社会主义苏联为中心的国际统一战线策略，即强调以苏联为首的社会主义国家的团结，世界各国人民的和平共处，以反对以美国为代表的霸权主义。中苏关系恶化后，毛泽东的国际统一战线策略则把重心放在第三世界国家，联合第二世界国家，反对苏美两霸。

建国以后，在新形势下，毛泽东的国际统一战线理论增加了新的内容，进一步提出要建立国际反霸统一战线，争取较长和平时间的战略策略。其具体理论，一是提出“中间地带”理论，二是提出“三个世界”理论。

2. **创立“中间地带”理论**

“中间地带”观点，最初是毛泽东在1946年8月和美国记者安娜·路易斯·斯特朗谈话时首次提出的。当时第二次世界大战刚结束，毛泽东分析战后国际形势指出：“美国和苏联中间隔着极其辽阔的地带，这里有欧、亚、非三洲的许多资本主义国家和殖民地、半殖民地国家。”① 毛泽东把这些国家称为“中间地带”。在这里，毛泽东把美帝国主义同包括英、法、德、日在内的许多资本主义国家区别对待，突出了美帝国主义是全世界人民的主要敌人。

建国后，毛泽东的“中间地带”理论进一步发展，内容更加丰富。1954年8月24日，毛泽东在同英国工党代表团谈话时指出：美国反共的目的，“首先是占据从日本到英国的这个中间地段。美国在北美洲处在这个中间地段的那一边，苏联和中国处在这一边。美国的目标是占领处在这个广大中间地带的国家，欺负它们，控制它们的经济，在它们的领土上建立军事基地，最好使这些国家都弱下去，这包括日本、德国在内”。② 这就

① 《毛泽东选集》第4卷，人民出版社1991年第2版，第1193页。

② 《毛泽东外交文选》，中央文献出版社、世界知识出版社1994年版，第159～160页。

更加明确地把除美国之外的所有国家，都纳入了中间地带的范围。

20世纪50年代后期至60年代前期，毛泽东再次提出“中间地带”思想，作为他在这个时期的国际战略思想。这一时期，世界局势动荡，各种政治力量经过长期较量发生急剧分化和改组，整个国际形势和我国的对外关系都发生了很大变化。美苏两国争霸成为世界动荡不安的根源。以往的社会主义阵营已不复存在，帝国主义阵营内部也由于矛盾加剧而逐渐瓦解，一系列亚、非、拉国家的民族民主斗争取得胜利，在50～60年代纷纷宣布独立。毛泽东正是在分析国际局势的这种变化后再次提出“中间地带”理论的。此后，随着各种力量的进一步分化和改组，就更明确地提出了反对霸权主义、维护独立自主的国际战略思想。

后来，毛泽东又进一步把中间地带分成两个部分，即二等帝国主义和被压迫民族。1957年中东发生苏伊士运河事件，暴露出帝国主义国家之间矛盾日趋尖锐，毛泽东于是提出了“两类矛盾和三种力量”的观点。他说：从这个事件可以看出当前世界斗争的重点，在于帝国主义国家假借反共产主义之名来争夺地盘。在那里冲突的，有两类矛盾和三种力量。两类矛盾，一类是帝国主义跟帝国主义之间的矛盾，一类是帝国主义跟被压迫民族之间的矛盾。三种力量，第一种是最大的帝国主义美国，第二种是二等帝国主义英、法，第三种就是被压迫民族。这样，毛泽东就把中间地带分成为两种力量，一种是二等帝国主义如英、法等国家，一种是被压迫民族。

1962年1月3日，毛泽东在同日本友人的一次谈话中进一步分析了中间地带国家的不同性质。他说：“中间地带国家的性质也各不相同：有些国家有殖民地，如英、法、比、荷等国；有些国家被剥夺了殖民地，但仍有强大的垄断资本，如西德、日本；有些国家取得了真正的独立，如几内亚、阿联、马里、加纳；还有一些国家取得了名义上的独立，实际上仍然是附属国。中间地带国家各式各样，各不相同，但美国统统想把它们吞下去。”① 毛泽东还具体指出，英国和法国是帝国主义，但它们是大帝国主义美国想吃掉的中等帝国主义国家，同美国有矛盾，所以是“人民的间接同盟者”。②

后来，毛泽东就提出了有两个“中间地带”的理论。1963 年 9 月 28 日，毛泽东在中共中央工作会议上讲话时明确指出：“我看中间地带有两个，一个是亚、非、拉，一个是欧洲。”③ 到 1964 年，北大西洋公约组织内部又出现裂痕，各资本主义大国之间，特别是法、美之间的各种矛盾越来越尖锐，那些二等帝国主义国家反美控制的斗争日益激烈。1964 年 1 月 5 日，毛泽东同日共中央政治局委员听涛克己谈话时又说：“中间地带有两部分：一部分是指亚洲、非洲和拉丁美洲的广大经济落后的国家，一部分是指以欧洲为代表的帝国主义国家和发达的资本主义国家。这两部分都反对美国的控制。在东欧各国则发生反对苏联控制的问题。”④《人民日报》1964 年 1 月 21 日的社论在阐述毛泽东上述思想时，明确地把中间地带分成两个部分，即广大殖民地半殖民地国家、二等的帝国主义国家，并分别称为“第一中间地带”和“第二中间地带”。这年 7 月 10 日，毛泽东同日本社会党人士谈话时又说：“整个亚洲、非洲、拉丁美洲的人民都反对美帝国主义。欧洲、北美、大洋洲也有许多人反

① 《毛泽东外交文选》，中央文献出版社、世界知识出版社 1994 年版，第 487 页。

② 《毛泽东外交文选》，中央文献出版社、世界知识出版社 1994 年版，第 487 页。

③ 《毛泽东外交文选》，中央文献出版社、世界知识出版社 1994 年版，第 506～507 页。

④ 《毛泽东外交文选》，中央文献出版社、世界知识出版社 1994 年版，第 508 页。

对美帝国主义。有的帝国主义者也反对美帝国主义，戴高乐反对美国就是证明。我们现在提出这么一个看法，就是有两个中间地带：亚洲、非洲、拉丁美洲是第一个中间地带；欧洲、北美加拿大、大洋洲是第二个中间地带。日本也属于第二个中间地带。”①

从“中间地带”的理论出发，当时我国对世界各国的外交方针基本上是：（1）对社会主义国家，尽管当时中苏矛盾已日益尖锐，但从反对帝国主义发动战争，努力争取较长的和平时间这一全世界人民的共同利益出发，毛泽东依然尽其全力维护着与苏联和各社会主义国家的友好团结。他在1959年10月18日同日本共产党代表团谈话时说：“社会主义国家是团结的，阵营加强了。帝国主义发动战争已不是那么容易。苏联加强了，社会主义国家都靠在一块儿，而且巩固了。这样，帝国主义要发动战争就不能不考虑。”②（2）对被压迫民族的解放运动和争得独立的民族国家，要积极支援并大力发展同它们的友好关系。（3）对属于中间地带的美国以外的资本主义国家，也要争取发展友好关系。（4）对美国，一方面高度警惕，坚决反对其对中国的武装侵略和战争威胁，另一方面仍要争取与之和平共处，尽量通过和平协商的方法解决两国之间的争端。

毛泽东关于两个“中间地带”的思想有两个基本点：一是重视和突出了被压迫民族的力量；二是没有把资本主义世界当成铁板一块，而是把美国同其他资本主义国家加以区别，强调美帝国主义是全世界人民的主要敌人。20世纪60年代初期，毛泽东多次接见亚非拉各国来访朋友，指出：“我们共同的敌人是美帝国主义，我们大家都站在一条战线上，大

① 《毛泽东外交文选》，中央文献出版社、世界知识出版社1994年版，第508～509页。

② 《毛泽东外交文选》，中央文献出版社、世界知识出版社1994年版，第385页。

家需要互相团结互相支持”，“全世界人民包括美国人民都是我们的朋友。”① “为了战胜帝国主义的反动派统治，必须结成广泛的统一战线，必须团结不包括敌人在内的一切可以团结的力量，继续进行艰巨的斗争。”② “人民是决定的因素，依靠人民的团结和斗争，必能战胜帝国主义和它们的走狗，取得世界的持久和平。”③ 他还说：“帝国主义最怕的是亚洲、非洲、拉丁美洲人民觉悟，怕世界各国人民的觉悟。我们要团结起来把美帝国主义从亚洲、非洲、拉丁美洲赶回它的老家去。”④

“中间地带”理论的这些观点，可以说是毛泽东后来提出“三个世界”理论的雏形。

3. **“三个世界”理论**

毛泽东第一次提出“三个世界”划分的观点，是在1964年1月17日同安娜·路易斯·斯特朗等国际友人谈话时说：“美国现在在两个‘第三世界’都遇到抵抗。第一个‘第三世界’是指亚、非、拉。第二个‘第三世界’是指以西欧为主的一批资本主义高度发展的、有些还是帝国主义的国家，这些国家一方面压迫别人，另一方面又受美国压迫，同美国有矛盾。”⑤ 这年1月30日同法国议员代表团谈话时又说：“你们不是说要建立‘第三世界’吗？‘第三世界’只有一个法国，那不行，太少了，要把整个欧洲团结起来。英国，我看总有一天要起变化。美国人对英国人也不那么客气。在东方，你们可以做日本的工作。如果把英国拉

① 《人民日报》1990年5月4日。
② 《人民日报》1960年5月10日。
③ 《人民日报》1960年5月10日。
④ 《人民日报》1960年5月15日。
⑤ 《毛泽东外交文选》，中央文献出版社、世界知识出版社1994年版，第514页。

过来，从欧洲的伦敦、巴黎到中国、日本，就可以把‘第三世界’扩大起来。”① 毛泽东在这次谈话中还指出，美国和苏联是两个大纸老虎，因为它们脱离了群众，这当然不包括它们国内的广大人民。由此可见，毛泽东这时讲的“第三世界”理论，已具有明显的反对美苏两霸的特点。

进入20世纪70年代以后，世界经济政治形势又发生了新变化，苏、美两国既相互争夺又相互勾结，称霸世界的问题更加突出。在这种形势下，为了遏制苏联、美国的霸权主义，毛泽东更加注意团结广大亚、非、拉发展中国家，同时联结西欧、加拿大、澳大利亚、日本等国家。这成为他在这一时期的国际政治战略的重心。1974年2月，他在会见赞比亚总统卡翁达时，专门讲了关于“三个世界”划分问题，提出了一个全新的“三个世界”理论。他明确指出：“我看美国、苏联是第一世界。中间派，日本、欧洲、澳大利亚、加拿大，是第二世界。咱们是第三世界。”还说：“亚洲除了日本，都是第三世界，整个非洲都是第三世界，拉丁美洲也是第三世界。”所以，毛泽东提出：“希望第三世界团结起来。第三世界人口多啊！”②

两个月后，邓小平在1974年4月于纽约召开的联合国大会第六届特别会议上，第一次向各国代表介绍了毛泽东的“三个世界”划分思想，他说：“从国际关系的变化看，现在的世界实际上存在着互相联系又互相矛盾的三个方面，三个世界。美国、苏联是第一世界。亚非拉发展中国家和其他地区的发展中国家，是第三世界。处于这两者之间的发达国家是第二世界。”并说：“中国是一个社会主义国家，也是一个发展中国家。

① 《毛泽东外交文选》，中央文献出版社、世界知识出版社1994年版，第522页。
② 《毛泽东外交文选》，中央文献出版社、世界知识出版社1994年版，第600、601页。

中国属于第三世界。”这就清楚地表明了中国与广大亚非拉国家站在一起的鲜明立场。

“三个世界”的理论，是毛泽东根据当时国际形势变化后形成的新特点，经过长时间的酝酿和思考，提出的对国际关系战略格局的新认识，是一个新的外交战略思想。这一战略思想的核心是，说明了世界各国由于经济地位的不同因而在国际政治关系中处于不同的地位。毛泽东说：“美国、苏联原子弹多，也比较富。第二世界，欧洲、日本、澳大利亚、加拿大，原子弹没有那么多，也没有那么富；但是比第三世界要富。”① 经济地位的这种差异，使这些国家在国际政治关系中处于不同的地位：“美国和苏联两个超级大国，妄图称霸世界。它们用不同的方式都想把亚非拉的发展中国家置于它们的各自控制之下，同时还要欺负那些实力不如它们的发达国家。”②

毛泽东的“三个世界”理论，成为中国针对威胁最大的霸权主义国家所采取的反霸统一战线策略路线的依据。

---

① 《毛泽东外交文选》，中央文献出版社、世界知识出版社 1994 年版，第 600 页。

② 邓小平在联合国大会特别会议上的发言，1974 年 4 月 10 日。

## 第三节
## 愿与一切国家建立友好外交关系

### 一、建国初期与不同国家采取不同建交方式

中国要走向国际社会，就必须同世界各国建立外交关系。所以同各国建立外交关系，就成为新中国外交面临的首要任务。1949 年 10 月 1 日，毛泽东在天安门城楼向全世界宣告："本政府为代表中华人民共和国全国人民的唯一合法政府。凡愿遵守平等、互利及互相尊重领土主权等项原则的任何外国政府，本政府均愿与之建立外交关系。"毛泽东的这一公告，由周恩来外长正式函告世界各国政府。

由于在当时，对中华人民共和国的成立，世界各国有着不同的反应，所以为了同尽可能多的国家建立外交关系，中国在建交问题上，对不同的国家采取了不同的办法。

社会主义国家都为中华人民共和国的成立感到欢欣鼓舞，并很快表示承认中华人民共和国。所以，我国与之建交采取了不经谈判即迅速建

交的办法。当时首先是与苏联，继而先后与保加利亚、罗马尼亚、匈牙利、朝鲜民主主义人民共和国、捷克斯洛伐克、波兰、蒙古、阿尔巴尼亚和越南民主共和国、德意志民主共和国、南斯拉夫等国建立了外交关系，并在此基础上同这些国家开展了友好合作关系。这在当时的历史条件下，对巩固新中国、恢复和发展十分落后的国民经济，起了重大的作用。

一些民族主义国家和资本主义国家，由于仍然支持国民党集团或企图制造“两个中国”，所以毛泽东决定，与之建交必得请他们派代表来北京谈判，对方必须同国民党集团断绝外交关系，在联合国支持中国恢复自己的席位，并将其管辖地区内属于中国的财产交给中华人民共和国，我国方能与之建交。所以我国在同这些国家建交时，打破了两国政府互致承认电文即可建交的一般国际惯例，而采取了与之先谈判，明确了上述问题后才与之谈论建交事宜的办法。用这样的办法，我国先后与缅甸、印度、巴基斯坦、锡兰、阿富汗、尼泊尔、英国、挪威、丹麦、瑞典、瑞士、荷兰等国建立了外交关系。作为非社会主义国家，印度尼西亚和芬兰是两个例外，由于这两国都从未与国民党政府建立过外交关系，所以当这两个国家表示承认中华人民共和国时，我国即与之不经谈判就建立了正式的外交关系。

第三种情况是像美国这样公开继续支持国民党集团，对新中国则采取不承认政策的国家，我们就不考虑与之建交的问题。

建国初期，毛泽东的这些外交政策和策略，既表现出了捍卫国家独立、主权和尊严的决心，又反映出了与不同社会制度国家和平共处、友好合作的真诚愿望。特别是在处理与非社会主义国家建交问题时采取的既积极又严肃的态度，显示出毛泽东高度的原则性与高度的灵活性相结合的高超的外交艺术。

亚非会议后，从 1956 年到 1965 年的 10 年间，特别是在 1960 年前后，中国又同许多国家建立了外交关系。1955 年底，同中国建交的国家只有 23 个，到 1965 年底，增加了一倍多。

## 二、交朋友的重点要放在亚非拉

在 1956 年到 1965 年 10 年间和我国建交的国家中，除法国外都是亚非拉国家，而其中除锡兰、柬埔寨、老挝和古巴外，又都是阿拉伯国家和非洲国家。这一方面是由于当时这些国家争取民族独立解放的反殖民地、反帝斗争取得了重大进展，一系列新兴国家赞成中国大力倡导和奉行的和平共处五项原则，又看到中国在国际事务中坚定地站在被压迫国家一边，因而愿意同中国发展外交关系；另一方面，更重要的是，毛泽东历来认为，中国同广大亚非拉国家有着相似的历史遭遇，有着共同的经历和愿望，今天又都面临反对帝国主义的侵略和压迫、争取和维护民族独立的共同任务，所以，毛泽东提出要把交朋友的重点放在亚非拉三大洲的新兴国家。

### 1. 支持亚非拉人民争取和维护民族独立的斗争

毛泽东历来把中国人民的命运同世界被压迫人民的解放事业紧密联系在一起，认为："在帝国主义存在的时代，任何国家的真正的人民革命，如果没有国际革命力量在各种不同方式上的援助，要取得自己的胜利是不可能的。胜利了，要巩固，也是不可能的。"① 所以主张"已经获

① 《毛泽东选集》第 4 卷，人民出版社 1991 年第 2 版，第 1473～1474 页。

得革命胜利的人民，应该援助正在争取解放的人民的斗争，这是我们的国际主义义务”。① 他认为，对于各国人民反对帝国主义的战争，“我们如果不支持，就会犯错误，就不是共产党员”。② 所以，中华人民共和国一成立他就提出：“亚洲、非洲和拉丁美洲各国的民族独立解放运动，以及世界上一切国家的和平运动和正义斗争，我们都必须给以积极的支持。”③

从20世纪50年代中期起，他对亚非拉三大洲正在进行的反帝、反殖民地斗争给予极大关注和坚决支持。对于1956年埃及人民维护苏伊士运河主权的正义斗争，毛泽东在这年9月中共八大开幕词中指出：“我们坚决支持埃及政府收回苏伊士运河公司的完全合法的行动，坚决反对任何侵犯埃及主权和对于埃及实行武装干涉的企图。”④ 9月17日，他在同埃及首任驻华大使哈桑·拉加卜谈话时说：“埃及做了一件非常好的事情，全中国人民都支持埃及”，“中国也愿意尽力帮助埃及，我们的帮助没有任何条件。你们有什么需要，只要我们能力所及，一定帮助。”“埃及现在遭受西方国家的经济封锁，我们也经历过这种封锁，深知埃及人民的艰苦。中国在抗美援朝时，花了不少钱，死了不少人，现在没有战争了，可以尽力帮助埃及。”⑤ 对于战后新独立的民族主义国家肃清殖民主义残余势力的斗争，毛泽东给予热情鼓励。1956年4月，印度尼西亚宣布废除同荷兰之间的“圆桌会议协定”。这年10月2日，毛泽东在欢

---

① 《人民日报》1960年5月15日。
② 《毛泽东外交文选》，中央文献出版社、世界知识出版社1994年版，第531页。
③ 国防大学编：《中共党史参考资料》第21册，第447页。
④ 国防大学编：《中共党史参考资料》第21册，第447页。
⑤ 《毛泽东外交文选》，中央文献出版社、世界知识出版社1994年版，第247、249页。

迎印度尼西亚总统苏加诺的宴会上的讲话中说："印度尼西亚废除圆桌会议协定和要求收复西伊里安的斗争是正义的，中国人民坚决地支持你们。印度尼西亚执行积极的独立自主的外交政策，无论对印度尼西亚人民，对世界和平，都有很大好处。"① 对于非洲兴起的民族独立解放运动，毛泽东坚决支持。1958 年 10 月几内亚宣布独立时，毛泽东和周恩来即分别致电祝贺并予以承认。1959 年 10 月，几内亚与中国建立正式外交关系，是撒哈拉以南的非洲地区同中国建交的第一个国家，为中国同这一地区的国家建立友好外交关系奠定了重要基础。进入 60 年代，非洲出现更多新独立的国家，中国不但立即宣布予以承认，而且与其中不少国家签订了友好条约和经济技术合作协定，加深了相互之间的经济交流和各方面的友好合作关系。对于拉丁美洲人民的斗争，毛泽东更是始终予以密切关注。1961 年，当古巴人民面临美国武装干涉的严重威胁时，毛泽东亲自出席古巴驻华大使为庆祝古巴革命胜利两周年举行的招待会，并对古巴大使说：你们是会胜利的，中国人民决心从各方面采取一切必要的措施来支持古巴人民的爱国正义斗争。1964 年 1 月，毛泽东就巴拿马人民收回巴拿马运河主权的斗争，在对《人民日报》记者发表的谈话中指出："目前巴拿马人民正在英勇地进行的反对美国侵略、维护国家主权的斗争，是伟大的爱国斗争。中国人民坚决站在巴拿马人民的一边，完全支持他们反对美国侵略者、要求收回巴拿马运河区主权的正义行动。"② 1965 年 4 月，多米尼加共和国发生了推翻亲美的卡夫拉尔卖国独裁政权的政变，美国政府公然派出三万多武装部队进行血腥镇压。同年

① 《毛泽东外交文选》，中央文献出版社、世界知识出版社 1994 年版，第 276 页。
② 《毛泽东外交文选》，中央文献出版社、世界知识出版社 1994 年版，第 510 页。

5月12日，毛泽东即发表《支持多米尼加人民反对美国武装侵略的声明》，指责美国的干涉是“对多米尼加人民的严重挑衅，也是对拉丁美洲各国人民和全世界人民的严重挑衅。”并表示，“中国人民坚决支持多米尼加人民反美爱国的武装斗争”。[①] 1967年12月，正当越南人民抗美救国斗争处在最为困难的时刻，毛泽东代表中国人民坚定地表示：“七亿中国人民是越南人民的坚强后盾，辽阔的中国领土是越南人民的可靠后方。”[②] 为了支援印度支那人民的抗美斗争，中国人民在十分困难的情况下，承担了最大的民族牺牲。1968年4月发生了美国黑人牧师马丁·路德·金突然被美帝国主义者暗杀的事件。毛泽东为此发表声明，坚决支持美国黑人的抗暴斗争，并说：“当前，世界革命进入了一个伟大的新时代。美国黑人争取解放的斗争，是全世界人民反对美帝国主义的总斗争的一个组成部分，是当代世界革命的一个组成部分。我呼吁：世界各国的工人、农民、革命知识分子和一切愿意反对美帝国主义的人们，行动起来，给予美国黑人的斗争以强大的声援！全世界人民更紧密地团结起来，向着我们的共同敌人美帝国主义及其帮凶们发动持久的猛烈的进攻！可以肯定，殖民主义、帝国主义和一切剥削制度的彻底崩溃，世界上一切被压迫人民、被压迫民族的彻底翻身，已经为期不远了。”[③] 1970年3月，美国阴谋策动柬埔寨朗诺—施里玛达集团的反动政变，悍然出兵柬埔寨，恢复轰炸越南北方，激起了印度支那三国人民的愤怒反抗。毛泽东发表了著名的“五二〇”声明，强烈谴责美国新的侵略行径，表明了

---

① 《毛泽东外交文选》，中央文献出版社、世界知识出版社1994年版，第567页。

② 《毛泽东致阮友寿的电报》，1967年12月19日。

③ 《毛泽东外交文选》，中央文献出版社、世界知识出版社1994年版，第578～579页。

“中国人民坚决支持印度支那三国人民和世界各国人民反对美帝及其走狗的革命斗争”[①] 的坚强决心和严正立场，并坚信：“印度支那三国人民加强团结，互相支援，坚持持久的人民战争，一定能够排除万难，取得彻底胜利。”[②] 极大地鼓舞了印度支那三国人民的斗志。毛泽东在 1970 年 7 月 11 日同坦桑尼亚政府代表团和赞比亚政府代表团谈话时，鼓励他们说：“实际上现在世界上帝国主义的日子不大好过。它们怕第三世界，既怕你们这些人，也怕我们这些人。要破除迷信，不要迷信那个什么帝国主义。”[③] 他一再号召：“全世界人民团结起来，打败美国侵略者及其一切走狗！”[④]

根据毛泽东的上述主张，中国政府和中国人民全力支持亚非拉人民的斗争，在许多新兴国家独立后，又慷慨解囊，尽力帮助他们发展民族经济，争取经济独立，以巩固和发展来之不易的政治上的独立地位。1963 年 12 月 13 日至 1964 年 2 月 29 日，中国政府总理周恩来访问亚非 13 国，并在马里访问期间代表中国政府提出中国对外援助的八项原则，主要内容包括：第一，中国政府一贯根据平等互利的原则对外提供援助，从来不把这种援助看作是单方面的赐予，而认为援助是相互的。第二，中国政府在对外提供援助的时候，严格尊重受援国的主权，绝不附带任何条件，决不要求任何特权。第三，中国政府以无息或者低息贷款的方式提供经济援助，在需要的时候延长还款期限，以尽量减少受援国的负担。第四，中国政府

① 《毛泽东外交文选》，中央文献出版社、世界知识出版社 1994 年版，第 585 页。

② 《毛泽东外交文选》，中央文献出版社、世界知识出版社 1994 年版，第 585 页。

③ 《毛泽东外交文选》，中央文献出版社、世界知识出版社 1994 年版，第 587～588 页。

④ 《毛泽东外交文选》，中央文献出版社、世界知识出版社 1994 年版，第 586 页。

对外提供援助的目的，不是造成受援国对中国的依赖，而是帮助受援国逐步走上自力更生、经济上独立发展的道路。第五，中国政府帮助受援国建设的项目，力求投资少，收效快，使受援国政府能够增加收入，积累资金。第六，中国政府提供自己所能生产的、质量最好的设备和物资，并且根据国际市场的价格议价。如果中国政府所提供的设备和物资不合乎商定的规格和质量，中国政府保证退换。第七，中国政府对外提供任何一种技术援助的时候，保证做到使受援国的人员充分掌握这种技术。第八，中国政府派到受援国帮助进行建设的专家，同受援国自己的专家享受同样的物质待遇，不容许有任何特殊要求和享受。①

中国政府上述充分尊重受援国的主权和独立，不谋取自己私利和特权的立场，充分体现了中国政府和中国人民真心帮助亚非拉新兴国家发展民族经济的国际主义精神和平等待人原则，受到亚非拉国家政府和人民的广泛赞扬。1964 年 6 月 14 日，坦桑尼亚第二副总统拉希迪・姆・卡瓦瓦同毛泽东会见时真诚地说：我们非常欣赏中国对我们正在发展中的国家主动采取的一些措施，特别是你们的对外援助的八项原则。对此，毛泽东指出："我们一定要实行八项原则。如果我们不执行其中任何一项，那就不行，对你们不利，对我们也不利。"② 从此以后，中国对外援助的八项原则作为中国政府的一项坚定不移的政策在开展对亚非拉国家经济关系中广泛实施，并取得良好的效果，为中国赢得了更多的朋友。

2. **积极同亚非拉新兴的民族主义国家建交并发展友好合作关系**

毛泽东在 1958 年 9 月 30 日会见印度尼西亚总统苏加诺时指出："你

① 参见《毛泽东外交文选》，中央文献出版社、世界知识出版社 1994 年版，第 651～652 页。

② 《毛泽东外交文选》，中央文献出版社、世界知识出版社 1994 年版，第 527 页。

认为我们作工作，我们交朋友，重点应该放在什么地方？我认为应该放在三大洲，也就是亚洲、非洲和拉丁美洲，另外还有大半个欧洲。”① 所以，我国积极主动地同不少亚非拉新兴国家建立了外交关系，与它们进一步加强了政治、经济、文化方面的交流，并同一些未建交的亚非拉国家广泛开展了民间来往。

第二次世界大战爆发以后，亚非拉各地区民族解放运动兴起，建立了一大批新兴的发展中国家。那时，毛泽东曾认为，在第二次世界大战和苏联已经完成社会主义建设之后，就绝不会再有一个基马尔式的小小的资产阶级专政的土耳其②，“处在今天的国际环境中，殖民地半殖民地的任何英雄好汉们，要就是站在帝国主义战线方面，变为世界反革命力量的一部分；要就是站在反帝国主义战线方面，变为世界革命力量的一部分。二者必居其一，其他的道路是没有的。”③ 但进入 20 世纪 50 年代中期以后，毛泽东注意到，亚非拉地区各国人民争取和维护民族独立的正义斗争更加迅速地发展起来，在国际舞台上，亚非拉一些采取中立立场的民族主义国家正在兴起，“它们不是帝国主义国家，也不是社会主义国家，而是民族主义国家”。④ 这些国家正作为一支独立的政治力量登上国际舞台。所以，1958 年 9 月 2 日，毛泽东在同巴西记者马罗金和杜特列夫人谈话时对自己过去的观点作了修正，他指出，在《新民主主义论》中讲到的上述观点，“事实上，这种观点只适合于一部分国家，例如中

---

① 毛泽东会见印度尼西亚总统苏加诺时的谈话，1958 年 9 月 30 日。

② 基马尔，又译凯末尔（1881～1938 年），土耳其民族商业资产阶级的代表。第一次世界大战后领导土耳其的民族解放运动和资产阶级民主革命。1923 年在土耳其建立资产阶级共和国，当选为第一任总统。

③ 《毛泽东选集》第 2 卷，人民出版社 1991 年第 2 版，第 680～681 页。

④ 《毛泽东外交文选》，中央文献出版社、世界知识出版社 1994 年版，第 336 页。

国、土耳其。对于印度、印度尼西亚、阿拉伯联合共和国等国家却不适用。它们不是帝国主义国家，也不是社会主义国家，而是民族主义国家。拉丁美洲有许多这样的国家，将来还会多”。“这些国家既不站在帝国主义的一边，也不站在社会主义的一边，而站在中立的立场，不参加双方的集团，这是适合于它们现时的情况的”。然而，“民族主义国家采取中立立场，帝国主义国家却不喜欢，因为这些民族主义国家的中立是摆脱了它们的控制而取得的。民族主义国家的中立就是一种独立自主、不受控制的立场。我们社会主义阵营欢迎这些国家的这种中立的立场，因为它有利于和平事业，不利于帝国主义的侵略计划和战争计划。我们把亚洲、非洲、拉丁美洲已经独立的国家看成朋友，把还没有独立、正在争取独立的国家也看成朋友。我们支持它们”。毛泽东还说：“中国和拉丁美洲国家的社会制度是不同的，但是，在许多点上是相同的。首先，要求独立这一点是相同的。不仅你们有独立问题，我们也有。我们还有台湾问题，美国还在威胁我们。即使台湾收复了，美国的威胁还会存在。这是我们最大的共同点。其次，我们的经济都不发达。要求发展经济的愿望，在你们那里是迫切的，在我们这里也是迫切的。所有亚洲、非洲、拉丁美洲的国家的共同历史任务，就是争取民族独立，发展民族经济和发展民族文化。”①

毛泽东基于上述认识，制定了积极同亚非拉新兴的民族主义国家建交并发展友好合作关系的方针，这成为我国外交政策中的一项重要内容。每当一个新兴的民族主义国家宣布独立，中国政府立即予以承认，并在坚持“一个中国”的原则下，以灵活的态度在建交方式和程序上照顾对

① 《建国以来毛泽东文稿》第7册，中央文献出版社1992年版，第370～371页。

方的具体困难。1955 年 4 月万隆会议以后，中国同亚非拉国家的关系不断加强，领导人的互访日益频繁。在互访的过程中，中国与广大亚非拉国家增进了了解，发展了友好合作关系。从 20 世纪 50 年代中期到 60 年代末，中国同周围一些国家解决了历史遗留下来的问题，同更多的亚非拉国家建立了外交关系，签订了友好条约，并且更明确地制定和宣布了同亚非拉国家加强政治关系、开展经济合作的基本政策。到 20 世纪 60 年代末，已有 22 个亚非拉国家的元首或政府首脑应邀到中国进行过友好访问。这是建国后的第二次建交高潮。这些亚非拉国家对中国的有力支持，对于后来 1971 年中国恢复在联合国合法席位的表决中最终取得胜利起了关键作用。

## 三、为中美建交作出的努力

从 20 世纪 60 年代后期开始，苏联在国际关系中越来越呈现出侵略扩张的态势，据此，毛泽东后来提出了“三个世界”划分的理论，把苏联归入同美国一样的霸权主义超级大国之列。这一划分具有重大的战略意义。而更具重要意义的是，毛泽东在反对两霸的时候，对二者加以区别，指出对于我国来说，苏联是更大、更直接的军事威胁。因而提出了联合美国共同对付苏联的外交战略。

为此，1970 年 12 月 18 日，毛泽东在同美国作家、友好人士埃德加·斯诺谈话时就说：“如果尼克松愿意来，我愿意和他谈，谈得成也行，谈不成也行，吵架也行，不吵架也行，当做旅行者来谈也行，当做总统来谈也行。总而言之，都行。”他还说：“中美两国总要建交的。中国和美国难道就一百年不建交啊？”他还请斯诺给尼克松“捎个信，叫他偷偷地，不要公开，坐上一架飞机就可以来嘛。谈不成也可以，谈得成也可以嘛。何必那么僵着?”① 表达了愿与美国建立外交关系的意愿。在毛泽东这一战略思想的指导下，1971 年 4 月，中国邀请在日本名古屋参加第 31 届世界乒乓球锦标赛的美国乒乓球队访问中国，这对恢复两国人民的友好往来起了重要的作用。1972 年 2 月，尼克松访华，中美发表了上海公报，实现了美国与中国关系的缓和，开始了两国关系正常化的进程。

但与此同时，美国同苏联的关系也得到了某种缓和，并且，美苏两国领导人还声称他们之间的“和缓”“开辟了谈判的时代”和“一代人的和平”。在这种情况下，毛泽东清醒地指出，美苏关系的缓和是暂时的，不巩固的，骨子里还是争夺为主。1973 年 2 月毛泽东接见来访的美国总统国家安全事务助理基辛格时就强调说，要共同对付苏联，并提出要搞一条横线，即一个纬度。这就正式宣告了中国反对两霸而又侧重反对“苏霸”的方针。这一方针，是根据当时中国的安全环境和国际全局的政治形势而确立的，是正确的。

毛泽东这次谈话中提到的一条横线一个纬度问题，后来在 1974 年 1 月会见日本外相大平正芳时又谈及，并发展为“一条线”和“一大片”的对外战略策略。“一条线”，即中国、美国、日本、巴基斯坦、伊朗、土耳其、欧洲等大致处于同一纬度的各国团结起来；“一大片”，即亚非拉一大片都团结起来；“一条线”、“一大片”都团结起来共同对付当时最霸道的苏联。这就是说，不但第三世界、第二世界的各国都要团结起来，就连第一世界的美国也要团结起来，一致对付威胁中国和世界和平的苏

① 《毛泽东外交文选》，中央文献出版社、世界知识出版社 1994 年版，第 592～594 页。

联。这条战略策略路线，就是反对苏联霸权主义的国际统一战线。对于中国提出的这一战略方针，美国方面并未接受。他们仍把美苏的战略武器谈判的进展状况摆在最重要地位，致使中美关系正常化的进程进展缓慢。

横亘于中美关系之间的还有一个台湾问题。在中美上海公报中，中国方面强调“台湾问题是阻碍中美两国关系正常化的关键问题”。但在这个问题上，美国方面一直处理不好，影响到中美关系正常化进程的发展。为此，1973年11月毛泽东会见基辛格，周恩来总理也同基辛格长时间会谈，于11月14日发表公报，双方重申了信守上海公报确定的各项原则；中国方面再次强调指出，中美关系正常化只有在确认“一个中国”的原则基础上才能实现。双方并宣布继续努力扩大联络处的工作范围，并采取措施为进一步发展两国贸易创造条件。

1974年8月福特就任美国总统时，重申美国将继续遵循上海公报的原则，努力谋求与中华人民共和国关系的正常化。但美国政府仍然不愿意解决台湾问题，所以两国关系正常化并未取得进展。这是中美两国之间存在的根本分歧。但无论如何，由于双方的共同努力，特别是毛泽东所做出的种种努力，三年来两国关系还是有所改进的，两国人民的往来有了发展。这为后来中美外交关系的建立奠定了基础，开辟了道路。

1949～1976年间，当代中国外交在毛泽东的战略指导下，坚持独立自主的外交政策，努力争取和维护世界和平，坚持在平等的基础上发展同世界各国的友好合作关系，经过不懈的努力奋斗，终于打破了西方列强的封锁和包围，顶住了霸权主义的巨大压力，维护了国家的独立、主权和领土完整，并且使中华人民共和国在错综复杂的国际社会中牢牢站稳了脚跟，成为一支不容忽视的力量。1949年中华人民共和国成立时，世界上只有十几个国家予以承认并与我国建立正式外交关系。27 年后，1976 年毛泽东逝世时，已有 110 个国家与中国建立了外交关系，并开展了广泛的政治、经济、文化、军事等方面的友好合作与往来。外交上取得的这些丰硕成果，为当代中国社会主义现代化建设和改革开放事业的顺利发展，奠定了重要基础。

第四章

# 作为经济战略家的毛泽东

谈到毛泽东的经济思想，有人可能会觉得内容不多，认为毛泽东经济思想上的创见，较之他在其他方面的理论，比如哲学、军事、政治、文艺等等，明显薄弱；而且认为他领导经济尽是失误，贡献没几点；即便有点贡献，取得一些成就，也谈不上有系统的经济思想和经济理论；尽管有一些经济思想也是若干零散的片断的观点，且许多是错误的；即使有一些正确的观点，也没多少现实价值，因为现实经济生活大大前进了。

有这些看法，关键是对毛泽东经济思想的特点没有理解。

毛泽东经济思想的特点，总体来讲，他不是研究经济具体运作的经济学家，而是研究经济战略问题的经济学家。他着重研究的不是投入与产出的具体运作、计划与市场如何具体运作等等，而是建设社会主义经济的战略问题。正是在这个意义上，可以说，毛泽东是建设社会主义经济的战略家。

不妨让我们把历史的眼光向前延伸：在创立社会主义的经济思想之前，毛泽东先是创立了关于中国半殖民地半封建社会经济形态的完整学说；在这个理论基础上，又领导中国完成了从半殖民地半封建社会经济形态到新民主主义社会经济形态的飞跃；之后又完成了从新民主主义社会经济形态到社会主义社会经济形态的飞跃。在这个过程中，我们可以看出毛泽东经济思想的两大特点：第一，它是对社会经济形态作的总体分析，具有战略指导意义。这是说，毛泽东不是就经济谈经济，而是从整个社会形态的角度，联系政治、思想、文化来谈经济问题的。第二，它是理论和实践相统一的经济思想。这是说，毛泽东不是纯粹谈经济理论，而是要把经济理论付诸实践的。毛泽东的经济思想，既是理论经济科学，又是实践经济科学。他既是理论家，又是实践家，而且是成功的实践家。所以，结论是，毛泽东是建设社会主义经济的战略家。

下面，让我们把这两个特点具体化，来探讨毛泽东的经济战略思想及他的贡献和失误。

# 第一节
# 毛泽东是从经济、政治、思想文化相统一的全局着眼研究经济问题的

作为战略经济学家，毛泽东不是仅就经济谈经济，而是从经济、政治、思想文化相统一的全局着眼研究经济问题的。

社会是一个有机整体，其基本要素是经济、政治、思想文化。社会主义作为一个完整的社会形态，不仅以经济方面的特征区别于其他社会形态，而且具有以经济为基础的政治和文化的特征。经济、政治和文化之间存在密不可分的联系。所以，研究发展社会主义经济问题，不能不从经济与政治、思想文化的相互影响和制约着眼。简言之，就是从经济与政治的关系确定发展经济的战略。

经济与政治的关系，毛泽东遵循马克思主义基本原理，坚定地认为，二者是统一而不是分离的。这种统一在社会主义国家的总的表现是：一方面，能否用较快时间改变经济落后状况，是关系无产阶级专政国家政权能否生存和巩固的重大问题；另一方面，能否巩固人民民主专政，加

强无产阶级政治的领导，关系到社会主义经济能否顺利发展。简言之，经济的发展是政权巩固的基础，而政权的巩固则是经济发展的保证。从这个意义，毛泽东坚决主张，搞社会主义经济不能脱离无产阶级政治，在经济工作中，必须坚持政治和经济的统一、政治和技术的统一。对这种统一的高度概括是，他提出了用无产阶级政治统帅社会主义经济，“政治工作是一切经济工作的生命线”的著名论断，也确立了政治要为经济建设服务的思想。

毛泽东关于用无产阶级政治统帅社会主义经济，为经济建设服务的思想和实践，主要有以下内容及经验、教训：

## 一、认为处理好政治问题才能顺利进行经济建设

常有人指责毛泽东只抓政治不抓经济，只抓阶级斗争不抓生产建设。其实，从毛泽东主观上讲，是想政治和经济、生产斗争和阶级斗争一起抓。在他看来，对国内反动派和国外帝国主义进行阶级斗争的根本目的，在于创造一个和平的国际环境和安全的国内环境，从而有效地保卫人民的和平劳动，使我国的经济建设能够顺利进行。

早在革命战争时期，毛泽东就详尽阐述过经济建设与当前革命战争的关系。1933 年 8 月，毛泽东在中央革命根据地南部 17 县经济建设大会上所作的报告中指出：“革命战争的激烈发展，要求我们动员群众，立即开展经济战线上的运动，进行各项必要和可能的经济建设事业。为什么？现在我们的一切工作，都应当为着革命战争的胜利”，“为着争取物质上的条件去保障红军的给养和供给；为着改善人民群众的生活，由此更加激发人民群众参加革命战争的积极性；为着在经济战线上把广大人

民群众组织起来，并且教育他们，使战争得着新的群众力量；为着从经济建设去巩固工人和农民的联盟，去巩固工农民主专政，去加强无产阶级的领导。为着这一切，就需要进行经济方面的建设工作。”① 他在报告中批评了有些同志不明了经济建设工作在革命战争中的重要性，“认为革命战争已经忙不了，哪里还有闲工夫去做经济建设工作，因此见到谁谈经济建设，就要骂为‘右倾’。他们认为在革命战争环境中没有进行经济建设的可能，要等战争最后胜利了，有了和平的安静的环境，才能进行经济建设”。毛泽东明确说：“这种以为革命战争的环境不应该进行经济建设的意见，是极端错误的……他们不知道如果取消了经济建设，这就不是服从战争，而是削弱战争。”② 毛泽东坚定地说：“我们要使人民经济一天一天发展起来，大大改良群众生活，大大增加我们的财政收入，把革命战争和经济建设的物质基础确切地建立起来。这是一个伟大的任务，一个伟大的阶级斗争。”③ 毛泽东在这里全面、深刻地论述了革命战争、阶级斗争与经济建设不是对立的，而是相辅相成、互相促进、互为保障的辩证关系。毛泽东在这篇报告中还特别指出：“在现在的阶段上，经济建设必须是环绕着革命战争这个中心任务的……只有在国内战争完结之后，才说得上也才应该说以经济建设为一切任务的中心。”④ 这里也表达出毛泽东的观点：胜利地进行革命战争的最终目的，是为了创造一个和平建设的环境的思想。

1945 年 1 月，毛泽东在陕甘宁边区劳动英雄和模范工作者大会上，

① 《毛泽东选集》第 1 卷，人民出版社 1991 年第 2 版，第 119 页。
② 《毛泽东选集》第 1 卷，人民出版社 1991 年第 2 版，第 120 页。
③ 《毛泽东选集》第 1 卷，人民出版社 1991 年第 2 版，第 122 页。
④ 《毛泽东选集》第 1 卷，人民出版社 1991 年第 2 版，第 123 页。

专门以“必须学会做经济工作”为题发表讲话。他在号召“我们必须在两三年内，使陕甘宁边区和敌后各解放区，做到粮食和工业品的全部或大部的自给，并有盈余。我们必须使农业、工业、贸易三方面都比现在有更大的成绩”之后，进一步指出：“如果哪一个地方的军民生活没有改善，为着反攻而准备的物质基础还不稳固，农业、工业、贸易不是一年一年地上涨，而是停止不进，甚至下降，便证明那个地方的党政军工作人员还是没有学会经济工作，那个地方就会遇到绝大的困难。”① 这些论述，都明确阐明了政治与经济、战争与生产、阶级斗争与经济建设之间密不可分的辩证统一关系。

毛泽东这一思想，在建国后有了进一步的发展。新中国成立之初，面临的国际、国内阶级斗争是严峻的。那时，外有美帝国主义入侵的危险，内有残余反革命分子的猖狂活动，还有不法资本家种种破坏经济的行径。毛泽东认为，在这种复杂的阶级斗争环境下搞经济建设不能不处理好政治问题；处理好政治问题，经济建设才能顺利进行。在建国初期几年里，的确是生产斗争和阶级斗争两手抓，两手都取得了胜利——抓抗美援朝、镇压反革命等国际国内阶级斗争的结果保障了社会主义经济建设安全顺利进行，而经济建设的成就也为抗美援朝、镇压反革命的胜利提供了有力的物质保证。

毛泽东后来在阶级斗争问题上犯的严重错误，不在于抓了阶级斗争，而在于：第一，他在许多时候对当时阶级斗争的形势作了过于严重的、不切实际的估计，因而提出了“以阶级斗争为纲”的错误口号，并采取了一系列错误的行动，特别是他亲自发动和领导的“文化大革命”更是

① 《毛泽东选集》第3卷，人民出版社1991年第2版，第1015页。

产生了严重后果。第二，在政治思想工作和经济建设二者之间，他有时过分强调了前者而减弱了后者，因而在一段时间内不适当地批判所谓的“业务挂帅”、“白专道路”，搞了一阵“拔白旗”运动，不但伤害了一批知识分子的积极性，而且在社会上造成了某种程度的“空头政治”的不良影响。此外，在民主的实践方面也做得不够，还犯过错误。这些沉痛的教训都是应该牢记不忘的。

但尽管有失误，毛泽东关于在阶级斗争还存在的历史条件下进行社会主义建设，应注重从政治上解决问题的思想，在今天并没有过时。

## 二、搞经济建设不能不问政治方向

毛泽东认为，在经济和政治的关系中，政治是统帅，是灵魂。他赞成列宁说的，政治与经济相比，不能不占首位，因为工人阶级如果不能正确处理政治问题，就不能维持它的统治，也就不能发展社会主义经济。他相信，社会主义经济同资本主义经济不同，它不能自发地发展，必须在无产阶级政党的领导下，在社会主义国家的组织下，才能沿着正确的道路顺利进行。即所谓资本主义提高劳动生产率靠技术，社会主义提高劳动生产率靠技术加政治。这条正确的道路，就是经过社会主义到达共产主义——这也是无产阶级政党领导人民搞经济建设的目的。为此，毛泽东反复强调，进行社会主义建设必须以无产阶级政治为统帅，才能保证经济工作和其他工作不走到邪路上去。“一定要批判不问政治的倾向。一方面要反对空头政治家，另一方面要反对迷失方向的实际家。”这充分体现出毛泽东把坚持无产阶级政治既作为把握社会主义经济建设的方向，又作为保证社会主义经济建设的成功二者统一起来的深刻的辩证思想。

## 三、重视群众的力量

毛泽东一向重视群众的力量。进入社会主义革命和社会主义建设时期后，毛泽东依然把依靠人民群众作为一切事业的胜利之本，认为“社会主义革命和社会主义建设，必须坚持群众路线，放手发动群众，大搞群众运动”。① 加强这方面政治思想工作，毛泽东认为要抓好四件事：

（1）向干部群众进行系统的马克思主义教育，为的是使大家有极大的积极性为社会主义和共产主义的伟大事业努力做好当前工作。

（2）让广大干部群众了解党在一定时期制定的调整各方面关系和指导经济发展的路线、方针、政策和法律、法规，并自觉贯彻执行，为的是统一思想，指导和规范活动。

（3）切切实实地关心群众生活，“替人民着想”，解决群众生产上和生活上的问题。必须给群众以看得见的物质利益，使群众从中感受到党的温暖和社会主义的优越性，从而坚定社会主义信念，以饱满的政治热情和高度的主人翁精神投身社会主义建设事业。

（4）人民群众得到的物质利益还存在一个很好协调的问题，要教育大家处理好当前的和长远的、局部的和全局的、个人的和集体的以及国家的利益之间的关系。

所有这些党的政治工作的重要内容，都是为搞好社会主义经济建设服务的。

---

① 转引自1967年8月30日《人民日报》。

## 四、毛泽东经济思想的阶级性和人民性

毛泽东认为，社会主义经济是为人民服务的经济，不是为剥削者谋利润的经济。[①] 这是说，经济学有着强烈的阶级性。马克思说，政治经济学所研究的材料的特殊性，把人们心中最激烈、最卑鄙、最恶劣的感情，把代表私人利益的复仇女神召唤到战场上来反对自由的科学研究。例如，英国高教会宁愿饶恕对它的三十九个信条中的三十八个信条展开的攻击，而不饶恕对它的现金收入的三十九分之一进行的攻击。毛泽东经济思想的核心，就是为工人阶级和劳动人民谋利益、为中华民族谋利益的经济学说，不是为剥削者谋利润的。所以，毛泽东的经济思想不能不在一些经济学家那里受到冷落。

总之，在毛泽东看来，只有经济、政治、思想文化相统一（不是相割裂），社会主义经济才能生存、巩固和发展。这一思想是符合马克思主义关于社会主义社会运动的基本规律的。了解了毛泽东经济思想的上述特点，对于他的许多做法就会有更多的理解；学习、研究、掌握、运用、完善、发展毛泽东的经济思想，对于今天建设有中国特色社会主义经济，也有重大的现实价值。

① 《毛泽东读社会主义政治经济学批注和谈话》（下），中华人民共和国国史学会印，第799～800页。

## 第二节
## 毛泽东建设社会主义经济的战略思想

毛泽东一生主张理论和实践相统一。他既是理论家，又是实践家，而且是成功的实践家。作为实践的战略经济学家，毛泽东有如下重要的建设社会主义经济的战略思想：

### 一、及时提出工作重心转移到经济建设上来

谈这个问题首先要确认的一点是，毛泽东是极其重视生产力发展的。虽说他在领导经济建设过程中犯过三方面错误（一是一度头脑发热，急于求成，违反规律片面追求高速度；二是在生产关系问题上一度混淆社会主义与共产主义、集体所有制与全民所有制的界限，搞“一大二公”；三是在阶级斗争扩大化错误理论指导下，有时未处理好阶级斗争和经济建设的关系，常把阶级斗争放在不恰当的突出位置，一定程度上影响了经济建设），但可贵的是，他发现了错误即及时努力纠正，从另一个方面

表现出对在中国实现现代化的热切期望。

他充分认识发展生产力的重要性。

第一，他认为，革命的目的，全在于解放和发展中国的生产力。

第二，他认为，经济不发展，政权不会巩固；如果经济永远不发展，我们就要灭亡。

毛泽东把发展经济同巩固政权联系在一起的思想是非常明确的。民主革命时期毛泽东就多次提出：中国必须发展经济，否则就要被人欺负，人民不会拥护我们，人民的政权也不能巩固。消灭落后，是全民族的任务。老百姓拥护共产党，是因为我们代表了民族与人民的要求，但是，如果我们不能解决经济问题，如果我们不能建立新式工业，如果我们不能发展生产力，老百姓就不一定拥护我们。他确信，经济不发展，革命就不能算胜利；如果经济永远不发展，我们就永远不能胜利，我们就要灭亡。

在 1956 年 8 月 30 日召开的中共八大会议预备会议第一次会议上，毛泽东特别强调，我们这样一个 6 亿人口的社会主义国家，如果赶不上世界上最强大的资本主义国家美国，“那你就没有理由，那你就不那么光荣，也就不那么十分伟大”，“那就要从地球上开除你的球籍！”① 1963 年 9 月，毛泽东又提出：“如果不在今后几十年内，争取彻底改变我国经济和技术远远落后于帝国主义国家的状态，挨打是不可避免的。”“我们应当以可能挨打为出发点来部署我们的工作，力求在一个不太长久的时间内改变我国社会经济、技术方面的落后状态，否则我们就要犯错误。”②

---

① 《毛泽东选集》第 5 卷，人民出版社 1977 年版，第 296 页。

② 《毛泽东著作选读》下册，人民出版社 1986 年版，第 848～849 页。

这些话，充分表达了毛泽东尽快实现工作重心转移，尽快把我国经济搞上去的迫切心情，因为他是把经济的发展同政权的巩固紧紧联系在一起的。

正是基于对生产力重要性的这种认识，他几次提出把工作重心转移到经济建设上来的战略方针。

了解毛泽东提出工作重心转移到经济建设上来的战略方针，可以分五个段落：

1. **民主革命时期**

对民主革命目的的论述。早在民主革命时期，毛泽东乃至全党就已确立了一个坚定的信念——一旦建立起新中国，就要着手经济建设。而且，在毛泽东看来，进行新民主主义革命的目的，就是为建立一个现代化的、富强的新中国创造先决条件。所以在那时他就说过，中国一切政党的政策及其实践在中国人民中所表现的作用的好坏和大小，归根到底，看它对于中国人民的生产力的发展是否有帮助及其帮助之大小，看它是束缚生产力的，还是解放生产力的。但是，若民主革命不成功，生产力的发展便无从谈起。这是毛泽东关于革命的目的全在于解放和发展生产力的明确表述。

当国内战争即将结束，新中国即将成立的前夕，在1949年2月召开的中共七届二中全会上，毛泽东又指出：在已经推翻了国民党统治，建立了人民的统治，并且根本上解决了土地问题的北方地区，“党在这里的中心任务，是动员一切力量恢复和发展生产事业，这是一切工作的重点所在”。而在城市，“从我们接管城市的第一天起，我们的眼睛就要向着这个城市的生产事业的恢复和发展，务须避免盲目地乱抓乱碰，把中心任务忘记了”。“城市中其他的工作……都是围绕着生产建设这一个中心工作并为这个中心工作服务的”。总之，革命胜利后的任务是，迅速恢复和发展生产，对付国外的帝国主义，使中国稳步地由农业国转变为工业国，把中国建设成一个伟大的社会主义国家。

由此可见，早在中华人民共和国成立之前，以毛泽东为代表的中国共产党人，已作好了一旦革命胜利就把中心工作转移到经济建设上来的准备。

2. **建国初期**

新中国成立以后，毛泽东的这一思想得到进一步发展。面对旧中国遗留下来的衰败经济，毛泽东在1950年6月提出“为争取国家财政经济状况的基本好转而斗争”。① 1951年2月，他又提出了“三年准备，十年计划经济建设”② 的重要战略构想，这一构想也成为1952年提出的过渡时期总路线的中间环节。因此，建国后头三年，党和国家的工作重心是放在迅速恢复和发展被破坏了的工农业生产上。经过三年努力，胜利完成了国民经济的恢复工作。当时，毛泽东无时无刻不在思考着经济建设和技术改革，从1952年9月以后就多次提到。经过三年经济恢复时期，人民民主专政的政权得到巩固，国民经济情况基本好转，国际形势也不断朝着有利于我国社会主义建设的方面发展。所以要制定一条过渡时期的总路线。这样，社会主义改造和建设的总任务就迫切地提到全党和全国人民面前。紧接着，毛泽东从全国人民彻底改变中国贫穷落后面貌，建设繁荣富强的社会主义国家的愿望出发，提出了以社会主义工业化为主体的“一化三改”总路线和总任务，并带领全党和全国人民提前完成

① 《建国以来毛泽东文稿》第1册，中央文献出版社1987年版，第390页。
② 《建国以来毛泽东文稿》第2册，中央文献出版社1988年版，第126页。

了第一个五年计划，为我国的社会主义工业化奠定了初步的基础。

有人认为，这三年里，抗美援朝、土地改革、镇压反革命等，以及1952年提出过渡时期总路线后开始进行的三大改造运动，都在一定程度上分散了进行经济建设的精力。事实正好相反，这些，以及当时开展的各项运动，无一不是为生产力的发展开辟了道路。

3. **三大改造完成后**

1956年我国社会主义改造的基本完成，标志着我党乃至整个中国历史上两个方面的重大转折，即从新民主主义社会转到社会主义社会，从革命时期转向建设时期。在这重要的历史转折关头，毛泽东适时地提出党的工作重心由以往的革命转移到经济建设和技术革命上来，向自然界开战，发展经济，发展文化。

发表《论十大关系》，提出全面探索适合我国国情的社会主义建设道路。

1956年1月25日，毛泽东在最高国务会议第六次会议上号召："我国人民应该有一个远大的规划，要在几十年内，努力改变我国在经济上和科学文化上的落后状况，迅速达到世界上的先进水平。"① 这年1月制定的农业发展纲要四十条、党中央召开的知识分子问题会议和4月毛泽东发表的《论十大关系》，都是即将实行这种转变的重要举措。

从这年2月开始，毛泽东等领导人用一个半月听取工业、运输业、农业、商业、财政等34个中央部门的工作汇报，对我国经济建设情况和存在问题进行了系统调查研究，中央政治局又多次集体讨论总结经验。毛泽东在此基础上进行总结，于4月25日在中央政治局扩大会议上发表

① 《毛泽东著作选读》下册，人民出版社1986年版，第718页。

了《论十大关系》讲话，以苏为鉴，初步总结了我国几年来建设的经验，提出探索适合我国情况的社会主义建设道路的任务。讲话围绕的基本方针是，调动国内外一切积极因素为社会主义事业服务；阐述的十大关系问题，正确总结了我国经济发展的客观规律，提出了许多可贵的思想，为找到一条适合国情的社会主义建设道路进行了初步探索，对即将开始的社会主义全面建设具有重要意义。

中共八大的召开确定了工作重心转移的思想及经济建设的方针。

1956年9月15～27日召开的中国共产党第八次全国代表大会，明确提出了工作重心转移的思想，指出，三大改造取得了决定性胜利，国内主要矛盾发生了变化，党的主要任务应转到大力发展生产力上来，尽快把我国从落后的农业国建设成先进的工业国。毛泽东在讲话中指出，大会宗旨，是总结七大以来的经验，团结全党，团结国内外一切可以团结的力量，为建设伟大的社会主义中国而奋斗。大会并总结了执行第一个五年计划的经验教训，提出了既反保守又反冒进，在综合平衡中稳步前进的经济建设方针。

八大确定的把工作重心转移到经济建设上来的思想及经济建设方针，为即将开始的全面建设社会主义伟大事业指明了方向，为探索适合我国国情的社会主义建设道路作出了重大贡献，对我国社会主义建设事业具有深远意义。

澄清两个问题。

一是有些论者认为毛泽东实际上是反对八大工作重心转移决定的；二是有些论者认为毛泽东当时认为阶级斗争已完全结束才提出工作重心转移的。

事实并非如此。事实是，八大以后，毛泽东把工作重心转移到经济建设上来的决心是很大的；他当时也没有认为阶级斗争已完全结束，只是认为大规模的群众性的阶级斗争已基本结束，但还有阶级斗争，特别是意识形态方面的阶级斗争还会是长期的，两种制度谁胜谁负的问题只是基本解决了，社会主义只是基本上胜利了，还没有最后胜利，还没有巩固，最后胜利还要有一个时期。

这一思想，从他当时在1957年2月发表的《关于正确处理人民内部矛盾的问题》讲话和在这年3月中国共产党全国宣传工作会议上的讲话，以及他在会后到各地进行宣传时的讲话，这年4月30日他邀集民主党派负责人和无党派人士座谈时的讲话，都可以看得很清楚。

他在《关于正确处理人民内部矛盾的问题》中明确提出：要“将我国建设成为一个具有现代工业、现代农业和现代科学文化的社会主义国家”。并说：“我们的根本任务已经由解放生产力变为在新的生产关系下面保护和发展生产力。”① 他在中国共产党全国宣传工作会议上的讲话中又明确提出了“建设一个具有现代工业、现代农业和现代科学文化的社会主义国家”的号召。② 宣传会议开过后，毛泽东即到天津、济南、南京、上海等地，在各种会议上宣传上述思想。3月17日，他在天津党员干部会议上讲：在过去，我们几十年，主要的工作就是阶级斗争工作，还不是建设工作。现在阶级斗争这件工作基本上结束。所谓基本结束就不是完全结束了。大规模的群众性的阶级斗争基本结束了，我们在八大上面说了。我们党要求搞建设，要学科学，要学会当教授、科学家、工程师、技术人员、医生，跟自然界作斗争，要把中国这个面貌加以改变，

---

① 《毛泽东著作选读》下册，人民出版社1986年版，第760、771～772页。

② 参见《建国以来毛泽东文稿》第6册，中央文献出版社1992年版，第379页。

政治面貌改变之后，必须使经济面貌加以改变。18日，他在济南山东省机关党员干部会上又讲：大规模的阶级斗争基本结束，社会主义改造基本完成，八大做了结论，这个结论是合乎情况的。所谓基本结束，就是说还有阶级斗争，特别表现在意识形态一方面，只是基本结束，不是全部结束，这一点要讲清楚，不要误会。这个尾巴是拖得很长的，特别是意识形态这一方面的阶级斗争。他还说：社会主义、资本主义两种制度谁胜谁负的问题基本上解决了，社会主义基本上胜利了。但是还没有最后胜利，还没有巩固，最后胜利还要有一个时期，大概两三个五年计划。19日，他在南京、上海党员干部会议上讲话的提纲一开始就写道："现在处在转变时期：由阶级斗争到向自然界斗争，由革命到建设，由过去的革命到技术革命和文化革命。许多人还不认识，还企图用过去的方法对待新问题。"① 他在南京的讲话中还说：这个世纪，上半世纪搞革命，下半世纪搞建设。这个世纪还有40年，现在的中心任务是建设。

这年4月30日，毛泽东邀集民主党派负责人和无党派人士座谈时说：过去做的是阶级斗争，民主革命与社会主义革命时期都是如此，是人与人开战，人打人，人内部造反，花了几十年的精力，如从鸦片战争算起，已经百余年了。阶级斗争以后还会有的。现在进入另一种战争，就是向自然界开战。现在学建设的新战争，要从头学起，能不能学会，肯定可以学会。他还说：总的说来，是新的时代和新的任务，革命时期的大规模的急风暴雨式的群众阶级斗争已经基本结束了，要向自然界开战。

他对阶级斗争的上述估计是基本正确的。这种情况下他仍明确提出把党和国家的工作重心由阶级斗争转到向自然界开战为主，这足以说明

---

① 《建国以来毛泽东文稿》第6册，中央文献出版社1992年版，第403页。

他将工作重心转移到经济建设上来的决心之大。

4. **反右扩大化使工作重心转移实际未完成，反右结束后重提把工作重心转到经济建设上来**

从建国后到“文化大革命”前，使工作重心受到最大冲击的是1957年的反右斗争扩大化。在这次斗争中，毛泽东重又判定阶级矛盾是我国社会的主要矛盾。虽说在当时工作重心放在经济建设上并未立即中断，但无论如何，连他自己后来在1959年7～8月庐山会议期间都承认，他在1958年8月以前，主要精力放在革命方面，对经济建设，尤其是工业建设没怎么管。这使工作重心的转移实际未完成。

反右结束后，毛泽东重提把工作重心转移到经济建设上来的战略方针。他在1958年1月召开的南宁会议讲话，以及此后为贯彻会议精神由他撰写的《工作方法六十条（草案）》中，明确提出“现在要来一个技术革命”的号召。中共中央重新提出，思想战线和政治战线取得了基本的胜利，党的工作的着重点应该转到经济建设和技术革命上去了。这是八大路线的继续发展。此后在这一思想指导下，我国经济建设取得了巨大成就，正如党的十一届六中全会通过的《关于建国以来党的若干历史问题的决议》中总结开始全面建设社会主义的十年建设成就时指出的：“我们现在赖以进行现代化建设的物质技术基础，很大一部分是这个期间建设起来的；全国经济文化建设等方面的骨干力量和他们的工作经验，大部分也是在这个期间培养和积累起来的。”

遗憾的是，以后发生的“大跃进”运动和人民公社化运动给经济建设带来的损失，使全党全国工作重心转移的战略决策受到了重大挫折；随着“左”的错误，特别是阶级斗争扩大化错误的日益严重，这一正确的战略决策更是受到了很大冲击。

### 5. 对国民经济进行调整后直到“文化大革命”前，工作重心未受到大的冲击

直到 20 世纪 60 年代初开始纠正经济工作中“左”的错误并对国民经济实行全面调整后，以经济建设为中心的战略决策才又顺利实行。尽管工作中犯了错误，毛泽东要发展经济，尽快把我国建设成一个社会主义现代化强国，赶上西方发达国家的决心，一刻也没有放弃。因此，他在 1962 年初总结“大跃进”经验教训的中央工作会议上，提出要加强对生产力方面知识的学习，要总结社会主义建设的规律，同时要制定一整套适合情况的具体的方针、政策和办法。

此后，即使 1962 年八届十中全会后毛泽东重提阶级斗争，他也没有完全改变经济建设工作的中心地位。毋庸置疑，从这时开始至 1976 年“文化大革命”结束前毛泽东去世，他过于严重地估计国内和党内的阶级斗争形势，以至于发展到“以阶级斗争为纲”，给我国经济建设带来了巨大损失。但研究他的思想，他其实是想“两个第一”即阶级斗争第一、经济工作第一一起抓。在八届十中全会上，毛泽东尽管把阶级斗争提到很高的高度，但他在 9 月 4 日的讲话中仍然讲：要分开一个工作问题，一个阶级斗争问题，我们决不可以因为强调阶级斗争而放松了经济工作，“要把工作放在第一位”，阶级斗争和它平行，不要放在很严重的地位。他还说，请各部门、各地方、各位同志注意，1959 年庐山会议扰乱了我们，我们那个时候不觉悟，本来是搞工作的，后头来一个风暴，就把工作丢了。这回可不要这样。由于有毛泽东这个讲话，加上刘少奇为吸取 1959 年庐山会议教训，提出会议精神限制传达范围，以免把什么都联系到阶级斗争上来分析，并且这建议得到毛泽东赞成，因此全会后，国民经济的调整工作基本上按原计划进行，继续贯彻八字方针，经济工作受

的冲击不大，使国民经济的调整工作到1965年得以基本完成。

总之，作为经济战略家，毛泽东几次在历史的转折关头及时提出工作重点转移到经济建设上来，时机把握得是非常好的。

## 二、改造和建设相结合

在建国初期，毛泽东就制定了改造和建设相结合的战略。

毛泽东1952年建议党中央提出的以“一化三改”为中心内容的过渡时期总路线，就是这一结合的最好说明。建国初期，毛泽东通过对我国国情的分析，提出了“要在一个相当长的时期内，基本上实现国家工业化和对农业、手工业、资本主义工商业的社会主义改造”的过渡时期的总路线，并指出总路线的实质就是“解决所有制的问题”。这条总路线，既是革命转变的标志（从新民主主义到社会主义的过渡），也是进一步解放和发展生产力的标志。

当我们讲到在这条总路线指引下，建国后仅7年就取得了伟大的历史性胜利时，指的是两个方面：一是胜利实现了从新民主主义到社会主义的伟大转变，使社会主义制度在我国基本上建立起来；二是在社会主义改造这场极其深刻的社会变革中，我们不仅避免了在这类情况下通常难以避免的生产力下降，而且促进了工农业和整个国民经济的发展。总之，我们不但建立了社会主义生产关系，而且促进了生产力的迅速发展。

毛泽东不止一次地表明，由他亲自组织和领导的三大改造运动的目的是为了解放生产力。他说：“农业和手工业由个体所有制变为社会主义的集体所有制，私营工商业由资本主义所有制变为社会主义所有制，必然使生产力大大地获得解放。这样就为大大地发展工业和农业的生产创造了社会条件。”① 在农业合作化期间，毛泽东提出：“中国只有在社会经济制度方面彻底地完成社会主义改造，又在技术方面，在一切能够使用机器操作的部门和地方，统统使用机器操作，才能使社会经济面貌全部改观。由于我国的经济条件，技术改革的时间，比较社会改革的时间，会要长一些。估计在全国范围内基本上完成农业方面的技术改造，大概需要四个至五个五年计划，即二十年至二十五年的时间。全党必须为了这个伟大任务的实现而奋斗。”② 这充分说明，毛泽东认为，社会主义改造和社会主义建设是必须结合在一起，而不是脱离，更不是对立的。

## 三、独立自主，自力更生；建立独立的完整的工业体系和国民经济体系

众所周知，当中华人民共和国刚刚开始社会主义建设的时候，苏联是不赞成中国搞独立的完整的工业体系的，觉得有他们就行了。东欧一些国家就是依照苏联的办法，自己不搞独立的完整的工业体系，基本上依靠苏联，搞所谓的“社会主义大家庭”。只有毛泽东对苏联的做法进行抵制，提出中国一定要建立自己的独立的完整的工业体系和国民经济体系，实现经济独立，以保障政治独立。他提出的发展我国国民经济两步设想的第一步，就是在1980年以前，建成一个独立的比较完整的工业体系和国民经济体系。其标志主要是：在独立自主、自力更生为主，争取外援为辅的方针指导下，建立起工业门类基本齐全，布局比较合理，基

① 《毛泽东著作选读》下册，人民出版社1986年版，第717页。
② 《建国以来毛泽东文稿》第5册，中央文献出版社1991年版，第256页。

本上能满足扩大再生产和国民经济技术改造的需要、国防现代化建设的需要和不断提高人民生活水平的需要的工业体系，并且在国际经济贸易交往中，能够保证贯彻平等互利的原则，在资本主义世界市场经常波动的情况下，保持我国经济稳定健康地发展。就整个国家而言，它不是要求每一个省、每一个地区建立独立的完整的工业体系，各个地区应在统一的社会主义国家内，结合实际，扬长避短，发挥优势，讲求经济效益，因地制宜地发展工业。就整个世界而言，这种工业体系也不是完全封闭的。在世界上，各国经济和科学技术发展不平衡，在生产社会化程度不断提高的情况下，任何国家都必须从本国国情出发，大力发展对外经济合作，引进外国先进设备，学习和借鉴国外先进管理经验和科学技术，促进本国生产力的发展，加快国内工业体系现代化。

这是加速我国社会主义现代化建设的重大步骤。

如何实现这一目标？毛泽东提出了社会主义建设中独立自主、自力更生的原则，要把立足点放在自力更生的基础上。他强调要从本国实际出发，依靠自己的力量，进行革命和建设；但这绝不是不要外援，绝不能闭关自守，盲目排外，而是把基点放在依靠自己力量上。这就是自力更生为主、争取外援为辅的方针。他提出，要以自力更生为主，争取外援为辅，破除迷信，独立自主地干工业、干农业、干技术革命和文化革命，打倒奴隶思想，埋葬教条主义。认真学习外国的好经验，也一定要研究外国的坏经验——引以为戒。深刻地阐明了独立自主、自力更生同争取外援之间的辩证关系。

这是以毛泽东为代表的中国共产党人，在领导中国革命和建设中总结出来的创造性结论，是毛泽东经济思想的核心。早在抗日战争时期，毛泽东就提出过这一思想。他在 1945 年 1 月的一次讲话中就说：“我们要打击日本侵略者，并且还要准备攻入城市，收复失地。然而我们是处在个体经济的被分割的游击战争的农村环境中，怎样能够达到这个目的呢？我们不能学国民党那样，自己不动手专靠外国人，连棉布这样的日用品也要依赖外国。我们是主张自力更生的。我们希望有外援，但是我们不能依赖它，我们依靠自己的努力，依靠全体军民的创造力。那末，有些什么办法呢？我们就用军民两方同时发动大规模生产运动这一种办法。”① 在这个方针指导下，我们在艰苦卓绝的条件下取得了革命战争的胜利；同样在这个方针指导下，我国在社会主义建设中成功地克服了许多难以想象的困难，其中包括帝国主义封锁、苏联单方面撕毁合同并撤走专家等等造成的困境，靠自力更生、艰苦奋斗取得了经济建设的辉煌成就。

建国后，中国人民在党和政府的领导下，根据毛泽东提出的这一战略思想，经过经济恢复和经济建设，最辉煌的成就之一，就是在旧中国遗留下来的废墟上，逐步建立起独立的比较完整的工业体系。工业初步改变了历史遗留下来的技术落后、畸形发展的状况，建立起了门类比较齐全、布局趋向合理的生产体系。原定 1980 年完成的建立独立完整的工业经济体系和国民经济体系的目标，已于 1979 年提前实现。1979 年国庆 30 周年时，叶剑英明确宣布：我国已建成了独立完整的工业体系。

独立自主、自力更生，至今是我们的立足点。正如邓小平在党的十二大开幕词中所说：“中国的事情要按照中国的情况来办，要依靠中国人自己的力量来办。独立自主，自力更生，无论过去、现在和将来，都是我们的立足点。”②

---

① 《毛泽东选集》第 3 卷，人民出版社 1991 年第 2 版，第 1016 页。

② 《邓小平文选》第 3 卷，人民出版社 1993 年版，第 3 页。

## 四、提出了社会主义“四个现代化”总任务

回顾历史，我们看到，要把中国建设成为一个具有“四个现代化”的国家这个口号，也是由毛泽东首先提出来的。

还在革命胜利前的1945年4月，毛泽东即在中共七大的政治报告中提出：“在新民主主义的政治条件获得之后，中国人民及其政府必须采取切实的步骤，在若干年内逐步地建立重工业和轻工业，使中国由农业国变为工业国。”“中国工人阶级的任务，不但是为着建立新民主主义的国家而斗争，而且是为着中国的工业化和农业近代化而斗争。”① 这里所说的“由农业国变为工业国”、“工业化和农业近代化”，应该说是“四个现代化”思想的最初萌芽。

1949年3月中共七届二中全会上，毛泽东再次提出：“在革命胜利以后，迅速地恢复和发展生产，对付国外的帝国主义，使中国稳步地由农业国转变为工业国，把中国建设成一个伟大的社会主义国家。”② 在1952年提出的过渡时期总路线中，着重地提出了社会主义工业化问题。

到了1953年8月，毛泽东提出的党在过渡时期总路线的第一次正式的文字表述是：“党在这个过渡时期的总路线和总任务，是要在一个相当长的时期内，基本上实现国家工业化和对农业、手工业、资本主义工商业的社会主义改造。”③ 后来，毛泽东对总路线的内容作了一些修改，其

① 《毛泽东选集》第3卷，人民出版社1991年第2版，第1081页。
② 《毛泽东选集》第4卷，人民出版社1991年第2版，第1437页。
③ 《建国以来毛泽东文稿》第4册，中央文献出版社1990年版，第301页。

中就将“国家工业化”改为“国家的社会主义工业化”。[①] 这与此前提出的“变农业国为工业国”的意思是一样的，只不过是说法不同罢了。

1953年12月中共中央批准、中央宣传部制发的《关于党在过渡时期总路线的学习和宣传提纲》，在解释国家的社会主义工业化时，提出了“促进农业和交通运输业的现代化”，“建立和巩固现代化的国防”。

在1954年9月第一次全国人民代表大会第一次会议的开幕词中，毛泽东提出了“将我们现在这样一个经济上文化上落后的国家，建设成为一个工业化的具有高度现代文化程度的伟大的国家”。周恩来在这次会议上的《政府工作报告》中，发挥了党中央和毛泽东的这些思想，明确提出：“如果我们不建设起强大的现代化的工业、现代化的农业、现代化的交通运输业和现代化的国防，我们就不能摆脱落后和贫困，我们的革命就不能达到目的。”[②] 这可以说是“四个现代化”思想的最早提法。这篇工作报告是经毛泽东审阅同意的[③]，可以说代表了毛泽东的思想。只是这时提出的是“交通运输业”的现代化，而不是“科学技术”的现代化。

毛泽东在1957年2、3月分别发表的《关于正确处理人民内部矛盾的问题》和《在中国共产党全国宣传工作会议上的讲话》中，都提到了“三化”，即将我国建设成为一个具有“现代工业、现代农业和现代科学文化的社会主义国家”。[④] 这里没有提到国防现代化和科学技术现代化。但实际上，这里提到的科学文化现代化应该是包括了科学技术现代化的，因为“科学文化”概念的含义更为宽广，包括了“科学技术”。

---

① 《建国以来毛泽东文稿》第4册，中央文献出版社1990年版，第405页。

② 《周恩来经济文选》，中央文献出版社1993年版，第176页。

③ 参阅《建国以来毛泽东文稿》第4册，第556页。

④ 《建国以来毛泽东文稿》第6册，中央文献出版社1992年版，第319、379页。

在1957年6月正式发表的《关于正确处理人民内部矛盾的问题》和1958年5月中国共产党第八次全国代表大会第二次会议关于中央委员会的工作报告的决议中，都提出了把我国建设成为一个具有现代工业、现代农业和现代科学文化的社会主义国家的问题。

1959年底到1960年初，毛泽东带领部分同志读苏联《政治经济学教科书》社会主义部分和斯大林著《苏联社会主义经济问题》时，明确提出："建设社会主义，原来要求是工业现代化，农业现代化，科学文化现代化，现在要加上国防现代化。"① 至此，"四个现代化"的完整提法有了，只是未在公开文字中出现。

20世纪60年代初提出"农业是基础，工业是主导"的思想以后，在"四个现代化"的提法中，便把"农业现代化"放在"工业现代化"的前面了。1963年1月，周恩来在上海市科学技术工作会议上的讲话中谈到"四个现代化"时，他的表述是："我们要建立一个富强的国家，实现农业现代化、工业现代化、国防现代化和科学技术现代化。"

"四个现代化"提法的正式公布，是在1964年12月周恩来在三届人大一次会议作的《政府工作报告》中。"今后发展国民经济的主要任务，总的说来，就是要在不太长的历史时期内，把我国建设成为一个具有现代农业、现代工业、现代国防和现代科学技术的社会主义强国，赶上和超过世界先进水平。"② 这一提法是根据毛泽东的提议提出的。在1975年1月召开的四届人大一次会议上，周恩来作的《政府工作报告》中又重申了这段话，并特别指出，是"遵照毛主席的指示，三届人大的政府

---

① 转引自《毛泽东思想发展史》，中共中央党校出版社1993年版，第711页。

② 《周恩来经济文选》，中央文献出版社1993年版，第563页。

工作报告曾经提出，从第三个五年计划开始，我国国民经济的发展，可以按两步来设想：第一步，用十五年时间，即在1980年以前，建成一个独立的比较完整的工业体系和国民经济体系；第二步，在本世纪内，全面实现农业、工业、国防和科学技术的现代化，使我国国民经济走在世界的前列”。①

毛泽东去世以后，我们党继承了毛泽东在中国实现“四个现代化”的遗志，直到现在仍然把这作为我们的奋斗目标。所不同的，只是在次序上把工业现代化移到了农业现代化的前面，为的是更好地体现以工业为主导的意思。

以上基本上是“四个现代化”提出的大致过程。

## 五、提出“两步走”的战略步骤

为了实现“四个现代化”，根据毛泽东的意见，在1963年9月中央工作会议上制定国民经济的长期规划时，提出了分两步走的设想。第一步建立一个独立的、比较完整的工业体系和国民经济体系，使我国工业大体接近世界先进水平；第二步使我国走在世界前列，全面实现农业、工业、国防、科学技术现代化。1964年12月周恩来总理在第三届全国人民代表大会上代表中央作的《政府工作报告》中再次提出，发展国民经济的主要任务是，要在不太长的历史时期内，把我国建设成为一个具有现代农业、现代工业、现代国防和现代科学技术的社会主义强国，赶上和超过世界先进水平；实现这个总任务的基本步骤是：第一步，从第

① 《周恩来经济文选》，中央文献出版社1993年版，第652页。

三个五年计划开始，争取用三个五年计划的时间，建立起一个独立的比较完整的工业体系和国民经济体系；第二步，全面实现农业、工业、国防和科学技术的现代化，使中国经济走在世界的前列。分两步走的战略步骤，对中国的社会主义经济建设具有重要的指导意义。

## 六、创造性地提出中国工业化的道路

工业化是指整个国民经济由以农业为主的状态向以机器大工业为主的状态的过渡，生产生产资料的工业必须居于优势，国民经济各部门由先进机器设备来装备。

通往工业化的道路，毛泽东反复强调建设社会主义不能照搬外国的经验，要参考外国经验，走一条自己的通往工业化的道路。他反复强调，任何外国的经验，只能作参考，不能当作教条。在实现工业化的道路问题上，毛泽东从中国实际出发，提出要正确处理社会主义经济内部存在的诸多矛盾，其中特别是重工业和轻工业、农业的关系。他注意到在这个问题上苏联和东欧一些国家处理得不够好，都是片面注重重工业，忽视农业和轻工业，结果造成市场货物不够，货币不稳定，苏联的粮食产量长期达不到革命前的最高水平。为此，毛泽东多次强调不要机械搬用外国经验，要从中国是个大农业国的情况出发，以农业为基础，正确处理重工业同农业、轻工业的关系，走出一条适合我国国情的中国工业化道路。

在“一五”计划时期，毛泽东就开始探讨这个问题。经过摸索，总结了我国经济建设的经验，又吸取了苏联片面强调重工业，忽视农业和轻工业给国民经济造成损失的教训，毛泽东提出，重工业是我国建设的重点。必须优先发展生产资料的生产，但决不可以因此忽视生活资料尤其是粮食的生产，要用多发展一些农业、轻工业的办法来发展重工业。这一做法既适合我国人口多而资金不足的基本国情，也符合社会主义生产的目的。所以，中国工业化的道路是：以工业为主导，以农业为基础，在正确处理农业、轻工业和重工业关系的基础上实现由农业国向工业国的过渡。

这个问题的关键，是处理好农轻重关系。毛泽东在这个问题上的观点，概括来讲就是：我国是一个有8亿农民的农业大国，所以，第一，发展工业必须与发展农业同时并举，工业才有原料和市场，才能逐步积累足够的资金；第二，轻工业是提供消费品和积累资金的重要部门，发展重工业也离不开轻工业的发展；第三，中国的工业化道路主要是解决好重工业、轻工业和农业的发展关系问题，以重工业为中心是工业化的关键，但同时必须充分注意发展农业和轻工业，要以农、轻、重为序来安排国民经济计划。

毛泽东创造性地提出的“农、轻、重”的顺序，已为实践证明了它的正确性。这是毛泽东在实现中国工业化道路问题上的一个杰出贡献。

毛泽东提出的“以农业为基础，以工业为主导”的总方针和“以农轻重为序安排国民经济计划”的原则，在我国社会主义建设初期，为中国工业化道路指明了方向。

## 七、提出“两参一改三结合”的企业管理思想

所有制问题解决后最重要的是管理。建国后，我国的企业民主管理思想，主要是毛泽东提出的“两参一改三结合”思想和邓小平关于职工代表大会的思想。

早在中共八大二次会议上，毛泽东就提出："干部参加劳动，工人参加管理。"1960年初，中共鞍山市委总结鞍钢的经验《关于工业战线上的技术革新和技术革命运动开展情况的报告》上报中央，毛泽东3月22日对此报告作了批示，把鞍钢的经验称为"鞍钢宪法"，其中提出了"两参一改三结合"的管理制度。"两参"即干部参加生产劳动，工人参加企业管理；"一改"即改革企业中不合理的规章制度；"三结合"即企业领导干部、技术人员、工人相结合。

毛泽东当时曾号召全国一切大中企业、大中城市学习鞍钢的这一经验。"两参一改三结合"的基本精神是：在社会主义企业中，工人、技术管理人员、干部都是企业的主人。干部参加劳动，对于密切与工人的关系，不搞特殊化，对于搞好企业管理，对于熟悉生产都是很重要的一着，而工人参加管理，则体现了工人当家做主的权利，体现了社会主义企业中的经济民主。规章制度是为现代化生产的发展而设置的，随着工厂企业生产的不断发展，那些不适应现代管理的旧规陋章要作改革和完善。"三结合"则是要求在企业的生产、经营、管理中贯彻群众路线，发挥各自的长处，密切领导、技术管理人员和工人之间的关系，调动各方面的积极因素，解决多方面矛盾，促进企业发展的正确原则。这个社会主义工厂企业的正确原则，对办好社会主义工厂企业是长期适用的。

实践证明，技术人员、工人、干部三结合是在技术改革中实行群众路线，解决重大技术问题的有效形式。"两参一改三结合"，作为我国工业企业管理中的基本原则，是社会主义民主在企业管理中的具体表现。

## 八、提出集体利益和个人利益相结合的“三兼顾”原则

在社会主义经济理论的发展史上，毛泽东首次提出将社会主义经济利益划分为三个层次，并揭示出三者之间的对立统一关系。其内容可归纳为三点：1. 社会主义社会经济利益关系包括三个基本层次，即国家、生产单位、生产者个人（或国家、集体、个人）；2. 三个层次中，较低的利益层次要服从较高的利益层次，但较高的利益层次又要照顾较低的利益层次；3. 解决三个层次矛盾的根本方法，是统筹兼顾，适当安排。

毛泽东的上述论述，是马克思主义社会主义经济理论宝库的新成果。对于今天仍有重大的现实意义。一方面，国家要照顾企业（集体）的和个人的利益，企业要照顾生产者个人的利益；但另一方面，当发生矛盾冲突时，企业（集体）利益要服从国家利益，生产者个人利益要服从集体的和国家的利益，而不能是相反。

## 九、提出“备战、备荒、为人民”的战略主张

在20世纪50年代末和60年代初，国际形势紧张的情况下，毛泽东为防止和击退外国侵略者的入侵，毅然提出了“备战、备荒、为人民”的战略主张。

当时我们面临的国际环境是：美国侵朝战争失败后又发动了侵略越南的战争，且不断升级，把战火烧到我国南大门外直接威胁我国安全；此前美国还支持台湾国民党反动集团叫嚣“反攻大陆”；中印边境发生武装冲突，印度政府不断蚕食我国领土，在中印边境东、西两段同时向我

发动大规模武装进攻；苏联在我国东北、内蒙古、新疆边境沿线陈兵几十万，气氛非常紧张；美苏两国军备竞赛加剧，世界局部战争不断。

面对如此险恶的国际环境，我们必须进一步加强国防，做到常备不懈。

1964年8月，毛泽东强调：要准备帝国主义可能发动的侵略战争，为了备战，要抢时间把集中在大城市和沿海地区的一部分工厂搬迁到内地。提出要搞三线建设。

1965年1月，毛泽东提出“备战、备荒、为人民”的观点。4月10日，在一份指示中，他提出：第一是备战。否则虽有枪炮，无所用之。第二是备荒，遇到荒年，地方无粮、棉、油等储备，依赖国家接济，总不是长久之计。一遇战争，困难更大。第三是积累不能太多，要为一部分人民至今粮还不够吃、衣被甚少着想；再则要为全体人民分散储备以为备战备荒之用着想。其基本要求是：在确定国家发展的全局性规划时，必须把和平时期的建设同准备应付可能出现的战争情况结合起来；各级地方政府独立地做好本地区的反侵略战争的物质准备，不能依赖中央；中央和地方政府在处理和平时期的工作与未来可能的战争情况时，都必须从人民的利益出发尽量减轻人民负担。

4月12日，中共中央发出的《关于加强备战工作的指示》提出，鉴于美国正在越南扩大侵略战争的步骤，严重威胁我国的安全，要求迅速集中力量，加快战备后方的建设。10月10日，毛泽东在同大区第一书记的谈话中说：要备战。各省要把小三线建设好。不要怕敌人来。1969年3月，苏联军队多次侵入我黑龙江省的珍宝岛地区，制造武装冲突事件。3月15日，毛泽东在中央文革小组碰头会上着重谈了打仗问题。4月，毛泽东在党的九大和九届一中全会上，强调要准备打仗。随后，即开始全国性的挖防空洞和加强三线建设的备战工作。

1973 年 8 月，党的十大把毛泽东关于“备战、备荒、为人民”，“深挖洞、广积粮、不称霸”作为主要任务之一，要求加强反侵略战争的准备。

后来的实践证明，三线建设在我国的工业发展中具有重要意义，它改变了我国内地工业落后的布局，不仅具有战略意义，而且在改革开放的条件下，随着军工转为民用，在国民经济发展中也起到了带头的作用。

毛泽东这个时期的这一战略方针，虽说由于把经济建设的重点转向了以国防为主的三线建设，基本建设战线拉得过长，以致影响了国民经济的综合平衡，造成了人力、财力、物力上的浪费，有其消极的一面，但从总体看是积极的。有人认为他的这一战略方针是夸大了国际形势中战争的因素，消极方面是主要的。这种看法已被前些时候美苏公布的一批档案否定。毛泽东并没有夸大当时的紧张国际形势。实际上，正是由于我们有充分的备战，所以美苏才不敢轻举妄动。事实证明，毛泽东在准备早打、大打的思想指导下提出的“备战、备荒、为人民”的战略方针是完全正确的。

## 十、提出发展商品生产，又限制商品生产的消极作用

早在民主革命时期，毛泽东就对商品经济和价值规律问题提出过一些正确的思想。例如，他在 1933 年 8 月《必须注意经济工作》的讲话中，就提出要促进根据地内部以及根据地和白区之间的商品流通，“一方面要使我们的粮食，在红色区域内由有余的地方流通到不足的地方，不使有的地方成了堆，有的地方买不到，有的地方价格过低，有的地方价格又过高；一方面要把我区多余的粮食，有计划地（不是无限制地）运

输出口，不受奸商的中间剥削，从白区购买必需品进来……恢复钨砂、木头、樟脑、纸张、烟叶、夏布、香菇、薄荷油等特产过去的产量，并把它们大批地输出到白区去”。① 抗日战争时期，他在1942年12月作的一个报告中谈到根据地的经济问题时，不但提出要发展农业、畜牧业、手工业、盐业，而且提出要发展商业，要“采取帮助其发展的适当步骤和办法”。② 解放战争时期，毛泽东在1948年2月15日为中共中央起草的一份谈新解放区土地改革要点的党内指示中，专门设了一条：“严格注意保护工商业。”③ 几天后，他在2月27日起草的另一份党内指示，则专门谈《关于工商业的政策》。这份指示，批评了某些地方的党组织违反党中央的工商业政策，造成严重破坏工商业的现象，提出对于这种错误必须迅速加以纠正；并明确提出，应当预先防止“将消灭地主富农的封建剥削和保护地主富农经营的工商业严格地加以区别，将发展生产、繁荣经济、公私兼顾、劳资两利的正确方针同片面的、狭隘的、实际上破坏工商业的、损害人民革命事业的所谓拥护工人福利的救济方针严格地加以区别”。④ 全国解放前夕，毛泽东在1949年3月召开的中共七大二次会议上，又提出：“必须去学习同生产有密切联系的商业工作、银行工作和其他工作”，“同外国人做生意”，“必须尽可能地首先同社会主义国家和人民民主国家做生意，同时也要同资本主义国家做生意。”⑤

建国后，毛泽东对这一问题的认识又有所发展。1956年4月作的

① 《毛泽东选集》第1卷，人民出版社1991年第2版，第121页。
② 《毛泽东选集》第3卷，人民出版社1991年第2版，第893页。
③ 《毛泽东选集》第4卷，人民出版社1991年第2版，第1284页。
④ 《毛泽东选集》第4卷，人民出版社1991年第2版，第1285页。
⑤ 《毛泽东选集》第4卷，人民出版社1991年第2版，第1428、1435页。

《论十大关系》报告，在谈到要处理好国家与农民的关系时，毛泽东指出，苏联采取义务销售制等办法来积累资金，把农民生产的东西拿走太多，给的代价又极低，使农民的生产积极性受到极大的损害，因而提出："我们对农民的政策不是苏联的那种政策"，"我们是采取缩小剪刀差，等价交换或者近乎等价交换的政策"。① 毛泽东在这篇报告中还谈到了商品、物价、工资、货币等问题。

1958 年人民公社搞"共产风"、"一平二调"，实际是取消商品生产。陈伯达当时就鼓吹立即取消商品，取消货币，可以不顾价值规律的作用。结果是，农民积极性受伤害，农村生产力遭破坏。这种情况使党中央、毛泽东对"大跃进"和人民公社化运动中的"左"的错误有了初步觉察。毛泽东在 1958 年 11 月至 1959 年 7 月召开的两次郑州会议和庐山政治局扩大会议期间，提出的一些纠正错误的理论和观点中，就有一些是针对陈伯达为代表的废除商品和货币的错误主张的。毛泽东指出，在社会主义时期废除商品是违背经济规律的，我们不能避开一切还有积极意义的诸如商品、价值法则等经济范畴，而必须使用它们来为社会主义服务。中国是商品生产很不发达的国家，商品生产不是要消灭，而是要大大发展。他说，必须区别资本主义的和社会主义的两种不同性质的商品生产，不应当害怕商品生产。他特别强调指出，为了团结几亿农民，必须发展商品交换；废除商品和对农产品实行调拨，就是剥夺农民。他还进一步指出，价值法则是客观存在的经济法则，我们对于社会产品，只能实行等价交换，不能实行无偿占有。他认为，在社与队、队与队、社与国家之间，在经济上只能是商品交换关系。毛泽东这些见解，在 1958 年 11 月底至 12 月初党的八届六中

① 《毛泽东著作选读》下册，人民出版社 1986 年版，第 728 页。

全会通过的《关于人民公社若干问题的决议》中有说明："在今后一个必要的历史时期内，人民公社的商品生产，以及国家和公社、公社和公社之间的商品交换，必须有一个很大的发展。这种商品生产和商品交换不同于资本主义的商品生产和商品交换，因为它们是在社会主义公有制的基础上有计划地进行的，而不是在资本主义私有制的基础上无政府状态地进行的。""有些人在企图过早地'进入共产主义'的同时，企图过早地取消商品生产和商品交换，过早地否定商品、价值、货币、价格的积极作用，这种想法是对于发展社会主义建设不利的，因而是不正确的。"① 为了使全党特别是党的高级干部，对商品生产、商品交换和价值规律等经济理论问题有正确的认识，毛泽东在 1958 年 11 月 9 日第一次郑州会议期间，专门致信中央、省、地、县四级党的领导干部，建议大家读两本书，即斯大林的《苏联社会主义经济问题》、苏联政治经济学家编的《政治经济学教科书》。他并组织读书小组对这两本书逐章逐节学习，边读边议。议论中发表的谈话，有许多集中阐述了社会主义与商品生产、价值规律的关系，反映出他对这一问题的思考。

## 十一、打破封锁，对外开放

毛泽东提出，在坚持独立自主，自力更生，不损害国家主权的条件下，努力争取外援，学习外国一切对我国有益的东西，吸收外国资金和科学技术，借鉴外国的先进管理经验等。争取外援的目的是为了增强本

---

① 《中国共产党第八届中央委员会第六次全体会议文件》，人民出版社 1958 年单行本，第 19 页。

国自力更生的能力。这是毛泽东领导中国革命和建设的一个基本方针。

近年来，有的人总认为毛泽东在建国后实行的是自我封闭政策。其实，如果我们实事求是地研究毛泽东一生的言行，很难找到他主张闭关锁国的印迹，而恰恰可以看到毛泽东从来就竭力主张与外国，包括西方资本主义国家进行平等的、互通有无的交往：

1. 在夺取政权之前，毛泽东就十分明确地提出在中国获得真正的独立以后要与外国进行经济交往，并曾努力把这一思想变为实践。毛泽东在1935年发表的《论反对日本帝国主义的策略》的报告中指出："国际援助对于现代一切国家一切民族的革命斗争都是必要的。"1936年初冬，毛泽东在延安就表明了中国共产党愿与友好国家进行经济交往的愿望，并曾经在解放区努力付诸实践。以后，毛泽东、党中央又多次申述过与外国进行交往的主张，同时还提出了既要与外国进行经济交往，又要防止其对我们的垄断与控制，为新中国成立后确定独立自主的对外交往的方针奠定了基础。1939年9月发表的《苏联利益和人类利益的一致》一文一再强调，中国人民应"以自力更生为主，同时不放弃一切可能争取的外援"。1940年12月，毛泽东在《论政策》一文中，进一步明确提出了"在坚持独立战争和自力更生的原则下尽可能地利用外援"的根本方针，毛泽东指出，独立自主、自力更生是中国革命胜利的根本保证，是争取外援的出发点和归宿；外援是中国革命胜利的必要条件之一，我们应尽力争取之，但决不可过分依赖，更不能拿原则做交易去换取"外援"。1945年1月，他在《必须学会做经济工作》中指出："我们是主张自力更生的。我们希望有外援，但是我们不能依赖它。"

2. 在夺取全国政权之初，毛泽东在政治上提出了"一边倒"的方针，至今被一些人误认为是闭关锁国的政策。其实不然。毛泽东主张的

“一边倒”，是指在政治上我们必须同资本主义国家划清界限，是指政治方针，而在经济上仍主张与西方国家进行贸易交往，并没有反对与西方资本主义国家发展经济来往，关起门来搞建设。相反，他以后也一再明确指出，我们的方针是，一切外国人的长处包括政治、经济、技术、文学、艺术的一切好东西都要学；但不要盲目学，要能够独立思考。关于中国与外国的关系，毛泽东主张要把自力更生和学习外国、本国实际与外国经验辩证地结合起来。对外国的东西不加分析一概排斥，不加分析一概照搬都是不正确的。

3. 建国后，面临以美国为首的封锁禁运政策，毛泽东等党和国家领导人以坚定不移的立场和灵活巧妙的策略，努力打破以美国为首的这种封锁禁运。当时美国政府对我国采取的是极端敌视的态度，不仅其本身对我国实行门户封锁政策，而且胁迫其他国家也对中国实行经济封锁和禁运，这一政策长达 20 年之久。毛泽东、党中央在这种情况下，一方面坚持自力更生的方针，另一方面灵活巧妙地开展了一系列卓有成效的反封锁反禁运斗争。建国初，在把对外经济交往的重点放在联合东欧国家的同时，抛开意识形态的分歧和社会制度的差别，不论是建交的还是未建交的国家，只要尊重中国的独立和主权，都积极发展与它们的贸易往来。对第三世界的国家更是如此。对美国，毛泽东是愿意及早与之建立正常的政治经济交往关系的。但在相当长的时间内，美国政府对中国一直是政治上敌视、经济上实行封锁禁运政策。对此，毛泽东和党中央也明确表示，在美国不改变敌视中国、干涉中国内政的政策之前，是不能与美国进行贸易来往的，即便在“文化大革命”期间，毛泽东在对外关系上指导思想并没有变。

# 第三节
# 毛泽东经济战略思想的历史局限和失误

## 一、发动了违反经济建设发展规律的“大跃进”运动

为了实现工作重心的转移，完成经济建设的伟大任务，根据毛泽东的建议，中共中央于 1958 年 5 月召开的党的八大二次会议上提出了“鼓足干劲，力争上游，多快好省地建设社会主义”的社会主义建设总路线。这条总路线及其基本点，包括为贯彻总路线制定的各项具体政策、具体工作路线，从根本上来说是正确的，是为了尽快地把经济建设搞上去，确实反映了当时毛泽东和党中央以及广大人民群众迫切要求改变我国经济文化落后面貌的普遍愿望。所以总路线提出以后，全党、全国人民在社会主义建设中发挥了高度的积极性和创造精神，取得了一定的成果。但在执行总路线的过程中，由于大家经验不足，对经济建设的困难估计也不足，因而忽视了生产力自身的发展规律，片面强调多、快，忽视好、省，急于求成，过分夸大主观意志的作用，因而在总路线提出后不久，

未经认真的调查和试点，就在全国轻率地发动了“大跃进”运动。这次“大跃进”运动，由于违反了经济发展的客观规律，使国民经济主要比例严重失调，从而使整个国民经济陷入困境，人民生活受到很大影响，我国的社会主义经济遭到重大挫折。

## 二、搞单一的公有制的社会主义模式

从毛泽东个人来讲，他原先就是想建立一个完全公有制的社会主义，“让资本主义绝种”，“让小生产绝种”。虽说后来在现实生活的启示下，他一度改变了这种看法，认识到这两个“绝种”是长远的将来的事，不是现阶段可以完全做到的，所以在 1956 年提出过“可以消灭了资本主义，又搞资本主义”的主张，同陈云一起提出了把个体经济也作为补充，把资本主义经济也作为补充，发展一部分资本主义经济的想法。但最终由于历史条件的限制，他的这个认识没有深入展开，也没有付诸实践。相反，更加朝着搞单一公有制的方向发展下去了。搞“一大二公”的人民公社，“割资本主义的尾巴”。真正是让资本主义绝种，让小生产绝种了。

问题是，让资本主义绝种，让小生产绝种，作为远大共产主义目标来说是应该实现的，但就中国目前的生产力水平来说则不允许，这样做，只会影响经济的发展。这是毛泽东在领导经济工作中的一个很大的失误。

党的十一届三中全会以来，中国逐渐突破了单一的公有制结构。现在提出的以国有经济为主导、以公有经济为主体、多种经济成分并存的所有制构成是正确的，是反映了现阶段生产力水平的。

## 三、处理政治与经济关系问题上搞了阶级斗争扩大化

毛泽东在很长一段时期内搞了阶级斗争扩大化，这是很显然的：反右派扩大化了，反右倾扩大化了，“文化大革命”更是扩大化了。给党和国家的政治生活、经济建设造成的损失也是众所周知的。

但是为什么会搞成阶级斗争扩大化呢？原因之一是与搞单一的公有制的社会主义模式相关联的。

这里面的道理就是：正由于毛泽东把所有制归结为单一的公有制，所以，他把所有发展部分资本主义经济、部分个体经济的主张，都说成是走资本主义道路了。本来，发展部分资本主义经济、部分个体经济是符合我国现阶段生产力水平的，他全部认为是搞资本主义，当然就当阶级斗争来斗，必然会发生阶级斗争扩大化了。

正是在这种意义上，我们说，搞阶级斗争扩大化，是与搞单一的公有制的社会主义模式相关联的。

## 四、发展商品经济思想的历史局限

毛泽东的商品经济思想，一方面，在斯大林的基础上前进了一步（认为不仅生活资料是商品，生产资料也是商品）；但另一方面，他又没认识到社会主义经济本身既是计划经济，又是商品经济。

社会主义经济是“在公有制基础上的有计划的商品经济”，这是对社会主义经济的如实的理论概括。这一具有重大意义的理论判断，可以从这样几个方面来把握：1. 社会主义经济是一种商品经济，因此，商品经

济的基本规律——价值规律贯穿于社会主义经济运行的全过程，在全部生产领域和流通领域，广泛地起调节作用；2. 这种商品经济是社会主义公有制条件下的商品经济，与其他的商品经济不同，它所体现的是社会主义劳动者之间，这一部分社会主义劳动者与那一部分社会主义劳动者之间的平等、互利、合作的经济关系；3. 这种商品经济是有计划的。由于实现了社会主义公有制，统一的计划（包括指令性计划和指导性计划）是必要的也是可能的。但是，必须明确：商品经济有可计划的一面，又有不可计划的一面，它是可计划性和不可计划性的统一，是有计划和无计划的统一。完全的计划商品经济，不过是一种空想，追求这种空想，必然在实践中碰壁。计划程度的高低，决定于经济发展水平、科技进步水平和经济管理水平等等。我们现在的统一经济计划，只能是粗线条的、有弹性的。但是，我们的社会主义商品经济毕竟可以而且具有统一计划的一面，在这个意义上，社会主义经济又是一种计划经济。这是必须肯定和坚持的。

我们的社会主义经济的商品经济性质，不是资本主义的遗留，不是外在的附加，而是它的内在本性。这就是说，商品经济是社会主义经济中互换劳动关系的普遍的、必经的形式。为什么呢？这是因为：在世界资本主义已经高度发展的条件下，在资本主义有一定程度发展但又尚未充分发展的国家和地区，在适宜的国际和国内环境中，有可能不经过充分发展的完整资本主义阶段，走上社会主义发展道路，但是商品经济运动的行程并不因此而止步。我们国家已经进入了社会主义社会，但是还处在商品经济的发展过程中。商品经济产生、存在和发展的深刻的经济原因（探讨这个原因，是一个重大理论课题，需要专门著文讨论），还是一个不可丝毫漠视的客观存在。商品经济在我国发展的时代正在到来，方兴未艾。

社会主义商品经济，与其他商品经济不同，有其特点和特殊规律，认识这种区别是十分重要的；但它作为一种商品经济，它的发展又必然遵循商品经济发展的普遍规律。这些都是不以人们的愿望和意志为转移的。在社会主义商品经济发展的条件下，一切与价值规律运动的急速旋律和紧张节奏不协调、不相容的积习——涣散、松弛、怠惰、拖拉等等，必将扫除；拼命追求时间、速度、效率和效益，奋力拼搏，积极进取，将成为社会生活的主调，蕴藏在我们伟大中华民族中的智慧和力量，将会像火山一样迸发出来，创造人间奇迹，谱写社会生产力高速发展的崭新乐章。毛泽东在这方面的失误，正在于没有认识到社会主义经济既是计划经济，又是商品经济。

## 五、把按劳分配当作了名副其实的资产阶级的权利

什么叫资产阶级权利？本来，《哥达纲领批判》关于“资产阶级的权利”的完整论述告诉我们：等量劳动相交换即按劳分配中的平等权利，是在消灭了生产资料私有制从而消灭了资产阶级基础上实现的生产者的权利。一方面，它与资本主义商品交换中的平等权利有共同点，在这个意义上可以称作“资产阶级的权利”；另一方面，它并不具有资产阶级的阶级属性，它的性质是由它隶属的与资本主义商品交换相区别的生产方式（即社会主义生产方式）决定的，它是社会主义生产者对社会的一种权利关系，它所反映的是社会主义的经济关系。

通过以上考察，我们可以看出，列宁在《国家与革命》中解释和发挥《哥达纲领批判》关于按劳分配和“资产阶级的权利”提法的时候，

把按劳分配看作是旧的经济关系的延伸和继续，把《哥达纲领批判》中仅仅在借用意义上使用的“资产阶级的权利”的提法看作是本来意义上的资产阶级的法权，确确实实是一个误解。

我国建国后，历史以急速的步伐从新民主主义社会转变为社会主义社会，如何正确认识迅速到来的社会主义社会的特点和它的发展规律，是历史提到我们面前的崭新课题。马克思主义和它关于社会主义社会的科学理论，是我们认识社会主义社会的指针。但是，由于我们对这个理论进行系统的科学研究不够，由于长期以来教条主义的束缚，对马克思、恩格斯、列宁、斯大林著作中的一些论点和设想的误解和教条化的现象，就严重地发生了。对《哥达纲领批判》关于按劳分配和资产阶级的权利论述的误解，对《国家与革命》有关解释和发挥的教条化，便是突出的例证。用这种被误解和教条化的观点观察和分析社会主义社会，就不能不在理论上陷入严重混乱，在实践上误入歧途。

由于上述理论的和历史的原因，毛泽东便把社会主义中的等量劳动相交换的平等权利，当作了本来意义上的资产阶级法权，当成了货真价实的资产阶级的东西，因此，提出要在无产阶级专政下对它加以批判和限制，就理所当然了；进而认定通行这种平等权利的按劳分配与旧社会的分配原则“没有多少差别”，以至将凡是把物质利益与劳动相联系的主张和政策统统视为“修正主义”的东西，提出要对这些东西加以批判和限制，也就顺理成章了。

在这种理论迷误的支配下，“资产阶级权利”成了威胁社会主义生存和发展的一个可怕的巨大的魔影。在毛泽东的观念中，以为所谓资产阶级法权导致资本主义复辟是随时随地可能发生的灾难。为了驱逐这个可怕的魔影，从经济基础到政治上层建筑和整个意识形态领域，开展了一场又一场批判和限制“资产阶级权利”的运动。这种把社会主义当作资本主义进行批判、限制和斗争的行动，不能不严重损害社会主义。事实也正是如此。但是，他在主观上还认为这是在为坚持马克思主义原则而进行不屈不挠的斗争，这确实是一个历史的悲剧。

尽管存在这些局限和失误，与他的贡献相比，应该说是瑕不掩瑜，毛泽东仍不愧为一位伟大的建设社会主义经济的战略家。

当然，仅有战略不够，毛泽东作为经济战略家，他的思想需要有人去具体实施，正如军事思想需要那些元帅、将军去实施一样。在当时，具体实施毛泽东经济战略的人是陈云、邓小平等同志。陈云、邓小平等同志长期工作在经济建设第一线，建国初期、国民经济调整时期都是。所以，研究毛泽东的经济战略思想，不能不同时研究陈云、邓小平等同志关于经济工作的具体政策和方法。把毛泽东的经济战略思想和陈云、邓小平等同志的经济工作思想结合起来，即是社会主义中国在经济建设方面进行最初探索时所积累起来的丰富的正反经验的科学结晶。

第五章

# 作为思想家的毛泽东

毛泽东是一位伟大的政治家，这与他同时也是一位学识渊博的大学问家、大思想家有着直接的关系。毛泽东的哲学思想、社会政治思想及历史学思想，均有其独到之处而为世人所称道。透过他对哲学历史、社会政治的理解，我们也许可以更清楚地了解这位伟人思想深处所思考、所关注、所焦虑的，到底是什么。

## 第一节
## 毛泽东的哲学思想

### 一、时代精神的精华

马克思说过，“任何真正的哲学都是自己时代精神的精华”，“它是文明的活的灵魂”，哲学家“是自己的时代、自己的人民的产物，人民最精致、最珍贵和看不见的精华都集中在哲学思想里”。①

如果说，马克思和恩格斯的哲学思想是他们那个时代精神的精华，毛泽东的哲学思想，就是中国革命和建设时代的精华。它不是那种坐在书斋里醉心于幽寂淡漠的遐想，而是紧跟着时代的脉搏、接触着现实的世界、以改造社会为己任、为人民大众喜闻乐见的通俗易懂的智慧。毛泽东全面掌握了马克思主义哲学基本原理，并运用来分析研究中国革命和建设中提出的政治、经济、文化等具体问题，提出了许多独到见解，

① 《马克思恩格斯全集》第 1 卷，第 121、120 页。

建立了自己的哲学体系，为丰富、发展马克思主义哲学的理论宝库作出了巨大贡献。

### 1. 毛泽东的早期哲学思想

正如毛泽东所说，人的正确思想不是天上掉下来的。毛泽东本人的哲学思想，也不是凭空产生，而是深植于时代土壤、紧随着时代脚步逐步发展形成的。他并非生来就是一个马克思主义哲学家。相反，他曾是一个唯心主义者，后经二元论，在接受了马克思主义后，才成为坚定的辩证唯物主义和历史唯物主义者。诚如他自己所说："我这个人从前就有过各种非马克思主义的思想，马克思主义是后来才接受的。"①

（1）成长中的矛盾。

在1911年到1919年的五四运动期间，毛泽东在政治上经历了从资产阶级改良主义转向革命民主主义的过程，在哲学思想上则相应地经历了从唯心主义转向近代唯物主义的过程。早年，他在政治上极力主张个性解放，表现在哲学思想上就是以"贵我"思想为主要特征的唯心主义思想。他在1913年至1914年记述的《讲堂录》中写道："横尽空虚山河大地一无可恃，而可恃唯我（贵我）。"后来他读了康德派哲学家泡尔生的《伦理学原理》后，形成了较为系统的贵我思想。在本体论方面，他主张"我即宇宙"；在伦理学方面，他主张"自尽其兴，自完其心"的个人主义；在历史观方面，他主张"人类之目的在实现自我而已"；在认识论方面，他主张"事实本无区别，惟概念有区别"，"对于客观世界，遂以其思想能力活动所及之域而种种划分之，于是差别之世界成矣"，等等。这些，都表现了他的唯心主义哲学倾向。这个时期，他的哲学思想

① 《毛泽东选集》第5卷，人民出版社1977年第1版，第382页。

中唯心论占主导地位。

但同时，为寻求救国救民真理，他此时读了不少古今中外社会科学和自然科学著作，接受了各种各样的思想，其中有些包含着唯物论和辩证法，但受影响最大的是康德二元论哲学思想，所以他这时的哲学思想表现出浓厚的二元论特点。例如，他提出“精神不灭，物质不灭”的命题，认为精神与物质共存；还提出辩证法与形而上学、相对主义思想共存。他既承认事物的运动是永恒的，事物在斗争中发展，说：“天地盖惟有动而已”，“河出潼关，因有太华抵抗，而水力益增其奔猛；风回三峡，因有巫山为隔，而风力益增其怒号”；但又否认事物的发展变化，说：“宇宙亦终古在同状之中”，“物质则万年无变化也”。他既提出“美学未成立以前，早已有美。伦理学未成立以前，早已人人有道德”这一包含着唯物论反映论的思想，但又由于不能正确认识物质和精神的本质区别而陷入相对主义的泥潭，说：“观念即实在，有限即无限……小即大、阳即阴、上即下、秽即清、男即女、厚即薄，质而言之，万即一，变即常”，等等。

这种唯物论与唯心论、辩证法与形而上学思想集于一体的矛盾情况，反映出他在求知过程中思想成长的过程。这个过程是艰难的，也许还混杂着谬误，但对一位有志探求真理的青年来说，却正是希望之所在。

（2）根本的转折。

转折发生在五四运动开始之时，他接受了马克思主义，逐渐具有了初步的共产主义思想；随之，世界观发生根本变化，唯物论和辩证法思想在他头脑中渐占上风，进而成为主导思想，使他最终转变为一名坚定的辩证唯物主义和历史唯物主义者。

①初步确立了唯物主义的历史观。

他开始用物质经济生活条件观察社会，说："世界什么问题最大，吃饭问题最大"，"男女之间，恋爱只算附属，中心关系还在经济"，"各国的民众，为着生活痛苦问题，突然起了许多活动"，等等。他虽然还没有认识到最根本的物质经济生活条件是指物质资料生产方式，但毕竟已能从经济状况分析社会现象，这比起他过去认为"人类只有精神生活，无物质生活"的观点，有了本质改变。

他开始用阶级分析的观点观察历史，说："我们竖看历史，历史上的运动不论是那一种，无不是出于一些人的联合。较大的运动，必有较大的联合。最大的运动，必有最大的联合。"而这些联合，分为"强权者的联合"，"贵族的联合"，"资本家的联合"，"民众的联合"。这种区分是以利益划分的，"共同利益有大小的不同，于是求到共同利益的方法（联合）也就有大小的不同"。他把阶级划分为"智愚的阶级"，"强弱的阶级"等，认为阶级的产生，"第一是知识，第二是金钱，第三是武力"。这些分析虽说不尽科学，但比他过去把人类历史发展仅看成人类互助的观点有了很大进步，有了初步的阶级分析观点。

有了初步的人民群众创造历史的思想，说：改造社会"根本的一个方法，就是民众的大联合"，"民众联合的力量最强"，因为一国的民众"总比一国的贵族资本家及其他强权者要多"。这比起他过去把救国的希望寄托在"大哲学革命家"、"大伦理革命家"身上的英雄创造历史的观点有了根本变化。

②开始形成以注重实际为特征的唯物主义思想。

随着对社会的深入了解，毛泽东逐渐认识到，改造社会，须"踏着人生社会的实际说话"，不要搞"空虚的思想"；即使是搞学术研究，也"最忌演绎式的独断态度"，主张"不受一切传统和迷信的束缚"，打破对思想强权的迷信。他还提出："我们讨论各种学理，应该傍着活事件来讨论"，不能脱离实际只在书本中做文章。这是他后来提出的理论联系实际认识的萌芽，比他过去"只将全副工夫向大本大源处探讨"的主张有了质的飞跃。

总之，毛泽东早期的哲学思想，是伴随着中国近代社会发展的历史进程而逐步发展起来的。在这个过程中，他实现了由唯心主义的民主主义者向信仰共产主义的唯物主义者的转变，为他以后成为一名坚定的马克思主义者，坚定的辩证唯物主义和历史唯物主义者奠定了基础。

2. **中国传统哲学的熏陶**

同人类一切文明成果一样，毛泽东的哲学思想，也必须以前人的思想资料为基础。这个思想基础，一是马克思主义哲学，二是中国传统哲学。

中国传统哲学，主要包括以孔子为代表的儒学、西汉时传入中国的佛教文化，以及融会儒、道的玄学哲学转化而成的宋明理学。毛泽东认为，这些传统哲学固然是为封建统治阶级服务的，带有浓重的封建文化残余，但对其中许多珍贵的东西却不应盲目否定，必须认真总结、继承和发展。为此，他明确提出，要把马克思主义哲学与中国传统哲学结合起来，建设"民族的科学的大众的文化"，即站在人民立场上，以马克思主义哲学为指导，批判地继承这些优秀的文化遗产，采取扬弃的方法，取其精华，去其糟粕，加以创新。毛泽东为此付出了极大的努力，取得了卓著的成绩，形成了有中国特色和中国气派的毛泽东哲学思想。就此而言，毛泽东的哲学思想，的确是中国优秀文化传统的延续，是20世纪中国时代文明的灵魂和时代精神的精华。

毛泽东批判继承中国传统哲学取得的成就举例如下：

（1）提出“知行统一观”的科学概念。

知行关系是中国哲学史上讨论最多的问题之一，古今许多哲学家对此发表过意见，分别提出过知先行后，行先知后；知难行易，行难知易；知重行轻，行重知轻等各种观点。对知行关系的重视反映出中国历代哲学家在认识论方面已达到相当高的水平，但众说纷纭却无一能对此做出科学回答。毛泽东在批判吸取其中精华的基础上，把知行关系归结为理论和实践的关系，提出了“知行统一观”的科学概念，并形成系统理论。他为批评党内存在的教条主义和经验主义思想而在讲课的基础上写成的《实践论》，副标题即是“论认识和实践的关系——知和行的关系”。他在这篇文章里说：“通过实践而发现真理，又通过实践而证实真理和发展真理。从感性认识而能动地发展到理性认识，又从理性认识而能动地指导革命实践，改造主观世界和客观世界。实践、认识、再实践、再认识，这种形式，循环往复以至无穷，而实践和认识之每一循环的内容，都比较地进到了高一级的程度。这就是辩证唯物论的全部认识论，这就是辩证唯物论的知行统一观。”① 毛泽东把知行统一观运用于革命实践，指出革命队伍内部的许多错误思想，包括机会主义、冒险主义、唯心论、机械唯物主义，其认识论根源都在于认识和实践即知和行相脱离。所以他说：“我们的结论是主观和客观、理论和实践、知和行的具体的历史的统一，反对一切离开具体历史的‘左’的或右的错误思想。”②

由此一例即看出，毛泽东不但精通中国传统哲学，而且善于抓住其中精髓，以马克思主义哲学理论对其加以改造，使历代争论不休的问题

---

① 《毛泽东选集》第1卷，人民出版社1991年第2版，第296～297页。

② 《毛泽东选集》第1卷，人民出版社1991年第2版，第296页。

得到圆满解决，其精华部分得以发扬光大，使中国传统哲学中的有益部分得以升华而更加光彩夺目，获得了崭新的内容和形式。

（2）批判继承古代辩证法传统，科学阐述对立统一规律。

中国传统哲学中阐述矛盾对立和相互转化的辩证法思想极为丰富，其中以《老子》、《易传》达到的成就最高，影响最深远。但同黑格尔哲学的命运一样，其辩证法的合理内核被唯心主义的外壳（体系）束缚、窒息而不能贯彻到底。例如，他们讲了很多矛盾的对立和相互转化，如老子说的“祸兮福之所倚，福兮祸之所伏”等，却不讲转化的主客观条件，不能说明祸何以转化为福，福何以转化为祸，这就使矛盾的转化成了没有根据、没有规律、人在其中不起任何作用的事情，最后只能求助于宿命论，从而陷入唯心主义、形而上学、相对主义和不可知论的泥潭。

毛泽东在吸收中国传统哲学中朴素辩证法思想精华的同时，指出了古代辩证法上述致命缺陷。所以，毛泽东一方面常引用古代辩证法中关于矛盾对立及其转化的丰富思想，如《易传》中“一阴一阳之谓道”、《老子》中“祸兮福之所倚，福兮祸之所伏”等，用来生动地说明对立统一规律；另一方面，他特别强调了对立面转化的条件和人的主观能动性在其中的作用。他为了说明“在一定的条件下，坏的东西可以引出好的结果，好的东西也可以引出坏的结果”，引用了老子两千多年前说过的“祸兮福之所倚，福兮祸之所伏”一语，但强调“条件是重要的。没有一定的条件，斗争着的双方都不会转化”。[①] 这就不但继承了中国古代的辩证法传统，而且摒弃了其中的唯心主义、形而上学和相对主义糟粕，使古代辩证法传统中的精华得到进一步的发展和发扬光大。

---

① 《毛泽东著作选读》下册，人民出版社 1986 年版，第 793、794 页。

（3）吸取孔子哲学思想中积极的因素。

毛泽东说过“批判孔孟之道”的话，是就反对封建文化的意义而言。但他对孔子哲学思想中的积极因素一向是予以充分肯定的。例如，在批评孔子说的“名不正则言不顺，言不顺则事不成”① 一语时他曾说：“作为哲学的整个纲领来说是观念论……但如果作为哲学的部分，即作为实践论来说则是对的，这和‘没有正确理论就没有正确实践’的意思差不多。如果孔子在‘名不正’上面加了一句：‘实不明则名不正’，而孔子又是真正承认实为根本的话，那孔子就不是观念论了，然而事实上不是如此，所以孔子的体系是观念论；但作为片面真理则是对的，一切观念论都有其片面真理，孔子也是一样。此点似宜在文中指出，以免读者误认‘名不正则言不顺’而‘事’也可‘成’。‘正名’的工作，不但孔子，我们也在做，孔子是正封建秩序之名，我们是正革命秩序之名，孔子是名为主，我们则是实为主，分别就在这里。”他还说：“又观念论哲学有一个长处，就是强调主观能动性，孔子正是这样，所以能引起人的注意与拥护。机械唯物论不能克服观念论，重要原因之一就在于它忽视主观能动性。我们对孔子的这方面的长处应该说到。”②

他还充分肯定了孔子提出的中庸思想，认为是一个重要的哲学范畴，对其作了深入阐述，并作了新的解释。毛泽东认为，中庸思想的确是“孔子的一大发现，一大功绩，是哲学的重要范畴，值得很好地解释一番”。毛泽东对中庸的解释是：“依照现在我们的观点说来，过与不及乃指一定事物在时间与空间中运动，当其发展到一定状态时，应从量的关系上找出

① 见《论语·子路》。

② 《毛泽东书信选集》，人民出版社 1983 年版，第 144～145 页。

与确定其一定的质，这就是‘中’或‘中庸’，或‘时中’。”毛泽东还说，孔子的中庸观念“排斥异端树立己说的意思为多，然而是从量上去找出与确定质而反对‘左’右倾则是无疑的。”毛泽东将这一思想引申到实际工作中，指出：“‘过犹不及’是两条战线斗争的方法，是重要思想方法之一。一切哲学，一切思想，一切日常生活，都要作两条战线斗争，去肯定事物与概念的相对安定的质。”“‘过’的即是‘左’的东西，‘不及’的即是右的东西……说这个事物已经不是这种状态而进到别种状态了，这就是别一种质，就是‘过’或‘左’倾了。说这个事物还停止在原来状态并无发展，这是老的事物，是概念停滞，是守旧顽固，是右倾，是‘不及’。”①

他还肯定了孔子思想中的辩证法因素，认为：“孔子在认识论上与社会论上的基本的形而上学之外，有它的辩证法的许多因素，例如孔子对名与事，文与质，言与行等等关系的说明。”② 但对孔子的道德论，则“应给以唯物论的观察，加以更多的批判”，“应给以历史的唯物论的批判，将其放在恰当的位置”。③

由此可见，毛泽东对中国传统哲学有很深的造诣，并能用马克思主义的立场、观点、方法加以批判的继承与发展，吸取其中有益的营养，创造出具有中国民族特点的新的哲学思想，这就是毛泽东的哲学思想。

**3. 在中国革命实践中孕育发展**

作为马克思主义哲学在中国的具体化，毛泽东哲学思想的显著特点之一，就是它的实践性。毛泽东明确地认为：书斋中不能发展理论。他

---

① 《毛泽东书信选集》，人民出版社 1983 年版，第 145～147 页。
② 《毛泽东书信选集》，人民出版社 1983 年版，第 148 页。
③ 《毛泽东书信选集》，人民出版社 1983 年版，第 147～148 页。

一再强调："一个马克思主义者如果不懂得从改造世界中去认识世界，又从认识世界中去改造世界，就不是一个好的马克思主义者。一个中国的马克思主义者，如果不懂得从改造中国中去认识中国，又从认识中国中去改造中国，就不是一个好的中国的马克思主义者。"① 毛泽东的哲学思想，正是在中国革命的实践中孕育、成长和发展起来的。

毛泽东非常喜欢阅读哲学著作。无论是在戎马倥偬的战争年代，还是在延安时期、建国以后，他都阅读了大量的马克思主义哲学专著。他读书时的一个最大特点，就是联系中国革命实际问题进行哲学思考。关于这一点，我们从他做的大量读书笔记中可以看得非常清楚。例如：在原书提到观察问题应从"具体的现实，即一定的社会"出发一处的书页边上，他写道："例如被日本帝国主义支配的半封建的中国社会。"② 在原书指出新火星派不懂得重要的问题在于改造世界，因而不能在革命运动中提出无产阶级的正确斗争口号一处的书页边上，他写道："目前斗争的正确口号是抗日民族统一战线，而首先的问题是国内和平即国共合作。"③ 在原书批判均衡论、论述事物发展的内在原因与外在矛盾的关系的书页边上，他写道："五次反围剿失败，敌人的强大是原因，但战之罪，干部政策之罪，外交政策之罪，军事冒险之罪，是主要原因。机会主义，是革命失败的主要原因。""外的力量须通过内的规律性（机会主义等）才能曲折的即间接的发生影响。""国民党能够破坏苏区与红军，但必须苏区与红军存在有不能克服的弱点，自己巩固，则谁也不能破坏。

① 《毛泽东著作选读》下册，人民出版社 1986 年版，第 485～486 页。

② 《毛泽东哲学批注集》，中央文献出版社 1988 年版，第 9～10 页。

③ 《毛泽东哲学批注集》，中央文献出版社 1988 年版，第 7～8 页。

红军至今没有被破坏，就因为此。”① 诸如此类联系中国革命实际的批注，在《毛泽东哲学批注》中多达50余处，约3000余字。② 由此可见，毛泽东真正是把马克思主义哲学当作了中国革命的伟大认识工具，他学习马克思主义哲学理论的最大愿望，就是从中寻求正确思想方法以指导中国革命的具体实践。正如他在读李达的《社会学大纲》时，在这本书的首页上所写的：“找出法则、指示实践、变革社会”，③ 这是对他研读哲学目的的最好说明。

毛泽东哲学思想的实践风格，更表现在他自己的哲学专著中。为了指导中国革命，毛泽东非常重视从哲学高度总结中国革命的历史经验和教训，他的许多哲学著作，如《反对本本主义》、《人的正确思想是从哪里来的?》、《实践论》、《矛盾论》等，都是在这种情况下写成的。这些哲学著作，都是在用马克思主义基本原理解决中国实际问题的过程中阐明了马克思主义哲学的基本理论，对马克思主义的认识论、辩证唯物主义、历史唯物主义等，作了全面的阐述。

## 二、坚持实事求是的思想路线

正由于毛泽东的哲学思想是在中国革命的实践中形成和发展起来的，所以，在与主观主义的长期斗争中，毛泽东提出并系统地阐明了实事求是的科学的思想路线和思想方法。这是毛泽东哲学思想的一个重要内容和显著特点，是他对马克思主义哲学宝库的一个重大贡献。正是在这个意义

① 《毛泽东哲学批注集》，中央文献出版社1988年版，第106～108页。

② 参见《毛泽东十四部书览要》，当代中国出版社1996年版，第361页。

③ 《毛泽东哲学批注集》，中央文献出版社1988年版，第209页。

上，邓小平反复强调，实事求是“是毛泽东哲学思想的精髓”，是“毛泽东思想的出发点、根本点”，是“马克思列宁主义的根本观点，根本方法”。

**1. 实事求是是“活的马克思主义”**

毛泽东曾对习仲勋同志有一个评价。那是1951年初秋即将任命习仲勋当宣传部长时，毛泽东对几位同志说：“告诉你们一个消息，马上给你们派一位新部长来。习仲勋同志到你们宣传部来当部长。他是一个政治家，这个人能实事求是，是一个活的马克思主义者。”从这段话，我们清晰地看到，毛泽东对“能实事求是”给予了多么高的评价！在他看来，“能实事求是”的人，就称得上是一个“活的马克思主义者”。之所以如此，是因为毛泽东痛感主观主义的严重危害。

（1）不反掉主观主义，革命和建设就不会成功。

在中国共产党的历史上，主观主义曾经多次发生，每一次，都给革命和建设事业带来极为严重的损害。无论是陈独秀“书生式的革命观”导致的右倾投降主义，还是王明等人死守“凡是马恩列斯讲的话必须遵守，凡是共产国际的指示必须照办”导致的“左”倾冒险主义，其实质，都是脱离中国国情的主观主义。有鉴于此，毛泽东明确提出必须反对主观主义，认为这是关系到革命和建设事业兴衰成败的至关重要的问题。

早在1929年，他在《关于纠正党内的错误思想》一文中，就明确指出：“主观主义，在某些党员中浓厚地存在，这对分析政治形势和指导工作，都非常不利。因为对于政治形势的主观主义的分析和对于工作的主观主义的指导，其必然的结果，不是机会主义，就是盲动主义。”① 这就说明，主观主义是导致政治上“左”、右倾错误的思想基础。1930年他

---

① 《毛泽东选集》第1卷，人民出版社1991年第2版，第91页。

又写了《反对本本主义》一文，明确提出“没有调查，就没有发言权”、“调查就是解决问题”、“中国革命斗争的胜利要靠中国同志了解中国情况”，并第一次把反对主观主义提高到思想路线的高度，提出本本主义“完全不是共产党人从斗争中创造新局面的思想路线”。1935年，他在《论反对日本帝国主义的策略》一文中，结合批评“左”倾教条主义政治策略，批评了“圣经上载了的才是对的”这种把“本本”当教条的主观主义思想。1937年，他的两篇哲学名著《实践论》和《矛盾论》，更是系统地批评了主观主义、特别是教条主义，为确立实事求是的思想路线奠定了理论基础。1941年，他提出，学习理论，研究哲学，应“以研究思想方法为主”，并发表了《改造我们的学习》一文，把主观主义与实事求是这两种态度、两种思想方法、两条思想路线作了鲜明对比，指出主观主义“就是对周围环境不作系统的周密的研究，单凭主观热情去工作”，“就是抽象地无目的地去研究马克思列宁主义的理论”；实事求是“就是应用马克思列宁主义的理论和方法，对周围环境作系统的周密的调查和研究”，“使马克思列宁主义的理论和中国革命的实际运动结合起来”，他说：“‘实事’就是客观存在着的一切事物，‘是’就是客观事物的内部联系，即规律性，‘求’就是我们去研究。我们要从国内外、省内外、县内外、区内外的实际情况出发，从其中引出其固有的而不是臆造的规律性，即找出周围事变的内部联系，作为我们行动的向导。而要这样做，就须不凭主观想象，不凭一时的热情，不凭死的书本，而凭客观存在的事实，详细地占有材料，在马克思列宁主义一般原理的指导下，从这些材料中引出正确的结论。”① 1942年，毛泽东在延安发动和领导了

① 《毛泽东著作选读》下册，人民出版社1986年版，第475～478页。

以反对主观主义、整顿学风为中心内容的整风运动。到1945年党的“七大”，才把全党思想真正统一到实事求是的思想路线上来，从而为抗日战争和解放战争的胜利准备了思想上和理论上的条件。

建国后，在1953年夏季全国财经工作会议上，毛泽东发表题为《反对党内的资产阶级思想》的讲话中又说：“现在是社会主义革命时期，也有主观主义。急躁冒进或保守，都是不按实际情况办事，都是主观主义。不反掉主观主义，革命和建设就不会成功。民主革命时期，对主观主义的错误，用整风的办法解决了，团结了全党执行正确路线的同志和犯过错误的同志，大家从延安出发，奔赴各个战场，全党一个劲，取得了全国胜利。现在，干部比较成熟了，水平提高了，希望不要用很长的时期，基本上把领导工作中的主观主义反掉，努力使主观与客观相适合。”①

（2）关键是处理好两个关系。

毛泽东认为，实事求是与主观主义的根本对立在于，主观同客观是相符合还是相分裂，理论同实践是相统一还是相脱离。为此，要做到实事求是，关键是处理好主观能动性和客观规律性、理论同实践的关系。

一是处理好主观能动性和客观规律性的关系。毛泽东反对不符合客观事实的主观主义看问题的方法，却并不一般地反对主观能动性。他说：“我们反对主观地看问题，说的是一个人的思想，不根据和不符合于客观事实，是空想，是假道理，如果照了做去，就要失败，故须反对它。”而“思想等等是主观的东西，做或行动是主观见之于客观的东西，都是人类特殊的能动性。这种能动性，我们名之曰‘自觉的能动性’，是人之所以区别于物的特点。”可见，没有人的主观能动性就没有人的一切活动，就

① 《毛泽东选集》第5卷，人民出版社1977年第1版，第95页。

不会有任何事业的成功。但是，人的自觉的能动性有正确与错误之分："一切根据和符合于客观事实的思想是正确的思想，一切根据于正确思想的做或行动是正确的行动。我们必须发扬这样的思想和行动，必须发扬这种自觉的能动性。"① 这里讲的，就是主观能动性和客观规律性的关系，只有一切从实际出发，自觉按客观规律办事的主观能动性才是正确的。

毛泽东特别批评了那种夸大主观能动性、忽视客观规律性的唯意志论倾向。这种主观主义在实践中表现为，不顾客观规律、客观条件，单凭主观想象、热情、意志、愿望办事，超越客观可能性所允许的范围，勉强去做那些根本不可能做到的事情。1928 年 11 月 25 日，毛泽东在写给中共中央的报告《井冈山的斗争》中，批评了那种"在统治阶级政权暂时稳定的时期，也主张分兵冒进"，"不顾主观力量的可能，只图无限量的推广"的主观主义，认为这是一种错误的意见，是造成"今年八月湘赣边界失败以及同时红军第四军在湘南失败的根本原因"。② 1930 年 1 月 5 日，他在答复林彪的一封信《星星之火，可以燎原》中又指出："犯着革命急性病的同志们不切当地看大了革命的主观力量，而看小了反革命力量。这种估量，多半是从主观主义出发。其结果，无疑地是要走上盲动主义的道路。另一方面，如果把革命的主观力量看小了，把反革命力量看大了，这也是一种不切当的估量，又必然要产生另一方面的坏结果。"③ 1936 年，毛泽东在批判王明"左"倾冒险主义军事路线时指出：他们不顾敌强我弱的客观事实，起劲地反对"游击主义"，幻想"不放弃土地又能打胜敌人"，主张"以一当十，以十当百，勇猛果敢，乘胜直

① 《毛泽东选集》第 2 卷，人民出版社 1991 年第 2 版，第 477 页。
② 《毛泽东选集》第 1 卷，人民出版社 1991 年第 2 版，第 58 页。
③ 《毛泽东选集》第 1 卷，人民出版社 1991 年第 2 版，第 99 页。

追”，“全线出击”，“夺取中心城市”，“两个拳头打人”；敌人进攻时，对付的办法是“御敌于国门之外”，“先发制人”，“不打烂坛坛罐罐”，“不丧失寸土”，“六路分兵”；是“革命道路和殖民地道路的决战”；是短促突击，是堡垒战，是消耗战，是“持久战”，是大后方主义，是绝对的集中指挥；最后，则是大规模搬家；并且谁不承认这些，就给以惩办，加之以机会主义的头衔，等等。毛泽东说：“无疑地，这全部的理论和实际都是错了的。这是主观主义。”①

在社会主义经济建设中，我们也犯过这样的错误，例如“大跃进”时期的高指标、瞎指挥、浮夸风、“共产风”等等，其思想根源，也是脱离实际，夸大了主观意志和主观努力的作用，因而受到了客观规律的惩罚。

二是处理好理论和实践的关系。理论和实践的统一表现为，理论来源于实践并接受实践检验，而实践则接受理论的指导，二者不可分离。如果分离，或则犯教条主义的错误，或则犯经验主义的错误。教条主义的特点是夸大理论的作用，轻视实践的作用，从而使理论变成了脱离实际的空洞的、僵死的教条；经验主义的特点是夸大个人感性经验的作用，把个人经验绝对化，当作包医百病的公式去解决各个不同的特殊问题，这同样是脱离了客观实际，必然要犯以偏概全的主观主义错误。所以毛泽东说，二者都要反对，“经验对于干部是必需的，失败确是成功之母。但是虚心接受别人的经验也属必需，如果样样要待自己经验，否则固执己见拒不接受，这就是十足的‘狭隘经验论’。我们的战争吃这种亏是不少的”。②

① 《毛泽东选集》第1卷，人民出版社1991年第2版，第206页。

② 《毛泽东选集》第1卷，人民出版社1991年第2版，第213～214页。

2. **一定要克服主观主义**

（1）认清主观主义的根源。

毛泽东认为，主观主义常常是“扫了又发生，发生了又要扫”。所以如此，是因为主观主义的产生有着深刻的社会历史根源和认识论根源。只有充分揭露这些根源，才能采取切实有效的措施，防止和克服主观主义。

社会历史根源。在民主革命时期，毛泽东曾指出，我们党的组织基础的最大部分是由农民和其他小资产阶级出身的成分构成的，主观主义，“这是环境顺利时小资产阶级的革命狂热和革命急性病的表现；环境困难时，则依照情况的变化依次变为拼命主义、保守主义和逃跑主义。这是鲁莽家和门外汉的理论和实际，是丝毫也没有马克思主义气味的东西，是反马克思主义的东西”。① 因为小资产阶级在经济地位上是小私有者，在政治上有革命性和动摇性两个方面，因而容易忽“左”忽右，在思想方法上便表现出片面性、绝对化，好走极端；又由于其生产规模的狭小限制了自己的眼界，往往“沾沾自喜于一得之功和一孔之见”，便容易犯经验主义的错误。毛泽东还说：“知识分子在其未和群众的革命斗争打成一片，在其未下决心为群众利益服务并与群众相结合的时候，往往带有主观主义和个人主义的倾向，他们的思想往往是空虚的，他们的行动往往是动摇的。”② 这些人在思想方法上往往片面强调书本知识的作用而轻视实践的作用，从而导致教条主义错误。

认识论根源。毛泽东说：“主观主义永远都会有，一万年，一万万

---

① 《毛泽东选集》第1卷，人民出版社1991年第2版，第206页。

② 《毛泽东选集》第2卷，人民出版社1991年第2版，第614～642页。

年，只要人类不毁灭，总是有的。”① 原因就在于，主观主义除有社会历史根源外，还有认识论上的根源。思想方法上的片面性、绝对化，是产生主观主义的最重要的认识论根源。从认识过程来说，感性认识和理性认识是统一的，不可分割的。“理性认识依赖感性认识，感性认识有待于发展到理性认识，这就是辩证唯物论的认识论。”② 如果片面认为，“只有理性靠得住，而感觉的经验是靠不住的”，便会导致教条主义；反过来，如果片面认为，“只有感性认识可靠，而理性认识是靠不住的”，便会导致经验主义。二者都只看到片面，没有看到全面，从不同的两个极端将统一的两个认识过程形而上学地加以割裂，殊途而同归，一起陷入主观主义。从客观事物本身来说，物质世界是充满矛盾、普遍联系、永恒运动的过程。列宁说：“要真正地认识对象，就必须把握住、研究清楚它的一切方面、一切联系和‘中介’。”③，只见其一，不见其二，只见树木，不见森林，只见静止，不见运动，把事物的一个方面、一个部分或者外部表现，夸大为事物的全体、事物的本质。这样，也就必然歪曲事物的本来面目，使自己的主观脱离了客观。

（2）克服主观主义的方法。

毛泽东不但揭露了主观主义的实质、表现和根源，而且系统地提出了防止和克服主观主义的方法。

要宣传唯物主义，宣传辩证法，树立科学的辩证唯物主义和历史唯物主义世界观。毛泽东于 1942 年在延安发动和领导的整风运动，其中心内容就是反对主观主义，而方法就是开展“一个普遍的马克思主义教育

① 《毛泽东选集》第 5 卷，人民出版社 1977 年第 1 版，第 297 页。
② 《毛泽东选集》第 1 卷，人民出版社 1991 年第 2 版，第 219 页。
③ 转引自《毛泽东选集》第 1 卷，人民出版社 1991 年第 2 版，第 323 页。

运动”，不是就事论事，不是仅仅在枝节上解决问题，而是从根本上解决问题，即把主观主义形形色色的具体表现提到世界观的高度，指出其唯心主义和形而上学本质，从而使广大干部真正从认识论上吸取教训，自觉学习唯物主义和辩证法，用以分析和处理各种实际问题，收到了巨大的成效。

要对实际情况作周密系统的调查研究。“你对于那个问题不能解决吗？那末，你就去调查那个问题的现状和它的历史吧！你完完全全调查明白了，你对那个问题就有解决的办法了。一切结论产生于调查情况的末尾，而不是在它的先头。只有蠢人，才是他一个人，或者邀集一堆人，不作调查，而只是冥思苦索地‘想办法’，‘打主意’。须知这是一定不能想出什么好办法，打出什么好主意的。换一句话说，他一定要产生错办法和错主意。”[①] 只有认真调查研究，才能克服本本主义、形式主义，把理论同实践结合起来，把上级指示同本单位的实际结合起来；才能克服自以为是，想当然，做到情况明、决心大、方法对，把革命热情和科学态度结合起来；才能克服简单化、“一刀切”，做到具体问题具体分析；才能克服思想僵化，不断发现新问题、研究新问题，使自己的思想适应变化了的新情况。

要坚持群众路线和民主集中制。马克思主义认识论与党的群众路线是统一的。实践是认识的基础，而实践的主体是群众。因此，领导机关和领导人员，要坚持马克思主义认识论，就必须坚持群众路线，否则，如果只是少数人关起门来出主意、想办法，就一定会犯主观主义的错误。毛泽东说：“在我党的一切实际工作中，凡属正确的领导，必须是从群众

---

① 《毛泽东选集》第1卷，人民出版社1991年第2版，第110页。

中来，到群众中去。这就是说，将群众的意见（分散的无系统的意见）集中起来（经过研究，化为集中的系统的意见），又到群众中去作宣传解释，化为群众的意见，使群众坚持下去，见之于行动，并在群众行动中考验这些意见是否正确。然后再从群众中集中起来，再到群众中坚持下去。如此无限循环，一次比一次地更正确、更生动、更丰富。这就是马克思主义的认识论。”①

综上所述，毛泽东哲学思想中关于坚持实事求是、反对主观主义的理论，内容极其丰富、深刻而系统，是我们党长期历史经验的科学总结，在今天仍然是我们同主观主义进行斗争的锐利武器。

## 三、对“矛盾”理论的杰出贡献

在中外哲学史上，毛泽东都不愧为杰出的辩证法大师。他不但对唯物辩证法的理论有独创性的见解，而且是在实践中灵活运用辩证法的典范。半殖民地半封建的旧中国，比任何其他社会的矛盾都要复杂而尖锐得多。与之相应，领导这样一个国家的革命，也是处理极其复杂矛盾的过程。正是在这样的长期实践中，中国共产党积累了处理复杂矛盾的丰富经验。作为这些经验的哲学升华，毛泽东的辩证法思想大大丰富和发展了马克思主义的辩证法理论，特别是在矛盾理论上作出了杰出的贡献。

### 1. 矛盾法则是唯物辩证法的最根本法则

早在20世纪30年代，毛泽东就说过：“矛盾统一及其分裂也是思维的法则”，“辩证法中心任务，在研究对立的相互渗透即对立的同一性”，

① 《毛泽东选集》第3卷，人民出版社1991年第2版，第899页。

“斗争就是辩证”，等等。①

毛泽东在他的哲学专著《矛盾论》中，开宗明义第一句话就说：“事物的矛盾法则，即对立统一的法则，是唯物辩证法的最根本的法则。”并强调唯物辩证法的宇宙观“主要地就是教导人们要善于去观察和分析各种事物的矛盾的运动，并根据这些分析，指出解决矛盾的方法。”对唯物辩证法的这一归纳，是对马克思主义哲学的继承和发展。

马克思曾说：“两个相互矛盾方面的共存、斗争以及融合成一个新范畴，就是辩证运动。”② 恩格斯也说过，关于自然界对立统一“这种认识构成辩证自然观的核心”。③ 可见，他们在那时已提出事物的矛盾运动是辩证法的实质和核心这样的宝贵见解。但在当时的历史条件下，他们还没来得及对此作出详尽的说明。

列宁也深入研究过对立统一规律及其在整个辩证法体系中的重要地位，明确提出对立统一规律是辩证法的“实质”和“核心”。在《辩证法的要素》中，他明确概括说：“可以把辩证法简要地确定为关于对立面的统一的学说。这样就会抓住辩证法的核心，可是这需要说明和发挥。”后来，在《谈谈辩证法问题》一文中，他对此作了初步说明：“统一物之分为两个部分以及对它的矛盾着的部分的认识……是辩证法的实质。”他认为，只有把握这个实质，“才提供理解一切现存事物的‘自己运动’的钥匙，才提供理解‘飞跃’、‘渐进过程的中断’、‘向对立面的转化’、旧东西的消灭和新东西的产生的钥匙。”由此可见，列宁把对立统一规律看成是理解事物运动、质量互变及否定之否定规律的一把钥匙。

---

① 《毛泽东哲学批注集》，中央文献出版社 1988 年版，第 71、79、232 页。

② 《马克思恩格斯选集》第 1 卷，人民出版社 1995 年第 2 版，第 144 页。

③ 《马克思恩格斯选集》第 3 卷，人民出版社 1995 年第 2 版，第 352 页。

列宁逝世后，苏联哲学界在30年代出版的一些教科书中，遵循列宁思想对这个问题有所论述。米丁主编的《辩证唯物论与历史唯物论》强调了对立统一规律，认为它是“辩证法中最基本、最重要和有决定意义的法则。”在他主编的另一本教科书《新哲学大纲》中进一步明确指出，质量互变规律、否定之否定规律及其他辩证法范畴是对立统一规律的“发现和具体化”，但未对此展开论述。

我国哲学家李达在1937年4月出版的《社会学大纲》一书中明确提出：“对立统一的法则，是辩证法的根本法则，是它的核心。这个根本法则，包摄着辩证法的其余的法则……是理解其他一切法则的关键。”①

毛泽东继承了马克思主义经典作家的上述思想，也吸收了苏联和中国哲学界在这方面的研究成果，对事物的矛盾法则和对立统一规律在辩证法中的重要地位作了系统的阐述。在前面所述《矛盾论》的演讲中，他不但提出事物的矛盾法则是唯物辩证法的最根本的法则，而且强调指出了对立统一规律与唯物辩证法其他规律之间的关系，并运用对立统一规律进一步解释了本质与现象、可能性与现实性的关系等辩证法范畴。这就明确表达了矛盾法则是唯物辩证法的最根本法则的观点。1965年他在李达著《马克思主义哲学大纲》上写的一段批注，更为集中地表达了这一观点：“辩证法的核心是对立统一规律，其他范畴如质量互变、否定之否定、联系、发展等等，都可以在核心规律中予以说明。盖所谓联系就是诸对立物间在时间和空间中互相联系，所谓发展就是诸对立物斗争的结果。至于质量互变、否定之否定，应与现象本质、形式内容等等，在核心规律的指导下予以说明。旧哲学传下来的几个规律并列的方法不

① 李达：《社会学大纲》，第132页。

妥，这在列宁已经基本上解决了，我们的任务是加以解释和发挥。至于各种范畴（可以有十几种），都要以事物的矛盾对立统一去说明。例如什么叫本质，只能说本质是事物的主要矛盾和主要矛盾方面。如此类推。”① 这段话，系统阐述了关于对立统一规律与辩证法其他规律、范畴的相互关系。这一观点的提出，是对马克思主义唯物辩证法思想的重大发展和贡献。

**2. 强调矛盾双方的统一**

当1951年毛泽东的《实践论》、《矛盾论》两篇论文公开发表时，二者在苏联理论界引起的反应是不同的。对《实践论》，《真理报》全文译载，还配发了一篇社论，还有一些著名哲学家发表评论。而对《矛盾论》，则只是由联共的理论刊物《布尔什维克》分两期登载，这显然是降低规格的一种方式。不仅如此，译文对《矛盾论》的原文还有一些微妙的改动，这就是把原文中讲到战争与和平的“同一性”的地方改成了“互相联结”，其他地方的“同一性”一词也改成了“统一性”。这说明联共中央对毛泽东提出的“矛盾的同一性”概念有不同意见。

联共中央的意见来源于苏联1938年出版的《联共党史》，其中第四章第二节《辩证唯物主义和历史唯物主义》是斯大林亲自撰写的。他在这里把辩证法概括为四个基本特征，第一条是事物的联系，第四条是事物的内在矛盾，他说：“从低级到高级的发展过程不是通过现象的和谐的开展，而是通过对象、现象本身固有的矛盾的揭露，通过在这些矛盾的基础上活动的对立倾向的‘斗争’进行的。”斯大林把列宁讲过的“发展是对立面的‘斗争’”、“发展是对立面的同一”两句话，片面地只取了前

① 《毛泽东著作选读》下册，人民出版社1986年版，第847页。

一句，并以对“和谐”的否定表达了对“同一”的否定。至于此时斯大林是否看过毛泽东写于1937年的《矛盾论》则不得而知了。

1953年第1期的苏联《哲学研究》上，有一篇批评苏联著名哲学家罗森塔尔的文章，就是因为他肯定了毛泽东提出的“矛盾的同一性”原理。文章说：“我们认为罗森塔尔教授所使用的‘对立的统一’及‘对立的统一和斗争’等名词是不妥的。斯大林同志在其经典著作《辩证唯物主义和历史唯物主义》中已规定‘发展是对立面的斗争’，这是‘马克思主义科学的最新成就’，而‘对立的同一’或统一是黑格尔表达方式的残余。”之后，罗森塔尔就发表了自我批评。于是，在1954年第四版的《简明哲学词典》（尤金和罗森塔尔合编）中的“同一性”一条，就加进了这样的话：“有时，有些人错误地把马克思主义的同一性原理应用于一些根本对立的现象。例如：一些人说，和平和战争是同一的；另一些人说，在资本主义制度下，资产阶级和无产阶级是同一的，等等。这样简单地理解同一性其实就是滥用黑格尔的术语。孟什维克式的唯心主义格外热衷于这种做法。像战争与和平、资产阶级和无产阶级、生和死等等现象不能是同一的，因为它们是根本对立和相互排斥的。”这条中提到的战争与和平、资产阶级和无产阶级、生和死三个例子，都是毛泽东在《矛盾论》中提出用以说明矛盾同一性的。这明显是对毛泽东观点的批评。

1954年出版的《苏联大百科全书》中的“毛泽东”一条中有这样的介绍：“1937年7、8月间，毛泽东写了两篇著名的哲学著作：《实践论》和《矛盾论》，其中阐释了马列主义的认识论和马克思主义辩证法的基本规律——对立的斗争是运动泉源的规律。”这一介绍显然不符合毛泽东的原意。毛泽东在《矛盾论》中讲的是：“一切事物中包含的矛盾方面的相互依赖和相互斗争，决定一切事物的生命，推动一切事物的发展。”可见，毛泽东讲的是矛盾的对立和统一，而这条对毛泽东哲学观点的介绍，却只讲对立的斗争，不提对立的统一。

对于上述苏联方面的批评，毛泽东1957年1月《在省市自治区党委书记会议上的讲话》中提出了反批评，批评了斯大林和苏联哲学界某些人的形而上学思想。毛泽东重申列宁关于“可以把辩证法简要地确定为关于对立统一的学说。这样就会抓住辩证法的核心”的观点，同时提出对此要给以解释和发展。他批评斯大林有许多形而上学，并且教会许多人搞形而上学。毛泽东说：斯大林在《苏联共产党（布）历史简明教程》中讲，马克思主义辩证法有四个基本特征。他第一条讲事物的联系，却没有讲究竟是什么东西联系呢？就是对立的两个侧面的联系。“他第四条讲事物的内在矛盾，又只讲对立面的斗争，不讲对立面的统一。按照对立统一这个辩证法的根本规律，对立面是斗争的，又是统一的，是互相排斥的，又是互相联系的，在一定条件下互相转化的。”毛泽东接着批评说：“苏联编的《简明哲学辞典》第四版关于同一性的一条，就反映了斯大林的观点。辞典里说：‘像战争与和平、资产阶级与无产阶级、生与死等等现象不能是同一的，因为它们是根本对立和互相排斥的。’这就是说，这些根本对立的现象，没有马克思主义的同一性，它们只是互相排斥，不互相联结，不能在一定条件下互相转化。这种说法，是根本错误的。”毛泽东在具体阐述了战争与和平、生与死、资产阶级与无产阶级之间的对立统一关系后，批评斯大林说：“对立面的这种斗争和统一，斯大林就联系不起来。苏联一些人的思想就是形而上学，就是那么僵化，要么这样，要么那样，不承认对立统一。因此，在政治上就犯错误。”接着，毛泽东以对立统一规律为指导，分析了社会主义社会中的各种矛盾现象，并且号召全党都要学习辩证法，照辩证法办事。在这篇讲话中，他还提出，事物发展的波浪式、螺旋式、曲折性，根源于事物内部的矛盾性，“世界上的事物，因为都是矛盾着的，都是对立统一的，所以，它们的运动、发展，都是波浪式的”。

3. **提出社会主义社会存在矛盾**

在当时苏联的影响下，很长时期内，“社会主义无矛盾论”广为人们接受。斯大林及苏联国内理论界基本上都认为，“在社会主义条件下，矛盾失去了它的普遍性”。[①] 理由是，社会主义既然消灭了剥削阶级，阶级对抗就结束了，全体人民的团结一致是社会主义的基本特征和取得社会进步的重要保证，是社会主义优越性的表现，甚至是社会主义社会发展的动力。斯大林在 1936 年以后的一些著作中都认为，社会主义社会的生产力和生产关系之间是“完全适合”的。他在晚年对这一观点有所纠正，但也只是承认社会主义社会的生产力与生产关系之间存在矛盾，却没把它当作社会主义社会的基本矛盾提出来，因而不可能做出社会主义社会普遍存在着矛盾这样的理论概括，更不可能得出矛盾是社会主义社会发展的动力这样的科学结论。斯大林逝世后，苏联理论界展开对这个问题的讨论，批评了“社会主义社会无矛盾论”，许多人开始承认在社会主义条件下矛盾仍然存在。但这种认识是不系统的，并未上升到理论的高度，讨论也未深入进行下去。这方面理论准备不足的结果是，不但造成苏联当时社会主义社会的政治、经济等具体制度的僵化，而且当此后相继发生尖锐的社会矛盾时，苏联领导人不能正确认识和处理，致使矛盾更激

---

① 见《在马克思主义旗帜下》1940 年第 6 期，第 76 页，《论社会主义条件下真实的和虚构的矛盾》一文。

化了。

与此同时，我国国内在苏共二十大和波匈事件的影响下，加上实际工作中存在的一些问题，也出现了一些闹事风波。这样，认真研究社会主义社会中的矛盾问题，就成为国际共产主义运动中迫切需要解决的问题。正是在这种历史发展的需求下，毛泽东吸取苏联和其他社会主义国家的经验教训，并根据中国情况，深入研究这个问题，形成了一套系统的理论。其中最重要的，是第一次提出社会主义社会存在矛盾，矛盾是社会主义社会发展的动力。

他在 1957 年 2 月《关于正确处理人民内部矛盾的问题》报告中指出："许多人不敢公开承认我国人民内部还存在着矛盾，正是这些矛盾推动着我们的社会向前发展。许多人不承认社会主义社会还有矛盾，因而使得他们在社会矛盾面前缩手缩脚，处于被动地位；不懂得在不断地正确处理和解决矛盾的过程中，将会使社会主义社会内部的统一和团结日益巩固。"① 1956 年 4 月由《人民日报》编辑部根据毛泽东的思想和中共中央政治局扩大会议讨论的意见写成的《关于无产阶级专政的历史经验》一文指出："有一些天真烂漫的想法，仿佛认为在社会主义社会中是不会再有矛盾存在了。否认矛盾存在，就是否认辩证法。各个社会的矛盾性质不同，解决矛盾的方式不同，但是社会的发展总是在不断的矛盾中进行的。社会主义社会的发展也是在生产力和生产关系的矛盾中进行着的。在社会主义社会和共产主义社会中，技术革新和社会制度革新的现象，都将是必然要继续发生的，否则，社会的发展就将停止下来，社会就不可能再前进了。人类现在还是在青年时代。人类将来要走的路，将比过

① 《毛泽东著作选读》下册，人民出版社 1986 年版，第 766 页。

去走过的路，不知道要长远得多少倍。革新和守旧，先进和落后，积极和消极因素这类矛盾，都将不断地在各种不同的条件和各种不同的情况中出现。一切都还将是这样：一个矛盾将导致另一个矛盾，旧的矛盾解决了，新的矛盾又会产生。”① 这年11月15日，毛泽东在中共八届二中全会上又指出：“无非是矛盾。世界充满着矛盾。民主革命解决了同帝国主义、封建主义、官僚资本主义这一套矛盾。现在，在所有制方面同民族资本主义和小生产的矛盾也基本上解决了，别的方面的矛盾又突出出来了，新的矛盾又发生了。”他在这年12月4日给黄炎培的信中再次指出：“社会总是充满着矛盾。即使社会主义和共产主义社会也是如此，不过矛盾的性质和阶级社会有所不同罢了。”② 他在1957年11月18日于莫斯科召开的六十四国共产党和工人党代表会议的讲话中指出：“无论什么世界，当然特别是阶级社会，都是充满着矛盾的。有些人说社会主义社会可以‘找到’矛盾，我看这个提法不对。不是什么找到或者找不到矛盾，而是充满着矛盾。”③

明确提出社会主义社会存在矛盾，并且矛盾是社会主义社会发展的动力这个观点，是毛泽东的重大理论贡献。当然，这一思想的萌芽在列宁那里已有，他根据辩证唯物主义的基本原理推论出：“在社会主义下，对抗将消失，矛盾仍将存在。”④ 但系统地提出这个问题，并坚持运用马克思列宁主义的唯物辩证法提出应该用矛盾的观点和方法来观察和认识社会主义社会的，是毛泽东。

---

① 《人民日报》1956年4月5日。
② 《建国以来毛泽东文稿》第6册，中央文献出版社1992年版，第255页。
③ 《建国以来毛泽东文稿》第6册，中央文献出版社1992年版，第642页。
④ 《列宁全集》第60卷，人民出版社1990年第2版，第282页。

4. **创造性地提出和阐述了矛盾普遍性与特殊性的关系是矛盾问题的精髓的科学原理**

毛泽东不但提出了矛盾法则是唯物辩证法的核心等重要观点，而且对矛盾本身的许多问题展开了深入研究，为唯物辩证法增添了许多新的内容。特别是其中关于矛盾普遍性与特殊性的关系是矛盾问题的精髓的思想，是毛泽东提出的具有重大意义的独创性见解。

20世纪二三十年代中国共产党内教条主义和经验主义的盛行，促使毛泽东对矛盾的普遍性和特殊性的关系予以特别地关注。

对这个问题，马克思主义的创始人已有一些论述。例如，马克思和恩格斯都反复强调，他们的学说不是教条，而是行动的指南。他们从来反对在国际共产主义运动中推行一种战略和一种策略，而主张“必须考虑到各国的制度、风俗和传统”。① 列宁也说：“对于俄国社会党人来说，尤其需要独立地探讨马克思的理论，因为它所提供的只是总的指导原理，而这些原理的应用具体地说，在英国不同于法国，在法国不同于德国，在德国又不同于俄国。”② 而“在东方那些人口无比众多、社会情况无比复杂的国家里，今后的革命无疑会比俄国革命带有更多的特殊性”。③ 由此可知，普遍真理和具体实践相结合，是马克思主义的一个基本原则。

在哲学理论上，马克思和恩格斯对普遍性和特殊性的关系也作过论述。例如马克思在《〈政治经济学批判〉导言》中阐述了一般与个别不可分割的思想；恩格斯从认识论的角度阐述过一般和个别的辩证法，指出：“一切真实的、穷尽的认识都只在于：我们在思想中把个别的东西从个别

---

① 《马克思恩格斯全集》第18卷，人民出版社1964年版，第179页。
② 《列宁选集》第1卷，人民出版社1995年第3版，第274页。
③ 《列宁选集》第4卷，人民出版社1995年第3版，第778页。

性提高到特殊性，然后再从特殊性提高到普遍性；我们从有限中找到无限，从暂时中找到永久，并且使之确立起来。”① 列宁在《谈谈辩证法问题》一文中对一般和个别的关系的简要叙述是：“个别一定与一般相联而存在”；“任何一般只是大致地包括一切个别事物”；“任何个别经过千万次的转化而与另一类的个别……相联系。”

毛泽东继承了马列的上述思想，在理论上进一步作了系统发挥，把矛盾普遍性和特殊性的关系提到矛盾问题精髓的高度，认为“不懂得它，就等于抛弃了辩证法”。

毛泽东认为，矛盾的普遍性和特殊性不是各自孤立而是互相联结的，“每一个事物内部不但包含了矛盾的特殊性，而且包含了矛盾的普遍性，普遍性即存在于特殊性之中，所以，当着我们研究一定事物的时候，就应当去发现这两方面及其互相联结。”这种互相联结的关系，就是共性、个性、绝对、相对的关系。而共性与个性、绝对与相对都不是孤立存在的，共性正存在于个性之中，绝对正存在于相对之中，所以必须在二者的统一中才能把握它们的辩证关系。毛泽东的这一观点贯穿于《矛盾论》全文，他把矛盾普遍性与特殊性的关系问题，作为理解矛盾问题各个方面的原理的红线，由此形成完整的关于矛盾学说的理论系统。

由此出发，毛泽东指出，人类的认识过程是由特殊到一般、又由一般到特殊的无限循环过程。他 1941 年在读苏联《辩证法唯物论教程》（中译本第四版）时有一段批注：“在认识过程，个别决定普遍；在实践过程，普遍决定个别。”② 意即认识只能从个别开始然后上升到一般，没有对个别的认识便

---

① 《马克思恩格斯选集》第 4 卷，人民出版社 1995 年第 2 版，第 341 页。

② 《毛泽东哲学批注集》，中央文献出版社 1988 年版，第 427 页。

不能形成一般认识；而认识了一般后，又应以它为指导认识其他个别，否则便不能正确认识个别。这是从认识论角度对普遍与特殊辩证关系的发挥。后来《矛盾论》公开出版时毛泽东加写了一段话，对此作了更加完整准确的表述："就人类认识运动的秩序说来，总是由认识个别的和特殊的事物，逐步地扩大到认识一般的事物。人们总是首先认识到了许多不同事物的特殊的本质，然后才有可能更进一步地进行概括工作，认识诸种事物的共同的本质。当着人们已经认识了这种共同的本质以后，就以这种共同的认识为指导，继续地向着尚未研究过的或者尚未深入地研究过的各种具体的事物进行研究，找出其特殊的本质，这样才可以补充、丰富和发展这种共同的本质的认识，而使这种共同的本质的认识不致变成枯槁的和僵死的东西。这是两个认识的过程：一个是由特殊到一般，一个是由一般到特殊。人类的认识总是这样循环往复地进行的，而每一次的循环（只要是严格地按照科学的方法）都可能使人类的认识提高一步，使人类的认识不断地深化。"这是极富创造性的理论见解，比之恩格斯从个别性上升到特殊性、又从特殊性上升到普遍性的论述，更加全面和完整地揭示了认识发展的辩证过程。这一思想与《实践论》中关于实践、认识、再实践、再认识的无限循环的公式一起，分别从辩证法和认识论两个角度揭示了人类认识发展的真实道路。

毛泽东进而从普遍与特殊的关系的角度，批评了主观主义（包括教条主义和经验主义）的错误。1941 年毛泽东在读《辩证唯物论教程》时就写道："中国主观主义者的一般是脱离个别的（脱离实际）"，"不注意具体特点，妄把主观构成的东西当作特点（抽象的特点、没有客观实在性的特点）。"①《矛盾论》公开出版时，毛泽东进一步发挥这一思想，指

① 《毛泽东哲学批注集》，中央文献出版社 1988 年版，第 429、432 页。

出：教条主义者的错误在于，一方面不懂得必须研究矛盾的特殊性，认识个别事物的特殊本质，才有可能充分认识矛盾的普遍性，即诸种事物的共同本质；另一方面，不懂得认识了事物的共同本质后，还必须继续研究那些尚未深入研究过或新冒出来的具体事物。教条主义者是懒汉，他们拒绝对任何具体事物做任何艰苦的研究工作，把一般真理看成凭空出现的东西，把它变成人们不能琢磨的纯粹抽象的公式，完全否认并颠倒了这个人类认识真理的正常秩序。在《整顿党的作风》一文中，他又指出，经验主义者满足于感性的和局部的知识，缺乏理论的知识和普遍的知识，这样的知识是不完全的。教条主义者和经验主义者，都是割裂了矛盾普遍性与特殊性的辩证关系，违背了人类认识真理的正常秩序。

5. **系统阐述了矛盾特殊性的理论**

马克思主义经典作家都很重视矛盾的特殊性，例如列宁就曾说，具体问题具体分析是马克思主义的活的灵魂，但他们并未对矛盾特殊性进行过全面研究。所以在马克思主义哲学体系中，没有关于矛盾特殊性问题的系统理论。

毛泽东在领导中国革命的过程中，为了把马克思主义同我国具体实际相结合，探索一条具有中国特色的革命道路，对矛盾的特殊性进行了全面系统的研究。所以，英国著名马克思主义哲学家康福斯在《唯物主义与辩证方法》（1956 年俄文版）中说：毛泽东的《矛盾论》对矛盾特殊性“这个概念作了现时在马克思主义著述中最为完备的探讨”，确是事实。

毛泽东不但充分论证了认识矛盾特殊性的重要性，还对矛盾特殊性的基本表现作了深入、细致和系统的论述，提出不但各种物质运动形式，而且一切运动形式在其发展的不同过程中、同一发展过程中的不同发展阶段上、同一过程或阶段上矛盾的各方面、矛盾双方在事物发展中所处的地位和所起的作用、矛盾斗争的形式等等，都具有特殊性。这样，毛泽东就为矛盾的特殊性研究构造了一个详尽而且完整的体系，这是以往马克思主义哲学中没有的内容。毛泽东关于矛盾特殊性的理论，为人们在实践中正确分析和处理各种具体矛盾提供了科学指导，是对马克思主义唯物辩证法的重大贡献。

毛泽东的矛盾特殊性理论中，关于主要矛盾和次要矛盾关系的论述，是最富创造性的内容之一。马克思主义经典作家虽也提过这个问题，例如马克思、恩格斯多次提出分析和处理问题要“时刻牢记主要的东西，不因那些无谓的吹毛求疵而迷失方向”。① 列宁也在阐述历史进程、政治事变作为一条链子时说：“你要抓住整条链子，就必须抓住主要环节。”而主要环节并非一成不变，应当根据客观情况的变化，从一个主要环节“过渡到下一个环节”。苏联30年代哲学教科书《辩证唯物论教程》也提出了“主要矛盾”概念，提到分析矛盾应“探求根本的主要的矛盾，其他一切矛盾都依附于这个主要矛盾”。但所有这些都未深入展开，没有把主要矛盾和次要矛盾的关系问题提高到唯物辩证法基本原理的高度予以系统阐述。所以，毛泽东结合中国革命的丰富历史经验，系统提出的主要矛盾与次要矛盾关系的理论，的确是具有独创性的新的理论体系。

首先，他指出，矛盾有主次之分的根本原因是由于矛盾的特殊性，是矛盾发展不平衡性的表现，所以这一原理具有客观性和普遍性；其次，他对主次矛盾的概念作了科学的界说。主要矛盾即在众多矛盾中“起领导的、决定的作用”的矛盾，“由于它的存在和发展，规定或影响着其他

① 《马克思恩格斯全集》第38卷，人民出版社1972年版，第270页。

矛盾的存在和发展”；非主要矛盾则是“处于次要和服从地位”的矛盾；在事物发展的各阶段，“只有一种主要的矛盾”。再次，他系统说明了主次矛盾的相互联系、相互作用和相互转化。相互联系，即二者是相比较而存在的，不可把主要看成唯一；相互作用，即主要矛盾对全局起重大决定作用，所以要“着重于捉住主要矛盾”，但也不能忽视次要矛盾的作用，应有主有从地处理各种矛盾；相互转化，即主要矛盾和次要矛盾的区别不是绝对的，而是相对的，在一定条件下二者可以相互转化，从而使事物的发展显出阶段性来。

总之，毛泽东关于“矛盾”问题的理论，为马克思主义唯物辩证法的理论宝库增添了丰富的内容，作出了为世人公认的杰出贡献。

## 四、强调能动的革命的反映论

毛泽东十分重视对马克思主义认识论的研究，并作出了重大贡献。他着重阐明了辩证唯物主义的认识论是能动的革命的反映论，特别强调应该充分发扬根据和符合客观实际的自觉的能动性；他全面系统论述了辩证唯物主义关于认识的源泉、认识的发展过程、认识的目的、真理的标准的理论。这是他对中国革命长期经验的哲学概括，是对马克思主义认识论富有独创性的重大贡献。

### 1. 阐明马克思主义认识论是能动的革命的反映论

毛泽东是第一个把马克思主义认识论概括为“能动的革命的反映论”的人。这一概括，揭示了马克思主义认识论的本质特征，表明其不仅同唯心主义，而且同旧唯物主义都有根本的区别。

马克思在《关于费尔巴哈的提纲》中首次提出“能动的反映论”的

基本思想。他批评包括费尔巴哈在内的旧唯物主义的认识论是消极的、被动的反映论，即只是直观地理解事物，“而不是把它们当作感性的人的活动，当作实践去理解，不是从主体方面去理解”；他也批评唯心主义者，虽然发展了认识的能动的方面，但“能动的方面却被唯心主义抽象地发展了，当然，唯心主义是不知道现实的、感性的活动本身的。”① 总之，旧唯物主义否认人类认识的能动作用，而唯心主义则夸大和歪曲了精神、意识的能动作用，二者都不是正确的认识论。这就第一次把实践的观点引入了认识论并作为它的基础。列宁发展了马克思、恩格斯的思想，提出：“生活、实践的观点，应该是认识论的首要的和基本的观点。这种观点必然会导致唯物主义”②；“人的意识不仅反映客观世界，并且创造客观世界。”③

毛泽东更进一步发展了马克思、恩格斯和列宁的上述思想，提出既要反对主观主义，又要发挥人的主观能动性，因此，这种能动性就必须是符合于客观实际的自觉的能动性，“一切根据和符合于客观事实的思想是正确的思想，一切根据于正确思想的做或行动是正确的行动。我们必须发扬这样的思想和行动，必须发扬这种自觉的能动性”。④ 这就是毛泽东的能动的革命的反映论的观点，他将此表述为充分发挥根据和符合于客观实际的自觉的能动性。他在《实践论》中对此作了专门论述。

毛泽东阐明了自觉的能动性的重要性。自觉的能动性是人类特有的属性，是人同动物的最后的本质区别。毛泽东以战争为例说明人的这种

① 《马克思恩格斯选集》第 1 卷，人民出版社 1995 年第 2 版，第 54 页。
② 《列宁选集》第 2 卷，人民出版社 1995 年第 3 版，第 103 页。
③ 《列宁选集》第 55 卷，人民出版社 1990 年第 3 版，第 182 页。
④ 《毛泽东著作选读》上册，人民出版社 1986 年版，第 228～229 页。

特殊的能动性的重要作用："战争胜负，固然决定于双方军事、政治、经济、地理、战争性质、国际援助诸条件，然而不仅仅决定于这些；仅有这些，还只是有了胜负的可能性，它本身没有分胜负。要分胜负，还须加上主观的努力，这就是指导战争和实行战争，这就是战争中的自觉的能动性。"① 人类的其他一切实践活动都是如此。毛泽东常说，"一切事情是要人做的"，"人是要有点精神的"，"要调动一切积极因素"，就是他特别注重人自觉的能动性的表现。

毛泽东说明自觉的能动性的两方面含义是，能动地反映客观世界和能动地改造客观世界。"能动地反映世界"，即人们在实践中获得大量丰富的感性材料，经过大脑加工形成理性认识，如思想、意见、理论、政策、计划、办法等，这些都属于对客观外界事物的反映，"是主观的东西"。"能动地改造世界"，即做或行动，这是主观见之于客观的东西，即人们按照一定的思想改造世界的实践活动。

然而，自觉的能动性也有正确和错误两种，关键即是否根据和符合于客观事实。毛泽东强调，要发扬的是根据和符合于客观事实的自觉的能动性。只有建立在符合客观实际基础上的思想、计划、方案等，才能在行动中达到预期的目的，"如果不合，就会在实践中失败"。可见，根据和符合于客观事实，是发挥自觉的能动性的前提。例如打仗，毛泽东说，"必须动员全中国人民，统统发扬其抗日的自觉的能动性，才能达到目的。坐着不动，只有被灭亡"。但另一方面，"指导战争的人们不能超越客观条件许可的限度期求战争的胜利。然而可以而且必须在客观条件的限度之内，能动地争取战争的胜利。战争指挥员活动的舞台，必须建

① 《毛泽东著作选读》上册，人民出版社 1986 年版，第 229 页。

筑在客观条件的许可之上”，才可以“导演出很多有声有色、威武雄壮的戏剧来”。

2. **论述认识发展的辩证过程**

认识是如何产生、发展的，不知是如何转化为知的？列宁曾这样概括马克思关于认识辩证过程的思想：“从生动的直观到抽象的思维，并从抽象的思维到实践，这就是认识真理、认识客观实在的辩证途径。”[①] 但马克思、列宁都没有深入展开对认识这一辩证过程的研究。毛泽东则认真进行了这项工作，为马克思主义认识论的丰富和发展作出了重大贡献。

（1）认识过程的两个能动的飞跃。

毛泽东在《实践论》中，详尽论证了从感性认识到理性认识，又从理性认识到实践，是认识过程的两个能动的飞跃。他指出，认识的真正任务是从感性认识到理性认识的飞跃，但认识的能动作用，“更重要的还须表现于从理性认识到革命的实践这一个飞跃”。前者是认识世界，后者是改造世界。这就说明了认识的任务和目的，说明了马克思主义能动的革命的反映论的本质。

感性认识和理性认识的辩证关系是：感性认识是认识的低级阶段，理性认识是认识发展的高级阶段，二者性质不同但不可分离，是统一的认识过程的两个不同发展阶段；理性认识依赖感性认识，感性认识有待于发展到理性认识。感性认识上升到理性认识的两个基本条件，一是感觉材料十分丰富（不是零碎不全）和合于实际（不是错觉）；二是必须经过思考作用，将丰富的感觉材料加以去粗取精、去伪存真、由此及彼、由表及里的改造制作功夫。这就深刻阐明了认识论中唯物主义和辩证法

① 《列宁全集》第 55 卷，人民出版社 1990 年版，第 142 页。

的统一。从认识发展的这一辩证过程，毛泽东指出教条主义和经验主义的错误在于，从两个极端分别割裂了感性认识和理性认识的联系，各持一端，由此导致类似哲学史上的“唯理论”和“经验论”的错误。

毛泽东认为，从感性认识到理性认识的飞跃，还只完成了认识运动的一半，而且是非重要的一半；更重要的是下一半，即从理性认识到实践的飞跃。因为第一，“马克思主义的哲学认为十分重要的问题，不在于懂得了客观世界的规律性，因而能够解释世界，而在于拿了这种对于客观规律性的认识去能动地改造世界。”① 如果有了正确的理论，只是坐而论道，空谈一阵，并不实行，理论再好也毫无意义；如果研究马列主义不联系中国革命实际，我们的理论水平就永远不会提高，中国革命也永远不会胜利。第二，理论是否正确，还要拿到实践中检验。“理论的东西之是否符合于客观真理性这个问题，在前面说的由感性到理性之认识运动中是没有完全解决的，也不能完全解决的。要完全地解决这个问题，只有把理性的认识再回到社会实践中去，应用理论于实践，看它是否能够达到预想的目的。”② “真理的标准只能是社会实践”，此外再无别的检验真理的办法。经过实践的检验，纠正错误，检验和发展真理。所以，毛泽东特别强调，理论向实践的“这次飞跃，比起前一次飞跃来，意义更加伟大”。③

（2）认识发展的总规律——实践、认识、再实践、再认识。

毛泽东不仅分析了对某一具体事物、过程的认识需要经过实践到认识，又从认识到实践的多次的反复，而且指出了认识的无限性，概括出

① 《毛泽东著作选读》上册，人民出版社 1986 年版，第 131 页。
② 《毛泽东著作选读》上册，人民出版社 1986 年版，第 131 页。
③ 《毛泽东著作选读》下册，人民出版社 1986 年版，第 840 页。

认识发展的总规律。

毛泽东认为，认识运动是一个“完成了，又没有完成”的辩证统一。说“完成了”，是指虽然由于受到科学和技术条件的限制，以及客观过程的发展及其表现程度的限制，一般来说，人们的预想毫无改变地实现是少见的。“一个正确的认识，往往需要经过由物质到精神，由精神到物质，即由实践到认识，由认识到实践这样多次的反复，才能够完成。”① 在实践过程中部分地或全部地改变思想、理论、计划、方案的事是常有的。但无论如何，经过多次失败，纠正了错误，在实践中得到了预想的结果，就可以说人们对于在某一发展阶段内的某一客观过程的认识运动，算是完成了。但对于过程的推移而言，人们的认识运动又没有完成。因为任何事物，由于内部的矛盾运动，都是要向前推移和发展的，人们的认识运动也应随之向前推移和发展。客观现实世界的变化运动永远不会完结，人们变革客观现实的实践就永远不会完结，人们在实践中对于真理的认识也就永远不会完结，而会随着实践的一次次向前而一次次深化。这就是认识运动“完成了，又没有完成”的辩证统一。

总之，毛泽东认为，认识运动就是“通过实践而发现真理，又通过实践而证实真理和发展真理。从感性认识而能动地发展到理性认识，又从理性认识而能动地指导革命实践，改造主观世界和客观世界。实践、认识、再实践、再认识，这种形式，循环往复以至无穷，而实践和认识之每一循环的内容，都比较地进到了高一级的程度。这就是辩证唯物论的全部认识论，这就是辩证唯物论的知行统一观”。② 毛泽东对认识运动

① 《毛泽东著作选读》下册，人民出版社 1986 年版，第 840 页。
② 《毛泽东著作选读》上册，人民出版社 1986 年版，第 136 页。

辩证规律的这一科学概括，深刻阐明了认识不是直线而是曲线波浪地一步步由相对真理接近绝对真理向前发展的过程。

正是在辩证唯物主义认识论的基础上，毛泽东提出了党的群众路线。群众路线的领导方法，不但是历史唯物主义关于人民群众创造历史的原理的深刻体现，而且是马克思主义的辩证唯物主义认识论的深刻体现。

3. **论述真理发展的规律**

认识的目的，就是排除谬误，获得真理，从而在真理的指导下进行实践。所以毛泽东认为，认识运动的辩证过程就是“通过实践而发现真理，又通过实践而证实真理和发展真理”。研究真理发展的规律，是马克思主义哲学的重要组成部分，也是毛泽东哲学思想的重要内容。毛泽东的研究，丰富和发展了马克思主义的真理观。

（1）真理是主客观的具体的历史的统一。

认识与实践相结合，理论与实践相统一，是马克思主义经典作家作过很多论述的基本原则。毛泽东的新贡献是，对这一原则作了系统发挥，提出了“主观和客观、理论和实践、知和行的具体的历史的统一”。[①]

所谓具体的历史的统一是指主观和客观、认识和实践的统一，不是僵死的、一劳永逸的，而是相对的、有条件的，这是一种辩证的统一。认识运动，就是在主观和客观、认识和实践的这种又统一又分离的矛盾状态及矛盾的不断解决中发展的。离开了这种具体的历史的统一，毛泽东认为，那就会犯“左”的或右的错误。[②] 毛泽东后来在延安整风时期创立的实事求是的思想路线，就集中体现了“具体的历史的统一”这一

---

① 《毛泽东选集》第 1 卷，人民出版社 1991 年第 2 版，第 296 页。
② 《毛泽东选集》第 1 卷，人民出版社 1991 年第 2 版，第 296 页。

哲学思想。

（2）真理是绝对真理与相对真理的统一。

恩格斯说过："真理和谬误，正如一切在两极对立中运动的逻辑范畴一样，只是在非常有限的领域内才具有绝对的意义……只要我们在上面指出的狭窄的领域之外应用真理和谬误的对立，这种对立就变成相对的，因而对精确的科学的表达方式来说就是无用的；但是，如果我们企图在这一领域之外把这种对立当作绝对有效的东西来应用，那我们就会完全遭到失败；对立的两极都向自己的对立面转化，真理变成谬误，谬误变成真理。"① 并对真理和谬误的界限的"确定性"和"不确定性"作了充分论证，说明二者在一定条件下发生转化的运动。列宁也指出："使一种新的政治思想（不仅是政治思想）声誉扫地，受到损害，最有效的方法就是以维护为名，把它弄到荒谬绝伦的地步。这是因为任何真理，如果把它说得'过火'（如老狄慈根所说的那样），加以夸大，把它运用到实际适用的范围之外，便可以弄到荒谬绝伦的地步，而且在这种情形下，甚至必然会变成荒谬绝伦的东西。""只要再多走一小步，看来像是朝同一方向多走了一小步，真理就会变成错误。"②

毛泽东对此作了新的概括：任何真理都具有两重性，既是绝对的，又是相对的。说是绝对的，是因为任何真理都正确地反映了客观事物及其发展规律，达到了主客观的统一，就此而言，一切真理都具有绝对性；但人的认识都不可避免地受到历史条件、认识能力等的限制，所以对事物认识的真理性具有局限性而永远不能穷尽它，就此而言，任何真理又

① 《马克思恩格斯选集》第 3 卷，人民出版社 1995 年第 2 版，第 431、432 页。

② 《列宁选集》第 4 卷，人民出版社 1995 年第 3 版，第 172、211 页

都具有相对性。所以真理都具有两重性，是绝对真理与相对真理的辩证统一。毛泽东说："在绝对的总的宇宙发展过程中，各个具体过程的发展都是相对的，因而在绝对真理的长河中，人们对于在各个一定发展阶段上的具体过程的认识只具有相对的真理性。无数相对的真理之总和，就是绝对的真理。"[①] 毛泽东认为，马克思主义也是绝对真理和相对真理的统一，他说："马克思列宁主义并没有结束真理，而是在实践中不断地开辟认识真理的道路。"[②] 马克思主义的真理的绝对性，是它正确地反映了社会发展的客观规律；它的真理的相对性，是它并没有穷尽真理，还要在实践中不断丰富和发展。

（3）真理在同谬误斗争中发展。

毛泽东认为，真理是跟谬误相比较而存在，相斗争而发展的。有比较才能鉴别。有鉴别，有斗争，才能发展。没有不同意见的讨论，不同观点的争辩，不同试验的比较，就不能分清是非，发展正确的认识。他认为，这是真理发展的规律。所以他谈"双百"方针时说："双百"方针不仅是发展科学和艺术的好方法，推而广之，也是进行一切工作的好方法。这个方法可以使我们少犯错误。有许多问题我们不清楚，因此不会解决，在辩论中，不同意见的争论中，我们就会明了这些事情，就会找到解决问题的方法。"各种不同意见辩论的结果，就能使真理发展。"[③] 他还说："马克思主义必须在斗争中才能发展，不但过去是这样，现在是这样，将来也必然还是这样。正确的东西总是在同错误的东西作斗争的过程中发展起来的。真的、善的、美的东西总是在同假的、恶的、丑的

① 《毛泽东著作选读》上册，人民出版社 1986 年版，第 134、135 页。
② 《毛泽东著作选读》上册，人民出版社 1986 年版，第 135 页。
③ 《毛泽东选集》第 5 卷，人民出版社 1977 年第 1 版，第 416 页。

东西相比较而存在，相斗争而发展的。当着某一种错误的东西被人类普遍地抛弃，某一种真理被人类普遍地接受的时候，更加新的真理又同新的错误意见作斗争。这种斗争永远不会完结。这是真理发展的规律，当然也是马克思主义发展的规律。”① 他告诫说：禁止人们跟谬误、丑恶、敌对的东西见面，跟唯心主义、形而上学等等反面的东西见面，“这样的政策是危险的政策。它将引导人们思想衰退，单打一，见不得世面，唱不得对台戏。”② 他强调马克思主义者不应该害怕任何批评，而是要在斗争中间经风雨，见世面，锻炼自己，发展自己，扩大自己的阵地。

毛泽东还认为，从认识真理的过程来讲，错误往往是正确的先导。他说：“人类总是要犯一些错误才能显出他们的正确。对客观必然规律不认识而受它的支配，使自己成客观外界的奴隶，直至现在以及将来，乃至无穷，都在所难免。认识的盲目性和自由，总会是不断地交替和扩大其领域，永远是错误和正确并存。不然，发展也就会停止了，科学也就会不存在了。要知道，错误往往是正确的先导，盲目的必然性往往是自由的祖宗。人类同时是自然界和社会的奴隶，又是它们的主人。这是因为人类对客观物质世界、人类社会、人类本身（即人的身体）都是永远认识不完全的。如果说有一天认识完全了，社会全善全美了（如神学所说那样），那就会导致绝对的主观唯心论和形而上学，不是一个马克思主义的世界观。”③

① 《毛泽东著作选读》下册，人民出版社 1986 年版，第 785 页。
② 《毛泽东选集》第 5 卷，人民出版社 1977 年第 1 版，第 346 页。
③ 《毛泽东著作选读》下册，人民出版社 1986 年版，第 846 页。

## 第二节
## 毛泽东的国家政治学说

毛泽东在领导中国革命的过程中，把马克思主义的阶级斗争、社会革命、国家学说及人民群众创造历史的理论，创造性地运用于中国具体实际，从而在这些方面发展了马列主义，为之增添了新的理论内容。所以，毛泽东在这些方面对马列主义的理论贡献，主要不是超越马列主义的一般原则或突破其理论框架，而是把马列主义的理论运用于极具特殊性的中国革命实际，在解决中国革命一系列重大问题的过程中形成了自己独具特色的革命理论和国家政治学说，从而不但使中国这样一个半殖民地半封建的东方大国获得了独立、新生，也为许多同中国社会条件相似的民族国家的独立解放运动提供了指南。例如，非洲一些国家认为："毛在非洲人的心目中象征着自由。他通过自己的思想为非洲提供了一条发展经济或改变思想的新道路。"当时的印度尼西亚共产党认为，中国革命"提出了殖民地半殖民地和半封建国家人民革命的普遍规律"，"印尼革命要取得完全的胜利，必须走中国革命的道路"。马来西亚共产党在

1972年通过的新党章中明确规定："乡村包围城市，武装夺取政权的道路是唯一正确的道路。必须在任何情况下坚持这条道路，才能取得新民主主义革命的胜利。"由此可见，毛泽东的国家政治学说在世界上有着广泛而深刻的影响。

## 一、毛泽东的阶级斗争理论

阶级斗争理论在马克思主义的历史唯物主义学说中占有极其重要的地位。马克思主义创始人认为，人类的彻底解放，不是靠富人、道德高尚者、社会统治者的善心和施舍，而是靠无产阶级及全体被压迫群众自己的反抗和奋斗，靠无产阶级的阶级斗争和社会政治革命。马克思、恩格斯指出，自有文字记载的一切社会历史都是阶级斗争的历史，自由民和奴隶、贵族和平民、领主和农奴、行会师傅和帮工，都是历史上依次产生的压迫者和被压迫者，都处于相互对立的地位，都进行过不断的、有时隐蔽有时公开的斗争，而后来的资产者和无产者更是这样。马克思、恩格斯指出，资产阶级的历史学家很久以前就已叙述过阶级斗争的历史发展，资产阶级的经济学家也已对各个阶级作过经济上的分析，他们自己的新贡献只是证明了下列几点：(1) 阶级的存在仅仅同生产发展的一定历史阶段相联系；(2) 阶级斗争必然要导致无产阶级专政；(3) 这个专政不过是达到消灭一切阶级和进入无阶级社会的过渡。

列宁继承了马克思、恩格斯的阶级斗争学说，认为，阶级斗争理论指出了一条从看来迷离混沌的状态中发现规律性的指导性的历史线索，并强调，只有承认阶级斗争，同时也承认无产阶级专政的人，才是马克思主义者。列宁还认为，无产阶级取得政权后不是阶级斗争的结束，而只是其继续，阶级斗争不仅包括流血的、暴力的、军事的斗争，还包括不流血的、和平的、经济的、教育的和行政的斗争，所以，在无产阶级专政条件下，同资产阶级斗争的新的更高形式，便由继续剥夺资产阶级的极简单的任务，转到一个更复杂和更困难得多的任务，即造成使资产阶级既不能存在，也不能再产生的条件；为此，不仅要废除生产资料的私有制，还要大力提高劳动生产率，消灭城乡之间、脑体劳动之间的差别等等。

毛泽东把马克思列宁主义的阶级斗争理论运用于中国革命的过程，形成了带有中国革命印记的阶级斗争理论。

1. **毛泽东的阶级和阶级斗争观点**

在 1941 年 9 月的一次讲话中，毛泽东讲自己青年时期确立马克思主义立场的过程时说："记得我在 1920 年，第一次看了考茨基著的《阶级斗争》，陈望道翻译的《共产党宣言》和一个英国人作的《社会主义史》，我才知道人类自有史以来就有阶级斗争，阶级斗争是社会发展的原动力，初步地得到认识问题的方法论。可是这些书上，并没有中国的湖南、湖北，也没有中国的蒋介石和陈独秀。我只取了它四个字'阶级斗争'，老老实实地来开始研究实际的阶级斗争。"① 从这段话可以看出，毛泽东是为了解决中国革命的实际问题去到马克思主义那里寻找立场、观点和方法的。当他在上述书中没有看到中国的湖南、湖北，也没有中国的蒋介石和陈独秀时，就取了其中的精髓——"阶级斗争"四个字。这四个字，使他找到了中国近百年来受尽外侮内乱的根源，懂得了旧社会的症结所在，找到了理解社会发展的钥匙和认识社会历史的方法，认为它"是对

① 《毛泽东农村调查文集》，第 21、22 页。

历史的正确解释以后，”“就没有动摇过”。① 的确是这样。阶级斗争的观点在毛泽东的意识中非常牢固，贯穿他的一生。以后毛泽东多次提到过这三本书对他的影响。他在1949年撰写的一篇文章里又说：人类几千年的文明史就是阶级斗争的历史，拿这个观点解释历史的就叫作历史的唯物主义，站在这个观点的反面的是历史的唯心主义。

**2. 毛泽东的阶级分析方法**

毛泽东把阶级斗争的理论作为认识社会的一种科学方法。他认为，在阶级社会中，每一个人都在一定的阶级地位中生活，所以，人都具有阶级性，各种思想无不打上阶级的烙印。毛泽东在20世纪20年代中叶写的《中国社会各阶级的分析》，就对中国社会现存的各阶级和各阶层的经济地位、政治态度及随之而来的政治对抗关系，用阶级和阶级斗争的观点进行了深入细致的具体分析和考察，从而提出：在封建社会里，农民阶级和地主阶级构成社会的主要政治矛盾，大规模的农民阶级斗争、农民起义和农民战争构成历史发展的真正动力；在现代半殖民地半封建的社会，资产阶级和无产阶级这些“新的社会阶级”是在中国资本主义发生和发展的过程中，中国封建社会随着商品经济的发展而逐渐解体时“从封建社会脱胎而来”的，而其中新产生的无产阶级由于身受多重压迫，最富革命性。为了正确指导中国革命而划分出阶级阵线，毛泽东特别注意到现代中国社会发展的不平衡性和阶级结构的多样性、阶级矛盾和阶级斗争的复杂性和尖锐性。他全面比较分析了中国现存的众多社会阶级如地主阶级、农民阶级、民族资产阶级、买办资产阶级、无产阶级及各种小资产阶级后指出，由于中国社会经济的落后、自然经济占极大

① 斯诺：《西行漫记》，生活·读书·新知三联书店1979年版，第131页。

比重，所以中国社会阶级中的无产阶级、大地主大资产阶级都只占极少数，农民阶级则人数众多，因而中国社会的阶级结构呈现为一种“中间大、两头小”的格局。复杂的阶级结构、错综的阶级矛盾和尖锐的阶级斗争，使中国衍生了自近代以来的太平天国革命、辛亥革命等等。毛泽东还具体分析了近代中国历史上依次更迭的各个占统治地位的社会阶级的政治性质：“皇帝和贵族的专制政权是被推翻了，代之而起的先是地主阶级的军阀官僚的统治，接着是地主阶级和大资产阶级联盟的专政。在沦陷区，则是日本帝国主义及其傀儡的统治。”“这些矛盾的斗争及其尖锐化，就不能不造成日益发展的革命运动。伟大的近代和现代的中国革命，是在这些基本矛盾的基础之上发生和发展起来的。”① 现代中国革命的目的，就是被压迫的广大农工阶级起来推翻大地主大资产阶级的专政。

毛泽东还非常注意用阶级和阶级斗争的观点分析社会意识、上层建筑及社会精神文化方面的问题。他认为人们的社会存在决定人们的思想，在阶级社会中，人们的各种思想都会打上阶级的烙印。各个时代的思想家、理论家，都是一定社会阶级利益的代言人，各种社会思想和理论以至文学艺术，都是为一定阶级斗争的需要服务的。例如，他在《新民主主义论》一书中论及新民主主义的文化时就清楚地指出：“一定的文化是一定社会的政治和经济在观念形态上的反映。在中国，有帝国主义文化，这是反映帝国主义在政治上经济上统治或半统治中国的东西……又有半封建文化，这是反映半封建政治和半封建经济的东西……帝国主义文化和半封建文化是非常亲热的两兄弟，它们结成文化上的反动同盟，反对中国的新文化……至于新文化，则是在观念形态上反映新政治和新经济

① 《毛泽东选集》第 2 卷，人民出版社 1991 年第 2 版，第 631 页。

的东西，是替新政治新经济服务的。”但是，“没有资本主义经济，没有资产阶级、小资产阶级和无产阶级，没有这些阶级的政治力量，所谓新的观念形态，所谓新文化，是无从发生的。新的政治力量，新的经济力量，新的文化力量，都是中国的革命力量，它们是反对旧政治旧经济旧文化的……中国社会的新旧斗争，就是人民大众（各革命阶级）的新势力和帝国主义及封建阶级的旧势力之间的斗争。这种新旧斗争，即是革命和反革命的斗争”。① 新文化的使命是要打败帝国主义文化和封建文化这两个非常亲热的兄弟在文化上的反动同盟。对中国社会精神文化予以具体的阶级分析，表明了毛泽东在运用马克思主义的理论时坚持了一贯的历史唯物主义立场。

**3. 毛泽东的阶级斗争策略**

毛泽东用阶级观点和阶级分析的方法对中国社会进行阶级分析的目的，在于制定正确的阶级斗争策略，领导中国革命取得成功。在对中国社会各阶级的经济、政治状况进行分析后，他得出结论说，中国革命要取得成功，就须以工业无产阶级做革命的领导力量，半无产阶级、小资产阶级做革命的朋友，去打倒一切勾结帝国主义的军阀、官僚、买办阶级、大地主阶级，同时团结和提防那些政治上动摇不定的中产阶级，因为其右翼可能是革命的敌人，其左翼则是革命的朋友。毛泽东关于新民主主义革命的总路线就是在此阶级路线基础上逐渐形成和完善的。新民主主义革命的胜利不仅证明了毛泽东的阶级和阶级斗争观点的深刻性、阶级分析方法的有效性和阶级斗争策略的正确性，也证明了毛泽东对马克思列宁主义阶级斗争理论的巨大贡献。

---

① 《毛泽东选集》第2卷，人民出版社1991年第2版，第694～696页。

## 二、对社会革命理论的贡献

马克思主义创始人关于社会革命理论的主要内容是：革命的原因在于当社会的物质生产力发展到一定阶段，便同它们一直在其中活动的现存生产关系或财产关系发生矛盾，这些关系便由生产力的发展形式变成生产力的桎梏，那时社会革命的时代就到来了。随着经济基础的变更，全部庞大的上层建筑也或慢或快地发生变革。革命的意义在于，革命是历史的火车头，革命暴力是社会运动借以为自己开辟道路并摧毁僵死硬化的政治形式的工具。无产阶级革命的首要条件是组织自己的军队，以打碎资产阶级的国家机器，实行无产阶级专政。无产阶级专政是达到消灭一切阶级差别，达到消灭这些差别所产生的一切生产关系，达到消灭和这些生产关系相适应的一切社会关系的过渡阶段。在具体策略方面，无产阶级革命赖以成功的一个重要条件是与农民结成同盟，等等。

列宁继承、发展了马克思、恩格斯关于社会革命、无产阶级革命和暴力革命的思想，并运用这一理论领导俄国十月革命取得了成功。他根据马恩的思想提出，革命不是人为的事变，革命的发生和成功首先依赖客观革命形势的成熟，其次才是革命者的努力。革命条件成熟的标志是：统治阶级遇到危机已不能照旧统治，被压迫阶级困苦异常加剧已不愿照旧生活。有此客观基础，革命阶级才可发动足以打倒旧政府的强大的群众革命行动。他并认为，“资产阶级国家由无产阶级国家（无产阶级专政）代替，不能通过‘自行消亡’，根据一般规律，只能通过暴力革命”。[1] 他也极重视农民在革命中的作用，他说：“我们所能得出的保证革命彻底胜利的口号就只能是无产阶级和农民的革命民主专政。”[2] 列宁通过分析第一次世界大战爆发的原因及爆发后的世界政治形势，提出帝国主义是无产阶级革命前夜的论断，并提出：“经济和政治发展的不平衡是资本主义的绝对规律。由此就应得出结论：社会主义可能首先在少数甚至在单独一个资本主义国家内获得胜利。”[3] 列宁对殖民地半殖民地民族解放运动的高度评价及其与世界无产阶级革命关系的论述，对许多国家的革命，尤其是中国革命有很大的影响。

毛泽东继承了马克思列宁主义的社会革命理论和无产阶级革命理论，并根据中国特点加以创新，提出，革命是一个阶级推翻另一个阶级的暴烈的行动，暴力革命是一个普遍的原则。无论是中国的反动派还是帝国主义在中国的侵略势力，都不会自行退出历史舞台，所以，“在阶级社会中，革命和革命战争是不可避免的，舍此不能完成社会发展的飞跃，不能推翻反动的统治阶级，而使人民获得政权”。[4]

中国革命的一个突出特点是，既要反帝，又要反封。所以，既要发动全体中国人民完成反抗帝国主义压迫的民族革命，又要组织广大工农群众完成推翻封建专制压迫的民主革命，反帝反封建就成为中国新民主主义革命的两大任务。哪里有压迫，哪里就有反抗。压迫愈深，反抗愈大；蓄之既久，其发必烈。这是毛泽东理解革命发生的一个基本观点。他在 1949 年革命胜利前夕驳斥美国政府发言人艾奇逊把中国革命的发生

① 《列宁选集》第 3 卷，人民出版社 1995 年第 3 版，第 127 页。
② 《列宁选集》第 1 卷，人民出版社 1995 年第 3 版，第 639 页。
③ 《列宁选集》第 2 卷，人民出版社 1995 年第 3 版，第 554 页。
④ 《毛泽东选集》第 1 卷，人民出版社 1991 年第 2 版，第 334 页。

归结于人口太多和受西方影响的观点时说："古今中外有过很多的革命，都是由于人口太多吗?"比如，中国几千年以来的很多次的革命、美国174年以前的反英革命、俄国的二月革命和十月革命、蒙古革命等等，其发生的原因都不是什么人口太多，而是人民反抗统治阶级的压迫和剥削，或反抗帝国主义的侵略和殖民统治。至于艾奇逊解释中国革命所以发生的第二个原因，"西方的影响"，其实"也和封建主义的思想武器一样，软弱得很，又是抵不住，败下阵来，宣告破产了"。最终，是"1917年的俄国革命唤醒了中国人，中国人学得了一样新的东西，这就是马克思列宁主义。中国产生了共产党，这是开天辟地的大事变……总之是从此以后，中国改换了方向"。①

毛泽东认为："革命的中心任务和最高形式是武装夺取政权，是战争解决问题。这个马克思列宁主义的革命原则是普遍地对的，不论在中国在外国，一概都是对的。"所以他提出"枪杆子里面出政权"的著名观点。他认为："中国的特点是：不是一个独立的民主的国家，而是一个半殖民地半封建的国家；在内部没有民主制度，而受封建制度压迫；在外部没有民族独立，而受帝国主义压迫。因此，无议会可以利用，无组织工人举行罢工的合法权利。在这里，共产党的任务，基本地不是经过长期合法斗争以进入起义和战争，也不是先占城市后取乡村，而是走相反的道路。"即："在中国，主要的斗争形式是战争，而主要的组织形式是军队。其他一切，例如民众的组织和民众的斗争等等，都是非常重要的，都是一定不可少，一定不可忽视，但都是为着战争的。"② 总之，以武装

① 《毛泽东选集》第4卷，人民出版社1991年第2版，第1510、1512、1514页。
② 《毛泽东选集》第2卷，人民出版社1991年第2版，第541～543页。

的革命对武装的反革命，是中国革命的特点，也是中国革命的优点。在中国，如果离开了武装斗争，就没有无产阶级的地位，没有人民的地位，没有共产党的地位，就没有革命的胜利。他并根据中国革命的敌人过分强大，占据着大中城市，农村地区是其统治的薄弱环节等具体情况，指出了革命首先发生在农村，中国革命的道路是农村包围城市最后夺取全国政权。

毛泽东在社会革命理论和实践方面的一个伟大贡献，是新民主主义革命胜利以后，提出了不停顿地转变为社会主义革命的新任务。毛泽东认为，由于代表人民群众利益的中国共产党掌握了国家政权，这种有利条件形成的中国社会的政治格局，决定了中国由民主主义革命向社会主义革命转变无须采用流血的暴力手段，而只需采用在人民政府指导下的“一化三改”这种和平方式，引导个体农民、手工业者和资本主义工商业者走社会主义道路，将其经济纳入社会主义经济（国营的或集体的）的轨道。这种和平实现社会主义革命的道路，是一个伟大的创举，为世界无产阶级革命提供了一个成功的范例，是对马克思主义社会革命和社会主义革命理论和实践的重大贡献。

## 三、对国家理论的贡献

马克思主义的国家理论不仅指出了国家的性质、职能、作用及在历史上经历过的不同形态，而且揭示了国家的起源、产生、发展和消亡的规律，指出：国家是社会在一定发展阶段上的产物，是从社会中产生又自居于社会之上并且与社会脱离的力量；国家由军队及物质的附属物如监狱和各种法制机关等组成，国家是为在经济上占统治地位的阶级进行政治服务的，它使这个阶级在政治上也取得统治地位，因而获得镇压和剥削被压迫阶级的新手段；国家必将随着社会经济的发展和阶级的消失而消亡；国家的消亡，只有当无产阶级夺取了国家政权并把生产资料变为国家财产，只有当社会生产力极大地发展后，阶级差别和阶级对立才会消失，最后消灭无产阶级自身，这时，国家终于真正成为整个社会的代表，它终于使自己成为多余的了，因为不再有任何需要加以镇压的阶级，这时候国家就开始自行消亡，而社会也就进入了共产主义的高级阶段。

列宁在《国家与革命》中对马克思主义的国家学说作了详尽的阐明和发挥，而且具体提出了无产阶级怎样打碎和用什么东西来代替被打碎的资产阶级国家机器，还特别阐述了资本主义向共产主义过渡时期的国家形态及国家消亡的经济基础和社会基础等。他不仅领导了人类历史上第一次成功的社会主义革命并建立了第一个无产阶级专政的国家，而且在革命胜利后为发展和完善这个国家作了不懈的努力。为此，他在新的历史条件下，大大发展了马克思主义的国家学说。列宁认为，无产阶级专政国家的政治形式应是“所有的人能够参加国家管理”的最完全的民主，应杜绝官僚习气；他说：“无产阶级专政的实质不仅在于暴力，而且主要不在于暴力。它的主要实质在于劳动者的先进部队、先锋队、唯一领导者即无产阶级的组织性和纪律性。无产阶级的目的是建成社会主义，消灭社会的阶级划分，使社会全体成员成为劳动者，消灭一切人剥削人现象的基础。”无产阶级专政“固然非有暴力不可，但它不仅仅意味着暴力，它还意味着比先前的劳动组织更高级的劳动组织”。①

① 《列宁选集》第3卷，人民出版社1995年第3版，第835、830页。

毛泽东在运用马克思列宁主义国家理论于中国革命时，发展了国家学说。毫无疑义，中国革命胜利后建立的人民民主专政的政权形式和人民代表大会的政治体制，是中国社会历史上迄今为止最新最进步的政治形式，虽然借鉴了苏联无产阶级专政的国家政权和苏维埃代表大会的政治体制，但更主要的是根据中国国情进行的新创造。

毛泽东的《新民主主义论》、《论联合政府》、《论人民民主专政》、《关于正确处理人民内部矛盾的问题》等著作，都是有关中国国家政权建设的重要文献。他的主要观点如下：

1. **人民民主专政国家的职能**

（1）对反动派实行专政。

新中国成立后，他在《中国人民站起来了》一文中说："我们的人民民主专政的国家制度是保障人民革命的胜利成果和反对内外敌人的复辟阴谋的有力的武器，我们必须牢牢地掌握这个武器。"① 在《关于正确处理人民内部矛盾的问题》中，他对这个问题有了更加具体的说明，指出人民民主专政对反动派实行的专政包括两个方面，一是解决国内敌我之间的矛盾，即"压迫国家内部的反动阶级、反动派和反抗社会主义革命的剥削者，压迫那些对于社会主义建设的破坏者"；二是对外解决敌我之间的矛盾，即"防御国家外部敌人的颠覆活动和可能的侵略"。② 由此可见，毛泽东一直是把对反动派实行专政，作为人民民主专政的一项重要职能的。他认为，"军队、警察、法庭等项国家机器，是阶级压迫阶级的工具。对于敌对的阶级，它是压迫的工具，它是暴力，并不是什么'仁

① 《毛泽东选集》第 4 卷，人民出版社 1991 年第 2 版，第 1457 页。

② 《毛泽东著作选读》下册，人民出版社 1986 年版，第 692、760 页。

慈’的东西”。[①]

毛泽东指出，人民民主专政的国家对国内反动派实行专政的范围是，“例如逮捕某些反革命分子并且将他们判罪，在一个时期内不给地主阶级分子和官僚资产阶级分子以选举权，不给他们发表言论的自由权利，都是属于专政的范围。为了维护社会秩序和广大人民的利益，对于那些盗窃犯、诈骗犯、杀人放火犯、流氓集团和各种严重破坏社会秩序的坏分子，也必须实行专政”。[②] 但是，毛泽东认为，对这些反抗社会主义革命和破坏社会主义建设的反动剥削阶级及其残余分子实行专政，并不是说要从肉体上把他们消灭，而是要对其中的大多数人实行改造的方针。毛泽东主张，对于反动阶级和反动派，在他们的政权被推翻以后，只要他们不造反，不破坏，不捣乱，也给土地，给工作，让他们活下去，让他们在劳动中改造自己，成为新人。他们如果不愿意劳动，人民的国家就要强迫他们劳动，也对他们做宣传教育工作，并且做得很用心，很充分。毛泽东认为，这种改造反动阶级的工作，是人民民主专政国家的特色，是只有共产党领导的人民民主专政的国家才能做到的。“这件工作做好了，中国的主要的剥削阶级——地主阶级和官僚资产阶级即垄断资产阶级，就最后地消灭了。”[③]

关于实行专政的目的，毛泽东认为：“专政的目的是为了保卫全体人民进行和平劳动，将我国建设成为一个具有现代工业、现代农业和现代科学文化的社会主义国家。”[④] 很清楚，毛泽东认为，人民民主专政的国

---

① 《毛泽东选集》第 4 卷，人民出版社 1991 年第 2 版，第 1476 页。

② 《毛泽东著作选读》下册，人民出版社 1986 年版，第 759～760 页。

③ 《毛泽东选集》第 4 卷，人民出版社 1991 年第 2 版，第 1477 页。

④ 《毛泽东著作选读》下册，人民出版社 1986 年版，第 760 页。

家行使对反动派专政和防御国外帝国主义的颠覆活动和可能的侵略的职能，其根本目的在于，创造一个和平的国际环境和安定的国内环境，从而有效地保卫人民的和平劳动，使我国的社会主义经济建设能够顺利进行。

（2）对全体人民进行共产主义教育。

毛泽东在《论人民民主专政》中指出："人民的国家是保护人民的。有了人民的国家，人民才有可能在全国范围内和全体规模上，用民主的方法，教育自己和改造自己，使自己脱离内外反动派的影响（这个影响现在还是很大的，并将在长时期内存在着，不能很快地消灭），改造自己从旧社会得来的坏习惯和坏思想，不使自己走入反动派指引的错误路上去，并继续前进，向着社会主义社会和共产主义社会前进。"①

人民民主专政的国家所以具有这一职能，是由于无产阶级革命虽然可以在相对较短的时间内打碎旧的国家机器，建立起崭新的社会主义制度，但是却不能立即消灭旧的剥削阶级的意识形态。这是由意识形态所具有的相对独立性决定的，它往往落后于社会存在的变化，不能随着它所赖以存在的社会物质条件的消灭而立即消灭。所以，无产阶级必须运用国家政权的力量，坚持用马列主义教育广大人民群众，同形形色色的腐朽意识形态进行不懈的斗争，使人民群众的思想觉悟和道德水平逐步提高，以适应社会主义现代化建设的需要，并为过渡到共产主义创造精神条件。

（3）组织领导社会主义经济建设。

人民民主专政国家的最重要职能，是组织社会主义的经济建设。新

① 《毛泽东选集》第4卷，人民出版社1991年第2版，第1476页。

中国刚刚成立，毛泽东就指出，我们实行人民民主专政的目的，“是为了保卫全体人民进行和平劳动，将我国建设成为一个具有现代工业、现代农业和现代科学文化的社会主义国家”。① 毛泽东把能否用较快的时间改变社会主义国家经济技术落后的状况，看作关系到无产阶级专政国家政权能否生存和巩固的重大问题。1963 年 9 月，他在修改《关于工业发展问题（初稿）》时写了一段话：“我国从 19 世纪 40 年代起，到 20 世纪 40 年代中期，共计 105 年时间，全世界几乎一切大中小帝国主义国家都侵略过我国，都打过我们，除了最后一次，即抗日战争，由于国内外各种原因以日本帝国主义投降告终以外，没有一次战争不是以我国失败、签订丧权辱国条约而告终。其原因：一是社会制度腐败，二是经济技术落后。现在，我国社会制度变了，第一个原因基本解决了，但还没有彻底解决，社会还存在着阶级斗争。第二个原因也已开始有了一些改变，但要彻底改变，至少还需要几十年时间。如果不在今后几十年内，争取彻底改变我国经济和技术远远落后于帝国主义国家的状态，挨打是不可避免的。”②

毛泽东认为，人民民主专政国家组织领导经济建设的职能，是指依据社会主义经济发展的规律，结合本国实际，制定出经济发展的路线、方针、政策及规划、指令等，以此组织群众，调动群众的社会主义积极性，促进经济的发展。主要内容包括三个方面：一是努力探索并正确认识、掌握社会主义经济发展的规律，以促进社会主义经济的发展；二是依照国家的统一计划，集中地指导经济发展；三是最大限度地发挥地方

① 《毛泽东著作选读》下册，人民出版社 1986 年版，第 760 页。
② 《毛泽东著作选读》下册，人民出版社 1986 年版，第 848 页。

的主动性和积极性，调动全体人民建设社会主义的积极性和创造性，实行真正的民主管理。毛泽东认为，能够组织和动员起全体人民的力量做到这一点的，只有马克思列宁主义政党领导下的社会主义国家。

**2. 人民民主专政国家的政权组织形式**

政权组织形式，指的就是政体。政体是相对于国体而言的。所谓国体，毛泽东指出："其实，它只是指的一个问题，就是社会各阶级在国家中的地位。"① 中华人民共和国的国体，是工人阶级（经过共产党）领导的、以工农联盟为基础的人民民主专政。所谓政体，毛泽东说："那是指的政权构成的形式问题，指的一定的社会阶级取何种形式去组织那反对敌人保护自己的政权机关。没有适当形式的政权机关，就不能代表国家。"② 我国采取的政权组织形式，是毛泽东指出的人民代表大会制和民主集中制。他说："中华人民共和国的权力机关是各级人民代表大会及其选出的各级政府③。""新民主主义的政权组织，应该采取民主集中制。"④

我国的人民代表大会制度，作为人民民主专政国家的政权组织形式，既不同于资本主义国家的三权分立制度，也不等同于巴黎公社的立法权和行政权合一制度，而具有自己独特的特点，是最适宜我国国情的政权组织形式。

**3. 一定要强化人民的国家机器**

无产阶级的社会主义革命不同于以往一切社会革命的重要区别之一是，要推翻一切剥削阶级，因而必须打碎旧的剥削阶级的国家机器，而

① 《毛泽东选集》第 2 卷，人民出版社 1991 年第 2 版，第 676 页。
② 《毛泽东选集》第 2 卷，人民出版社 1991 年第 2 版，第 677 页。
③ 《毛泽东选集》第 4 卷，人民出版社 1991 年第 2 版，第 1272 页。
④ 《毛泽东选集》第 3 卷，人民出版社 1991 年第 2 版，第 1057 页。

代之以新的国家机器。这就是马克思强调的："工人阶级不能简单地掌握现成的国家机器，并运用它来达到自己的目的。"[①] 毛泽东则更明确地指出："我们现在的任务是要强化人民的国家机器。"[②] 他并明确指出，强化人民的国家机器，"这主要地是指人民的军队、人民的警察和人民的法庭，借以巩固国防和保护人民利益"。[③]

国家机器中，最重要的是人民的军队。早在民主革命时期毛泽东就说过："从马克思主义关于国家学说的观点看来，军队是国家政权的主要成分。谁想夺取国家政权，并想保持它，谁就应有强大的军队。"[④] 他常常把军队比作刀把子、命根子，认为"没有一个人民的军队，便没有人民的一切"。[⑤] 警察、法庭等部门作为人民的国家机器的组成部分，同人民军队一样，也是国家的坚强柱石，是保障人民革命的胜利成果和反对内外敌人的有力武器。

### 4. 加强人民民主专政与为国家消亡作准备

毛泽东在提到人类进步的远景这个问题时，阐明了国家最终必将消亡，共产党人正是为着这一消亡而努力为这个马克思主义的基本原理奋斗。他说："人到老年就要死亡，党也是这样。阶级消灭了，作为阶级斗争的工具的一切东西，政党和国家机器，将因其丧失作用，没有需要，逐步地衰亡下去，完结自己的历史使命，而走到更高级的人类社会。我们和资产阶级政党相反。他们怕说阶级的消灭，国家权力的消灭和党的

---

① 《马克思恩格斯选集》第 3 卷，人民出版社 1995 年第 2 版，第 52 页。
② 《毛泽东选集》第 4 卷，人民出版社 1991 年第 2 版，第 1476 页。
③ 《毛泽东选集》第 4 卷，人民出版社 1991 年第 2 版，第 1476 页。
④ 《毛泽东选集》第 2 卷，人民出版社 1991 年第 2 版，第 547 页。
⑤ 《毛泽东选集》第 3 卷，人民出版社 1991 年第 2 版，第 1074 页。

消灭。我们则公开声明，恰是为着促使这些东西的消灭而创设条件，而努力奋斗。共产党的领导和人民专政的国家权力，就是这样的条件。不承认这一条真理，就不是共产主义者……消灭阶级，消灭国家权力，消灭党，全人类都要走这一条路的，问题只是时间和条件……对于工人阶级、劳动人民和共产党，则不是什么被推翻的问题，而且努力工作，创设条件，使阶级、国家权力和政党很自然地归于消灭，使人类进到大同境域。"①

但是，国家现在还不能消亡，因为"帝国主义还存在，国内反动派还存在，国内阶级还存在。我们现在的任务是要强化人民的国家机器，这主要地是指人民的军队、人民的警察和人民的法庭，借以巩固国防和保护人民利益。以此作为条件，使中国有可能在工人阶级和共产党的领导之下稳步地由农业国进到工业国，由新民主主义社会进到社会主义社会和共产主义社会，消灭阶级和实现大同。"② 新中国成立后，毛泽东又多次重申过这个道理。1956 年他在《论十大关系》中说："共产党和民主党派都是历史上发生的。凡是历史上发生的东西，都要在历史上消灭。因此，共产党总有一天要消灭，民主党派也总有一天要消灭。消灭就是那么不舒服？我看很舒服。共产党，无产阶级专政，哪一天不要了，我看实在好。我们的任务就是要促使它们消灭得早一点。这个道理，过去我们已经说过多次了。但是，无产阶级政党和无产阶级专政，现在非有不可，而且非继续加强不可。否则，不能镇压反革命，不能抵抗帝国主

---

① 《毛泽东选集》第 4 卷，人民出版社 1991 年第 2 版，第 1468～1469 页。

② 《毛泽东选集》第 4 卷，人民出版社 1991 年第 2 版，第 1475～1476 页。

义，不能建设社会主义，建设起来也不能巩固。”① 1968 年 10 月的一次谈话中，他明确指出：“按照列宁主义的观点，一个社会主义国家的最后胜利，不但需要本国无产阶级和广大人民群众的努力，而且有待于世界革命的胜利，有待于在整个地球上消灭人剥削人的制度，使整个人类都得到解放。因此，轻易地说我国革命的最后胜利，是错误的，是违反列宁主义的，也是不符合事实的。”② 这些论述，充分阐明了人民民主专政的国家终究要消亡但现在还不能消亡，因为还不具备消亡条件的道理。

## 四、群众路线理论

毛泽东的群众路线理论，是我们党从长期革命历史经验中总结出来的根本工作路线，也是毛泽东对马克思主义关于人民群众是历史创造者的历史唯物主义原理的丰富和发展。

群众观点，是历史唯物主义的一个基本观点。马克思和恩格斯在批判唯心主义英雄史观时指出：“历史活动是群众的事业，随着历史活动的深入，必将是群众队伍的扩大。”人民群众并非如青年黑格尔派所说是什么“消极的”、“非历史的”因素，恰恰相反，“历史上的活动和思想都是‘群众’的思想和活动”。③ 个人、尤其是杰出的个人在历史上是有重大作用的，但是，“个人只是作为普通的个人隶属于这个集体”。④ 因此，他们厌恶一切个人崇拜，强调工人阶级的解放应该由自己去争取。列宁

① 《毛泽东著作选读》下册，人民出版社 1986 年版，第 734 页。
② 转引自《人民日报》1969 年 4 月 28 日。
③ 《马克思恩格斯全集》第 2 卷，人民出版社 1957 年版，第 104 页。
④ 《马克思恩格斯全集》第 3 卷，人民出版社 1960 年版，第 84 页。

在叙述马克思主义的时候，指出："以往的理论从来忽视居民群众的活动，只有历史唯物主义才第一次使我们能以自然科学的精确性去研究群众生活的社会条件以及这些条件的变更。"①

毛泽东在领导中国革命的长期斗争中，继承和发展了马克思主义历史唯物论关于人民群众在历史上的重大作用的观点，注重发动群众，依靠群众，明确提出"一切为了群众，一切依靠群众，从群众中来，到群众中去"的群众路线，并逐渐形成完整的群众路线理论，从而使革命力量由小到大、由弱到强，最后取得了革命的伟大胜利。毛泽东的群众路线理论，不但是对马克思主义关于人民群众是历史创造者的历史唯物主义理论的创造性运用，而且是对这一理论的丰富和发展。

早在第二次国内革命战争时期，毛泽东就多次提到要注意运用群众路线的工作方法。他曾说："一切工作，在党的讨论和决议之后，再经过群众去执行。"②"没有正确的领导方式和工作方法，要迅速地开展经济战线上的运动，是不可能的。"③ 为此，他提出，要从组织上动员群众。"假如不这样地从组织上去动员群众和宣传群众……不注意推动群众团体，不注意开群众大会做宣传，那末，要达到目的是不可能的。"他强调党和苏维埃工作人员，每个时候，每件工作，都不要忘记群众大多数，提倡面向群众、深入群众，反对只凭少数人干的关门主义、命令主义，认为"只有耐心地艰苦地去做发动群众争取群众的工作，才能取得大多数群众的拥护"。他还强调要取得群众的拥护，"就得和群众在一起，就得去发动群众的积极性，就得关心群众的痛痒，就得真心实意地为群众

---

① 《列宁选集》第2卷，人民出版社1995年第3版，第425页。

② 《毛泽东选集》第1卷，人民出版社1991年第2版，第88页。

③ 《毛泽东选集》第1卷，人民出版社1991年第2版，第123～124页。

谋利益，解决群众的生产和生活的问题”；而在工作方法上，就要“反对官僚主义的工作方法而采取实际的具体的工作方法”，“抛弃命令主义的工作方法而采取耐心说服的工作方法”。[①] 他在这个时期逐步提出了群众路线的思想，并对其内容作了初步阐发。

在抗日战争时期，毛泽东的群众路线思想进一步丰富和发展，形成了完备、成熟的科学理论。他在 1943 年写的《关于领导方法的若干问题》中说：“在我党的一切实际工作中，凡属正确的领导，必须是从群众中来，到群众中去。这就是说，将群众的意见（分散的无系统的意见）集中起来（经过研究，化为集中的系统的意见），又到群众中去作宣传解释，化为群众的意见，使群众坚持下去，见之于行动，并在群众行动中考验这些意见是否正确。然后再从群众中集中起来，再到群众中坚持下去。如此无限循环，一次比一次地更正确、更生动、更丰富。这就是马克思主义的认识论。”[②] 在这里，毛泽东从马克思主义认识论的高度来看待群众路线的领导方法，不但是对马克思主义认识论的丰富和发展，也是对马克思主义群众观点的丰富和发展。毛泽东把“实践、认识、实践”和“个别、一般、个别”这两个认识论公式运用于领导方法，提出了“群众、领导、群众”的新公式。这是对《实践论》思想的进一步发挥。认识从实践中来，而实践的主体是人民群众。因此，领导者要取得正确认识，不但要靠自己亲身的实践和经验，更要依靠群众的实践。千百万人民的革命实践是检验真理的标准。此后，毛泽东对群众路线的内容进一步作了理论上的发挥，提出“人民，只有人民，才是创造世界历史的

---

① 《毛泽东选集》第 1 卷，人民出版社 1991 年第 2 版，第 138～140 页。

② 《毛泽东选集》第 3 卷，人民出版社 1991 年第 2 版，第 899 页。

动力”、群众是真正的英雄、坚持领导和群众相结合、为群众谋利益是共产党员革命活动的出发点和归宿、群众的意见和经验是党制定政策的基础、发动群众自己解放自己、只有做群众的学生才能做群众的先生、既反对命令主义又反对尾巴主义等观点。1945年党的七大把群众路线的基本精神正式写入了党纲和党章。

建国后，我们党成为执政党，不但脱离群众的危险比以前大大增加，而且脱离群众对人民造成的危害也比以前大大增加了。因此，毛泽东更加重视对党员和干部进行群众路线的教育。他指出：“社会的财富是工人、农民和劳动知识分子自己创造的。只要这些人掌握了自己的命运，又有一条马克思列宁主义的路线，不是回避问题，而是用积极的态度去解决问题，任何人间的困难总是可以解决的。”① 他还进一步从认识论的角度提出：“任何英雄豪杰，他的思想、意见、计划、办法，只能是客观世界的反映，其原料或者半成品只能来自人民群众的实践中，或者自己的科学试验中，他的头脑只能作为一个加工工厂而起制成完成品的作用，否则是一点用处也没有的。人脑制成的这种完成品，究竟合用不合用，正确不正确，还得交由人民群众去考验。”② 所以，他总是孜孜不倦地教导干部，要懂得马克思主义的认识论，就要“从群众中来，到群众中去。下决心长期下去蹲点，就能听到群众的呼声，就能从实践中逐步地认识客观真理，变为主观真理，然后再回到实践中去，看是不是行得通。如果行不通，则必须重新向群众的实践请教”。③

① 《毛泽东选集》第5卷，人民出版社1977年第1版，第277页。
② 《建国以来毛泽东文稿》第7册，中央文献出版社1992年版，第60～61页。
③ 《毛泽东著作选读》下册，人民出版社1986年版，第844～845页。

总之，毛泽东在革命和建设中，都一贯坚持相信人民群众、依靠人民群众的唯物主义历史观，反对任何轻视人民群众、不依靠人民群众的唯心主义历史观。他全面阐述了群众路线理论，为历史唯物主义和无产阶级的国家政治学说作出了重大贡献。

## 第三节
## 毛泽东的历史学思想

### 一、对历史的特殊兴趣与深厚学养

以史为鉴。所以如此，是因为历史与现实之间有割不断的联系。从历史中总结出的规律、经验和教训，对于后人永远是一种最重要的启迪。恩格斯在谈到马克思的著作《雾月十八日》时称赞说，这部著作“是多么忠实地反映了实际”，而马克思所以能做到对活生生的时事有这种卓越的理解，在事变刚刚发生时就对事变有这种透彻的洞察，就是因为他“深知法国历史”。① 正是在这个意义上，马克思说：“我们只知道一门唯一的科学，即历史科学。”②

鲁迅说过：“无论是学文学的，学科学的，他应该先看一部关于历史

① 《马克思恩格斯选集》第1卷，人民出版社1995年第2版，第582页。
② 《马克思恩格斯全集》第3卷，人民出版社1960年版，第20页。

的简明而可靠的书。”① 他还说：“中国学问，待从新整理者甚多，即如历史，就该另编一部。”②

毛泽东也正是这样对待历史的。他对历史的喜爱和他的广博、真知灼见，都达到了极高的水平，称得上是一位真正的历史学家。

1. **一生酷爱历史**

毛泽东一生酷爱历史，精通中国历史，对中国的历史和传统文化，有着广博的知识、深入的研究、深刻的理解和卓越的见识。这种深厚的历史学素养，对于他异乎寻常的人格力量的形成，对于他领导中国革命的伟大实践，都起了不可替代的作用。

还在小时候读私塾时，毛泽东就读了不少儒家经典和中国历史书籍。他曾回忆说：“我过去读过孔夫子的书，读了‘四书’‘五经’。读了六年。背得，可是不懂。那时候很相信孔夫子，还写过文章。”③ 少年时代的毛泽东，不喜欢读“四书”“五经”，尤其不喜欢读经书，但对历史却情有独钟，读了《左传》、《史记》、《纲鉴易知录》及《通鉴类纂》等史书，以后又读了《御批通鉴辑览》（这是一部体现清王朝正统史学观点的史论集），再往后又读了《读史方舆纪要》和《资治通鉴》。少年时代的毛泽东还喜欢读中国古代具有传奇色彩的古典历史文学读物。他读过《精忠岳传》、《水浒传》、《隋唐演义》、《三国演义》和《西游记》等。他回忆说：那是在我还很年轻的时候瞒着老师读的，“老师讨厌这些禁书，说它们是坏书。我常常在学堂里读这些书，老师走过来的时候就用一本正经书遮住。大多数同学也都是这样做的。许多故事，我们几乎背得出

---

① 《且介亭杂文·随便翻翻》。

② 《致曹聚仁》（1933 年 6 月 18 日），《鲁迅全集》，第 12 卷，第 184 页。

③ 1964 年 8 月在北戴河关于哲学问题的讲话。

来，而且反复讨论了许多次。关于这些故事，我们比村里的老人知道得还要多些。他们也喜欢这些故事，常常和我们互相讲述。我认为这些书大概对我影响很大，因为是在容易接受的年龄里读的”。① 这些历史书籍和历史小说，给了毛泽东最早的历史熏陶，使他从中得到了较为系统的中国历史知识。与此同时，他还在 1912 年退学自修期间学习了世界历史，读了“俄、美、英、法等国的历史地理”。② 对毛泽东影响最大的是《资治通鉴》。这是他一生都爱不释手的历史名著。直到晚年，他还经常阅读《资治通鉴》、《续资治通鉴》、《通鉴纪事本末》等。所有这些，都成为他日后更深刻地研究和理解中国历史的坚实基础。在以后漫长的岁月里，这些书籍一直伴随着他。

之所以如此喜爱历史，与他在青少年时代就怀抱救国救民的宏图大志有密切关系。为实现这一宏愿，他努力“求学储能”③，认为“顾吾人所最急者，国学常识也”④，特别崇拜“学遍中国学问，又吸收西国学问之精华”的康有为和“先业词章，后治各科”的梁启超二人。那时，他怀着满腔的爱国热情和强烈的求知渴望，读了很多中国的和外国的历史、哲学书籍。而在诸种学问中，毛泽东格外强调“明其国历史”当为首，他说：“历史者，观往迹制今宜者也，公理公例之求为急。”“观中国史，当注意四裔，后观亚洲史乃有根；观西洋史，当注意中西之比较，取于外乃足以资历于内也。地理者，空间之问题也，历史及百科，莫不根此。”通过学习历史，探求社会发展的“公理公例”，以此“绳束古今为

① 斯诺：《西行漫记》，生活·读书·新知三联书店 1979 年版，第 108 页。
② 斯诺：《西行漫记》，生活·读书·新知三联书店 1979 年版，第 108 页。
③ 《毛泽东早期文稿》，湖南出版社 1990 年版，第 572 页。
④ 《毛泽东早期文稿》，湖南出版社 1990 年版，第 21～25 页。

一贯”[1]，是毛泽东在青少年时代以极大的热忱读了大量的中国历史书籍，并且一生热爱历史学的重要原因。

青年时代的毛泽东，还有过多次讲授历史课的经历。1917 年冬他曾主持过湖南省立第一师范学校学友会附设的夜学工作，当时他即教授历史课程，具体内容是“教历朝大势及上古事迹”。（《夜学日志首卷》）1919 年 4 月，毛泽东从北京回到湖南，在组织新民学会会员和进步青年与反动派进行斗争的同时，还在修业小学高小部每周教六小时的历史课。

毛泽东 18 岁在省立中学读书时，写了他的第一篇史论文章《商鞅徙木立信论》，表达了他对商鞅之法的肯定，分析了商鞅采用“徙木立信”手段的政治背景。这篇史论得到老师的激赏，评语称赞此文“实切社会立论，目光如炬”，“至推论商君之法为从来未有之大政策，言之凿凿，绝无浮烟涨墨绕其笔端，是有功于社会文字”。这是毛泽东历史学修养与功力的最初显露。

毛泽东投身革命历经风雨的一生中，始终没有减弱过对历史的极大兴趣，没有停止过对历史的孜孜不倦的研读。他认为，研究我们民族的历史，对于领导革命运动有着重要的意义，他说：“指导一个伟大的革命运动的政党，如果没有革命理论，没有历史知识，没有对于实际运动的深刻的了解，要取得胜利是不可能的。”所以，他把学习历史遗产，用马克思列宁主义的方法给以批判的总结，作为广大干部学习的另一任务。他说：“我们这个民族有数千年的历史，有它的特点，有它的许多珍贵品。对于这些，我们还是小学生。今天的中国是历史的中国的一个发展；我们是马克思主义的历史主义者，我们不应当割断历史。从孔夫子到孙

① 《毛泽东早期文稿》，湖南出版社 1990 年版，第 22 页。

中山，我们应当给以总结，承继这一份珍贵的遗产。这对于指导当前的伟大的运动，是有重要的帮助的。”①

毛泽东非常推崇《史记》等古代史籍，曾说：“像《史记》这样的文章和后来人对它的注释，都很严格、准确。”② 1952 年毛泽东已近 60 岁时，买了一套乾隆武英殿本的二十四史，此后，他便常常在繁忙工作之余认真研读这部卷帙浩繁的历史典籍，直至逝世之前。他不但通读了这部共 850 册，2249 卷，约 4000 万字的鸿篇巨著，并对其中的许多篇目反复阅读，而且，他还在书页上画了不少圈点，写了许多批注。

毛泽东非常重视历史资料的作用，认为研究历史应该大量搜集历史资料。他曾说：“裴松之注《三国志》，搜集了很多的资料。”③ 这里讲的裴松之注《三国志》，是指南朝宋裴松之注《三国志》，搜集极丰富的资料，对《三国志》补缺、订误。他所引的书，多已失传，极有资料价值。毛泽东在读《后汉书》时曾在书页边上批注道：“李贤好。④ 刘（攽）好。⑤ 李贤贤于颜师古远甚⑥，确然无疑。裴松之注三国，有极大的好处，有些近于李贤，而长篇大论搜集大量历史资料，使读者感到爱看。‘青出于蓝而胜于蓝’，其此之谓欤？譬如积薪，后来居上。章太炎说，

---

① 《毛泽东选集》第 2 卷，人民出版社 1991 年版，第 533～534 页。

② 转引自邓力群：《毛泽东读社会主义政治经济学批注和谈话（上）》，中华人民共和国国史学会印，第 453 页。

③ 转引自邓力群：《毛泽东读社会主义政治经济学批注和谈话（上）》，中华人民共和国国史学会印，第 453 页。

④ 指唐章怀太子李贤注《后汉书》注得好。——原书编者注。

⑤ 指宋刘（攽）对《后汉书》作的按语作得好。——原书编者注。

⑥ 指李贤《后汉书》注胜过唐颜师古《汉书》注。——原书编者注。

读三国要读裴松之注，英豪巨眼，不其然乎？”①

毛泽东读史的范围很广，除了最重要的政治史外，还读中国哲学史、中国文学史、中国军事史、中国农民战争史、中国科学史、中国教育史、中国艺术史等等，并常常对其发表精湛的独特的见解。如此深厚的史学修养，对于他指导中国革命的确起了极大的作用。

2. **学史以致用**

毛泽东不同于、超越于一般历史学家的地方是，他从来不是为历史而历史，不是把研读历史仅仅当作一种个人的爱好和享受，也绝不满足于坐在书斋里埋头研究历史；而是以史为镜，力求从历史中寻找社会发展、国家兴亡的规律、鉴戒、经验和教训，从中悟出治国方略和为政之道。

他在读《新唐书·姚崇传》中记述姚崇以历史经验为戒，结合时弊向唐玄宗跪奏“十事”，即政先仁恕，不幸边功，法行自近，宦竖不与政，租赋外一绝之，戚属不任台省，君臣接之以礼，群臣皆得批逆鳞、犯忌讳，绝道佛营造，推汉之禄、莽、阎、梁乱天下鉴为万代法这段历史时，在页旁批注道：“如此简单明了的十条政治纲领，古今少见。”②可见对姚崇十条政治纲领的注意。

在读《旧唐书·李百药传》中关于唐太宗李世民的记述时，毛泽东将这段内容归纳为“李世民的工作方法有四”③：（1）退思进省，凝神动虑，恐妄劳中国，不籍万古之英声，以存一时之茂实。（2）心切忧劳，

① 转引自《毛泽东读文史古籍批语集》，中央文献出版社 1993 年版，第 129～130 页。

② 转引自《毛泽东读文史古籍批语集》，中央文献出版社 1993 年版，第 237 页。

③ 转引自《毛泽东读文史古籍批语集》，中央文献出版社 1993 年版，第 221 页。

迹绝游幸，每旦视朝，听受无倦，智用于万物，道貌岸然济于天下。(3) 罢朝之后，引进名臣，讨论是非。(4) 才及日昃，命才学之士，赐以清闲，高谈典籍，杂以文咏，间以玄言，乙夜忘疲，中宵不寐。

在读到《智囊》卷八下《明智部·经务》中有关徐阶关于法往往责将校而不责守令，而地方守令是使民者，守令勤、果、警、仁等要素可不致败绩的记载时，毛泽东在页旁写道："莫如今之军区党委制。党政军民统一于党委。"①

上述几例，已清楚可见毛泽东学史时一刻不忘与现实相联系的显著特点。

他是把历史作为观察社会、认识国情、指导革命斗争的重要武器的，所以他总是把对历史的认识与革命实践有机地结合起来。他写的《湖南农民运动考察报告》、《中国革命和中国共产党》、《新民主主义论》等著作，对中国封建时代基本的历史特点，特别是经济制度和政治制度的主要特点都作了精湛的分析，从而说明中国社会的性质，进而说明中国革命的特点及策略，就是这种运用的最好例证。例如：在《中国革命战争的战略问题》中，毛泽东引用《左传》庄公十年的曹刿论战，认为是中国战史上弱军战胜强军的有名战例。在《论持久战》中，他又以《左传》中晋楚城濮之战，来说明主观指导的正确与否对于战争胜败的重要影响。据有人统计，四卷《毛泽东选集》中仅引用《左传》中的历史典故和史实，就有四十余处之多。甚至经济上的问题，他也常常联想到历史上的事情。他说过："为了搞经济学，要参考一下古代人怎样搞学问。"② 例

① 转引自《毛泽东读文史古籍批语集》，中央文献出版社 1993 年版，第 57 页。

② 转引自邓力群著《毛泽东读社会主义政治经济学批注和谈话（上）》，中华人民共和国国史学会印，第 453 页。

如，在谈到农业生产问题时，他曾说："《项羽本纪》说，刘邦同项羽打仗的时候，萧何曾经实行'耕三余一'的办法，即男子从二十一岁到二十三岁，在家种三年地，有了粮食积蓄，到二十四岁出去当兵。那个时候能够做到这一点，可能是因为地多人少，土地肥沃。现在我们的东北，有些地区也还可以种两三年地，多余出一年的粮食来。但是，全国现在很难做到'耕三余一'，这是什么原因呢？这个问题值得研究一下。"①

3. **珍惜历史文化遗产**

早在五四运动前后，中国文化界就有如何正确处理新学和旧学关系问题的讨论。当时的新文化运动对封建文化礼教进行了激烈批判，对孔孟之道也发动了猛烈攻击。毛泽东在对此从反封建的意义上加以肯定的同时，也指出："那时的许多领导人物，还没有马克思主义的批判精神，他们使用的方法，一般地还是资产阶级的方法，即形式主义的方法。他们反对旧八股、旧教条，主张科学和民主，是很对的。但是他们对于现状，对于历史，对于外国事物，没有历史唯物主义的批判精神，所谓坏就是绝对的坏，一切皆坏；所谓好就是绝对的好，一切皆好。这种形式主义地看问题的方法，就影响了后来这个运动的发展。"② 后来，他在批评党内错误倾向时，又指出："学习我们的历史遗产，用马克思主义的方法给以批判的总结，是我们学习的另一任务。我们这个民族有数千年的历史，有它的特点，有它的许多珍贵品。……今天的中国是历史的中国的一个发展；我们是马克思主义历史主义者，我们不应当割断历史。从

---

① 转引自邓力群著《毛泽东读社会主义政治经济学批注和谈话（上）》，中华人民共和国国史学会印，第600～601页。

② 《毛泽东选集》第3卷，人民出版社1991年版，第831～832页。

孔夫子到孙中山，我们应当给以总结，承继这一份珍贵的遗产。这对于指导当前的伟大的运动，是有重要的帮助的。”① 毛泽东在这里，从指导革命实践的高度阐明了正确对待历史遗产的重要性。

那么，如何正确地继承历史遗产呢？毛泽东指出：“中国的长期封建社会中，创造了灿烂的古代文化。清理古代文化的发展过程，剔除其封建性的糟粕，吸收其民主性的精华，是发展民族新文化提高民族自信心的必要条件；但是决不能无批判地兼收并蓄。”“我们必须尊重自己的历史，决不能割断历史。但是这种尊重，是给历史以一定的科学的地位，是尊重历史的辩证法的发展，而不是颂古非今，不是赞扬任何封建的毒素。对于人民群众和青年学生，主要地不是要引导他们向后看，而是要引导他们向前看。”② 毛泽东这段话，既批评了对历史的虚无主义态度，又批评了对历史毫无批判地完全接受的复古主义思想。我们党正是在毛泽东的这一指示下，长期以来，特别是建国以后，开展了马克思主义为指导的历史研究，对历史遗产加以批判的继承。

## 二、唯物主义的科学历史观

毛泽东接受马克思主义后，即确立了正确的马克思主义的历史观。1920 年底，他收到蔡和森的一封谈马克思唯物史观的信，之后不久，毛泽东在回信中写道：“你这一封信见地极当，我没有一个字不赞成。”“唯物史观是吾党哲学的根据，这是事实，不像唯理观之不能证实而容易被

① 《毛泽东选集》第 2 卷，人民出版社 1991 年版，第 553～554 页。
② 《毛泽东选集》第 2 卷，人民出版社 1991 年版，第 707～708 页。

人摇动。”① 他在1936年同斯诺的谈话中说：“1920年冬天，我第一次在政治上把工人们组织起来了，在这项工作中我开始受到马克思主义理论和俄国革命历史的影响的指引。我第二次到北京期间，读了许多关于俄国情况的书。我热心地搜寻那时候能找到的共产主义的书籍。有三本书特别深刻地铭刻在我的心中，建立起我对马克思主义的信仰。我一旦接受了马克思主义是对历史的正确解释以后，我对主义的信仰就没有动摇过。这三本书是：《共产党宣言》陈望道译，这是用中文出版的第一本马克思主义的书；《阶级斗争》考茨基著，《社会主义史》柯卡普著，到了1920年夏天，在理论上而且在某种程度的行动上，我已成为一个马克思主义者了，而且从此我也认为自己是一个马克思主义者了。”②

1. **探求历史发展的规律**

青年时代的毛泽东，就曾在《〈伦理学原理〉批注》中写过这样的话：“人类者，自然物之一也，受自然法则之支配，有生必有死，即自然物有成必有毁之法则。凡自然法则者，有必然性。”③ 毛泽东在此明确表达了历史发展是有客观规律的观点。

1920年，新民学会内部出现了“温和革命”和“激烈革命”两种不同主张的争论。毛泽东明确表示“深切地赞同”后一种意见。这是他经过历史的思考，以历史事实、历史发展规律为根据而得出的结论。他之所以认为“用平和的手段”、“用教育的方法”改造世界的主张行不通，是因为“依心理上习惯性的原理，及人类历史上的观察，觉得要资本家

---

① 《毛泽东给蔡和森的信》，《新民学会通信集》第3集，《新民学会资料》，人民出版社1980年版，第162～163页。

② 斯诺：《西行漫记》，生活·读书·新知三联书店1979年版，第131页。

③ 《毛泽东早期文稿》，湖南出版社1990年版，第194页。

信共产主义，是不可能的事。”“再从历史上说，人类生活全是一种现实欲望的扩张。这种现实欲望，只向扩张的方面走，决不向减缩的方面走，小资本家必想做大资本家，大资本家必想做最大的资本家，是一定的心理。历史上凡是专制主义者，或帝国主义者，或军国主义者，非等到人家来推倒，决没有自己肯收场的。有拿破仑第一称帝失败了，又有拿破仑第三称帝。有袁世凯失败了，偏又有段祺瑞。章太炎在长沙演说，劝大家读历史，谓袁段等失败均系不读历史之故。我谓读历史是智慧的力，求遂所欲是冲动的事，智慧指导冲动，只能于相当范围有效力，一出范围，冲动便将智慧压倒，勇猛前进，必要到遇了比冲动前进之力更大的力，然后才可以将他打回。有几句俗话：‘人不到黄河心不死’，‘这山望见那山高’，‘人心不知足，得陇又望蜀’，均可以证明这个道理。以上从心理上及历史上看，可见资本主义是不能以些小教育之力推翻的，是第二层理由。”① 这段分析表明，当时的毛泽东已经能够运用历史经验，从总结历史规律的高度看待革命形势，明确革命方向，制定革命策略了。

为了论证民众的大联合的思想，毛泽东也进行了历史的分析，他说：“我们竖看历史，历史上的运动不论是哪一种，无不是出于一些人的联合。较大的运动，必有较大的联合。最大的运动，必有最大的联合。凡这种联合，于有一种改革或一种反抗的时候，最为显著。历来宗教的改革和反抗，学术的改革和反抗，政治的改革和反抗，社会的改革和反抗，两造必都有其大联合。胜负所分，则看他们联合的坚脆和为这种联合基础主义的新旧或真妄为断。然都要取联合的手段，则相同。”受到俄罗斯

---

① 《毛泽东给萧旭东蔡林彬并在法诸会友》，《新民学会通信集》第三集，《新民学会资料》，人民出版社 1930 年版，第 148～149 页。

以民众的大联合，和贵族的大联合资本家的大联合相抗，取得社会改革胜利的启发，毛泽东提出："我们应该起而仿效，我们应该进行我们的大联合！"①

2. **人民群众是创造历史的主人**

早年的毛泽东，十分崇拜中国历史上的圣贤和豪杰。他在少年时代喜欢读的古典小说，大多是颂扬中国历史上政治、军事斗争中的英雄人物的。他非常喜爱这些英雄人物，对书里的许多故事"几乎都可以背出来"。他在1917年至1918年间批注《伦理学原理》时有一段分析说："吾人揽史时，恒赞叹战国之时，刘项相争之时，汉武与匈奴相争之时，三国竞争之时，事态百为，人才辈出，令人喜读。至若承平之代，则殊厌弃之。非好乱也，安逸宁静之境，不能长处，非人生之所堪，而变化倏忽，乃人性之所喜也。"②

但这时他的心中也有疑问："有一天我忽然想到，这些小说有一件事情很特别，就是里面没有种田的农民。所有的人物都是武将、文官、书生，从来没有一个农民做主人公。对于这件事，我纳闷了两年之久，后来我就分析小说的内容。我发现它们颂扬的全都是武将，人民的统治者，而这些人是不必种田的，因为土地归他们所有和控制，并且显然是迫使农民替他们耕作的。"③

尽管有这样的疑问，在这个疑问没得到解答之前，他同当时的大多数人一样，把社会上的人们分为"上智下愚"、"君子""小人"、"贤"与

① 《民众的大联合（一）》，《毛泽东早期文稿》，湖南出版社1990年版，第338～341页。

② 转引自《倾听毛泽东》，广东人民出版社1998年版，第18页。

③ 斯诺：《西行漫记》，生活·读书·新知三联书店1979年版，109页。

“不肖”，认为“圣人，既得大本者也；贤人，略得大本者也；愚人，不得大本者也。圣人通达天地，明贯过去现在未来，洞悉三界现象，如孔子之‘百世可知’，孟子之‘圣人复起，不易吾言’。孔孟对答弟子之问，曾不能难，愚者或震之为神奇。不知并无谬巧，惟在得一大本而已。”①只有得到这种“大本大源”的圣贤，才能“使此愚人而归于智”。在那时的毛泽东看来，历史是由这些圣贤主宰、决定和创造的，人民大众只是些愚昧的小人，在历史上并无地位；所以，研究历史主要应注重这些伟大人物，即如他所说：“一朝伟人为一朝代之代表，将其前后当身之迹，一一求之至彻，于是而观一代，皆此代表人之附属品矣。”② 他认为，中国“有数千年之历史，民智污塞，开通为难”，要从根本上得到改造，必须“有大本大源”之人来挽救“苍生”。当时他认为曾国藩就是颇得“大本大源”之人，所以一度“独服曾文正”。③ 总之，他这时的历史观完全是唯心主义的。

接受马克思主义的历史观以后，毛泽东逐渐把眼光从圣贤豪杰的身上转移到了人民大众身上。他在 1919 年 7 月 14 日发表的《湘江评论》创刊宣言中说：“世界什么问题最大？吃饭问题最大，什么力量最强？民众联合的力量最强。什么不要怕？天不要怕，鬼不要怕，死人不要怕，官僚不要怕，军阀不要怕，资本家不要怕。”④ 他在这时写的《民众的大联合》一文提出：“我们竖看历史，历史上的运动不论是哪一种，无不是出于一些人的联合。”“古来各种联合，以强权者的联合，贵族的联合，

---

① 《毛泽东早期文稿》，湖南出版社 1990 年版，第 87 页。
② 《毛泽东早期文稿》，湖南出版社 1990 年版，第 22 页。
③ 《毛泽东早期文稿》，湖南出版社 1990 年版，第 85 页。
④ 《毛泽东早期文稿》，湖南出版社 1990 年版，第 292 页。

资本家的联合为多……到了近世，强权者，贵族，资本家的联合到了极点，因之国家也坏到了极点，人类也苦到了极点，社会也黑暗到了极点。于是乎起了改革，起了反抗。于是乎有民众的大联合。”他预言：“我们中华民族原有伟大的能力！压迫愈深，反抗愈大，蓄之既久，其发必速……他日中华民族的改革，将较任何民族为彻底。中华民族的社会，将较任何民族为光明。中华民族的大联合，将较任何地域任何民族而先告成功。”① 他认为，辛亥革命失败的原因就是因为没有真正的“民众的联合”，因为“与我们民众的大多数，毫没关系”。在这里，他明确地表达了把历史看成是人民的历史，未来是人民的未来的思想。这与他先前把圣贤豪杰当作历史主宰，把人民大众看成无足轻重的芸芸小人的历史观已经有了根本的质的区别。

此后，把人民大众当成历史主人、历史创造者的历史观，贯穿于他的全部革命生涯。

毛泽东 1964 年春写的《贺新郎》一词道：“一篇读罢头飞雪，但记得斑斑点点，几行陈迹。五帝三皇神圣事，骗了无涯过客。有多少风流人物？盗跖庄蹻流誉后，更陈王奋起挥黄钺。”这里表达了他对农民起义领袖盗跖、庄蹻、陈王领导被压迫人民进行武装斗争光辉业绩的热情歌颂，认为只有他们才是推动历史前进的风流人物，但是以往的史学家们不懂得这一历史规律，把盗跖、庄蹻等都说成是穷凶极恶的土匪强盗，却一味歌颂帝王将相，埋头研究所谓的“五帝三皇神圣事”，结果成了被骗的“无涯过客”。

联想到毛泽东的文艺思想，与此有很大的关系。1944 年 1 月 9 日，

① 《毛泽东早期文稿》，湖南出版社 1990 年版，第 338、379、394 页。

毛泽东在延安观看中共中央党校俱乐部演出的《逼上梁山》一剧后，在给编导者写的信中说："看了你们的戏，你们做了很好的工作，我向你们致谢，并请代向演员同志们致谢！历史是人民创造的，但在旧戏舞台上（在一切离开人民的旧文学旧艺术上）人民却成了渣滓，由老爷太太少爷小姐们统治着舞台，这种历史的颠倒，现在由你们再颠倒过来，恢复了历史的面目，从此旧剧开了新生面，所以值得庆贺。"① 20年后，他在1964年8月20日同哲学工作者的谈话中提到了这封信，说："那时没有提帝王将相，帝王将相还不是老爷、太太吗？历史是人民创造的，在舞台上人民是渣滓，这是对历史的颠倒。现在要颠倒过来，老爷太太变成渣滓，人民变成主人。在延安有讲话，还写了信，说是有人听，他们也说做，切不要以为有那回事。"不到一年，1965年6月10日，他在接见华东局书记处同志的谈话中又说到："《讲话》算是放了一阵空炮，什么曹操、赵子龙、张飞，帝王将相在台上乱跑，劳动人民在台上只能打旗帜跑龙套。现在可要改一改，让劳动人民当主角，在台上跑。让旧戏里的帝王将相根本一风吹。这样才符合我们的现实情况。"②

毛泽东的这一文艺思想原则，是以其把人民群众看成历史主人和创造者的历史观为基础的。

毛泽东对人民群众历史作用的充分肯定，表现在许多评论历史人物的言论中。例如，他在讲到文化高低和才智大小这两件事情不是一致的东西，旧社会被压迫的阶级文化程度较低但是比较聪明，原因是因为他们参加生产劳动，联系社会生活，社会生活知识丰富，而压迫阶级文化

① 《毛泽东书信选集》，人民出版社1983年版，第222页。

② 转引自陈晋著《毛泽东与文艺传统》，中央文献出版社1992年版，第243～244页。

水平高，书读得多，但比较愚蠢些，原因就是他们脱离生产劳动，脱离社会生活这个道理时曾说："刘邦能够打败项羽，是因为刘邦和贵族出身的项羽不同，比较熟悉社会生活，了解人民心理。"① 还说："屈原如果继续做官，他的文章就没有了。正是因为开除'官籍'、'下放劳动'，才有可能接近社会生活，才有可能产生像《离骚》这样好的文学作品。"②

3. **阶级斗争的历史观**

马克思主义认为："到目前为止的一切社会的历史都是阶级斗争的历史。"（自从有文字记载的历史）③ 这是历史唯物主义的基本原理，是科学的历史观点。

毛泽东曾经这样概括几千年的历史："阶级斗争，一些阶级胜利了，一些阶级消灭了。这就是历史，这就是几千年的文明史。拿这个观点解释历史的就叫做历史的唯物主义，站在这个观点的反面的是历史的唯心主义。"④

早期的毛泽东，同马克思主义传入中国以前的所有史学家一样，不懂得这一点。那时，他接受的是传统儒学思想的教育，受到的是近代改良主义思想的影响，怀抱的是"济世救民"的理论。他把中国落后的原因归为"缺乏高尚之智德"的"愚人"太多，所以，改变的办法是从教育入手，"倡学"、"普及哲学"、"普及伦理学"，以开启民智，增强民德，端正人心。这时的他，是反对暴力革命的。他在 1916 年写给萧子升的信

① 转引自邓力群著《毛泽东读社会主义政治经济学批注和谈话》（下），中华人民共和国国史学会印，第 742 页。

② 转引自邓力群著《毛泽东读社会主义政治经济学批注和谈话》（上），中华人民共和国国史学会印，第 427 页。

③ 《马克思恩格斯选集》第 1 卷，人民出版社 1972 年版，第 250～251 页。

④ 《毛泽东选集》第 4 卷，人民出版社 1991 年版，第 1487 页。

中说："杀机一起，报复未已，法兰西之祸，最为可惧。"① 1919年，他写的《湘江评论》创刊宣言，提出了打倒各种强权的口号，但对于打倒强权的方法，他主张在"激烈的"和"温和的"两种方法中选择后者，他说："（一）我们承认强权者都是人，都是我们的同类。滥用强权，是他们不自觉的误谬与不幸，是旧社会旧思想传染他们遗害他们。（二）用强权打倒强权，结果仍然回到强权。不但自相矛盾，并且毫无效力。"②这表明，他那时还不是一个马克思主义者，因而不能把人类社会有阶级以来的历史看成是阶级斗争的历史。

如前所述，他的历史观在1920年发生了变化，这时他开始接受马克思主义，接受了马克思主义的历史观。所以，当1920年，新民学会内部又出现"温和革命"和"激烈革命"的争论时，毛泽东就在给萧子升、蔡和森二人的信中，明确地表示了"深切的赞同"后一种意见。③

1921年1月，毛泽东在《在新民学会长沙会员大会上的发言》中，即鲜明地提出用"改造"即革命的办法改造中国和世界，他说："激烈方法的共产主义，即所谓劳农主义，用阶级专政的方法，是可以预计效果的，故最宜采用。"④ 从这时开始，他能够用阶级斗争的观点和阶级分析的方法观察中国的历史和社会。在以后他写的《中国社会各阶级的分析》、《湖南农民运动考察报告》、《共产党人发刊词》、《中国革命和中国共产党》等著作中，都鲜明地体现了这一唯物主义的科学历史观。他在

① 《毛泽东早期文稿》，湖南出版社1990年版，第50页。

② 《毛泽东早期文稿》，湖南出版社1990年版，第293页。

③ 《毛泽东给萧旭东蔡林彬并在法诸会友》，《新民学会通信集》第三集，《新民学会资料》，人民出版社1980年版，第148～149页。

④ 《毛泽东著作选读》上册，人民出版社1986年版，第3页。

这些著作中，明确地提出了中国历史上的农民起义和农民战争，对于推动历史前进起了伟大的作用。他说：“中国历史上的农民起义和农民战争的规模之大，是世界历史上所仅见的。在中国封建社会里，只有这种农民的阶级斗争、农民的起义和农民的战争，才是历史发展的真正动力。因为每一次较大的农民起义和农民战争的结果，都打击了当时的封建统治，因而也就多少推动了社会生产力的发展。”① 这就运用马克思主义关于阶级斗争推动社会生产力发展，从而推动历史前进的作用的观点，肯定了中国历史上农民战争推动中国历史前进的进步作用。

1926 年，毛泽东在广州农民运动讲习所讲课时曾有一课题目为“中国政治史与中国地主阶级”，是他用唯物史观分析中国历史的较早演说。我们现在可以从当时一位听讲者的笔记中看到，他说：“中国的历史甚多，而小说史如三国、说唐、水浒、说岳等，都是看过的。昔人的思想，多遍（偏）袒统治者即地主阶级。我们是革命者，这种思想，是不可要的。我们以前，虽多居乡，又为农家子弟，但对于农民的真正状况，是不大清晰。即是说我们要造一个锄头。这个锄头，马克司（思）已竟（经）造出来了，即唯物史观之表现是也。”在这篇讲课中，他开始用阶级斗争的观点来分析中国的政治，说：“中国政治，可说是地主阶级的政治。皇帝不过是地主的表征，所以每朝皇帝的倒闭，就是地主阶级的分裂。及至兼并盛行，土地集中，逼得人不甚（堪）其苦，遂有黄巾之乱。如秦末，二世大兴土木，人民的人力财力，耗费殆尽。汉刘邦，楚项羽，陈胜、吴广，应之而起。汉高祖先入函谷关，与秦父老约法三章，秦人大悦。此概指少数地主而言的。以后王莽出而提倡均田，代表多数农民

① 《毛泽东选集》第 2 卷，人民出版社 1991 年第 2 版，第 625 页。

利益的。这时高祖的外戚、宦官、王候（侯）等人，辙（辄）居乡间收买土地，遂成地主。此时见王莽是代表农民利益的，他们恐慌了，遂起而勾结各方势力，以刘家宗族刘秀为号招（召），南阳一役，王莽遂大败，即农民阶级被地主阶级所败。”

我们从毛泽东为王莽的辩护中，可以看出他对农民问题的关注，在地主与农民的阶级矛盾和阶级斗争中，他是坚决站在农民一边的。中国传统史学对王莽是持基本否定态度的。但毛泽东则对王莽的历史地位加以肯定，其理由，即是“王莽所代表者农民利益”。他说：“王莽：汉时一般做史的人——范晔，班固，班昭等——因为他们吃的汉朝的饭，要给汉朝说几句好话，把王莽说的怎样坏。其实王莽也不是怎么不得了的一个坏人。我们现在研究王莽，要拿很公平诚恳的态度来研究的。均田制是王莽时提倡的，可见他注意到农民问题了。因为农民问题最重要者厥唯土地。而他先节制田地，岂非明证欤？以后地主阶级见王莽所行的政策，诸多不利于己，欲寻一代表本身利益之人，取而代之。而刘秀遂于是时起来了。倡人心思汉，以迷惑一般人之耳目。刘秀卒得胜利，此盖因王莽所代表者农民利益耳。刘秀则代表地主阶级之利益，故能得最后胜利。”① 毛泽东在这里说王莽代表农民利益，这一观点不一定对，但他因此肯定王莽，则确实说明了他这时已开始运用历史唯物主义观点分析历史，并对以农民为主的人民大众在历史发展中的作用的充分重视。

对孔子的评价也体现出这一点。毛泽东在1939年2月曾写道：“关于孔子的道德论，应给以唯物论的观察，加以更多的批判”，“‘仁’这个

---

① 《广州农民运动讲习所文献资料》，广东党史资料丛刊，中共广东省委党史研究委员会办公室，毛泽东同志主办农民运动讲习所旧址纪念馆1983年版，第99～103页。范晔，《后汉书》作者，为南朝宋人，并不是“汉时”做史的人。

东西在孔子以后几千年来，为观念论的昏乱思想家所利用，闹得一塌糊涂，真是害人不浅。我觉孔子的这类道德范畴，应给以历史的唯物论的批判，将其放在恰当的位置。”①

1959年他在一次谈话中，说到无产阶级专政必须对敌人使用暴力，人民革命的目的是要发展社会生产力，为此，第一要推翻敌人，第二要镇压敌人的反抗这个问题时，说：“《东周列国志》值得读一下。这本书写了很多国内斗争和国外斗争的故事，讲了很多颠覆敌对国家的故事，这是当时社会的剧烈变化在上层建筑方面的反映。这本书写了当时上层建筑方面的复杂的尖锐的斗争，缺点是没有写当时的经济基础，当时的社会经济的剧烈变化。”② 他还说：“中国的春秋时候，也是小国林立，相互斗争。当时有个郑庄公，此人很厉害。他对国内斗争和‘国际’斗争都很懂得策略。”③“李斯的《谏逐客书》，有很大的说服力。那时候各国内部的关系，看起来是领主和农奴的关系。”④“《红楼梦》里有这样的话：‘陋室空堂，当年笏满床。衰草枯杨，曾为歌舞场。蛛丝儿结满雕梁，绿纱今又在蓬窗上。’这段话说明了在封建社会里，社会关系的兴衰变化，家族的瓦解和崩溃。”⑤“《红楼梦》中就可以看出家长制度是在不

① 《毛泽东书信选集》，人民出版社1983年版，第147、148页。

② 转引自邓力群著《毛泽东读社会主义政治经济学批注和谈话（上）》，中华人民共和国国史学会印，第96页。

③ 转引自邓力群著《毛泽东读社会主义政治经济学批注和谈话（上）》，中华人民共和国国史学会印，第145页。

④ 转引自邓力群著《毛泽东读社会主义政治经济学批注和谈话（上）》，中华人民共和国国史学会印，第452～453页。

⑤ 转引自邓力群著《毛泽东读社会主义政治经济学批注和谈话（上）》，中华人民共和国国史学会印，第102～103页。

断分裂中。”[1] “曾国藩恐怕是一个富农。他所提出的书、蔬、鱼、猪、早、扫、考、宝八个字，是一种富农思想。”[2]

他在1958年12月7日读《三国志集解》时在书旁有一大段批语：“这里所说的群众性医疗运动，有点像我们人民公社免费医疗的味道，不过那时是神道的，也好，那时只好用神道。道路上饭铺里吃饭不要钱，最有意思，开了我们人民公社公共食堂的先河。大约有一千七百年的时间了，贫农、下中农的生产、消费和人们的心情还是大体相同的，都是一穷二白，不同的是生产力于今进步许多了。解放以后，人们掌握了自己这块天地了，在共产党的领导之下。但一穷二白古今是接近的。所以这个《张鲁传》值得一看。张鲁的祖父创教人张陵，一名张道陵，就是江西龙虎山反动透顶的那个张天师的祖宗，《水浒传》第一回描写了龙虎山的场面。三国时代的道教是遍于全国的、群众运动的。在北方有天公将军张角三兄弟最为广大的革命的群众运动，他们的口号是‘苍天已死，黄天当立’。苍天，汉朝统治阶级。黄天，农民阶级。于吉在东吴也有极大的群众运动，是那时道教的一派。张道陵、张鲁是梁、益派。史称这派与北方派的路线基本相同。其后，历代都有大小规模不同的众多的农民革命斗争，其性质当然与现在马克思主义革命运动根本不相同。但有相同的一点，就是极端贫苦农民广大阶层梦想平等、自由，摆脱贫困，丰衣足食。在一方面，带有资产阶级急进民主派的性质。另一方面，则带有原始社会主义性质，表现在互助关系上。第三方面，带有封建性质，

---

① 转引自邓力群著《毛泽东读社会主义政治经济学批注和谈话（上）》，中华人民共和国国史学会印，第161～162页。

② 转引自邓力群著《毛泽东读社会主义政治经济学批注和谈话（上）》，中华人民共和国国史学会印，第162页。

表现在小农的私有制、上层建筑的封建制——从天公将军张角到天王洪秀全。宋朝的摩尼教、杨么、钟相，元末的明教、红军，明朝的徐鸿儒、唐赛儿、李自成，清朝的白莲教、拜上帝教（太平天国）、义和团，其最著者。我对我国历史没有研究，只有一些零星感触。对上述性质的分析，可能有错误。但带有不自觉的原始社会主义色彩这一点是就贫苦的群众来说，而不是就他们的领袖们（张角、张鲁、黄巢、方腊、刘福通、韩林儿、李自成、朱元璋、洪秀全等等）来说，则是可以确定的。现在的人民公社运动，是有我国的历史来源的。我国的民族资产阶级没有来得及将农民中的上层和中层造成资本主义化，但是帝国主义与封建主义的反动联盟，却在几十年中将大多数农民造成了一支半无产阶级的革命军，就是说，替无产阶级造成了一支最伟大最可靠最坚决的同盟军。”①

三天后，12 月 10 日，他又写了如下批语：“我国从汉末到今一千多年，情况如天地悬隔。但是从某几点看起来，例如，贫农、下中农的一穷二白，还有某些相似。汉末北方的黄巾运动，规模极大，称为太平道。在南方，有于吉领导的群众运动，也是道教。在西方（以汉中为中心的陕南川北区域），有五斗米道。史称，五斗米道与太平道‘大都相似’，是一条路线的运动。又称，张鲁等行五斗米道，‘民夷便乐’，可见大受群众欢迎。张陵（一称张道陵，其流风余裔经千年转化为江西龙虎山为地主阶级服务的极端反人民的张天师道，《水浒传》第一回有洪太尉误走魔鬼戏极神气的描写，一看使人神旺，同志们看过了吧?）、张衡、张鲁祖孙三世行五斗米道。其法，入教者出五斗米，以神道治病；置义舍

① 转引自《毛泽东读文史古籍批语集》，中央文献出版社 1993 年版，第 142～148 页。

（大路上的公共宿舍）；吃饭不要钱（目的似乎是招徕关中区域的流民）；修治道路（以犯轻微错误的人修路）；'犯法者三原面后行刑'（以说服为主要方法）；'不置长吏，皆以祭酒为治'，祭酒'各领部众，多者为治头大祭酒'（近乎政社合一，劳武结合，但以小农经济为基础）。这几条，就是五斗米道的经济、政治纲领。中国从秦末陈涉大泽乡（徐州附近）群众暴动起，到清末义和拳运动止，二千年中，大规模的农民革命运动，几乎没有停止过。同全世界一样，中国的历史，就是一部阶级斗争史。"①

## 三、对历史人物的评价

毛泽东唯物主义的科学历史观，在他对历史人物的评价中得到最充分的表达。

1. **为什么推崇秦始皇**？

对毛泽东推崇秦始皇，许多人不理解，笔者亦一度如是。但如果读一读毛泽东下面一段对秦始皇历史功业的分析，此一疑问或可释然。

1964 年 6 月，毛泽东在一次谈话中说：孔夫子有些好处，但也不是很好。我们认为应该讲公道话。秦始皇比孔夫子伟大得多。孔夫子是讲空话的。秦始皇是第一个把中国统一起来的人物。不但政治上统一中国，而且统一了中国的文字、中国各种制度如度量衡，有些制度后来一直沿用下来。中国过去的封建君主还没有第二个人超过他的。

---

① 转引自《毛泽东读文史古籍批语集》，中央文献出版社 1993 年版，第 148～151 页。

毛泽东在《沁园春·雪》一词中有“惜秦皇汉武，略输文采”之名句，明显肯定了秦始皇的政治成就；在《读〈封建论〉呈郭老》一诗中，则有“劝君少骂秦始皇，焚坑事业要商量”，“祖龙魂死秦犹在”，“百代都行秦政法”等句，都肯定了秦始皇的历史功业及其在中国历史上应有的地位。1973年7月4日，他在同王洪文、张春桥的谈话中说，不能大骂秦始皇。

很清楚，毛泽东是从秦始皇的历史功业来评价他的。由此可见，毛泽东评价历史人物的一条重要标准，是注重建立了历史的大功业，对民族的进步作出了贡献，对社会历史的发展起了促进作用。

2. **为什么给曹操翻案**？

同样是从建立历史功业的角度出发，毛泽东逆传统而行，为曹操翻案。

就中国的史学传统而言，曹操历来是挨骂的角色，是家喻户晓的大逆不道的篡权者。唯独毛泽东翻了这个历史的大案，称曹操是英雄而非奸雄。为什么呢？因为他认为曹操为统一中国建立了伟大功绩，说：“曹操结束汉末豪族混战的局面，恢复了黄河两岸的广大平原，为后来的西晋统一铺平了道路。”①

他还说：曹操统一北方，创立魏国。那时黄河流域是全国的中心地区。他改革了东汉的许多恶政，抑制豪强，发展生产，实行屯田制，还督促开荒，推行法制，提倡节俭，使遭受大破坏的社会开始稳定、恢复、发展。这些难道不该肯定？难道不是了不起？说曹操是白脸奸臣，书上这么写，剧里这么演，老百姓这么说，那是封建正统观念制造的冤案，

① 林克：《忆毛泽东学英语》，《毛泽东的读书生活》，三联书店1986年版，第258页。

还有那些反动士族，他们是封建文化的垄断者，他们写东西就是维护封建正统。这个案要翻。

所以，毛泽东在读《魏书》时，对注家把曹操指为奸雄，称其“志骄气盈，言大而夸”的评语表示了异议。毛泽东写道：“此篇注文，贴了魏武不少大字报，欲加之罪，何患无词。”并引李白的诗句“魏帝营八极，蚁观一祢衡”① 来称赞曹操。

爱屋及乌，毛泽东由对曹操功业的肯定，及至喜爱他的诗作，经常背诵和引用之。尤其喜欢《观沧海》这首诗：“东临碣石，以观沧海。水何澹澹，山岛竦峙。树木丛生，百草丰茂。秋风萧瑟，洪波涌起。日月之行，若出其中。星汉灿烂，若出其里。幸甚至哉！歌以咏志。”毛泽东在北戴河时曾查证出曹操“来过这里”，是“建安十二年五月出兵攻乌桓，九月班师经过碣石写出《观沧海》”的。也许正因为此，毛泽东的名词《浪淘沙·北戴河》中才有了这样的名句：“往事越千年，魏武挥鞭，东临碣石有遗篇。萧瑟秋风今又是，换了人间。”

毛泽东曾对他的子女说：“曹操的文章诗词，极为本色，直抒胸臆，豁达通脱，应当学习。”他还对身边的工作人员说过：“我还是喜欢曹操的诗。气魄雄伟，慷慨悲凉，是真男子，大手笔。”② 这些都充分表达出毛泽东对曹操这位历史人物的肯定甚至是喜爱，而这是由于对曹操为中国的统一大业作出了贡献，推动历史前进的肯定。

3. **为什么称赞项羽？**

毛泽东称赞项羽，则是由于崇尚他的英雄气概。虽然毛泽东认为项

---

① 转引自《毛泽东读文史古籍批语集》，中央文献出版社 1993 年版，第 138 页。

② 张贻玖：《毛泽东读史》，中国友谊出版公司 1991 年版，第 60～67 页。

羽不是政治家，他在读《史记》时，在《高祖本纪》记载“项羽为人剽悍猾贼”而“独沛公素宽大长者”一节的旁边批注道：“项王非政治家。汉王则为一位高明的政治家。”[①] 但他仍然对项羽的英雄气概倍加赞赏。从某种意义讲，项羽是个失败者，后来自杀了。有人认为此不可取，但毛泽东不这样认为。他在1939年4月8日在延安抗大演讲时说：项羽是有名的英雄，他在没有办法的时候自杀，也比汪精卫、张国焘好得多。从前有个人作了一首诗，问他你为什么要自杀，可以到江东去再召八千兵来打天下。我们要学项羽的英雄气节，但不自杀，要干到底。毛泽东赞赏项羽的英雄气节，但是对其表现形式持保留态度，认为应当正视挫败，“要干到底”。毛泽东晚年读《历代诗话》时，看到其中有“二乔”条，说到杜牧《题乌江亭》诗：“胜败兵家事不期，包羞忍耻是男儿。江东子弟多才俊，卷土重来未可知。”此处有编者录的一注云：“项氏以八千渡江无一还者，谁肯复附之？其不能卷土重来决矣。”毛泽东遂在此处批道：“此说亦迂[②]。”表达了他对项羽悲情结局的惋惜之余，对他英雄气概的赞赏。

4. **为什么肯定朱元璋**？

1948年，吴晗把他刚刚完稿的《朱元璋传》稿本带到石家庄解放区呈送毛泽东。由于当时对反动统治蒋介石集团的痛恨，所以在这部书稿中，吴晗以朱元璋影射蒋介石，一方面肯定了历史上朱元璋应有的地位，另一方面又指桑骂槐，对朱元璋作了许多斥责，如为巩固政权搞特务统治、诛杀功臣、搞文字狱等等。为此，毛泽东在这年11月24日退还书

① 张贻玖：《毛泽东读史》，中国友谊出版公司1991年版，第60～67页。

② 张贻玖：《毛泽东读史》，中国友谊出版公司1991年版，第71页。

稿时，给吴晗写了一封信，着重谈了史学研究的方法论问题，其中说："有些不成熟的意见，仅供参考，业已面告，此外尚有一点，即在方法问题上，先生似尚未完全接受历史唯物主义作为观察历史的方法论。倘若先生于这方面加力用一番功夫，将来成就不可限量。"

如果说当时对毛泽东所说"似尚未完全接受历史唯物主义作为观察历史的方法论"所指还不很清楚的话，那么，当毛泽东在1954年看了《朱元璋传》的第三次修改稿后提出："朱元璋是农民起义领袖，是应该肯定的，应该写的好点，不要写的那么坏。"① 这就很清楚了。原来毛泽东所说的就是对朱元璋的总体评价问题。毛泽东所以肯定朱元璋，最主要的，就是因为他是个农民起义领袖；况且，朱元璋夺取政权后，在历史上开创了"洪武之治"的局面，可称为一代明君。毛泽东肯定朱元璋，既由于朱元璋建立的功业，也反映了毛泽东研究历史的阶级分析观点。

5. **为什么肯定禅宗六祖慧能**？

毛泽东很重视宗教问题，认为这是个群众问题。他说：群众有那样多人信教，我们要做群众工作，我们却不懂得宗教，只红不专。② 其中，他对于禅宗的学说，特别是第六世唐朝高僧慧能的思想更注意一些。由慧能的弟子编纂的《六祖坛经》一书，毛泽东多次向图书馆借来看，有时外出还带着。哲学刊物上发表的讲禅宗哲学思想的文章，毛泽东几乎都看。③ 为什么这样呢？这主要是由于他认为六祖慧能的《法宝坛经》是劳动人民的。

---

① 见《北京盟讯》1981年第三期袁溥之《忆吴晗同志二三事》。

② 毛泽东1961年1月23日同班禅的谈话。

③ 逄先知：《博览群书的革命家》，载于《毛泽东的读书生活》，生活·读书·新知三联书店1986年版，第4页。

毛泽东认为，佛经可以分为上层的和劳动人民的两种。他在 1959 年 10 月 22 日同班禅大师谈话时说：“我不大懂佛经，但觉佛经也是有区别的。有上层的佛经，也有劳动人民的佛经，如唐朝时六祖（慧能）的佛经《法宝坛经》就是劳动人民的。”① 这一见解的确与众不同。他这样说的原因可能有二。第一，慧能是劳动人民出身。与其他佛教各宗的创始人大都出身高门不同，六祖慧能自小家境贫苦，出身寒微，曾以卖柴为生，并通过卖柴了解了弘忍大师的说法，之后去参拜弘忍大师的。所以毛泽东说《坛经》是劳动人民的。第二，慧能的佛性论中有平等思想。佛性论，即一切众生，皆有佛性，都能成佛之意。这一点，佛教各宗中大多认可。但慧能比其他各宗的独创之处在于，他提出了“顿悟”一说，这就突出强调了下层劳动人民成佛的可能性。慧能并认为，“佛性”是不分地域，不分民族，均等地存在于一切人身上的，他说：“若学无上菩提，不得轻于初学。俗谚云：下下人有上上智，上上人有没意智。若轻人，即有无量无边罪。”这种观点，表现出他对劳动人民的重视和热爱，所以博得毛泽东的赞赏。

### 6. 用历史的观点看待斯大林

毛泽东 1956 年 4 月修改《人民日报》编辑部文章《关于无产阶级专政的历史经验》时，对于评价斯大林写了如下意见：“斯大林是一个伟大的马克思列宁主义者，但是也是一个犯了几个严重错误而不自觉其为错误的马克思列宁主义者。我们应当用历史的观点看斯大林，对于他的正确的地方和错误的地方作出全面的和适当的分析，从而吸取有益的教训。不论是他的正确的地方，或者错误的地方，都是国际共产主义运动的一

① 转引自陈晋：《毛泽东与中国佛道教》，载于《瞭望》1993 年第 8～9 期。

种现象，带有时代的特点。”应该说，毛泽东在这里提出的“用历史的观点”看待历史人物的主张，是科学的。

**7. 无比崇敬孙中山，又要从历史条件对其缺点加以说明**

毛泽东为纪念孙中山诞辰九十周年而写的《纪念孙中山》一文，在短短几百字里，用马克思主义的历史唯物主义观点精辟地说明了从旧民主主义革命到新民主主义革命的历史转折过程，正确地评价了孙中山在这一历史过程中的伟大作用。毛泽东对孙中山怀有无比的崇敬，尊敬地称他为“伟大的革命先行者”、“中国革命民主派的旗帜”，“在政治思想方面留给我们许多有益的东西。现代中国人，除了一小撮反动分子以外，都是孙先生革命事业的继承者”。他还说：“孙先生是一个谦虚的人。我听过他多次讲演，感到他有一种宏伟的气魄。从他注意研究中国历史情况和当前社会情况方面，又从他注意研究包括苏联在内的外国情况方面，知道他是很虚心的。”“他全心全意地为了改造中国而耗费了毕生的精力，真是鞠躬尽瘁，死而后已。”①

在整个中国近代史中，从旧民主主义革命到新民主主义革命的转折处，是那样鲜明和突出。站在这个转折处把沉重的历史脚步推向前进的，是广大的中国人民，而其中最杰出的代表人物，就是毛泽东所崇敬的孙中山。孙中山是无愧于毛泽东称之为“伟大的革命先行者”这一崇高称号的，他的三件不朽的历史功绩值得后人永远纪念。第一件，是他同以康有为、梁启超为代表的资产阶级改良主义政治派别的斗争。康有为、梁启超等在1898年戊戌变法失败后逃亡海外，组织保皇党同孙中山所代表的资产阶级、小资产阶级的革命民主派相对立，鼓吹“保皇即革命”

① 《毛泽东著作选读》下册，人民出版社1986年版，第754～755页。

的理论，主张在不触动清朝皇帝的根本利益，不根本动摇封建统治的基础上，实行某些改良。孙中山在革命实践中认识到改良主义的危害，同改良派展开斗争，在要不要革命、要不要实行民主政治、要不要改变封建土地制度等问题上，同改良派展开了激烈的论战。在这场斗争中，以孙中山为代表的资产阶级革命民主派，充分揭露了改良派站在清朝政府方面反对革命的实质，使许多知识分子从改良主义思想的束缚下解放出来，开始站到革命的旗帜下来。所以，革命派对改良派的斗争，被后人誉为近代中国的一次思想解放潮流。革命派在这场斗争中取得的政治思想战线上的重大胜利，促使当时的革命形势蓬勃发展，为辛亥革命作了重要的舆论准备。第二件，是在辛亥革命时期，领导人民推翻了清朝的封建帝制统治，成立了中华民国。虽然由于复杂的历史原因，辛亥革命后来失败了，但是，这次革命推翻了在中国土地上延续了两千多年的封建帝制，树立起了民主共和国的旗帜，使民主共和国的观念从此深入人心，其意义是巨大的。特别是南京临时政府颁发的《临时约法》，更在一直生活于封建帝制下的中国人民中产生了重大的影响。《临时约法》具有资产阶级共和国宪法的性质，是中国历史上的创举。正如毛泽东在《新民主主义论》中指出的，辛亥革命是在“比较更完全的意义上”开始了“反对帝国主义和封建势力，为了建立一个独立的民主主义的社会而斗争”的革命①。第三件，是在第一次国共合作时期，把旧三民主义发展为新三民主义。旧三民主义，是他在1905年建立同盟会后宣布的“民族、民权、民生”三民主义，其纲领是“驱逐鞑虏，恢复中华，建立民国，平均地权”，主张推翻清朝封建专制制度，建立资产阶级民主共和

① 《毛泽东著作选读》上册，人民出版社1986年版，第353页。

国，采取以国家核定地价的办法实行平均地权。由于没有彻底反帝、反封建的具体纲领，他的资产阶级民主革命的理想总是不能实现，革命斗争屡遭失败。1917 年俄国十月革命的胜利和 1921 年中国共产党的成立，给了孙中山很大的影响和鼓舞。1924 年，他在《中国国民党第一次全国代表大会宣言》中，根据联俄、联共、扶助农工三大政策的精神，对三民主义作了新的解释，即对外反对帝国主义，对内实行各民族一律平等的民族主义；建立为一般平民所共有，而非少数人所得而私的民主制度的民权主义；平均地权，节制资本，并实行耕者有其田的民生主义。这就把旧三民主义发展为新三民主义。毛泽东在《新民主主义论》中指出："只有《国民党第一次全国代表大会宣言》里对于三民主义的解释才是'真释'，其它一切都是伪释。"① 新三民主义的提出，实现了国共两党和各界人民的民族统一阵线，使中国革命得到了很大发展。

毛泽东认为，孙中山在他生活的时代里，顺应了社会发展的趋势，代表着当时的进步阶级——资产阶级和人民群众的需要，比同时代的其他人站得高，看得远，创立了辛亥革命时期最先进的思想，提出了最先进的政治纲领、战斗口号和资产阶级民主革命的具体道路和目标，并组织人民向反动的封建势力进行斗争，成为当时先进的革命运动的领袖。而在旧民主主义革命结束、新民主主义革命开始以后，他又能随着时代进步，与中国共产党合作，继续为反帝反封建而奋斗，直到他 1924 年逝世。新民主主义革命终于在中国共产党领导下胜利了，中国共产党把革命进一步推向前进。所以，毛泽东在《纪念孙中山先生》一文中说："我们完成了孙先生没有完成的民主革命，并且把这个革命发展为社会主义

① 《毛泽东著作选读》上册，人民出版社 1986 年版，第 378 页。

革命。我们正在完成这个革命。”

当然，毛泽东也看到，孙中山是人而不是神，也不是孤立于时代与社会之外的个人，而恰恰是时代与社会造就的伟大人物。他作为我国资产阶级民主革命的先驱，正是当时中国民族资本主义发展，人民大众同帝国主义、封建主义的矛盾日益激化这样一个特定时代、特定历史条件下的必然产物。正因为此，孙中山既符合历史发展的潮流而建立了不朽的功业，又不能不受到当时历史条件的限制。他提出的先进思想，只能是在当时的历史条件下所可能提出的；他领导的革命运动，也只能是在当时的历史条件下所可能进行的。他不可能超越这种历史的局限。因此，他的思想和行动，尽管代表了那个时代的先进潮流，但也不可避免带有那个时代赋予的弱点。例如，在要不要反对帝国主义和要不要群众革命运动这两个民主革命的首要问题上，对改良派的责难采取回避态度而没有正面的答复；对农民群众这支民主革命的主力军并不准备依靠反而加以限制；在政纲中也不敢明确提出反帝反封建的任务，在与改良派的论战中又不敢正视这些问题。这些都反映出中国民族资产阶级的软弱性、革命的不彻底性和脱离工农群众的弱点。因此，他领导的革命运动，在取得短暂的成功后很快就失败了。

所以，毛泽东在赞扬孙中山先生历史功绩的同时，也指出：“像很多站在正面指导时代潮流的伟大历史人物大都有他们的缺点一样，孙先生也有他的缺点方面。这是要从历史条件加以说明，使人理解，不可以苛求于前人的。”① 毛泽东这里说的“历史条件”，即指在当时中国的历史条件下，究竟用什么样的纲领来动员群众、组织群众以推翻军阀统治，

① 《毛泽东著作选读》下册，人民出版社 1986 年版，第 755 页。

完成民主革命的事业，这是孙中山所无法解决的问题。这并不说明孙中山无能，只说明中国民族资产阶级在当时已经完全没有能力来领导中国革命。

孙中山在领导革命运动时虽然几经挫折，屡遭失败，但他从来没有灰心，而是继续在革命的道路上探索着、前进着。这也是他的伟大之处。毛泽东在这篇纪念性的文章里高度评价了这一点，说："他全心全意地为了改造中国而耗费了毕生的精力，真是鞠躬尽瘁，死而后已。"①

当酷爱历史的毛泽东自己也成为一位历史人物的时候，但愿人们也能够用科学的历史观点和评价前人功过的宽容心情，来谈论他、评价他。

① 《毛泽东著作选读》下册，人民出版社1986年版，第754～755页。

第六章

# 作为文艺家的毛泽东

毛泽东不但是当代中国伟大的政治家、军事家、理论家，也是一位杰出的文学家、艺术家，他在文艺思想、诗词和书法上均有很高的造诣，并取得了极高的成就。

## 第一节
## 毛泽东的文学艺术观点

毛泽东对文学艺术有一套自成体系的观点。所以如此，固然与革命需要有关，但更重要的是，他本人就是一位出色的文学家、艺术家，不但熟谙为文之道，而且能诗善赋，有极高超的写作技巧和丰富的写作经验。加之他以马克思主义的文艺观点为指导，所以，他对文学艺术多方面的问题都有系统的研究和论述，形成了自己独特的文学艺术观。

### 一、文艺为人民大众服务，社会生活是文艺创作的唯一源泉

文学艺术究竟是为什么人的？作为无产阶级的革命家和政治家，毛泽东的回答非常明确，我们的文艺，应当如列宁所说“为千千万万劳动人民服务”，为人民大众服务。

什么是人民大众呢？那就是：“最广大的人民，占全人口百分之九十以上的人民，是工人、农民、兵士和城市小资产阶级。所以我们的文艺，

第一是为工人的，这是领导革命的阶级。第二是为农民的，他们是革命中最广大最坚决的同盟军。第三是为武装起来了的工人农民即八路军、新四军和其他人民武装队伍的，这是革命战争的主力。第四是为城市小资产阶级劳动群众和知识分子的，他们也是革命的同盟者，他们是能够长期地和我们合作的。”① 有人认为这种具体表述把人民的范围缩小了。当然，这一表述对人民范围的具体规定不能不受到当时政治环境、战争环境的影响，但就“这四种人，就是中华民族的最大部分，就是最广大的人民大众”② 而言，这一表述把文艺应为人民大众服务的实质表述得是很准确的。

毛泽东认为，这个为什么人的问题，是文学艺术的根本问题、原则问题；一切从人民的利益出发，把人民大众作为考虑一切问题的基本出发点和最终归宿，是无产阶级文学艺术的发展方向。

正由于无产阶级文学艺术的发展方向是为人民大众服务，所以，毛泽东多次强调，文学艺术的唯一源泉，是人民大众生活、工作在其中的丰富的社会生活。他在《在延安文艺座谈会上的讲话》中说：“中国的革命的文学家艺术家，有出息的文学家艺术家，必须到群众中去，必须长期地无条件地全心全意地到工农兵群众中去，到火热的斗争中去，到唯一的最广大最丰富的源泉中去，观察、体验、研究、分析一切人，一切阶级，一切群众，一切生动的生活形式和斗争形式，一切文学和艺术的原始材料，然后才有可能进入创作过程。”与此同时，毛泽东还高度重视在具备客观基础、生活源泉的前提下作家的主观能动性和创造性，要求

① 《毛泽东选集》第3卷，人民出版社1991年第2版，第855页。
② 《毛泽东选集》第3卷，人民出版社1991年第2版，第855～856页。

作家对现实生活进行创造性的加工，使得文艺作品既“反映生活”又比普通的实际生活更高、更强烈、更有集中性、更典型、更理想、更带普遍性，能够“使人民群众惊醒起来，感奋起来，推动人民群众走向团结和斗争，实行改造自己的环境”，能够“帮助群众推动历史的前进”。总之，他认为，作家、艺术家只有广泛而深入地参加革命实践，才有丰富的创作材料，才有饱满的革命热情，从而也才有可能使自己的作品内容不至于脱离实际，为群众所厌弃。毛泽东的这些论述，不仅揭示了文艺创作本身的规律，而且划时代地指出了深入生活的正确方向和根本内容。许多文艺家这样做了，因而取得了可喜的成绩，获得了成功。实践证明，毛泽东揭示的这一艺术创作的规律是正确的。

为此，毛泽东特别对写光明与黑暗的问题、思想情感倾向及表现问题作了详尽的论述。他不仅详细地论述了艺术家的立场、态度和思想情感对文艺创作的重要性，而且分析批判了抽象的人性论、超阶级的“爱”等“糊涂观念”，论述了如何运用讽刺的问题，号召文学艺术家用马克思主义“破坏”各种“非人民大众非无产阶级的创作情绪”，表现人民群众的“革命理想和科学态度”、“高尚情操”、“宽阔眼界和求实精神”。

## 二、“百花齐放、百家争鸣”的方针

坚持以马克思主义为指导的“百花齐放、百家争鸣”基本方针，是毛泽东关于社会主义文化、艺术、科学发展的最主要思想。毛泽东提出的“双百”方针，被写入党的八大文件，正式成为我国发展科学和社会主义文化事业的方针。

毛泽东指出，“百花齐放、百家争鸣”，就是指艺术上不同的形式和风格可以自由争论，用行政力量强制推行一种风格、学派，禁止另一种风格、学派，会有害于艺术和科学的发展；但这并不意味着没有一个客观的标准。毛泽东指出："百花齐放，百家争鸣这两个口号，就字面看，是没有阶级性的，无产阶级可以利用它们，资产阶级也可以利用它们，其他的人们也可以利用它们。"为此，毛泽东提出了判断是非的六条标准，其中"最重要的是社会主义道路和党的领导两条"。① 毛泽东还明确指出，"百花齐放，百家争鸣，这是一个基本性的同时也是长期性的方针，不是一个暂时性的方针"。②

由于"百花齐放、百家争鸣"方针，符合科学文化发展的客观规律，体现了发展科学文化事业的民主精神，对各个领域都有指导作用，所以"双百"方针提出后，立即引起国内外的关注，在文艺界也产生了巨大反响。人们的眼界更开阔了，思想更活跃了，创作的积极性更高了，自由讨论的风气日益浓厚，文艺创作的题材更加广泛，体裁和风格更加多样化，整个科学文化艺术事业呈现出一派生机勃勃的景象。实践证明，这个方针是正确的。

虽然这一正确方针在实行的过程中，由于受到党的指导思想的"左"的错误的影响而无法全面贯彻，受到了干扰和损害，甚至一度被抛弃，是至为遗憾的教训，但总的来说，毛泽东为发展中国的社会主义科学文化艺术事业而提出的"百花齐放、百家争鸣"基本方针，是把马克思列宁主义关于文化建设方面的基本原理与中国的具体实际相结合，提出了适应中国国情的思想文化建设方面的理论，并创造性地运用于中国实际，

---

① 《毛泽东著作选读》下册，人民出版社 1986 年版，第 788～789 页。

② 《建国以来毛泽东文稿》第 6 册，中央文献出版社 1992 年版，第 390 页。

在一个经济、文化极为落后的东方大国开始了前所未有的思想文化建设事业，并开创了崭新的局面。它不仅在建国初期指导我国科学文化工作胜利前进，而且有着长远的指导意义。“百花齐放、百家争鸣”方针，同党的文艺、学术为人民服务、为社会主义服务的方针以及党在科学文化领域其他重要方针一起，是我国社会主义科学文化事业繁荣进步的根本保证。

“百花齐放、百家争鸣”方针的提出和对这一方针的系统阐述，是毛泽东的一大创造，是他对马克思主义的一个重大发展。这一方针的确立，对我国科学文化事业和其他各项事业的发展，都具有极大的意义。

### 三、“古为今用、洋为中用”的方针

早在民主革命时期，毛泽东就提出过要建设中国的新文化即“民族的科学的大众的文化”。建国后，他在 1951 年 3 月提出“百花齐放，推陈出新”后，又于 1964 年 9 月提出了“古为今用，洋为中用”的方针。

“古为今用”，即正确对待文化遗产，批判地继承和发展我国优秀文化传统。建国前毛泽东就说过，对于我国古代文化遗产，从孔夫子到孙中山，我们都应当给予总结，“对于中国古代文化，同样既不是一概排斥，也不是盲目搬用，而是批判地接收它，以利于推进中国的新文化”。[①] 他还分析说：“中国的长期封建社会中，创造了灿烂的古代文化。清理古代文化的发展过程，剔除其封建性的糟粕，吸收其民主性的精华，是发展民族新文化提高民族自信心的必要条件；但是决不能无批判地兼

① 《毛泽东选集》第 3 卷，人民出版社 1991 年第 2 版，第 1083 页。

收并蓄。必须将古代封建统治阶级的一切腐朽的东西和古代优秀的人民文化即多少带有民主性和革命性的东西区别开来。中国现时的新政治新经济是从古代的旧政治旧经济发展而来的，中国现时的新文化也是从古代的旧文化发展而来，因此，我们必须尊重自己的历史，决不能割断历史。但是这种尊重，是给历史以一定的科学的地位，是尊重历史的辩证法的发展，而不是颂古非今，不是赞扬任何封建的毒素。”①

“洋为中用”，即学习其他国家和民族的文化中值得吸收和借鉴的优秀成果，取人之长，补己之短，反对采取盲目排外的狭隘的民族主义态度；也反对崇洋媚外，生吞活剥，不加分析地全盘接受，对其落后腐朽的东西应坚决抵制。在《新民主主义论》中，毛泽东对此作了全面论述，既批判了“全盘西化”的错误主张，又强调指出：“中国应该大量吸收外国的进步文化，作为自己文化食粮的原料，这种工作过去还做得很不够。”② 在《论联合政府》中他又说：“对于外国文化，排外主义的方针是错误的，应当尽量吸收进步的外国文化，以为发展中国新文化的借镜；盲目搬用的方针也是错误的，应当以中国人民的实际需要为基础，批判地吸收外国文化。”③ 建国以后，他在 1956 年 4 月发表的讲话《论十大关系》中又说：“我们的方针是，一切民族、一切国家的长处都要学，政治、经济、科学、技术、文学、艺术的一切真正好的东西都要学。但是，必须有分析有批判地学，不能盲目地学，不能一切照抄，机械搬运。他们的短处、缺点，当然不要学。”④

---

① 《毛泽东选集》第 2 卷，人民出版社 1991 年第 2 版，第 707～708 页。
② 《毛泽东选集》第 2 卷，人民出版社 1991 年第 2 版，第 706 页。
③ 《毛泽东选集》第 3 卷，人民出版社 1991 年第 2 版，第 1083 页。
④ 《毛泽东著作选读》下册，人民出版社 1986 年版，第 740 页。

总之，毛泽东主张，无论是对中国的优秀文化遗产，还是对外国的优秀文化成果，都应该采取“取其精华，去其糟粕”，批判继承的态度。他提出的“古为今用，洋为中用”的方针，是我们对待古今中外一切优秀文化成果的正确态度，也是发展和繁荣社会主义文化艺术的正确方针。

## 第二节
## 毛泽东的诗词

就诗词而言，毛泽东不但在当代诗人中独领风骚，就是与历史上的历代诗词大家相比也可谓无人比肩。不少当代诗词大家都对毛泽东的诗词由衷钦佩，极为赞赏。例如大诗词家柳亚子赞毛泽东的诗“推翻历史三千载，自铸雄奇瑰丽词”；大作家徐迟说“诗从毛主席，文崇马克思”；同为大诗人的陈毅元帅则认定了毛泽东“诗词大国推盟主”的地位。

毛泽东有着天生的诗人气质，他的一生与诗词结下了不解之缘。无论是喜是悲是忧是怒是庆贺胜利还是抒发豪情，毛泽东都要写诗，以表达他高远的理想、坚定的意志、翻卷的心潮、激荡的思绪和绵绵的深情。他的诗词直抒胸臆，表达着心灵深处的奥秘。所以，要了解一代伟人毛泽东，不可不了解作为诗人的毛泽东。

## 一、毛泽东诗词欣赏的审美观点

毛泽东具有深厚的古典文学素养，尤其对古典诗词有强烈的爱好。他的一生，不论是在临窗伏案之时，戎马倥偬之间，还是在日理万机之余，从不间断对诗歌的吟哦。从《三百篇》到《人境庐》，所有重要和优秀的诗篇他都尽量搜求饱览。翻看毛泽东评点圈阅过的古典诗词，很多都是反复阅读、多次评点过的。从中，我们可以清楚地看到他欣赏诗词的审美观点及由此形成的他本人的诗词特点。

1. **思想内容第一**

作为一位伟大的政治家和思想家，毛泽东在评价文艺作品时坚定地把政治标准放在第一位。与此相关，他欣赏古代诗词时的第一标准是思想内容。他说："对于过去时代的文学艺术作品，也必须首先检查它们对待人民的态度如何，在历史上有无进步意义，而分别采取不同态度。"他喜欢屈原的作品，认为屈原热爱人民，敢于面斥恶君，具有"路漫漫其修远兮，吾将上下而求索"的执着精神。因此，毛泽东能够熟练地背诵《离骚》，还把《离骚》翻印出来分发给中央委员们阅读。

毛泽东始终坚信，一个人的经历、地位及现实处境是否有磨难，是创作的重要条件。所以，他特别欣赏司马迁说的这段话："文王拘而演周易，仲尼厄而作春秋，屈原放逐，乃赋离骚。"他认为，真正有创造力和才智的人总是处于逆境的人。他读初唐四杰之一王勃的《秋日楚州郝司户宅饯崔使君序》时写的批语中说："这个人高才博学，为文光昌流丽，反映当时封建盛世的社会动态，很可以读。这个人一生倒霉，到处受惩，在虢州几乎死掉一条命。所以他的为文，光昌流丽之外，还有牢愁满腹一方。”他由此发议论说：“青年人比老年人强，贫人、贱人、被人看不起的人、地位低的人，大部分发明创造，占百分之七十以上，都是他们干的……结论就是因为他们贫贱低微，生力旺盛，迷信较少，顾虑少，天不怕，地不怕，敢想敢说敢干。”诗言志，没有理想，没有磨难，没有对不合理现实的真切感受，便没有真情大志的佳作。他说：“屈原如果继续做官，他的文章就没有了。正是因为开除‘官籍’，‘下放劳动’，才有可能接近社会生活，才有可能产生像《离骚》这样好的文学作品。”①

一生追求平等和民主的毛泽东有一颗伟大的同情心。他不仅以同情的心态来接受作品中的弱者形象，还根据作者是否以平等的态度来描绘作品中的弱者形象来决定自己对作家作品的看法。他不喜欢白居易诗歌中“哭哭啼啼”的哀愁风格，但当他读《琵琶行》时，却别具一格地批注：“江州司马，青衫泪湿，同在天涯。作者与琵琶演奏者有平等心情。白诗高处在此，不在他处，其然岂其然乎?”的确，“相逢何必曾相识，同是天涯沦落人”这一千古名句，表达了贬官与歌伎共同的心态。

毛泽东自己的诗词创作，无一不是具有极高思想境界和高尚格调的佳作。他以半个世纪以来的中国革命和建设为背景，借诗词以言情达志，抒无产阶级的豪情，达无产阶级的壮志，真实而形象地记录了中国革命的艰难历程和社会主义建设的宏伟成就，热情讴歌了革命人民的英勇顽强和智慧，无情揭露了一切敌人的卑微渺小和腐朽本质。有真情实感，有真知灼见，表现了极其丰富的革命内容，是中国革命光辉历程的真实记录，是无产阶级革命的英雄史诗。诗词，在毛泽东手中，是斗争的武器。毛泽东诗词，因而成为无产阶级艺术的历史丰碑。

---

① 1964 年 8 月 18 日在北戴河同哲学工作者的谈话。

重视“政治标准”绝不意味着看轻“艺术标准”。他说：“缺乏艺术性的艺术品，无论政治上怎样进步，也是没有力量的。”

**2. 喜欢富于激情、具有生动情感和恢宏气势的诗作**

在诗词的欣赏中，毛泽东总是倾向于主观个性情感的自由抒发，对那些无病呻吟、隐忍不发的习气，“怨而不怒，哀而不伤”的诗教却摇头不顾。因此，他特别欣赏屈原、曹操、李白、李贺、李商隐、王勃、苏轼、辛弃疾、岳飞、汤显祖等人的作品，因为他们的作品都具有生动的情感和恢宏的气势。这种风格，对毛泽东的诗作有着深远的影响。

例如，在毛泽东的诗句“九嶷山上白云飞，帝子乘风下翠微”中，可以看到屈原“帝子降兮北渚，目眇眇兮愁予。袅袅兮秋风，洞庭波兮木叶下”的影子。在毛泽东“坐地日行八万里，巡天遥看一千河”句中，可以看到辛弃疾“可怜今夕月，向何处，去悠悠？是别有人间，那边才见，光影东头？是天外，空汗漫，但长风浩荡送中秋？飞镜无根谁系？姮娥不嫁谁留？”以及晋朝张华《励志诗》中“太仪斡运，天回地游”的影响。[①] 在毛泽东“把酒酹滔滔，心潮逐浪高”、“今日长缨在手，何时缚住苍龙”、“国际悲歌歌一曲，狂飙为我从天落”、“雄关漫道真如铁，而今迈步从头越”、“刺破青天锷未残”、“欲与天公试比高”、“敢上九天揽月，敢下五洋捉鳖，谈笑凯歌还”、“指点江山，激扬文字，粪土当年万户侯”、“问苍茫大地，谁主沉浮”、“安得倚天抽宝剑，把汝裁为三截”等刚烈激越、悲壮豪迈的诗词佳句中，更是可以窥到李白、李贺、曹操、岳飞等历代诗词大家豪情横溢、慷慨悲歌、与世争雄的伟男胸怀和率性、乐观、奇谲的浪漫情怀对毛泽东诗风潜移默化的影响。

---

① 毛泽东曾在谈论哲学问题时说过，这两处，都包含着地圆的意思。

毛泽东的每一篇诗词，都饱含斗争激情，充满了对黑暗社会的强烈批判，对险恶环境的极度藐视，对战胜一切敌人，彻底推翻旧制度建立新社会的必胜信心。他的这种激情，这种大无畏精神，这种特有的内在的气势与力量，使他的诗词气魄宏大，立意高远，吞吐万物，涵盖古今，远远超过了他以前所有的诗词大家，呈现出一种真正的伟大与崇高。

3. **“偏于豪放，不废婉约”**

毛泽东在读范仲淹的《苏幕遮》、《渔家傲》两首词时写了一段批语道：“词有婉约、豪放两派，各有兴会，应当兼读。读婉约派久了，厌倦了，要改读豪放派。豪放派读久了，又厌倦了，应当改读婉约派。”“婉约派中的一味儿女情长，豪放派中的一味铜琶铁板，读久了，都令人厌倦。”他评价范仲淹这两首词说：“婉约派中有许多意境苍凉而又优美的词。范仲淹的上两首，介于婉约与豪放两派之间，可算中间派吧；但基本上仍属婉约，既苍凉又优美，使人不厌读。”说到自己，他自称兴趣是“偏于豪放，不废婉约”。这是因为“人的心情是复杂的，有所偏袒但仍是复杂的。所谓复杂，就是对立统一。人的心情，经常有对立的成分，不是单一的，是可以分析的。词的婉约、豪放两派，在一个人读起来，有时喜欢前者，有时喜欢后者，就是一例。”① 这段批语，真实而确切地表达了毛泽东对诗词的艺术要求和他的审美观点。

的确，毛泽东的诗词在气势宏伟和感情豪放方面，继承了豪放派的体系；但从用词上表现出来的女性感觉来讲，与婉约派有共同之处。可以说，毛泽东从两派最突出的长处中吸取营养，把自己的作品精炼到更

---

① 转引自《毛泽东读文史古籍批语集》，中央文献出版社 1993 年版，第 27～28 页。

高层次的诗境。在用词上加进现代的事件和人名，表现出一种超越两派的延伸的新鲜感。

“偏于豪放”是主流，表现在毛泽东对苏轼、张元干、岳飞、陆游、辛弃疾诸家的广涉博览、引用唱和。1975年4月，董老逝世，毛泽东十分悲痛，断饮断食，却放了一整天张元干的《贺新郎·送胡邦衡待制》的录音，时而躺下听，时而用手击拍，还把原词“更南浦，送君去”，改为“君且去，休回顾”，以此寄托哀思，凭吊亡友。“不废婉约”表现在毛泽东非常喜爱柳永、李清照的词。他曾多次吟咏李清照的《醉花阴·九日》：“莫道不销魂，帘卷西风，人比黄花瘦”；曾用5页白纸背诵手书柳永的慢调《望海潮·东南形胜》。至于柳永的《雨霖铃·寒蝉凄切》、《八声甘州·对潇潇暮雨洒江天》等名篇，就更加击节赞赏了。在毛泽东的诗词中，也不乏凄凉婉约之佳句，例如“更那堪凄然相向，苦情重诉。眼角眉梢都似恨，热泪欲零还住”、“今朝霜重东门路，照横塘半天残月，凄清如许。汽笛一声肠已断，从此天涯孤旅”等即是。但毛泽东毕竟是“偏于豪放”的，所以凄凉婉约之处不多，有些写情写愁时的用语也多以豪放之句表现，如“忽报人间曾伏虎，泪飞顿作倾盆雨”、“凭割断愁丝恨缕。要似昆仑崩绝壁，又恰像台风扫寰宇”等等。这种婉约之中见豪迈的风格，于柔美凄婉之中表现出非凡的气度。

凄婉与豪壮兼而有之，相得益彰，是毛泽东诗词的巨大魅力之一。

### 4. 主张“诗要用形象思维”

毛泽东在1965年给陈毅谈诗的一封信里指出：“诗要用形象思维。”他认为，不但作律诗要注重艺术技巧或技术，要讲平仄，而且作诗“不能如散文那样直说，所以比、兴两法是不能不用的”。他批评宋人不懂形象思维。“诗要用形象思维”，这既是毛泽东对我国古代诗歌创作优秀传统的科学总结，也是他对自己创作实践经验的高度概括。

毛泽东的诗词是成功运用形象思维的典范。他在自己的诗词创作中，非常善于根据思想内容，选择适合它的艺术形式、艺术表现手法，从而构成精致优美的艺术形象。他的诗词有着极其丰富的想象力，所描绘的景象出神入化。他常常借助夸张、比喻等艺术手法，使不太引人注目的东西突出出来，使隐蔽的东西显露出来，使难以表达的思想感情具体化形象化。毛泽东最善于用比喻，他所用的比喻，不仅贴切自然，而且生动形象，达到了极高的艺术境界。

与形象思维的主张相关联，毛泽东还主张，诗歌要更多一点浪漫主义。他认为，文学，特别是诗，不能像搞经济事业。搞经济事业要实事求是，做诗可以夸张，“太现实了就不能写诗了”。他主张诗歌更多一点浪漫主义。当然，这种浪漫主义不是完全脱离现实的胡编乱造，而是必须与现实主义相结合。毛泽东多次强调，现实主义要与浪漫主义相结合。他一贯反对无病呻吟，提倡有感而发。所以，他极力主张诗人要走出书房庭院，到社会生活中找寻创作的灵感。他强调写诗要有感而发，诗兴源于生活，诗歌的内容要反映社会生活。这正是在诗歌创作中，唯物的反映论和唯心的自我表现论的根本区别，也是毛泽东诗歌观的重要特点。

毛泽东在诗词创作中，主要运用了形象思维，然而他并不排斥运用逻辑思维，逻辑思维增强了他的形象思维。毛泽东在诗词中，有些议论运用了逻辑判断，运用了辩证唯物主义和历史唯物主义的哲学观点，不仅没有影响诗歌的艺术形象，反而使其思想表达得更深刻了。

5. **简约洗练、意蕴深远的语言文字**

在艺术形式上，毛泽东的诗词采用了传统的格律，所以毛泽东自称他的作品是“旧体”，是“旧诗”。但就内容而论，则当属现代范畴。他用典而不为典所用，遵循格律而不受其束缚。因此，毛泽东的诗词，可以说是用“古典形式”写下的“现代诗歌”。

毛泽东吸收了我国古典诗词简约洗练、意蕴深远、读来抑扬顿挫的独特优点，所以能够以极少的文字表达极多的内容、极深的情感。他的诗词中，最短的词仅有16个字，最长的诗也不过154个字。人民文学出版社1986年出版的《毛泽东诗词选》的50首诗词，总共才有3240个字，却包含了极为丰富的内容。

毛泽东是一位极善于运用语言文字的大师。他对用字造句极为讲究，不但能够别开生面地遣词命意，创造独特意境，而且在运用比喻、象征等传统手法时不落俗套，巧妙采集神话传说借以构筑独特的艺术图像。他的文字精美、瑰丽、浓缩、幽远而又深邃，同时常常能够化俗为雅，更增添了生动、淋漓、痛快、直截了当的独特韵味。如果说他在打仗时“用兵真如神”的话，那么，他的诗词在语言文字的运用上实可谓“用字真如神”，真正达到了出神入化的地步。

极高的审美境界和精湛的艺术修养，使毛泽东的诗词达到了深刻的思想内容与优美的艺术形式的统一，成为真正的艺术珍品。

## 二、山川游历与毛泽东诗词

就像恬淡隐逸的陶渊明爱菊，仙风道骨的李白爱酒，孤高傲世的林和靖爱梅，慷慨悲歌的辛弃疾爱剑一样，从山沟里走出来的天才诗人毛泽东酷爱山川游历，常常在他的诗词作品中寄情山水以抒怀。美国学者特里尔在《毛泽东传》中写道：“毛是一位探险家，在一次又一次的战役中，在他的国家的广袤的土地上，他看到了青年时期读书时想象过的宇宙山峦，他曾经离开华南（按：原文如此，应为湖南）去北京，然而，在那里他并没有感受到自由的气息。现在，他作为自己的主人旅行，以自己的思想考察山河的壮丽，并把它作为对自己的新的革命方式的最严峻的考验……在他作为中国的摩西①的岁月里，他与大地谈心，与高山交流。”②

对毛泽东这样的豪放诗人来说，游历自然是能激发他的诗情和想象的绝好方式。在游历时，他经常想起古代诗人的有关名诗名句。如 1959 年在庐山，他书写李白诗句：“登高壮观天地间，大江茫茫去不还。黄云万里动风色，白波九道流雪山。”并在末尾注明：“李白《庐山谣》一诗中的四句。登庐山，望长江，书此以赠庐山常委诸同志。”

对青年毛泽东来说，四处游历也是磨炼意志、拓展胸襟、结识有志青年的机会。1917 年夏天，毛泽东曾和同学肖瑜（肖子升）徒步游历了湖南五个县。他们没花一个铜板，自称为“游学”。这本是旧社会一些靠走家串户给人写字作对联以养家糊口的知识分子的一种生活方式，毛泽东却充满浪漫色彩地用这种形式进行社会调查。沿途的名胜古迹、秀丽风光使毛泽东心旷神怡，忘记了三伏酷暑在山路上跋涉的艰辛。露宿河堤，毛泽东却风趣地说：河地当床，石头当枕，蓝天为帐，月光为灯。何等豪放洒脱。在安化县梅城，毛泽东查阅了安化县志，调查了清代黄国旭领导的农民起义事迹，到东华山参观了农民起义烈士墓。在拜访学识渊博的安化县劝学所所长夏默庵时，为试探来人学问深浅，夏先生挥笔写下：“绿杨枝上鸟声声，春到也，春去也。”毛泽东即书下对：“清水

---

① 摩西是《圣经》中记载的希伯来人的民族领袖，他曾带领希伯来人走出埃及。

② 特里尔著：《毛泽东传》，刘路新等译，河北人民出版社 1989 年版，第 151 页。

池中蛙句句，为公乎，为私乎。”

毛泽东一生与游历结下了不解之缘，游历成为他生活中不可缺少的内容，成为诗人情怀的一种独特的展露方式。从韶山冲走到省城长沙，从井冈山走进紫禁城，革命的征战路途也是诗人的游历路程。他所走过的地方，最终都成为历史的坐标，构成中国革命由摸索直到胜利的轨迹。

越是险峻之处，他越是表现出浓厚的兴趣。1949 年 12 月，毛泽东访问苏联，到达列宁格勒时，当地领导人要安排他到著名的斯莫尔尼宫休息，他却表示要直接去波罗的海。当汽车奔向波罗的海芬兰湾时，大海与陆地已被厚厚的冰层连接在一起，分不出界限了。毛泽东漫步在冰层上，举目眺望，充满激情地说：“这真是千里冰封啊！”“我的愿望是从海参崴一太平洋的西岸到波罗的海一大西洋的东岸；然后从黑海边到北极圈，把苏联的东西南北都走遍！”苏联的同志顿时活跃起来，被他那广阔的胸怀感动。①

作为革命家的毛泽东，游历使他深入现实社会实际，确立和完善改造中国的思路。作为诗人的毛泽东，游历山川物象和名胜古迹，则抒发和熏陶了他的诗文意气，游历者的所养所益无疑使他获得了无限的诗情和灵感。所以，从 1927 年到 1936 年，这段穿山越岭、跨江渡河的转战游移的艰苦岁月，就成了毛泽东诗词创作的最高峰。《毛泽东诗词选》的 50 首诗词，其中 20 首是这 10 年间所写。毛泽东诗词的代表作也大多与自然山川、名胜古迹有关。如，《沁园春·长沙》、《菩萨蛮·黄鹤楼》、《忆秦娥·娄山关》、《念奴娇·昆仑》、《沁园春·雪》等。50 首作品中有 25 首写到山。南有会昌城外高峰，北有银蛇如舞的黄土高原，东有魏

---

① 师哲著：《陪同毛主席访苏》，载于《人物》1988 年第 5 期。

武挥鞭的碣石，西有横空出世的昆仑。经过统计，已正式发表的毛泽东的诗词中，直接提到的共有33座大大小小的山。按诗作顺序是：岳麓山，天马山，凤凰山，龟山，蛇山，井冈山，武夷山，不周山，白云山，会昌山，骷髅山，八面山，娄山，大庾、骑田、萌渚、都庞、越城五岭，乌蒙山，岷山，昆仑山，六盘山，陇山，钟山，妙香山，北高峰，扇子岭，美人峰，莫干山，五云山，巫山，庐山，九嶷山。除去不周山、骷髅山等传说山名和朝鲜的妙香山外，绝大部分他都亲履登临。对祖国辽阔壮美河山的吟咏，不但表达了他的审美情趣，也映射出他在艰苦的战争年代积极进取、乐观豪迈的精神状态和崇高境界。

## 三、革命实践与毛泽东诗词

毛泽东所以能成为我国历史上最伟大的一代诗词大家，除了他过人的天赋和才华外，更重要的是，他是一位伟大的革命家、政治家、思想家和军事家。所以，他有着一般诗人词人不容易具备的辽阔胸襟、恢宏气度、坚定意志和深邃智慧。是革命的实践赋予他无尽的激情和灵感，成为他诗词创作的真正源泉。就此而言，毛泽东堪称诗人政治家，也可称政治家诗人。毛泽东早年在日记中写道：“与天奋斗，其乐无穷！与地奋斗，其乐无穷！与人奋斗，其乐无穷！”人们常说愤怒出诗人，对于毛泽东，可以说奋斗出诗人。毛泽东的诗词，无一不是围绕中国的革命和建设，无一不渗透着他领导中国人民在半个多世纪里为争取革命斗争胜利与天、与地、与革命的敌人奋斗的英勇和艰辛。离开他为中国革命事业而顽强奋斗的精神，便不能真正理解他的诗词。他的诗词，事实上成为一部记载半个多世纪以来中国革命历程的壮丽史诗。

从历时性的角度来划分，毛泽东的诗词可分为四组。第一组，成为马克思主义者以前的作品 1 首；第二组，1935 年 12 月遵义会议以前的作品 20 首；第三组，1949 年 10 月 1 日建国以前的作品 6 首；第四组，建国以后的作品 23 首。

从共时性的角度来看，毛泽东诗词则可分为三组。第一组侧重自然景物，突出表现了自然景物的雄奇壮美，热情讴歌了大自然富有生命活力的运动状态。代表作有：《沁园春·长沙》（1925）、《菩萨蛮·黄鹤楼》（1927）、《菩萨蛮·大柏地》（1933）、《十六字令》三首（1934～1935）、《念奴娇·昆仑》（1935）、《沁园春·雪》（1936）、《浪淘沙·北戴河》（1954）、《七绝·题庐山仙人洞》（1961）、《卜算子·咏梅》（1961）。

第二组侧重社会历史，注重描写人民军队的作战运动和整个社会的历史变迁。代表作有：《西江月·井冈山》（1928）、《清平乐·蒋桂战争》（1929）、《如梦令·元旦》（1930）、《渔家傲·反第一次大“围剿”》（1930）、《渔家傲·反第二次大“围剿”》（1931）、《七律·长征》（1935）、《清平乐·六盘山》（1935）、《七律·人民解放军占领南京》（1949）、《七律·到韶山》（1959）、《七律·和郭沫若同志》（1961）、《满江红·和郭沫若同志》（1963）、《念奴娇·鸟儿问答》（1965）、《贺新郎·读史》（1964）。

第三组侧重人生爱情，表现出诗人是一个有血有肉的个体存在，也有着生死感怀、夫妻离别、亲人牺牲，甚至孤独苍凉的体验。代表作有：《七古·送纵宇一郎东行》（1918）、《贺新郎》（1923）、《采桑子·重阳》（1929）、《七律·和柳亚子先生》（1949）、《水调歌头·游泳》（1956）、《蝶恋花·答李淑一》（1957）、《七律·吊罗荣桓同志》（1963）。

但无论是哪一种题材，都是围绕着中国革命这个主题的，即使是状物写情的诗作。

从少年时代起，毛泽东就是一个旧秩序的挑战者和反抗者。毛泽东出生在一个普通农家，父亲是当地一个小财东。九岁那年，父亲把他送进私塾，他在私塾里度过了六年时光。父亲希望他能粗识文字，以供日后记账之用。一天上课时，毛泽东把一本《论语》摊开，聚精会神地看起藏在下面的《水浒传》来。他的老师毛宇居气愤地把他拉出教室，指天井以“赞井”为题要他作诗，作不出来就要打屁股，还要告诉他父亲。13岁的毛泽东站在被青砖围砌的天井旁，望着积水中几条从溪中抓来的小鱼，突然觉得自己就像这几条被困的小鱼一样，于是，他很快说出这样六句诗：“天井四方方，周围是高墙。清清见卵石，小鱼囿中央。只喝井里水，永远养不长。”① 诗句的整齐清纯和其中流露出来的不甘做井中之鱼的强烈愿望，以及由此显露出来的少年毛泽东宏远的抱负和出众才华，使老师毛宇居心中暗惊，把这件事记了一辈子。1959年毛泽东回韶山，他们还谈起这件事。这首小诗当然没有收到《毛泽东诗词选》中，但从由此可窥毛泽东少儿时期宏大理想之一斑的意义上讲，这首小诗对于了解毛泽东的生平是相当重要的。

1912年秋天，青年毛泽东来到湖南省立图书馆，度过了半年的自学生活。在图书馆大厅的墙上，毛泽东第一次看到了世界地图。这引起他的极大兴趣，原来世界这么大！这幅地图拓展了青年毛泽东的胸怀视野，增加了他的历史使命感。这么大的世界，有多少事情要去研究啊。1915年到1920年，毛泽东在湖南省立第一师范学校读书及毕业以后这段时间，他虽然还没有接受马克思主义，但已确立了改造中国的志向，并为

---

① 湘潭市党史办编：《毛泽东于湘潭》，中共党史出版社1993年版，第87页。

此而积极作着完善自身修养和储备学问的准备。毛泽东在这一时期的思想和抱负，从他为送别即将赴日的罗章龙（去日前取日本名纵宇一郎）写于1918年的《七古·送纵宇一郎东行》一诗可以反映出来。诗云：

云开衡岳积阴止，天马凤凰春树里。
年少峥嵘屈贾才，山川奇气曾钟此。
君行吾为发浩歌，鲲鹏击浪从兹始。
洞庭湘水涨连天，艟艨巨舰直东指。
无端散出一天愁，幸被东风吹万里。
丈夫何事足萦怀，要将宇宙看稊米。
沧海横流安足虑，世事纷纭何足理。
管却自家身与心，胸中日月常新美。
名世于今五百年，诸公碌碌皆余子。
平浪宫前友谊多，崇明对马衣带水。
东瀛濯剑有书还，我返自崖君去矣。

这时的毛泽东虽然还不是马克思主义者，但诗中表达出的忧国忧民、鄙视权贵，为改造中国而不断进取，完善自身，努力求学储能，注重道德完美，欲在将来一展救国宏图的雄心壮志跃然纸上。

1923年6月，毛泽东在中国共产党第三次全国代表大会上当选为中央执行委员。这次大会决定与国民党合作，建立革命统一战线。这年年底，毛泽东奉命由长沙去上海转广州，参加国民党第一次全国代表大会。临行前，与妻儿挥泪告别作词一首《贺新郎》：

挥手从兹去。更那堪凄然相向，苦情重诉。眼角眉梢都似恨，热泪欲零还住。知误会前番书语。过眼滔滔云共雾，算人间知己吾和汝。人有病，天知否？　　今朝霜重东门路，照横塘半天残月，凄清如许。汽笛一声肠已断，从此天涯孤旅。凭割断愁丝恨缕。要似昆仑崩绝壁，又恰像台风扫寰宇。重比翼，和云翥。

这是一首在毛泽东诗词中较少有的凄凉婉约之词，写的是为完成革命任务远走他方，与妻儿依依惜别的场景与心情。这首词是写给毛泽东的夫人杨开慧同志的。词中充分表达了夫妻离别时难分难舍的绵绵情意、凄凉悲苦的无限怅然，以及作者为了革命事业甘愿牺牲个人一切的坚强决心、对未来革命风暴的无限向往和对革命胜利前途的无限憧憬，是极其感人的。

与这首词同样凄婉感人的，是毛泽东写于 1957 年 5 月 11 日的《蝶恋花·答李淑一》：

我失骄杨君失柳，杨柳轻飏直上重霄九。问讯吴刚何所有，吴刚捧出桂花酒。　　寂寞嫦娥舒广袖，万里长空且为忠魂舞。忽报人间曾伏虎，泪飞顿作倾盆雨。

1931 年春天，在第一次反“围剿”已取得胜利，第二次反“围剿”刚刚开始之际，毛泽东写下《渔家傲·反第一次大“围剿”》：

万木霜天红烂漫，天兵怒气冲霄汉。雾满龙冈千嶂暗，齐声唤，前头捉了张辉瓒。　　二十万军重入赣，风烟滚滚来天半。唤起工农千百万，同心干，不周山下红旗乱。

词中所写的张辉瓒是当时被蒋介石任命的江西全省剿匪总指挥。此人狂傲而残忍，在他任上，全省被杀害的共产党员和群众达一千多人，人称“张屠户”。国民党军队发动对红军的第一次大“围剿”时，张辉瓒任第一纵队司令。他率领三个师，自以为装备好，老兵多，剿灭红军必立大功。然而，在毛泽东制定的“敌进我退，敌驻我扰，敌疲我打，敌退我追”的游击战略指导下，张辉瓒的部队被红军全部歼灭，他本人也被活捉了。

词中提到的不周山是一座传说中的山名。相传在远古时代，一个氏族领袖共工和另一个氏族领袖争夺霸主，共工用头撞断擎天柱不周山，使天崩地陷。在这首词中，毛泽东运用和发挥了共工以头触不周山这一神话故事，意在借用共工敢于挑战、敢于同旧秩序同归于尽的精神，称赞红军敢于与强大的国民党政府争夺天下的大无畏的造反精神。传统的看法认为共工是破坏之神，但在毛泽东看来，对旧秩序的破坏就是挑战，就是革命，就是新世界诞生的起点。共工以自己的生命换得“天倾西北，故日月星辰移焉；地不满东南，故水潦尘埃归焉”，无论是社会效果还是人格境界，其结局都是一种崇高的悲剧。于是，毛泽东意味深长地说：共工“没有死”，“共工是胜利的英雄”。远古的神话在毛泽东的选择和运用中获得了新的生命。毛泽东和他所率领的红军战士们，正是以“天兵怒气冲霄汉”的英雄气概，与旧中国的剥削阶级进行着一场悲壮的战斗。第一次反“围剿”的胜利使毛泽东坚信，打破旧秩序的挑战者就是现代的共工，他们终将是胜利的英雄。

战争没有使毛泽东失去浪漫。在枪林弹雨的硝烟中，在敌情瞬息万变的判断中，诗人毛泽东仍然不忘构思诗章。从 1929 年到 1931 年，毛泽东在鏖战中写下了六首描述战争的诗词。每一首诗词都包含着灵活的战例，有伏击战，有运动战，有袭击战，组成了一束束“战地黄花”，分外馨香。

由于以王明为代表的“左”倾教条主义在中共中央占了统治地位，在取得军事胜利的同时，毛泽东在领导岗位上的处境却越来越困难。由于“左”倾教条主义的错误，红军的第五次反“围剿”失败了，被迫放弃根据地，开始战略转移的长征。这时，周恩来等党的领导人已经认识到，中国革命要靠像毛泽东这样的人领导才有可能取得成功。1935 年 1 月，在遵义召开了中央政治局扩大会议，确立了毛泽东在党内的主要领导地位。

从 1934 年到 1935 年两年多的时间里，毛泽东和红军的命运跌宕起伏，险情万千，他的心情也是不平静的。在行军中，他翻越了崇山峻岭，写下了三首《十六字令》：

山，快马加鞭未下鞍。惊回首，离天三尺三。
山，倒海翻江卷巨澜。奔腾急，万马战犹酣。
山，刺破青天锷未残。天欲堕，赖以拄其间。

在这三首小令中，毛泽东笔下的山雄峻伟岸、气度非凡，堪称古今佳作。三篇词充满生气，似乎跃跃欲动，我们仿佛可以看到红军翻越的一座座巍峨群山。

1935 年 2 月，红军在娄山关取得了离开瑞金后的第一个大胜仗。娄山关是扼守川黔两省交通要道的门户，四周峭壁峻岭，一条公路蜿蜒而上，自古便有“万峰插天，中通一线”之谓。为阻止红军前进，蒋介石在娄山关布下重兵，并增派部队到遵义增援。在毛泽东的领导下，红军取得了娄山关一役的胜利，把蒋介石的围堵撕开一个口子。毛泽东登上娄山险关，写下《忆秦娥·娄山关》：

西风烈，长空雁叫霜晨月。霜晨月，马蹄声碎，喇叭声咽。

雄关漫道真如铁，而今迈步从头越。从头越，苍山如海，残阳如血。

1962年5月，毛泽东在修改郭沫若的《喜读毛主席〈诗六首〉》时，细致地回忆了《忆秦娥·娄山关》的创作过程。他说：那天走了一百多华里。南方有好多省，冬天无雪，或多年无雪，而只下霜，长空有雁，晓月不甚寒。毛泽东在此篇的自注中写道：“万里长征，千回百折，顺利少于困难不知有多少倍，心情是沉郁的。过了岷山，豁然开朗，转化到了反面，柳暗花明又一村了。”

此后的一个月里，毛泽东又写下了著名的《七律·长征》：

红军不怕远征难，万水千山只等闲。
五岭逶迤腾细浪，乌蒙磅礴走泥丸。
金沙水拍云崖暖，大渡桥横铁索寒。
更喜岷山千里雪，三军过后尽开颜。

长征是毛泽东一生最难忘的一段岁月。他领导的中国革命由此开始了一个新局面。毛泽东自己也很喜爱这首诗。回首走过的万水千山，他豪情满怀。与《十六字令》描写山的巍峨险峻不同，这首诗用“细浪”、“泥丸”来比喻山，正表现了他在战略上藐视敌人、在战术上重视敌人的一贯思想。当时的许多有志青年就是读了这首诗，被“红军不怕远征难”的精神鼓舞而参加革命的。

除了这首《长征》诗，毛泽东的《沁园春·雪》是20世纪三四十年代流传最广的一首词。无论就思想境界、时代气势，还是艺术造诣，这首词都堪称极品。词作公开发表后，在中国知识分子中引起巨大反响，盛赞这首词为“豪情盖世，雄风浩浩”，这令所有的人不得不对中国共产党的领导人刮目相看。可以说，《沁园春·雪》奠定了毛泽东当代诗坛盟主的地位。

> 北国风光，千里冰封，万里雪飘。望长城内外，惟余莽莽；大河上下，顿失滔滔。山舞银蛇，原驰蜡象，欲与天公试比高。须晴日，看红装素裹，分外妖娆。　　江山如此多娇，引无数英雄竞折腰。惜秦皇汉武，略输文采；唐宗宋祖，稍逊风骚。一代天骄，成吉思汗，只识弯弓射大雕。俱往矣，数风流人物，还看今朝。

1945年，为解决中国的和平问题，毛泽东来到重庆，和蒋介石商谈中国今后的命运。蒋介石原以为毛泽东不敢到重庆来，这样他就可以给中共安上拒绝谈判、制造分裂的罪名，国民党就可以大举发动“剿共”的内战。但是，毛泽东来了，他的到来轰动了山城重庆，人们都被他不顾个人安危的精神所感动。毛泽东的到来，也掀起了诗坛的轩然大波。

毛泽东在重庆见到了老朋友柳亚子，互赠诗作。在得到毛泽东手书的《沁园春·雪》后，柳亚子不胜赞叹，并和朋友们共同欣赏。后来，毛泽东的这首词在重庆《新晚报晚刊》公开发表了，编辑吴祖光在词后按语中写道："毛润之氏能诗词似鲜为人知。客有抄得其《沁园春·雪》一词者，风词独绝，文情并茂，而气魄之大乃不可及。据毛氏自称则游戏之作，殊不足青年法，尤不足为外人道也。"推崇、赞许之意溢于言表。

这首词令重庆的进步人士欢呼雀跃，也令国民党反动派惊恐异常。蒋介石大发雷霆，下令组织一批国民党御用文人对这首词群起围攻，辱骂毛泽东野心勃勃，在词中自比帝王。此举激起柳亚子等进步人士的揭露和驳斥，反而使得许多国民党政府内的官员也真心地承认毛泽东此词实为千古绝唱。

国民党又组织人马写词，想通过写出比毛泽东更好的词来把共产党的气势压下去。可是，从征集上来的词作看，无论气势、意境、文笔，都无法和毛泽东的词作相比。一位叫孟绝子的政论家后来在谈到这件事时说："国民党党徒虽多，但多的只是会抓人、关人、杀人、捞钱的特务贪官，是只会写写党八股的腐儒酸丁级的奴才文官和奴才学者。结果，'毛泽东级'的《沁园春》一直到逃离大陆时，国民党连一首还没有写出来。"

国共谈判失败后，内战开始。仅仅两年的时间，经过辽沈、淮海、平津三大战役，蒋介石的主力部队已被歼灭。蒋介石表面上推出李宗仁和共产党谈判，背地里却企图划江而治，以图日后卷土重来。

1949 年 4 月 20 日深夜，共产党与国民党的和谈彻底破裂，毛泽东和朱德立即发出百万大军横渡长江的命令。4 月 21 日，中国人民解放军

30 万人马跨过了长江天堑。23 日下午，毛泽东从《人民日报》上看到南京解放的消息后，挥毫写下《七律·人民解放军占领南京》，用他的诗篇为创建新中国的史诗长卷写下了一个壮丽的结尾。

钟山风雨起苍黄，百万雄师过大江。
虎踞龙盘今胜昔，天翻地覆慨而慷。
宜将剩勇追穷寇，不可沽名学霸王。
天若有情天亦老，人间正道是沧桑。

据说，毛泽东写完诗后，自己满意的就留下，不满意的就随手丢进纸篓。当时，毛泽东一气写下这首诗后，不知什么地方觉得不满意，揉成一团，随手扔进了纸篓。毛泽东的秘书田家英把这个纸团捡了出来，这首诗才得以保存下来。

毛泽东从青年时起就喜欢游泳，就像他喜欢山川游历一样，毛泽东喜欢在波涛汹涌的大海里畅游。1954 年夏天，中央统一安排领导人到北戴河。毛泽东住在一片杨树林中的浴场一号平房。一天，外面起了风，呼啸的海浪击打着沙滩，发出阵阵巨响。但是，咆哮的大海却激起了毛泽东投身其中的激情，他不顾工作人员的劝阻，迎着狂风巨浪投入了汹涌的大海。在涌动的海浪中，毛泽东时而被掀到顶峰，时而被抛到谷底，但他却怡然自得，游了一个多小时才上岸。

在北戴河期间，毛泽东写下了这首《浪淘沙·北戴河》：

大雨落幽燕，白浪滔天，秦皇岛外打鱼船。一片汪洋都不见，知向谁边？　往事越千年，魏武挥鞭，东临碣石有遗篇。

萧瑟秋风今又是，换了人间。

毛泽东一直期待着能在长江三峡建造起一座宏伟大坝，让孕育中华文明的长江以新的形式造福人民。1953 年，他第一次巡视长江的时候，就曾召集水利专家，讨论在长江建坝的可能性。1954 年，长江发生特大洪水，他根治长江的决心更加坚定。1956 年 6 月，毛泽东在武汉畅游长江。带着治理长江、造福人民的热情，毛泽东写下了这首《水调歌头·游泳》：

才饮长沙水，又食武昌鱼。万里长江横渡，极目楚天舒。不管风吹浪打，胜似闲庭信步，今日得宽余。子在川上曰：逝者如斯夫！　风樯动，龟蛇静，起宏图。一桥飞架南北，天堑变通途。更立西江石壁，截断巫山云雨，高峡出平湖。神女应无恙，当惊世界殊。

这一时期，新中国经过土地改革、农业合作化、公私合营等的急风暴雨，呈现出稳步前进的局面。1956 年的工农业生产，成为建国以来最好的年头。在这首词里，毛泽东表达了他对长江远景规划的神往。

1961 年，中苏关系恶化。在险峻的社会局势下，毛泽东写下《卜算子·咏梅》一词：

风雨送春归，飞雪迎春到。已是悬崖百丈冰，犹有花枝俏。

俏也不争春，只把春来报。待到山花烂漫时，她在丛中笑。

在写这首词前，毛泽东反复诵读了陆游的《卜算子·咏梅》：“驿外断桥边，寂寞开无主。已是黄昏独自愁，更著风和雨。无意苦争春，一任群芳妒。零落成泥碾作尘，只有香如故。”毛泽东不喜欢陆游诗中流露出的孤芳自赏、却又凄凉无奈的情调，他是一个永远不会消沉的奋斗者。在毛泽东笔下，梅花具有不惮严寒、积极向上的品格，读后令人精神鼓舞。

1962年，毛泽东进入古稀之年。此刻的中国社会，正经历着一场严重的困难。毛泽东从来没有把自己的命运和中国分开，即使他的年纪已逐渐老迈，不肯服输的毛泽东写下一首充满斗志的诗篇，《七律·冬云》：

雪压冬云白絮飞，万花纷谢一时稀。
高天滚滚寒流急，大地微微暖气吹。
独有英雄驱虎豹，更无豪杰怕熊罴。
梅花欢喜漫天雪，冻死苍蝇未足奇。

面对美、苏两个超级大国的压力，毛泽东借景抒情，用文学形式表达了中国人民不畏强暴、敢于与反动势力斗争的精神，表现了中华民族面对世界反华浪潮的英雄气概。毛泽东坚信，中国人民必将取得斗争的最后胜利。

## 第三节
# 毛泽东的书法

在中国历史上，各种人才世代辈出，有的长文治，有的建武功，有的擅词赋。然而，像毛泽东这样兼数能于一身，既有政治家的气度、军事家的睿智、思想家的深邃，又有艺术家的才情的，在历史上却不多见。毛泽东的书法作品反映着时代的脉搏。他秉承了传统中国书法的精髓，又积聚了强烈的时代气息，在中国书法王国的殿堂里，他建造了一座20世纪的书法艺术丰碑。

也许因为毛泽东在其他方面取得的成就实在太高，影响实在太大了，人们有时反而忽视了他在书法艺术方面的成就。实际上，毛泽东书法艺术的知名度是任何一位现代书法家无法比拟的，毛泽东书法艺术水平的高度，也是任何一位现代书法家无法比肩的。翻开毛泽东书法作品的册页，一个波澜壮阔、绚丽多姿的艺术世界展现在我们面前，令我们目不暇接。他的作品极富艺术感染力，往往对观者产生一种强大的震撼力量。

## 一、酷爱书法

从青少年直到晚年，毛泽东一直酷爱书法，对书法有浓厚的兴趣和深厚的感情。他说："练习书法是很好的休息，是积极的消遣娱乐，也是养神、健脑的健身之法。"即使是在战争年代的行军路上，遇到碑刻好字，他也要驻足好久，细心揣摩，经常是恋恋不舍地离去。每到殿宇厅堂，遇到好字，就更是如此。他说："中国庙宇古色古香，也是书法胜地，许多古庙都有造诣很高、价值很大的书法艺术，许多字真是妙笔生花，栩栩如生，堪称书法艺术的宝库，我们应该很好研究和学习。"毛泽东这种虚心好学的精神也是他在书法上取得成功的重要原因。

毛泽东的书法，总的来说是以"二王"为指归，众采百家，取精用弘，化"他神"为"我神"，专精一体，卓然成家。毛泽东善于从传统文化和现实生活中去寻找艺术进步和创新的源泉。他对传统的书法钻得深，吃得透，心追手摹，独悟天机，得笔得气，吸取精华。同时，他又自出机杼，不践古人，对自己的书法不断地扬弃，日有所进，年有所改，老有所攻，求新求变，终生不弃。

毛泽东非常重视绵延数千年的书法艺术遗产，如大量的历史碑帖、石刻等。在毛泽东身边工作多年的工作人员陈秉忱回忆说："毛主席在青年时代就打下了书法基础。我们从仅存的一张明信片的笔迹来看毛主席早年似受晋唐楷书和魏碑的影响，用笔严谨而又开拓，是有较深功力的。在延安时期，领导抗战和建党，工作、著作任务那样繁忙，毛主席仍时常阅读法帖（阅过的晋唐小楷等帖一直带在身边）。那时，他的书法已显示出用笔恣肆，大气磅礴，形成以后变化万千的风格。全国解放后，更多地阅读法帖，1949 年出国时，也以《三希堂法帖》自随。1955 年开始，指示身边工作人员广置碑帖，二十年中间所有拓本及影印碑帖约有六百多种，看过的也近四百种。'二王'帖及孙过庭、怀素的草书帖，则是时常披阅。毛主席不但博览群帖，而且注意规范草书，如古人编辑的《草书要诀》和《草诀百韵歌》等帖。总之，毛主席从青年到晚年，虽然一生经历着革命的狂风巨浪，但也没有放弃在书法上踏实地用功夫，由于长期的刻苦钻研，因而达到了精邃的功力素养。""毛主席十分重视我国传统的书法遗产，并借以奠定自己的书法基础，但决不就此停步。更可贵的，是他推陈出新，创造自己独特的风格，并不断演变，不断发展。毛主席早年攻楷书，后来多行书，晚年则是行书和草书，凡此皆不拘于成规。通过毛主席阅碑帖的情形和大量的墨迹来看，我个人的体会，他以晋唐楷书和魏碑锤炼了书写的功力，进而吸收'二王'行书的长处，再则十分喜爱怀素、孙过庭的草书，同时博览群帖，这样浇灌滋润出毛主席独创一格的书法艺术之花。"①

陈秉忱（1903～1986）是清末著名金石家陈介琪的曾孙，家学渊博，他自己在文学、书法、绘画、金石等方面都有深厚的基础。1945 年，毛泽东去重庆同国民党谈判之前先签订的一个文件的正式文本，就是由他用正楷缮写的。1950 年，毛泽东去苏联与斯大林签订《中苏友好互助条约》的正式文本，也是他用正楷缮写的。大家熟悉的《毛泽东选集》封皮上的这五个隶书字也是他的墨迹。由于他的工作的特殊性质，他在书画方面的成绩不为世人所知。在他逝世后，党和国家专门为他举办了《陈秉忱书画展》。

① 参见《书法》杂志，1980 年第 2 期。

毛泽东晚年开始攻草书，并形成了自己的风格。在书法上形成自己的风格并非一件容易的事，毛泽东凭借自己的天分、勤奋、胸襟、见识、学养等诸多方面的因素在书法艺术上达到了极高的成就。

中国书法的书体，经过几千年的嬗变，排列成了这样的序列：篆、隶、楷、行、草。草书是最末一位，又是最高的一位。草书是中国书法艺术的皇冠，狂草则是这个皇冠上的明珠。谁攻下草书，谁就登上了中国书法的巅峰。因此，在中国书史上，只有擅长草书者可称为“圣”。汉末张芝称为“草圣”；晋代王羲之称为“书圣”。唐代书家林立，但称得上“草圣”的只有张旭一人，而与张旭齐名的，仅狂僧怀素而已。宋以后称一代大家的莫不以擅草而名世。唐代文学家韩愈在《送高闲上人序》一文中这样形容张旭的书法：“张旭善草书，不治他技。喜怒、窘穷、忧悲、愉佚、怨恨、思慕、酣醉、无聊、不平，有动于心，必于草书焉发之。”

毛泽东说：“学字要有帖。”从毛泽东的用笔、结字、布局等方面看，特别是从他的草书来看，他的确是临摹过不少碑帖的。在毛泽东临摹过的碑帖中，学怀素最力，特别是草书受怀素《自叙帖》影响最大。曾做过毛泽东秘书的田家英说：“毛泽东的字是学怀素体的，写起来很有气魄。”①

拿毛泽东的草书和怀素的《自叙帖》相比较，有很多相似的地方，如：笔画都较细圆；字形都较长；在大草的布局上，都采用了行行逶迤，翩翩恣肆的写法。但他学习书法又不囿于学古人碑帖，他善于创造。他说：“帖中要发挥。”他临摹碑帖多，见识广，能博采众长，加上他博大

① 参见《书法丛刊》第19辑《田家英专号》。

的胸襟，领袖的气质，在书法上又加进了不少自己的东西。在笔画上、结构上，毛泽东的字又有与怀素不同的地方。如：怀素《自叙帖》的笔画细圆遒劲，毛泽东的笔画细圆柔韧；怀素《自叙帖》结字较长，毛泽东的结字长中多欹侧。如果说怀素的书法风格是“超迈”，毛泽东的书法风格则是“飘逸”。怀素的《自叙帖》所表现出的豪迈气概超出一般书家，非一般书家所能及，而毛泽东对此帖产生了如此浓厚的兴趣，下了如此深厚的功夫去临摹，正表现了他的豪迈气概。在临摹的基础上所形成的“飘逸”的书法风格，又使得他的书法表现出深远的意境、超凡的气势。

临摹过碑帖和没临摹过碑帖的人，其书法有“文”、“野”之分；同是临摹过碑帖、书法造诣很深的人，其书法又有不同的风格，这与个人的兴趣、爱好不同以及临摹碑帖的不同有关。更为重要的是，一个人的胸襟、见识与他的书法有着极密切的关系。例如，颜真卿、岳飞胸怀祖国，气宇轩昂，他们的书法就表现出了一种宽博豪爽的大将气度；张旭、怀素见到公孙大娘的娴熟的剑术，深受启发，书艺大进。毛泽东一生领导中国人民革命和建设，其胸怀之宽广见识之广博，世人共仰，这无疑对他的书法有深刻的影响和裨益。

毛泽东不仅酷爱书法，又是伟大的天才，他天资聪绝，观察精到，神摹于心，命笔得韵。他从历代碑帖中汲取营养，学不纯师，有人有我，重采百家，专擅一体，最后到达天造神韵、有我无人的独到境界。

习书法需要有天分，但要想在书法方面获得成功最主要的还是靠勤奋，靠坚持不懈的刻苦练习。自古及今，没有一个书法家不是靠勤学苦练而取得艺术成功的。毛泽东也不例外。毛泽东是中国人民的伟大领袖。不论在战火纷飞的年代，还是在和平建设时期，他都在为中国人民日理万机，昼夜操劳。但是，他从没间断过练习书法。他说：“字要写得好，就要起得早；字要写得美，必须勤磨炼。”他一生总是挤时间练习书法。到晚年，他的书法比青少年时期有更大进步。这种勤学苦练、持之以恒的精神令人钦敬。

毛泽东非常珍爱文房四宝。和贺子珍结婚时，贺子珍了解到他酷爱书法，专门用几天时间亲手制作了一个多用挎包赠送给他。他非常高兴，说是自己的“家宝”。以后他经常随身携带，练习书法。

## 二、毛泽东的性格特点和他的书法

曾经接触过毛泽东的外国人，无不被他的超凡魅力征服。对埃德加·斯诺来说，毛泽东是窑洞里的预言家，他被这位富于想象力的共产党领袖那种“天生精明”迷住了，他感到了一种“天命的力量……一种实实在在的根本活力。”埃文斯·F. 卡尔森说，毛泽东是他所见过的“最无私的人”，“一位社会空想家，一位走在时代前面五十年的天才”。伊洛娜·拉尔夫·休斯见到毛泽东时，感到自己“一瞬间看到了永恒”。她写道：这位集农民、哲学家、诗人、政治家和革命家于一身的人，是“中华民族的化身”。

### 1. 创新精神，不拘成规，富于想象

在长沙第一师范读书的时候，毛泽东常对人说：丈夫要为天下奇，读奇书，交奇友，做奇事，做个奇男子。为此，同学们送他一个外号“毛奇”①。1917 年 6 月，一师开展了一次人物互选活动，包括德、智、

---

① 毛奇是普鲁士一个很有学问的将领。

体三个方面。400多名学生中选出34人，毛泽东的得票最多。“胆识”一项为毛泽东所独有，评语是：“冒险进取，警备非常。”

对于一个开创和领导崭新事业的政治家来说，想象力和超凡气魄是必不可少的。对于一个在艺术领域有所成绩的艺术家来说，勇于进取的创新精神也是不可缺少的。毛泽东复杂的个性、精微的感觉、奔放的思想，使他在书法创作上获得了极大的成功。

**2. 天纵自然**

毛泽东书法自然，随意由之，看不到刻意安排的痕迹。他的作品给人一种挥洒自如的感觉。

斯诺这样描写他所认识的毛泽东：“在我看来，毛泽东是一个令人极感兴趣而复杂的人。他有着中国农民的质朴纯真的性格，颇有幽默感，喜欢憨笑。甚至在说到自己的时候和苏维埃的缺点的时候他也笑得厉害——但是这种孩子气的笑，丝毫也不会动摇他内心对他目标的信念。他说话平易，生活俭朴，有些人可能以为他有点粗俗。然而他把天真质朴的奇怪品质同锐利的机智和老练的世故结合了起来。”

毛泽东对一切束缚个性和掩饰本性的外在规矩表示极大的轻视和排斥。许多曾与他交往过的人在回忆中都说，毛泽东的装束、举止和他的谈话总是无拘无束的，绝少彬彬有礼的客套。在延安的窑洞里，美国记者斯特朗以女性记者特有的眼光发现了一个有趣的现象：周恩来的华尔兹舞是第一流的，刘少奇的舞步像数学一样准确，朱德的步伐像是长征，而毛泽东则常常按照自己的节奏跳舞。

美国的毛泽东研究专家R. 特里尔这样分析道：“毛认为自己不能受任何形式的约束……这位特殊的人物之所以违反纪律，因为他发现遵守纪律是太难了。他这样做，因为他有一种天职感，这种天职感把一切纪律排除在外。纪律是一根拐杖，他发现自己有足够的力量可以不用这根拐杖，不理这些清规戒律。”①

在现实生活中，毛泽东追求一种“真我”的生活方式和人生境界。在毛泽东身边工作了15年的李银桥，有一个突出的感受：毛泽东是最不肯掩饰自己的好恶，不愿掩饰真实感情的人。他不仅敢于直陈朋友的缺点，更可贵的是，他有勇气剖析自己。1921年，毛泽东在给友人的信中对自己的为人处世态度和缺点作了剖析和反省，一片赤诚之心跃然纸上。首先，他反省自己最大的缺点是意志弱，而这个缺点以前是不好意思公开向别人承认的。虽然在别人眼里自己是一个意志坚强的人，但实际上恰恰是意志弱的表现。自己明知道天下唯至弱者至刚的道理，自己做不到，只能不惜反其道而行之。接着，他进一步表明自己做人与待人接物的原则：立志真实，自己说的话自己负责，自己做的事自己负责，不愿牺牲真我，不愿自己以自己为傀儡。待朋友，则要做事以事论，私交以私交论；做事论理论法，私交论情。

3. **胸纳万有，雄视古今，豪气鼓荡**

毛泽东的书法，无论是实用性的题字、题词、书信、文章草稿，还是观赏性的赠诗、写诗、抄诗，雄浑豪放是他书法作品的主要特质。

毛泽东认为，一个人必须要有坚定的意志。在长沙第一师范读书的时候，为了锻炼自己，他常在夏天狂风暴雨的夜晚，一个人爬上岳麓山，体会古人“纳于大麓，烈风雷雨不迷”的境界。他横渡北风劲吹的湘江，激发“自信人生二百年，会当击水三千里”的豪情。

毛泽东目光远大，从不拘于一时一事，而是着眼于未来。有这样一

① 特里尔著：《毛泽东传》，河北人民出版社1989年版，第186页。

件小事。1952 年，毛泽东少年时代的老师毛宇居来到北京，请毛泽东为韶山小学题写校名。毛泽东欣然提笔，写下“韶山学校”四个刚劲有力的大字。毛宇居问：怎么不写“韶山小学”呢？毛泽东笑着说：学校不是还要发展吗？可以办小学，也可以办中学，将来还可以办大学哩。

4. **人民性**

毛泽东的书法艺术具有鲜明的人民性。毛泽东在《在延安文艺座谈会上的讲话》中说过：“我们的文艺应当‘为千千万万劳动人民服务’。”他凭借人民群众提供的历史舞台，施展才华，走笔留墨。他的书法作品为广大人民群众所喜爱和欣赏，在亿万人民中传播。

所以，毛泽东的书法注重实用性。从 1915 年到 1966 年，毛泽东的书法作品面世的有四百五十多件。长的上千字，短的两三字。就书体而论，有楷书，有行书，有草书。其中，各种题词 200 多件，书信 80 多件，自制诗词和手书古诗词 140 多件，其他 30 多件。其中，除了诗词书法外，都是实用书法，约占全部书作的三分之二。

1938 年 4 月，毛泽东到延安鲁迅艺术学院发表演说，论述怎样做一个艺术家。他认为，一个好的艺术家必须具备三个条件：第一，要有“远大的理想”。“不但要抗日，还要在抗战过程中为建立新的民主共和国而努力，不但要为民主共和国，还要有实现社会主义以至共产主义的理想。”第二，要有“丰富的生活经验”。艺术家的“大观园”是全中国，“要切实地在这个大观园中生活一番，考察一番”。第三，要有“良好的艺术技巧”。技巧不好，“便不能表现丰富的内容”，“要下一番苦工夫去学习和掌握艺术技巧”。

## 三、毛泽东书法的五个时期

毛泽东在中国现代史上活跃了数十年，同时，他也在书法世界里徜徉了数十年。如同他对中国现代史留下了重要的影响一样，在书法艺术的世界里，他也为中国人民留下了无比珍贵的财富。从韶山时期的朴实无华，到长沙时期的儒雅厚重，再到南征北战时期的气势磅礴，最后回复自然，独创一格。毛泽东的书法至晚年达到了炉火纯青的境界，他的狂草被人称为龙飞凤舞的“毛体”，可与中国历史上的张旭、怀素相媲美。沿着毛泽东数十年的书迹，我们可以将他的书法活动分为五个时期。

1. **第一时期**（1902～1919），**学子时期**

1902年，8岁的毛泽东被父亲送进私塾，开始接受中国传统文化的启蒙。在六年的私塾学习中，毛泽东由填红到临摹欧阳询、钱南园的书法。从这一时期他留在《诗经》、《论语》封皮上的墨迹可以看出，毛泽东最早的书法是非常工整秀穆的。1913年到1918年，他进入湖南省立第一师范学习，接受新式教育。1918年，与蔡和森创建新民学会，同年8月，到北京大学图书馆工作。1919年7月，创办《湘江评论》。作为一个忧国忧民的有志青年，毛泽东步入社会，积极寻求救国救民的真理。他初习书法，在杨昌济老师家里看到不少好的书法碑帖。

毛泽东这一时期的书法代表作有：

（1）1915年夏，读《明耻篇》后的批语：“五月七日，民国奇耻，何以报仇，在我学子。”1915年5月7日下午3时，日本政府以解决中日之间的“悬案”为由，向袁世凯民国政府发出最后通牒，限5月9日下午6时前答复是否接受日本提出的“二十一条”。两天后，袁世凯政府接受了丧权辱国的“二十一条”。消息传出，举国悲恸。学生们纷纷集会演说，抗议日本的强暴、政府的孱弱。第一师范的学生集资编印了揭露日本侵略中国的文章和资料，题为《明耻篇》。毛泽东仔细阅读并写下批语。在封面上，他义愤填膺地写下了这十六个字。这十六个字用庄严厚重的颜体写成，字体拉长，带了行书特点。四字一行，正好排成一个方矩阵形。十六个字有避有让、相承相就，看上去统一和谐，气韵生动，线条果敢，对比强烈。表达了一个有志青年对签订“二十一条”卖国条约的严正抗议，反映了毛泽东的拳拳报国之心。

（2）1918 年，举办工人夜校的《夜学日志》。这四个字字形扁宽，笔法简古，明显受到魏碑的影响。

2. **第二时期**（1920～1937），**书法探索时期**

这一时期对毛泽东来说是人生巨大的变化期，他由一个身无分文的青年学子成为中国革命的杰出领袖，担任了革命的最高领导和军队的统帅。这一时期，毛泽东在书法艺术上也在不断探索、不断进步着。

这一时期的代表作有：

（1）约 1933 年，为鼓励红军反围剿的题词：“敌人已经向我们基本苏区进攻了。我们无论如何要战胜这个敌人。我们要用一切坚定性顽强性持久性去战胜敌人……英勇奋斗的红军万岁。”行书体，分为八行，字形左斜瘦硬，行气简洁疏朗，整体清秀俊美。

（2）1937 年，为抗大二期毕业生的题词：“勇敢、坚定、沉着。向斗争中学习。为民族解放事业随时准备牺牲自己的一切。”行书体，分为五行，字形左斜骨丰。首行“勇敢、坚定、沉着”六个字笔力雄厚，险而不危。后面四行错落变化，稍带动感。这一时期，毛泽东的书法已走出碑帖，开始形成自己的风格。

3. **第三时期**（1938～1949），**书风形成时期**

在这一时期，毛泽东率领党和人民取得了抗日战争和解放战争的胜利，建立了新中国。他的书法，在狂风巨浪中淘漉，在战火硝烟中锤炼，形成了自己独特的风貌。

这一时期的代表作有：

（1）1938年，毛泽东为一次青年工作会议的题词："努力前进，打日本，救中国。"正文三句十个字，一句一行；落款"毛泽东"三个字紧随第三行之侧，撑起整个幅面。字距密集，和而不犯，蕴含动感。这十个字是作者在饱经枪林弹雨的洗礼之后，怀着一种勇猛抗敌的激情写下的，因而带有雄健之风、苍豪之意。这样的书作是那些待在书斋里的书法家不可能写出来的。

（2）1942年，为《八路军军政杂志》创刊三周年的题词："准备反攻"。四个字纵轴垂直，字形拉长，对比强烈。这四个字虽是一个单行矩阵，却极具动感，峻拔外露，雄健内含，仿佛积聚着一股力量，鼓舞人们准备战斗。

（3）1945年，手书《沁园春·雪》（内容见本章第二节）。这首词是毛泽东诗词的代表作，他很爱这首词，曾多次书写，其中，以他1945年去重庆谈判时写下的最具代表性。当时，毛泽东手书的这一篇词，震动了山城重庆，也震动了全国各界人士，使人们认识了毛泽东，认识了中国共产党。这首词豪迈奔放，气势磅礴，而这篇书法也是难得的佳作。此幅用正楷写成，雄峻超逸，豪气吞海，其强劲的线条、独特的结体方式、奔放强健的气势，都极具艺术魅力，观后令人惊心动魄、胸襟大开。

（4）1949年，为"国立美术学院"的题字和致徐悲鸿校长的信。"国立美术学院"六个字横式右行，很有特色。虽然横画和竖画有上斜和内向的趋势，但由于笔画粗细、长短力度的变化，加上斜线和不同方向的点，使整幅字表现出动态的曲线美，其中又不乏雄逸之气。而毛泽东给徐悲鸿的信可以说是空前的潇洒："悲鸿先生：来示敬悉，写了一张，未知可用否？顺颂教祺。"文词虽简短，却表达了作为全党全国的最高领袖对艺术家的由衷尊敬、对艺术事业的热情关怀。在书法上，则可见他后来大草的端倪。

总的来说，毛泽东这一时期书作的风格是骨气洞达，豪迈超逸，字势右斜，左伸右收，方笔侧锋，长枪大戟。

4. **第四时期**（1950～1960），**书风深化时期**

这一时期是中华人民共和国建国后的第一个十年，是中国共产党巩固政权的重要时期，也是全国开始进行社会主义经济建设的重要时期。这一时期的毛泽东 60 岁上下，正是领袖人物的华岁英年。他胸纳万有，精力过人。这一时期是毛泽东在书法上的黄金时期，他博采众长，纵情挥洒，树立起一座中国书法的丰碑。

1958 年 10 月 16 日，毛泽东在致他的秘书田家英的信中显示了他攻习草书的决心："请将已存各种草书字帖清出给我，包括若干拓本（王羲之等），于右任千字文及草诀歌。此外，请向故宫博物院负责人（是否郑振铎？）一询。可否借阅那里的各种草书手迹若干，如可，应开单据，以便按件清还。"①

这里有一件趣事，黄炎培有一本王羲之的书法真迹，毛泽东说好借看一个月。可能是真迹太珍贵，黄炎培很不放心，不到一个月，打了好几次电话，问工作人员主席是否看完，什么时候还。毛泽东说："到一个

① 《毛泽东书信选集》，人民出版社 1984 年版，第 547 页。

月不还，我失信。不到一个月催讨，他失信。谁失信都不好。”但是，他仍然认为黄炎培的做法是“不够朋友够英雄”。

毛泽东这一时期的代表作有：

（1）1952年，为中华全国体育总会成立大会的题词：“发展体育运动，增强人民体质。”这是一篇十分精彩的书作。每个字求得底线水平一致，一反过去字势右斜的趋势，大大增强了稳定感。这十二个字的整体气氛生动活泼，其间更有一种奋发向上的豪健之气。

（2）1955年，为武汉人民战胜1954年洪水的题词：“庆贺武汉人民战胜了一九五四年的洪水，还要准备战胜今后可能发生的同样严重的洪水。”这幅书作气势恢宏，神采照人，在毛泽东的书法历程中是一篇突变性的撼人之作。虽然字的结体仍保持了以斜求正的方式，但字的底线明显发生了逆转。长枪大戟的大撇没有了，这就为草书的用笔和结体铺平了道路。

（3）1956年，手书《水调歌头·游泳》（内容见本章第二节）。这幅字行草相间。作者面对滔滔东去的长江，心胸无比宽阔，想到国家的建设，他激情高扬，心底震荡，挥笔写下这篇词。

（4）1957年，手书《蝶恋花·答李淑一》（内容见本章第二节）。这幅字以情纵笔，是毛泽东的书法精品。这首词是毛泽东于1957年上半年所作，5月份书写的。自己抄录自己的词不可谓不熟，但他在书写中却出现了以前不曾有的错字、漏字和重句的现象，显示了毛泽东内心的不平静。此时的毛泽东已经六十开外，但每当他想起与杨开慧之间刻骨铭心的感情，就有千头万绪直涌心底。

（5）1958年，为“首都民兵师”题词。“首都民兵师”五个字横向排开，好像百万民兵顶天立地，阔步走来，形象生动，威风凛凛。

（6）1960年，为中共中央办公厅人员题写横幅："艰苦朴素"。这幅字意态从容，用笔精到，显示毛泽东的书法已经十分纯熟，可谓毛泽东题词中的精品。毛泽东一生追求艰苦朴素的作风，他为身边的工作人员写下这个题词，其用心当是十分严肃认真的。

毛泽东这一时期的书风，在豪迈的气势之中，增加了灵动峻拔、雄劲老辣，字势由险绝复归平正。

5. **第五时期**（1961～1966），**书法造极时期**

经过天灾人祸，这一时期的经济建设正常进行，社会稳定，人心向上。这一时期的毛泽东70岁上下，人书俱老，他的书法登上了泰山巅峰，一年一个面貌，篇篇珠玑。

这一时期的代表作有：

（1）1961年，手书《七律·为李进同志题所摄庐山仙人洞照》："暮色苍茫看劲松，乱云飞渡仍从容。天生一个仙人洞，无限风光在险峰。"28个字分为7行，是一幅横幅手卷。字体苍劲挺拔，风卷云舒，似用软毫所写。从整体上来看，给人一种由远及近、由模糊到清晰、由平稳到险峻的感觉，使人在尺幅之间的天地享受到天宽地广、变幻无常的自然美景。

（2）1962年，手书《七律·长征》（内容见本章第二节）。这首诗毛泽东写于1935年长征途中，是一首脍炙人口的诗歌。这幅书法遒劲俊美、超逸豪迈，是毛泽东草书的代表作。它被印在各种器物上，传遍了大江南北、海内海外。

（3）1963年，手书《满江红·和郭沫若》："小小寰球，有几个苍蝇碰壁。嗡嗡叫，几声凄厉，几声抽泣。蚂蚁缘槐夸大国，蚍蜉撼树谈何易。正西风落叶下长安，飞鸣镝。多少事，从来急；天地转，光阴迫。

一万年太久，只争朝夕。四海翻腾云水怒，五洲震荡风雷激。要扫除一切害人虫，全无敌。”这幅一百个字的横幅手卷分为31行，笔法时而平稳、明亮，时而跌宕、晦暗。观此卷犹如临江观涛，波浪频涌，高峰迭起。作者的感情尽挥笔底。从此，毛泽东的书法进入了一个更高的阶段。

（4）1963年，为雷锋题词：“向雷锋同志学习”。正文七个字，分为两行，中间留有大片空白，使人觉得空阔而高远。这个题词面世后，书界极为震动。它标志着毛泽东的书法已走大草，是毛泽东书法的一个里程碑。雷锋精神是中国人民巨大的财富，和这幅题词一起，永传后世。

这一时期，毛泽东在中国书法的艺术之巅——草书的殿堂里游目骋怀，老笔纵横，只求意足，不见字形。这时，毛泽东虽然年逾古稀，但仍然是雄姿英发，精力充沛。

按照书法艺术的规律和他的创新求索精神，1966年以后毛泽东还应该有一个衰年变法时期，以使草书书法飞跃到一个更高更新的境界。可惜的是，因为政治运动，我们未能看到这位一代大师继续前进的足迹。这不仅是他个人的损失，也是中国书法的巨大损失。

## 结束语

# 读懂毛泽东

在中华民族，乃至世界文明的史册里，毛泽东的光辉永远不会暗淡；无论是爱戴他的人，还是反对他的人，对此都深信不疑。因为他对中国乃至世界历史发展进程的影响极其深刻而且长远。他为中国人民的解放事业和建设事业，为世界文明进步作出的贡献，永远值得怀念，他的丰功伟绩永远不会湮没在时光的流逝中。所以，“读懂毛泽东”，将是一个永恒的课题。

这是一个太大的课题。这是一个需要世世代代、众多领域的人们共同努力才能完成的课题。

这个课题，从各种不同的角度，有许多不同的做法。

本书则欲从一个较浅显的角度，“读懂”：

## 一、读懂他的精神

支持毛泽东一生的最强大的精神，是他的爱国主义精神。他一生所做的一切，无他，全部是为了他最热爱的中国和中国人民。

他不能容忍帝国主义列强对中国的侵略，不能容忍超级大国对中国主权的干涉，不能容忍对中国领土进行的任何挑衅，他时刻警觉地维护着国家的安全直至他生命的最后一刻。所以他领导中国共产党和全国人民，打败了日本帝国主义，打败了蒋介石，打败了美帝国主义，并与苏联霸权主义进行了不屈的斗争。

他不能容忍国家的贫弱，不能容忍人民的困苦。所以革命胜利后，他立即带领全国各族人民发奋进行社会主义建设，为改变一穷二白的面貌，克服一切困难，努力探索在中国建设社会主义的道路，在经济、政治、文化等各领域都取得了巨大的成绩。

他也不能容忍国内外的敌人把人民已经取得的无产阶级政权重新夺了去。所以他提出了防止和平演变的战略，开展了阶级斗争，甚至进行了“文化大革命”。

一切为了国家的安全和富强，一切为了人民的利益和幸福，这就是他毕生殚精竭虑所做的一切的核心。的确，在进行这一切的过程中，他犯过错误，但有一点是肯定的，那就是他决不是为了一己之利。

正因为如此，我们说，毛泽东是一位具有崇高精神、高贵人格的最伟大的民族英雄，最伟大的爱国主义者。

## 二、读懂他的失误

同所有的人（包括普通人和英雄豪杰）一样，毛泽东也有缺点有错误，特别在晚年有过严重的失误。如何读懂他的失误？对此，邓小平说得好：“在分析他的缺点和错误的时候，我们当然要承认个人的责任，但是更重要的是要分析历史的复杂的背景。”① 这可作为我们“读懂”毛泽

---

① 《邓小平文选》第 2 卷，人民出版社 1983 年版，第 172 页。

东的失误的指导。

杰出的历史人物都是一定的社会时代的产物。他们的巨大功绩，固然离不开个人的主观因素，但归根到底，是时代和环境为他们提供了成功的条件。他们由于能够顺应历史发展的趋势，反映人民的愿望和要求，总结实践经验和集中集体智慧，才能对历史的前进起重大的推动作用。同样，他们的缺点和错误，虽然有主观上的原因，但也不是离开特定社会历史条件的偶然的、孤立的现象。所以，毛泽东犯错误固然有其主观因素和个人责任，但更重要的，还在于复杂的社会历史原因和认识论原因。

首先，毛泽东犯错误主要是在社会主义时期，从国际上看，社会主义运动的历史不长，社会主义国家的历史更短，除借鉴苏联的一些经验外，没有太多现成经验可循；从国内情况看，我们党对于新生的社会主义社会和全国规模的社会主义建设，特别是在我国这样一个人口众多、经济文化落后的国度里建设社会主义，更缺乏足够的经验和深入的研究。因此，只能在实践中逐步摸索建设社会主义的道路。既然是摸索，就可能发生失误，这是认识发展的必然规律。

其次，我国是一个封建历史很长的国家，封建专制主义在思想政治方面的遗毒没有完全肃清，加上种种其他原因，使党和国家政治生活的民主制度化、法律化方面存在缺陷。这种情况，为党的权力过分集中于个人、党内个人专断和个人崇拜现象的滋长提供了条件。正如邓小平所说："最重要的是一个制度问题。毛泽东同志说了许多好话，但因为过去一些制度不好，把他推向了反面。"①

---

① 《邓小平文选》第2卷，人民出版社1983年版，第297页。

再次，过去的错误不是毛泽东一个人的问题。无产阶级的领袖不是一两个人，而是一个领导集体。在这个集体中，不应该把个人的作用绝对化。正像不能把一切功劳归之于某个人一样，把一切错误归之于某个人也是不符合实际的。

总之，在分析毛泽东晚年错误时，既要恰当地说明他个人的责任，又要郑重分析他犯错误的复杂历史背景，这是读懂毛泽东的失误的重要之点。

## 三、读懂他的贡献

毛泽东是一个伟大的马克思主义者，一生致力于把马克思主义理论与中国具体实际相结合，解决中国的革命和建设问题。在爱国主义伟大精神的鼓舞下，毛泽东为中华民族、为中国人民作出的贡献是多方面的。强烈的爱国心、爱民心，激发了毛泽东多方面才能的发挥和发展，使他不但成为一位伟大的无产阶级革命家，而且成为一位世界公认的卓越的军事家、外交家，在领导社会主义经济建设的实践中，他也是一位具有战略眼光的经济战略家。不仅如此，他还是一位优秀的哲学家、历史学家、文学家、诗人和书法家。在所有这些领域，他的成就都堪称一流。这在古今中外的杰出人物中都是极为少见的。

正因如此，我们说，毛泽东是一位对人类进步和人类文明作出了巨大贡献的英雄豪杰。

上述三方面的“读懂”，即是笔者为本书立下的目标。

然而，受当代人写当代人物眼界的限制，我们对毛泽东也许永远也读不懂。此可谓读不懂的毛泽东。而毛泽东的博大精深，他的广袤的思绪和丰富的学识，也许会使我们永远也懂不完。此可谓读不完的毛泽东。所以，上述三方面的“读懂”目标，并不是很容易达到的。疏漏和错误之处，敬请指正，并殊望谅解，今后当继续努力。

读懂毛泽东不易。笔者承担写作此书的任务，实在是想借此机会迈出读懂毛泽东的第一步，以后当有第二步、第三步……故决不敢以自己有限的理解能力、思想境界和知识结构而冒说已读懂毛泽东，且任何时候也不能这样说。真正的“读懂”，当是一个长远的目标。

谨以此书表达对无产阶级伟大领袖毛泽东的无比崇敬之情，并为“读懂毛泽东”这一永恒课题尽些微薄之力。愿与所有有志于此的同仁们共同切磋，诚望得到同志们的指教。

作　者